Inhalt

Vorwort	7
Der absolute Fürst als Bauherr	11
Bauen in Berlin und Potsdam unter Friedrich II.	18
Schloßbauten, Gartenanlagen und Parkbauten	
Berlin. Schloß Monbijou und Schloß Charlottenburg (1740-42)	50
Das Potsdamer Stadtschloß (1744-52)	50
Sanssouci (1744-72)	
Terrassenanlage und Schloß	78
Der östliche Lustgartenbezirk	107
Der Rehgarten und das Chinesische Teehaus	110
Das Neue Palais	120
Freundschafts- und Antikentempel	135
Belvedere und Drachenhaus	139
Eigene Entwürfe Friedrichs II. zu Potsdamer Bürgerhäusern	144
Stadttore in Berlin und Potsdam unter besonderer Berücksichtigung des Triumphbogenmotivs	169
Stadttortypen in der Regierungszeit Friedrich Wilhelms I. (1713-40)	169
Stadttore in der Regierungszeit Friedrichs II. (1740-86) außer Triumphbogenmotiv	
Das Neustädter Tor in Potsdam (1753) und das Hamburger Tor in Berlin (1789)	172
Das Nauener Tor in Potsdam (1755)	183
Triumphtore als Stadttore	
Triumphtore und Ehrenpforten in Berlin und Potsdam	188
Das Berliner Tor in Potsdam (1753)	201
Das Brandenburger Tor in Potsdam (1770)	207
Das Teltower Tor in Potsdam (1777)	217
Das Oranienburger (1786-88) und Rosenthaler Tor (1781-88) in Berlin	221

Kirchenbauten in Berlin und Potsdam unter besonderer Berücksichtigung des Pantheonmotivs 223

Der Dom in Berlin (1747-50) 223

Die Fassade der Nikolaikirche in Potsdam (1752-55) 231

Das Pantheonmotiv
Zu den Toleranzvorstellungen Friedrichs II. 235
Der Marmorsaal im Schloß Sanssouci (1745-48) 239
Die Hedwigskirche in Berlin (1747-73)
    Planung und städtebauliche Einordnung 243
    Entwürfe, Zeichnungen und frühe Kupferstiche 253
    Das Modell 276
    Der Bauverlauf 278
Die Französische Kirche in Potsdam (1752)
    Zur Geschichte der französischen Kolonie
    in Brandenburg-Preußen, insbesondere in Potsdam 285
    Der Kirchenbau 291
Anregung – Vorbild – Tradition 296

Architectura fridericiana 304

Anhang

Baureglement für Potsdam vom 17. Oktober 1752 313

Katalog der Architekturzeichnungen Friedrichs II. 316

Verzeichnis der Architekturstichwerke aus den Bibliotheken Friedrichs II. 320

Aktenverzeichnis 323

Literaturverzeichnis 326

Namenverzeichnis 337

Abbildungsnachweise 341

Vorwort

Seit dem späten 18. Jahrhundert (Nicolai, Millenet, Manger) wird nahezu in der gesamten Friedrich-Literatur, besonders aber in den Darstellungen der friderizianischen Kunst, die bestimmende Rolle des Königs in künstlerischen Fragen, speziell in der Architektur, hervorgehoben. Am Ende des 19. Jahrhunderts begann eine Periode intensiver Beschäftigung mit diesem Thema in Arbeiten von Gurlitt (1890, 1909), später von Geyer (1912), vor allem aber in einer Vielzahl von Aufsätzen von Seidel (ab etwa 1890) mit wertvollen baugeschichtlichen Untersuchungen einzelner Schlösser. In den 20er und 30er Jahren erschienen Arbeiten von Backschat, Förster, Streichhan, Kühn, Rave, Volz und vielen anderen. Aber auch der Potsdamer Lokalforscher Hans Kania hat mit seinen hauptsächlich in der Tagespresse und in den Mitteilungen des Vereins für die Geschichte Potsdams veröffentlichten Artikeln und Aufsätzen einen großen Anteil an der Erforschung der Potsdamer Bau- und Kunstgeschichte des 18. Jahrhunderts. Nach 1960 sind einige interessante Arbeiten erschienen, die durch analytische Untersuchungen einzelner Bauten, wie der Terrassenanlage von Sanssouci (Eckardt 1964, Karg 1977 und 1980), des Neuen Palais (Drescher 1969) und der Bildergalerie (Eckardt 1974), zu dem Ergebnis gelangen, daß der Einfluß des Königs auf das Baugeschehen größer und gravierender gewesen ist, als bis dahin trotz der herkömmlichen Verehrung für den »großen König« angenommen wurde.

Eine kritische Stellung bezieht Mielke in seinen Büchern über das Bürgerhaus in Potsdam (1972) und die Potsdamer Baukunst (1981). Eggeling (1980) hat darauf hingewiesen, daß die in der älteren Literatur (bes. Streichhan) als eigenhändig angenommenen Architekturzeichnungen Knobelsdorffs im Skizzenbuch Nr. 3827 möglicherweise nicht alle von diesem stammen und vielleicht auch nicht immer Originalentwürfe, sondern Nachzeichnungen einer anderen Hand sind. Da eine genauere Analyse nicht möglich war, wurde die traditionelle Zuschreibung mit einem Fragezeichen versehen.

Die vorliegenden Studien zur Architektur der Städte Berlin und Potsdam in der zweiten Hälfte des 18. Jahrhunderts erwuchsen aus der Tätigkeit des Verfassers in den Staatlichen Schlössern und Gärten Potsdam-Sanssouci. Die tägliche Beschäftigung mit baugeschichtlichen Einzelproblemen, aber auch mit der Person des preußischen Königs Friedrich II. (1712–1786) in seiner Eigenschaft als Bauherr und Auftraggeber war bestimmend für die Gesichtspunkte, nach denen eine erste Fassung dieser Arbeit 1975 als Dissertation vorgelegt worden ist. Für die Veröffentlichung aus Anlaß des 200. Todestages des Königs wurde sie jedoch bearbeitet und ergänzt.

Anhand erreichbarer Archivmaterialien, Pläne sowie Primär- und Sekundärliteratur werden zum Teil detaillierte Untersuchungen an Ein-

Porträt Friedrichs II. Gemälde von J. H. C. Franke, um 1763. Staatliche Schlösser und Gärten Potsdam-Sanssouci

zelbauten – und auch Gartenbereichen – mit dem Ziel vorgenommen, bisher unbekannte baugeschichtliche Zusammenhänge darzulegen. Das betrifft besonders das Potsdamer Stadtschloß und die Berliner Hedwigskirche. In anderen Fällen, wie bei Sanssouci, war eine Beschränkung notwendig, da bereits umfangreiche Voruntersuchungen vorhanden sind.

Eine wichtige Quelle sind dabei die eigenhändigen Skizzen des Königs, die die Grundlage der einzelnen Untersuchungen sind und die hier erstmals in einem Katalog zusammengefaßt werden.

Aber auch wiederholt in der Berlin-Potsdamer Architektur der zweiten Hälfte des 18. Jahrhunderts auftretende Bautypen wie das Motiv des Triumphtores und das des Pantheon bleiben zwar traditionelle typologische Wurzeln, sind aber in den gegebenen Formen und ihrer Deutung und Bedeutung in unmittelbarer Verbindung mit dem König zu sehen. Nicht zuletzt haben ausländische Anregungen und direkte Vorbilder eine wesentliche Bedeutung in der friderizianischen Architektur.

Es wird jedoch keineswegs der Anspruch einer umfassenden und alle Fragen klärenden Darstellung friderizianischen Einflusses auf das Bauwesen erhoben. Es soll ein weiterer Beitrag sein, in ausgewählten Teilbereichen der Architektur in den beiden Residenzstädten Berlin und Potsdam baugeschichtliche Aussagen zu präzisieren, und damit auch zu einer Verdeutlichung der Rolle Friedrichs II. als absolutistischer Bauherr, der sich auch als Baumeister fühlte, zu gelangen.

Auf Anmerkungen wurde verzichtet; über benutzte Quellen und Literatur gibt ein umfangreiches Verzeichnis Auskunft.

Allen, die durch Rat und Hinweise diese Arbeit gefördert und unterstützt haben, sei herzlich gedankt, besonders Michael S. Cullen für das Bemühen um die Veröffentlichung, Henning Rogge für die umfangreiche Arbeit bei der Lektorierung und Zusammenstellung und nicht zuletzt Wolf Jobst Siedler für die kritische Durchsicht und die Herausgabe.

Potsdam-Sanssouci, am 24. Januar 1986   *Hans-Joachim Giersberg*

Der absolute Fürst als Bauherr

Kein anderer preußischer König hat sich in solchem Maße um das Baugeschehen in seinem Lande und besonders in den beiden Residenzstädten Berlin und Potsdam bemüht wie Friedrich II.

Sein Vater, Friedrich Wilhelm I. (1688–1740), legte zwar mitunter selbst Straßenfluchten fest und nahm an Bauplanungen Anteil, aber obwohl er künstlerischen Fragen nicht ablehnend gegenüberstand, so rangierte für ihn doch das Prinzip der Nützlichkeit und der Ordnung an erster Stelle.

Friedrichs Suche nach eigenen künstlerischen Lösungen steht dem vergleichbaren Bemühen seines Urgroßneffen, Friedrich Wilhelms IV. von Preußen (1795–1861), von dem eine große Anzahl von Ideenskizzen zu Bauten bekannt ist, noch am nächsten. Doch hat dieser niemals so intensiv in das Bauwesen selbst eingegriffen und es nach seinen Intentionen zu lenken versucht wie Friedrich II. Er steht damit am Ende einer Entwicklung, die nach der Mitte des 17. Jahrhunderts von Frankreich ausging.

Das Beispiel Ludwigs XIV., die Machtkonzentration auf eine Person und die damit in engem Zusammenhang stehende Bauleidenschaft, griff auf nahezu alle Fürsten Europas über.

Auf der einen Seite versuchte der Kaiser in Wien seinen politischen Führungsanspruch durchzusetzen und ihm einen sichtbaren Ausdruck zu geben, auf der anderen Seite erhoben die deutschen weltlichen und geistlichen Territorialfürsten mehr und mehr den Anspruch der Eigenständigkeit, den sie nicht zuletzt in oftmals über ihre wirtschaftlichen Verhältnisse hinausgehenden Schloßbauten zu dokumentieren suchten.

Das Schloß, Voraussetzung für eine standesgemäße Lebensführung des Adels, wird zum Sinnbild fürstlicher Macht. So werden die europäischen Fürsten und teilweise auch die katholische Kirche von einem Baufieber erfaßt, das im ersten Viertel des 18. Jahrhunderts seinen Höhepunkt erreicht, aber erst nach der Jahrhundertmitte abklingt. Lothar Franz von Schönborn, Kurfürst und Erzbischof von Mainz, bezeichnet es treffend als »*Teufelswurm*«. Das Bild von Versailles vor Augen, werden Residenzschlösser gewaltigen Ausmaßes projektiert – man denke nur an Schönbrunn, Karlsruhe, Mannheim, Ludwigsburg, Würzburg, Düsseldorf und nicht zu vergessen Berlin, von denen nicht alle in der beabsichtigten Form gebaut wurden und nicht selten der Nachfolger neben einem unfertigen Bau auch einen Berg von Schulden übernahm.

Aber die Freude am Bauen, das Planen über Notwendigkeit und Zweck hinaus, sind ein Charakteristikum der ganzen Epoche. Colbert äußert gegenüber Ludwig XIV., daß ein Fürst sein Andenken durch nichts so rühmend der Nachwelt hinterließe, als durch die Errichtung von Baudenkmalen. Der Herrscher wollte dabei seinen Namen nicht

Ideenskizze von August dem Starken zu einer Orangerie im Zwingergarten von Dresden, 1709. Staatsarchiv Dresden

nur als Auftraggeber mit dem Bauwerk verknüpft wissen, sondern auch unmittelbaren Einfluß auf die Planung und das Bauen selbst nehmen. Das entsprach folgerichtig absolutistischem Denken, es ist gleichsam ein Wesensmerkmal des fürstlichen und besonders des absolutistischen Bauherrn, die Lage und Größe seines Schlosses zu bestimmen, Raumaufteilungen festzulegen und durch die Wahl der Baumeister die künstlerische Richtung zu beeinflussen.

Die Formulierung des Auftrages reicht von der allgemeinen verbalen Form bis zur selbständigen zeichnerischen Lösung. Eine dauernde Mitsprache bei der Ausarbeitung des Projektes, plötzliche Planänderungen und oftmals willkürliche Eingriffe in das Baugeschehen sind für den absolutistischen Bauherrn selbstverständliche Rechte. Die Anteilnahme der einzelnen deutschen Territorialfürsten am Baugeschehen ist unterschiedlich. Sie hängt von vielen Faktoren, u. a. von der künstlerischen Vorbildung des Auftraggebers, seiner politischen Stellung und entsprechender künstlerischer Potenzen für die bauliche Umsetzung ab. Finanzielle Erwägungen haben nur bedingt eine Rolle gespielt.

Der brandenburgische Kurfürst Friedrich Wilhelm ließ sich als Anregung für seine beabsichtigten Bauten in und um Potsdam von seinem Statthalter in Kleve, Johann Moritz von Nassau-Siegen, 1663/64 Vorlagen niederländischer Architektur, besonders der Bauten Jakob van Campens, schicken. In seinem Dankesbrief für das erhaltene Buch van

Campens schrieb der Kurfürst am 9. März 1663 an Johann Moritz, daß er »*schon Dinge darauß gezeignet (habe), welche ich zu Potzdam appliciren werde*« (Mielke 1979, S. 160f.). Das Ergebnis war ein Schloßbau in Anlehnung an das niederländische Schloß Honsholredijk (Honselaarsdijk), ein Bau van Campens. Schon 1661 war der Statthalter nach Potsdam beordert worden, um nach dem Vorbild seiner eigenen Residenz Kleve »*einen Entwurf zu machen, wie Sie vermeinen, dass es recht zu bauen und anzulegen ist*« (Mielke 1979, S. 161). Der Entwurf ist nicht überliefert, die Briefquelle aber beweist, daß Johann Moritz nicht nur seinem eigenen Bereich den künstlerischen Stempel aufdrückte, sondern auch die Rolle des Beraters und Gestalters bei seinen Landesherren übernahm.

Besonders erfolgreich waren die Schönborns, der Kurfürst-Erzbischof Lothar Franz sowie vier seiner Neffen, die alle vom »*Bauwurm*« besessen waren. Das offene Geheimnis ihrer Erfolge war ihre enge Zusammenarbeit. So wurden Entwürfe zur Korrektur oder mit dem Wunsch für Gegenvorschläge ausgetauscht. Darüber hinaus schickten sie die Architekten zu anderen Bauherrn und Bauten und hielten regelrechte Baukonferenzen ab, die alle Schönbornschen Bauherrn und ihre Architekten vereinigten.

Die umfangreiche Korrespondenz zwischen den Familienmitgliedern, meist in einem deutsch-französisch-italienischen Baujargon geführt, erlaubt einen sehr genauen Einblick, da man besonderen Wert darauf legte, eigene Baugedanken genau festzuhalten und ausdrücklich zu betonen. So betrachtete Lothar Franz die Prachttreppe von Pommersfelden als sein eigenes Werk. Johann Dientzenhofer gab er für die Wiener Baukonferenz im Februar 1713 die Instruktion mit auf den Weg: »*Meine stieg aber muess bleiben, als welche von meiner invention sindt undt mein meisterstück ist.*« Hildebrandt verspricht ihm dann auch bei der Ausarbeitung der Details und der umlaufenden Galerien die »*prima idea*« nicht zu entfernen. Daß das Treppenmotiv einer ähnlichen Anlage Fischers von Erlach in Schloß Schönbrunn entlehnt ist, schmälert in keiner Weise die durch enge Zusammenarbeit von Bauherrn und Architekten entstandene großartige architektonische Leistung, die weniger in der Fassade als in der sinnvollen Anordnung der Räume, Säle und Treppen zum Ausdruck kommt.

In Sachsen ist August der Starke im 18. Jahrhundert der bestimmende Auftraggeber, Kunstsammler und Mäzen. Ohne ihn wäre die großartige Architektur des Dresdner Zwingers, für den er eine eigenhändige Skizze anfertigte, wohl kaum denkbar. Das Staatsarchiv in Dresden bewahrt 135 Zeichnungen Augusts des Starken auf, hauptsächlich Skizzen zu Festungsanlagen und Ausrüstungsgegenständen, aber auch Entwürfe für Festlichkeiten, Gartenanlagen und Bauwerke, u. a. für ein Stadtpalais in Leipzig und zahlreiche Blätter für Schloß Moritzburg.

Trotz seines bestimmenden künstlerischen Geschmacks – man spricht nicht von ungefähr von augusteischem Barock – kam es nie zu

Skizze Peters I. zum Unteren Park in Peterhof. Zentralarchiv Moskau

Differenzen mit den Künstlern. Er erkannte und förderte ihre Fähigkeiten und Begabungen; wer einmal an den sächsischen Hof gekommen war, blieb auch dort. Wie anders sollte es im friderizianischen Preußen sein!

Für Friedrich II. war ein anderer Herrscher bis auf einen Punkt geradezu Idealfigur und Vorbild. Am 6. März 1737 schrieb er als Kronprinz aus Rheinsberg an Voltaire: »*In unseren Tagen hat es nur einen wahrhaft großen Fürsten gegeben, den Zaren Peter I. Er war nicht allein Gesetzgeber seines Landes, sondern beherrschte auch in gleicher Vollkommenheit die Wissenschaft des Seewesens. Er war Baumeister, Anatom, ein (manchmal freilich gefährlicher) Chirurg, ein kundiger Soldat und vollendeter Ökonom, kurz, um das Muster für alle Fürsten zu bilden, hätte er eine weniger barbarische und weniger rohe Erziehung genießen müssen, als er in einem Lande erhalten hatte, wo man die unumschränkte Autorität nur in Gestalt der Grausamkeit kannte.*« (Briefwechsel Friedrich/Voltaire I, S. 43). Natürlich mußte ein aufgeklärter Fürst die letztgenannten Einwände machen, aber abgesehen davon ist die Bewunderung für den russischen Zaren groß. Friedrich war vor allem von der Universalität, die er ja selbst anstrebte, beeindruckt. Des Zaren Mitsprache als Baumeister zeigt sich besonders deut-

Zeichnung Friedrichs II. von der Gartenseite des Stadtschlosses Potsdam. Staatliche Schlösser und Gärten Potsdam-Sanssouci

lich bei der Anlage der Sommerresidenz Peterhof (Petrodworez) in der Nähe des heutigen Leningrad. Auf mehr als zehn eigenhändigen Skizzen Peters I. werden der Grundriß der Gartenanlage oder einzelner Teilbereiche, der Verlauf des Hauptkanals, die Konstruktion der Brücke darüber und sogar das Parkett für Monplaisir festgelegt. Skizzen und Ausführung sind nahezu identisch. Peter bevorzugte die Grundrißdisposition, lediglich einmal ist das Schloß im Aufriß wiedergegeben, aber so ungelenk und wohl mehr als Markierung denn als Bauanweisung gedacht. Darüber hinaus existieren noch eine große Anzahl von Plänen mit seinen Eintragungen, Bemerkungen und Korrekturen, seinen Anregungen und Erlasse zur Bautätigkeit.

Aber über Peterhof hinaus hat der Zar großen persönlichen Anteil an der Planung und Errichtung seiner neuen Hauptstadt.

Der preußische König Friedrich II. steht damit in bezug auf die administrative und künstlerische Mitsprache in Bauangelegenheiten ganz in der Tradition fürstlich-absolutistischer Herrscher des späten 17. und frühen 18. Jahrhunderts in Europa. In Hinblick auf ihre Intensität und Konsequenz gibt es jedoch wohl kaum einen Vergleich.

Ansicht der Stadt Potsdam vom Brauhausberg; Kupferstich nach C. F. Feldmann, um 1735. Privatbesitz Potsdam

Bau der Oranienburger Straße in Berlin. Gemälde von D. Dägen, um 1735. Staatliche Schlösser und Gärten Potsdam-Sanssouci

Bauen in Berlin und Potsdam unter Friedrich II.

Mehr als 40 Jahre friderizianische Regierung und Bautätigkeit haben zwischen 1740 und 1786 die Städte Berlin und Potsdam geprägt.
Ihre architektonische Entwicklung hatte mit dem Aufstieg Brandenburg-Preußens zu einer politischen Macht unter dem Großen Kurfürsten Friedrich Wilhelm begonnen und unter dem ersten preußischen König Friedrich I. einen Höhepunkt erreicht. Andreas Schlüter und der Hugenotte Jean de Bodt verstanden es, dem königlichen Anspruch bauliche Repräsentanz zu geben. Der Blick nach Frankreich zu Ludwig XIV. war jedoch deutlich spürbar. »*Unter Friedrich I. war Berlin das Athen des Nordens gewesen; unter Friedrich Wilhelm wurde es dessen Sparta*«, charakterisierte Friedrich II. den künstlerischen Umschwung. Friedrich Wilhelm I., »*der nützliche und thunliche Projekte liebte*«, ließ zwar beide Städte erweitern, doch geschah das mit

Ausnahme der Kirchenbauten ohne großen architektonischen Aufwand. Aber die Entwicklung von bürgerlichen Typenbauten für Berlin und Potsdam, die heute durchaus modern erscheinen, wurde von der nachfolgenden Generation als »Monotonie« empfunden und die neu angelegten Straßen angesehen, »*als wenn deren Häuser eine Reihe stehende Anzahl Soldaten vorstellten, wovon die Dacherker über dem zweyten Stockwerke gleichsam den Grenadiermützen glichen*« (Manger, S. 19).

Doch schon drei Jahre nach dem Regierungsantritt Friedrichs II. stellte kein Geringerer als Voltaire 1743 bei seinem Besuch in Berlin fest: »*Seine (des Königs, d.V.) Sorge richtet er nun darauf, die Stadt Berlin auszustatten, eines der schönsten Opernhäuser Europas zu bauen und Künstler aller Art kommen zu lassen; denn er wollte sich mit allen Mitteln und so billig wie möglich Ruhm erwerben ... die Dinge änderten sich zusehends: Sparta ward zu Athen*« (Bd. 1, S. LXVIII).

Mit dem 1741 bis 1743 von Knobelsdorff errichteten Opernhaus begann eine neue Ära der Baukunst in Berlin. Der König, während des

Gendarmenmarkt in Berlin mit dem Deutschen und Französischen Dom und dem Französischen Komödienhaus. Kupferstich von C.B. Schwarz, nach einer Zeichnung von M.F. Adolph, 1788. Märkisches Museum Berlin

Baues im Krieg in Schlesien, wünschte die Perfektion »*innerhalb zweier Monate*«. Das war unmöglich, und auch bei der Rückkehr Friedrichs und der provisorischen Einweihung am 7. Dezember 1742 in Anwesenheit des Königs standen noch überall Gerüste, und vom Apollosaal waren nur die Grundmauern zu sehen. Erst im folgenden Jahr konnte der Bau endgültig fertiggestellt und zum zweiten Mal eingeweiht werden. Die Zeitgenossen waren des Lobes voll, fanden das Bauwerk vom Geist der Antike durchdrungen und im Geschmack des »*großen Palladio*« errichtet. Es ist zweifellos die Frucht enger Zusammenarbeit in der Kronprinzenzeit in Rheinsberg. Der König hat seinen Anteil daran, wie Knobelsdorff in der Dedikationsmappe mit den Opernhausplänen vermerkt; kein Wunder, daß Friedrich so auf die schnelle Fertigstellung des Bauwerks drängte.

Die Oper war zudem Bestandteil eines groß angelegten Forumplanes, der die Errichtung eines Stadtpalais an der Straße Unter den Linden mit Seitenflügeln sowie gegenüber die Oper und die Akademie der Wissenschaften vorsah. Das Opernhaus setzte damit neue baukünstlerische und städtebauliche Akzente. Aber der König nahm schon an dem wohl vor 1740 in Rheinsberg entstandenen Plan Korrekturen vor, die seine eigenwillige Mitsprache verdeutlichen. Die einzigartige Idee des »*Forum Friderizianum*«, die über die Markgrafenstraße auch einen städtebaulichen Zusammenhang mit dem Gendarmenmarkt, dem heutigen Platz der Akademie, hergestellt hätte, wurde nicht verwirklicht. Ab 1744 richtete der König sein Augenmerk auf Potsdam. Trotzdem erhielt Berlin in den 40er Jahren noch einige Monumentalbauten, die den hauptstädtischen Charakter unterstreichen sollten: 1747–50 den Dom am Lustgarten, ab 1747 die Hedwigskirche hinter der Oper, 1748–53 das Palais des Prinzen Heinrich, die wesentlich reduzierte Form des ehemals geplanten großen königlichen Stadtpalais. Zu all diesen Bauwerken hatte der König Skizzen angefertigt und die Standorte selbst bestimmt.

Potsdam war nun die künstlerische Domäne Friedrichs. Das Stadtschloß wurde 1744 bis 1752 zur Winter-, Sanssouci zur Sommerresidenz ausgebaut. Ab 1748 erhielt die Stadt auch neue Bürgerhäuser; anfangs in der unmittelbaren Umgebung des Schlosses, immer im Blickwinkel des Königs, dann weiter auf die anderen Stadtteile übergreifend. Drei neue Stadttore wurden gebaut! Der Siebenjährige Krieg unterbrach die Bautätigkeit in Potsdam wie überall in Preußen. Nach 1763 setzte sie jedoch mit dem Neuen Palais am westlichen Ende der Hauptallee von Sanssouci in vollem Maße wieder ein. Noch einmal wurde der Forum-Gedanke aufgenommen, aber nicht als städtebauliche Idee, sondern gleichsam als bauliche Machtdemonstration eines gewonnenen Krieges in die märkische Landschaft gesetzt.

Auch der Bürgerhausbau ging weiter, nach 1770 mit nicht so strenger königlicher Reglementierung, so daß sich neben den repräsentativen palastähnlichen Fassaden, hinter denen sich zwei oder drei Bürgerhäuser verbergen, auch das für die Spätzeit friderizianischen Bauens charakteristische zweigeschossige Bürgerhaus herausbilden konnte. Das Bautempo nahm ständig zu und betrug in den 80er Jahren bis zu 40 Häuser jährlich.

Nach 1769, dem Jahr der Fertigstellung des Neuen Palais und der Communs in Sanssouci, wurde Berlin wieder interessant für den König, obwohl er sich nur ungern und deshalb nur selten in der Stadt aufhielt. Erneut setzte eine intensive Bautätigkeit ein, die vor allem darauf gerichtet war, durch neue Prachtfassaden in den Hauptstraßen Berlin das Aussehen einer europäischen Großstadt zu verleihen. So entstanden Unter den Linden, in der Leipziger und König(Rathaus)straße sogenannte königliche Immediatbauten, »*d. h. ganz oder größtentheils auf königliche Kosten errichtete Häuser für Private seien es Beamte, Hoflieferanten oder durch Empfehlungen anderer Art dieser Gunst teilhaftig, bei welchen weder die Rücksicht auf Ansprüche und Bequemlichkeit der Bewohner, als auf die Verschönerung der Stadt für den königlichen Bauherrn maassgeblich war*« (Borrmann, S. 128). Ähnlich wie vorher in Potsdam faßten hier Unter den Linden zum Beispiel 33 Hausfassaden 44 Grundstücke zusammen. Das Bautempo war enorm, zwischen 1769 und 1777 waren es 149, zwischen 1778 und 1785 sogar 421 neue Häuser.

Ein besonderes Interesse bekundete der König zu Beginn der 70er Jahre dem Gendarmenmarkt in der Friedrichstadt. Hier scheint er noch einmal den Versuch unternommen zu haben, ein neues städtebaulich geschlossenes Ensemble mit starker architektonischer Aussagekraft schaffen zu wollen. War der Gendarmenmarkt nicht die späte Variation

Nauensche Plantage in Potsdam, von Norden. Gemälde von J. F. Meyer, 1773. Staatliche Schlösser und Gärten Potsdam-Sanssouci

Königsbrücke mit Kolonnade in Berlin. Entwurf C. v. Gontard, um 1777. Verwaltung der Staatlichen Schlösser und Gärten Berlin (West)

des Forumplanes? Die 1736 gebauten Ställe des Regiments Gendarms verschwanden 1773, und ein Jahr später legte der Franzose Bourdet einen Entwurf vor, der eine einheitliche Platzumbauung vorsah, in der die Straßeneinmündungen mit Triumphbogen überbaut und auch die beiden Kirchen hinter ebensolchen Fassaden in die Nord- bzw. Südwand einbezogen werden sollten. Aus nicht bekannten Gründen hat der König dieses Projekt verworfen und statt dessen noch 1774 mit einer eigenen Bauvorstellung begonnen. Nach Plänen Ungers baute J. Boumann d. Ä. zwischen die beiden Kirchen das Französische Komödienhaus. Wieder, wie beim Forum Fridericianum, bildet ein Theaterbau den Auftakt für ein beabsichtigtes Ensemble, dessen Grundriß freilich seit dem Ende des 17. Jahrhunderts festlag und den Friedrich II. auch nicht veränderte. Von 1777 bis 1785 ließ der König durch Gontard und Unger 20 dreigeschossige Wohnhäuser errichten. Städtebauliche Dominanz erhielt der Platz jedoch durch die beiden Turmbauten Gontards (1780–85) »*nach des Königs eigener Idee*«. Schon im 18. Jahrhundert wurde die Piazza del Popolo in Rom in bezug auf die Gleichartigkeit der Türme als Vorbild angesehen, doch Bezüge ergeben sich auch zu den Domplanungen Friedrichs I. und zum Invalidenhaus in Greenwich bei London von Inigo Jones und damit wieder zum englischen Palladianismus, zu dem sich Friedrich schon in seinen ersten Bauten bekannt hatte. Zu Anfang noch als Kirchenbauten geplant, werden sie bald zu reinen Türmen, ohne Innenausbau, aber in ihrer Gleichheit vor der deutschen und französischen Kirche und dem reichen, an der Vorstellung der Aufklärung orientierten Skulpturenprogramm zum Sinnbild religiöser Toleranz. »*Das Ganze macht einen ungemeinen Eindruck*«, schrieb Nicolai 1786 voller Bewunderung.

Auch der Forumplan wurde nun noch einmal aufgegriffen. Der Oper gegenüber, anstelle der einstmals vorgegebenen Akademie der Wissenschaften, ließ Friedrich nach dem Entwurf von J. B. Fischer von Erlach für den Michaelertrakt der Wiener Hofburg 1775 bis 1780 durch Unger –

die Ausführung leitete Boumann d. J. – eine Bibliothek errichten. Die barocke, in dieser Zeit längst veraltete Architektur gegenüber der klassizistischen und noch immer modernen Oper mutet schon etwas eigenartig an. Warum dieser Rückgriff auf ein Bauwerk, das 1735 in Wien begonnen, dessen Bau nach zwei Jahren jedoch wegen Geldmangel eingestellt wurde und erst 1890 zur Ausführung kam? Was in Österreich ein Torso blieb, wird in Preußen vollendet! Es scheint mehr ein politischer als ein architektonischer Beweggrund des Königs gewesen zu sein, den Bau an dieser Stelle zu errichten.

Berlin erhielt nun auch steinerne Brücken, bisher war nur die Lange Brücke massiv. Die Kolonnaden an der Spittel- (1776) und Königsbrücke (1777–80) gehören zu Gontards besten Leistungen. Mit ihrem triumphalen Anspruch geht hier die Architektur weit über ihre Aufgabe hinaus, feste Läden anstelle hölzerner Krambuden zu schaffen.

Im Todesjahr des Königs 1786 erging der Befehl, das Oranienburger und das Rosenthaler Tor als Triumphbogen sowie das Hamburger Tor mit zwei Obelisken neu zu bauen. Die Hauptstadt zeigte sich nun auch für den Ankommenden mit repräsentativem Gesicht.

Ihre Einwohnerzahl war von 90 000 im Jahre 1740 auf 145 000 im Jahre 1786 gestiegen. Im Vergleich zur Zeit des Soldatenkönigs hatte sich Berlin zwar nicht vergrößert, war jedoch durch den gezielten inneren Ausbau nach Wien zur volkreichsten deutschen Stadt, zu einer europäischen Hauptstadt, geworden.

Auch Potsdam blieb in friderizianischer Zeit bis auf eine geringfügige Erweiterung in den Grenzen der Zeit Friedrich Wilhelms I. bestehen. Durch den innerstädtischen Ausbau konnte die Einwohnerzahl von 11 700 im Jahre 1740 auf 19 400 (zuzüglich 8 800 Militärpersonen) im Todesjahr Friedrichs steigen. Die Bauleidenschaft des Königs hatte durch seine nahezu ständige Anwesenheit – ausgenommen in Kriegszeiten – die Stadt noch markanter geprägt als Berlin.

Die »*Haupt- und Residenzstädte Berlin und Potsdam*« sind so, wie sie sich am Ende der friderizianischen Zeit präsentieren, Produkte eines absolutistischen königlichen Bauherrn, der seine Ideen konsequent und mit großem eigenem Engagement durchgesetzt hatte.

»*Hier geschah alles unter Seiner unmittelbaren Anordnung, Aufsicht und Ausführung*«, schreibt Heinrich Ludewig Manger in seiner Potsdamer Baugeschichte (S. 542). Aus diesem 1789 erschienenen Werk sind wir nicht nur über das jährliche Baugeschehen in Potsdam während der Regierungszeit Friedrichs II. unterrichtet, Manger, der von 1753 bis zu seinem Tode 1790 im Potsdamer Baukontor tätig war, gibt vor allem einen Einblick in die Tätigkeit des Königs als Bauherr und Baumeister.

Der Bericht macht deutlich, wie sich der König in den mehr als 40 Jahren seiner Regierung – besonders bis 1780 – bis in alle Einzelheiten um das Bauen gekümmert hat. Seine einmal getroffenen Entscheidungen waren unumstößlich und blieben auch dann bestehen, wenn sie sich

Eigenhändige Aufstellung Friedrichs II. von den zu errichtenden Bauten und deren Kosten aus dem Jahr 1749. Zentrales Staatsarchiv Merseburg

Aufstellung Johann Boumanns »Von denen von Seiner Königlichen Majestät allergnädigst pro Ae 1749 ausgesetzten zu zahlenden 100000 rthl. zu dero hiesigen Bauten«. Zentrales Staatsarchiv Merseburg

später als fehlerhaft herausstellten. Von jedem geplanten Gebäude mußten ein Plan und ein Kostenanschlag angefertigt werden, erst wenn diese vom König approbiert waren, durfte der Bau begonnen werden. Der besseren Übersicht wegen wurde 1754 verfügt, jeden Bau gesondert abzurechnen; bis dahin hatte man mehrere Bauten zusammen berechnet. »*Wenn einmal der Etat eines Jahres zu neuen Bauten genehmigt und die Summe festgesetzt war, so war der König auch außerordentlich pünktlich im Assigniren des Geldes und nichts als ganz außerordentliche Umstände veränderten die Zahlungstermine. Dieseswegen mußten Ihm dergleichen Etate auf holländisch Briefpapier klein geschrieben übergeben werden. Diese verwahrte Er in seinem Taschenbuche und notierte dazu, wenn und wieviel Er darauf assigniret habe*« (Manger, S. 603f.). Das Bauprogramm wurde auf ein Kalenderjahr festgelegt, die gerade bei den Schloßbauten entstehenden Überhänge im darauffolgenden Jahr wieder aufgenommen. Allem voran ging die eigenhändige Planung des Königs, die, wie Beispiele zeigen, nicht nur die Bauten, sondern auch die gesamten Kunstgegenstände wie Möbel, Porzellan, Gemälde, Statuen, Wandbespannungen und anderes einbezog.

»*Gemeiniglich resolviret der König im September-Monat, was in dem folgenden Jahre gebauet werden soll. Hierauf werden von dem Baucomtoir die Façaden-Zeichnungen, und wenn diese genehmiget, alsdenn auch die Anschläge gemacht: sofern denn diese ebenfalls vom Könige gut geheißen, alsdenn wird der Jahres Bauetat zur höchsten Vollziehung vorgeleget*« (Königl. Donationsbrief, S. 499).

Auf Befehl des Königs wurden die Gelder vom Geheimen Kämmerer an den Leiter des Baukontors gegeben, der sie auf das Einnahmekonto des vorgesehenen Baues schrieb und mit dem Vermerk, für welchen Bau sie bestimmt waren, an den Rendanten der Baukasse weitergab. Dieser mußte sie dem König quittieren, die Rechnungen bezahlen und, wiederum nach Assignierung durch den Leiter des Baukontors, die Hauptrechnung ausstellen. Eine wichtige Mittlerfunktion zwischen dem königlichen Bauherrn und dem Baukontor kam dem Geheimen Kämmerer zu. Der bedeutendste von ihnen war zweifellos Michael Gabriel Fredersdorf (1708–1758), der schon in der Rheinsberger Zeit Kammerdiener war und nach der Thronbesteigung Friedrichs zum »*Geheimen Kämmerer*« avancierte. Er besaß bis zu seinem Ausscheiden aus dem Amt am 9. April 1757 das volle Vertrauen des Königs nicht nur in Geld-, sondern auch in heiklen politischen Angelegenheiten; Voltaire nannte ihn »*le grand factotum du roi Fréderic*«. Kämmerer mußten oft Befehle, die das Bauwesen betrafen, an die zuständigen Baumeister weitergeben, wodurch es, da sie keine Fachleute waren, nicht selten zu Mißverständnissen kam.

Das Interesse des Königs an den Bauangelegenheiten galt nicht nur dem großen Entwurf, sondern betraf auch die Einzelheiten der Komposition. Er beantwortete »*alle und jede Berichte, Vorstellungen und Anfragen wegen Bausachen, sogleich denselben Tag, wenn sie einge-*

reicht waren, entweder eigenhändig oder durch Kabinetsschreiben, die Er unterschrieb« (Manger, S. 604). Selbst wenn er nicht im Lande war, wollte er ständig unterrichtet sein: »*Sagen Sie Knobelsdorff, daß er mir über meine Bauten, meine Möbel, meine Gärten und das Opernhaus schreiben soll, um mich zu zerstreuen*«, schrieb er an Jordan. Und weiter am 8. Mai 1742 an denselben: »*Ich habe einen Brief Knobelsdorffs erhalten, mit dem ich sehr zufrieden bin; aber alles ist darin zu trocken, es gibt keine Details. Ich möchte, daß die Beschreibung jedes Säulentheiles von Charlottenburg vier Quartseiten umfaßt, das würde mich sehr unterhalten.*« Bald danach: »*Veranlassen Sie den dicken Knobelsdorff, daß er mir schreibe, wie es in Charlottenburg, meinem Opernhause und meinen Gärten aussieht. Ich bin in diesen Dingen wie ein Kind; das sind meine Puppen, mit denen ich spiele*« (Seidel, 1899, S. 127).

Neben der intensiven Anteilnahme wird aus diesen Briefstellen des Königs noch etwas anderes deutlich: Wie im Theater will er sich »*zerstreuen*«, »*unterhalten*«, will mit den Dingen »*spielen*« wie auf seiner Flöte. Bauen und sich mit Kunstgegenständen umgeben ist bei allem Ernst, mit dem dies betrieben wird, niemals frei von barocker Launenhaftigkeit, es ist gleichsam eine Freizeitbeschäftigung, wenn auch eine kostspielige. Dies muß im Auge behalten werden, wenn man die Rolle Friedrichs II. als Baumeister betrachtet.

Scheinbar im Gegensatz dazu steht seine Sparsamkeit, die sich in den späteren Regierungsjahren bis zum ausgesprochenen Geiz steigerte, gepaart mit einem immer währenden Mißtrauen allen Baubeamten gegenüber, ja eigentlich gegenüber allen, mit denen er in den verschiedensten geschäftlichen Verbindungen stand, ob es Schauspieler, Kaufleute oder Goldschmiede waren. Voltaire berichtet: »*Größte Sparsamkeit war in Potsdam leitender Gedanke bei allen Neigungen des Königs. Für seine Tafel und die seiner Offiziere und seiner Dienerschaft wurden, abgesehen vom Wein, dreiunddreißig Taler pro Tag bezahlt*« (Bd. 1, S. LXXVIII).

Angeblich soll das Mißtrauen allen Baubedienten gegenüber aus jener Zeit herrühren, als Friedrich bei seiner Tätigkeit in der Küstriner Verwaltung verschiedene Unregelmäßigkeiten gesehen hatte. Manger weist allerdings darauf hin, daß vielleicht dafür die schlechte Bezahlung schuld war; man sollte aber nicht von einigen Beispielen auf die »*ganze Zunft der Baumeister schließen*«. Viele Kostenanschläge erschienen dem König von vornherein zu hoch, und um sicher zu gehen, ließ er die der Potsdamer Baumeister von denen in Berlin revidieren und umgekehrt. Traten bei den Bauten später notwendige Reparaturen auf, so hatten die Baumeister einen dauernden Kampf um die Bewilligung der erforderlichen Gelder zu führen. »*Es soll nur bey meinem Leben dauern*«, äußerte er gegenüber einem Inspektor, also brauchten Reparaturen auch nicht zu sein (Manger, S. 319).

Das Mißtrauen des Königs hatte allerdings eine gewisse Berechtigung.

Im Baureglement für das Potsdamer Baukontor aus dem Jahre 1752 hatte er verfügt, daß ein genaues Journal zu führen sei, in dem alle Materiallieferungen zu den Baustellen, kommen sie nun direkt von den Kähnen auf der Havel oder vom Baudepothof, eingetragen werden mußten und das wöchentlich zu kontrollieren war. Doch trotz solcher Vorschriften sah die Wirklichkeit anders aus: »*Außerdem war es auch bekannt und sicher genug, daß zu keinem einzigen Gebäude so viel Material verwendet, als angeschaft und bezahlet wurden, dies leugnete niemand. Die Ursache ist eben so bekannt, nämlich das Stehlen. Denn es wird gestohlen: von den Schiffen, welche die Materialien bringen; von den Ablagen wo sie aufgesetzt sind; während des Anfahrens; am Bau selbst; und das auf so verschiedene Weise und von verschiedenen Personen, daß es Wächtern mit Argusaugen nicht möglich seyn kann, alles zu entdecken. Im Durchschnitt muß immer ein Sechstheil gerechnet werden was gestohlen wird, und in manchen Jahren beträgt der Bruch auch so viel, besonders wenn späte Fröste im Frühjahr einfallen, und die gebrannten Steine mürbe machen. Es können sich alles hier zu weilen nur zwey Drittheile der Materialien eines aufgeführten Gebäudes finden, weil sie dazu nicht haben verwendet werden können*« (Manger, S. 501f.).

Freilich wird man dafür nicht in erster Linie die Baumeister verantwortlich machen können, aber der mißtrauische Bauherr belangte immer zuerst diese, wenn irgend etwas am Bau nicht klappte oder wenn Unterschleife vorkamen. So wurden Büring, Hildebrant, Gontard und Manger für geraume Zeit kurzer Hand arretiert.

Bereits im Jahr des Regierungsantritts Friedrichs wurde Knobelsdorff mit den wichtigsten Bauaufgaben betraut; de facto übernahm er die Leitung des gesamten preußischen Bauwesens. De jure legte eine Kabinettsordre vom 31. Juli 1742 seine Stellung als »*Surintendant aller Königl. Schlösser, Häuser und Gärten wie auch Directeur en chef aller Bauten in denen sämtlichen Provinzen*« fest (Streichhan, S. 18). Ihm wurden die Baubedienten unterstellt, und Neueinstellungen hingen von seiner Beurteilung ab. Er erhielt Sitz und Stimme im Generaldirektorium und 1748 sogar den Rang eines Ministers. Die Entwürfe Knobelsdorffs zeichneten Bauzeichner »*ins reine*« und fertigten die »*Polierrisse*« an. Als unmittelbare Mitarbeiter sind Andreas Krüger, Johann Füncke, C. H. Horst und vielleicht auch Johann Friedel bekannt.

Bei der Durchsetzung seiner Vorstellungen hielt sich der König im Laufe der Zeit immer weniger an die von ihm selbst festgelegten Dienstwege. Ohne Begründung wurde etwa der Baudirektor Diterichs, dem er die Leitung der Bauten in Sanssouci und am Potsdamer Stadtschloß übertragen hatte, durch eine Kabinettsordre vom 25. April 1745 seines Amtes enthoben und durch den Kastellan Boumann ersetzt. Auch Knobelsdorff hatte bald kaum noch Einfluß auf die Ausführung seiner Entwürfe; er mußte sie auf Befehl des Königs an Boumann geben, der

dann im Potsdamer Bauwesen bis zu seinem Weggang nach Berlin im Jahre 1755 eine bevorzugte Stellung einnahm.

Das 1752 erlassene Reglement unterstellt das Potsdamer Baukontor dann auch formell direkt dem König; Knobelsdorff wird überhaupt nicht mehr genannt. »*Soll der Castellan Boumann nach wie vor die Direction von allen Königl. Bauten behalten, und was Se. Königl. Majt. dieserhalb so wohl in Ansehung derer nötigen Plans und Anschläge, als auch sonsten, anordnen und befehlen werden, jedesmahl mit aller nur ersinnlichen Exactitude und gehöriger Treue besorgen*« (s. Anhang). Der Konducteur C. L. Hildebrant stand ihm als Kontrolleur zur Seite und war bei der Anfertigung der Zeichnungen und Anschläge behilflich.

Das Reglement, das die Handhabung der Materialien, die Verträge mit den Bauhandwerkern, die Abrechnungen und dergleichen festlegte, stärkte besonders die Stellung Boumanns. Er war 1732 als Zimmer-, Tischler- und Schiffsbaumeister aus Amsterdam nach Potsdam gekommen, und Friedrich Wilhelm I. hatte ihm schon 1734 den Bau des Holländischen Viertels übertragen, das er 1742 abschloß. So kam er schon als Baumeister und Kastellan in die Dienste Friedrichs II., der ihn bald auch erste Reparaturen am Stadtschloß ausführen ließ. Boumann muß es verstanden haben, sich sehr schnell die Gunst des Königs zu erringen,

Friedrich II. als Kronprinz. Gemälde von A. Pesne, 1738; Staatliche Schlösser und Gärten Potsdam-Sanssouci

Georg Wenzeslaus von Knobelsdorff. Gemälde von A. Pesne, 1739; Kopie. Staatliche Schlösser und Gärten Potsdam-Sanssouci

so daß dieser ihn »*als einen practischen Baumeister gehörig schätzte*« (Manger. S. 618) und ihm mehr und mehr die Ausführung der Entwürfe Knobelsdorffs und die Umsetzung seiner eigenen Skizzen übertrug.

Die hervorgehobene Stellung Boumanns, aber auch dessen eigenmächtige Änderungen an seinen Entwürfen mußte notwendigerweise Knobelsdorffs stärksten Widerspruch hervorrufen; Boumann wendete manche Pläne Knobelsdorffs ins Trocken-Vernünftige, so daß dieser von »*Boumanns dummem Geschmack*« sprach. Auch Boumanns Bürgerhäuser mißbilligte er – »*für Kasernen sind sie gut genug*« – und tadelte überhaupt alles, »*was nur von Boumann herkam*« (Manger, S. 618). Manger berichtet einige Episoden, die das Verhältnis Knobelsdorff-Boumann verdeutlichen. Als »*Antagonist*« Boumanns stellte sich Knobelsdorff auf diese Weise auch gegen den König, dessen willfähriges Werkzeug der jetzt zum Baudirektor avancierte Kastellan immer mehr wurde.

In seiner Kronprinzenzeit in Neuruppin und später in Rheinsberg hatte sich Friedrich in künstlerischen Fragen noch ganz von Knobelsdorff beraten und leiten lassen. Zwischen Friedrich, der sich auf das Königtum vorbereitete, und dem gerade aus der Armee ausgetretenen Offizier, der nun seine ersten baulichen und gartengestalterischen Versuche machte, sich aber im gleichen Maße zur Malerei hingezogen fühlte, bestand ein Schüler-Lehrer-Verhältnis, das auch nach der Thronbesteigung des Prinzen anfangs noch fortbestand.

Mit den politisch-militärischen Erfolgen des jungen Königs in zwei gewonnenen Schlesischen Kriegen wurde aber sehr bald auch ein gewandeltes Verhältnis zu allen künstlerischen Disziplinen deutlich, ein neues Selbstverständnis, das sich entschieden zur Geltung brachte und bringen wollte.

In den ersten Regierungsjahren waren die Beziehungen zwischen Friedrich II. und seinem obersten Baumeister im wesentlichen wohl noch ungetrübt. Das trifft namentlich auf die Bauten zu, deren Planung noch in die Rheinsberger Zeit zurückreicht. In der Dedikationsmappe mit den Plänen des Berliner Opernhauses bemerkt Knobelsdorff, daß der König die Pläne selbst entworfen und ihm zur Ausführung übergeben habe. Da Knobelsdorff jede höfische Schmeichelei fern lag, ist dieser Hinweis ernst zu nehmen. Aber manches spricht dafür, daß es gerade bei der weiteren Verwirklichung der Pläne eines Forum Fridericianum – als dessen Teil die Oper ja gedacht war – zu ersten Auseinandersetzungen zwischen Bauherrn und Baumeister kam.

Mehr und mehr löste sich der König aus dem Einfluß Knobelsdorffs. Friedrich zeigte sich durchaus nicht als orthodoxer Anhänger der französisch-akademischen Richtung; schon beim Opernhaus in Berlin, dann beim Potsdamer Stadtschloß und auch anderen Bauten hatte er sich die Formen des Palladianismus englischer Prägung zu eigen gemacht. Mögen seine Berater auch eine wichtige Rolle gespielt haben, der Geschmackswandel des Königs zum Palladianismus entspricht allge-

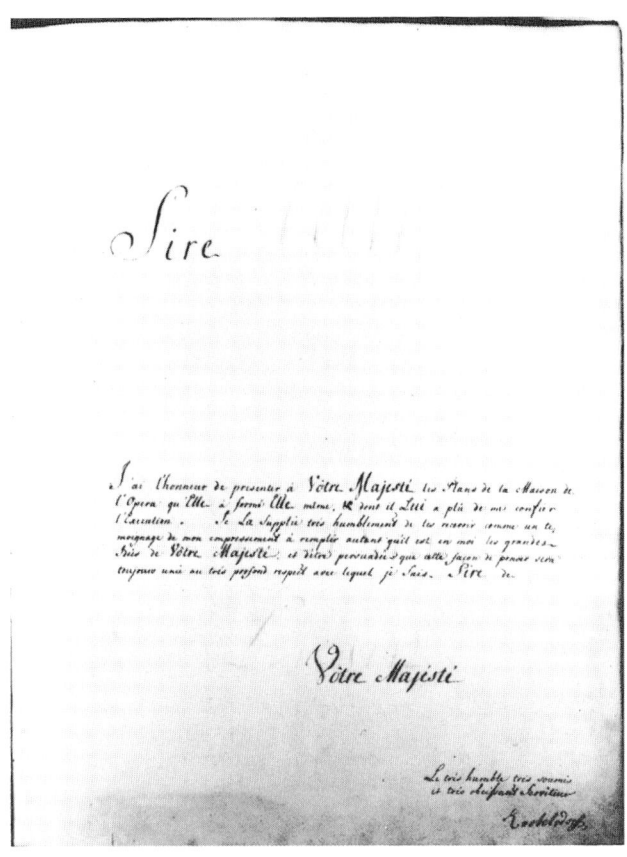

Dedikationsmappe zum Berliner Opernhaus. Widmungsblatt G. W. von Knobelsdorffs, 1742. Staatliche Schlösser und Gärten Potsdam-Sanssouci. Der Dediktationstext lautet: »Sire, J'ai l'honneur de presenter à Vôtre Majesté les Plans de la Maison de/ l'Opera qu'Elle à formé Elle même et dont il Lui à plu de me confier/ l'Exécution. Je La Supplie tres humblement de les recevoir comme un te/moignage de mon empressement à remplir autant qu'il est en moi les grandes/Idées de Vôtre Majesté, et d'etre persuadée que cette facon de penser sera/ toujours unie au très profond respéct avec lequel je suis Sire de/Vôtre Majesté/ Le très humble tres soumis/et tres obeissant Serviteur/ Knobelsdorff.«

mein dem »*Umspringen des Zeitgeistes*« (Keller, S. 28). Aber Palladio war nur ein Teil des stilistisch offenen Programms zur repräsentativen Ausgestaltung der Residenzstadt Potsdam.

Der unmittelbare Einfluß Friedrichs II. auf das Aussehen und die Gestalt der Bauwerke läßt sich in zwei Gruppen unterteilen: erstens der Nachbildung von in Architekturwerken wiedergegebenen Bauten und nach erhaltenen Bauzeichnungen und zweitens Bauten nach eigenen Skizzen des Königs.

Der König besaß fünf Bibliotheken: im Stadtschloß Potsdam, im Schloß Sanssouci und im Neuen Palais, im Schloß Charlottenburg und im Breslauer Schloß. Dort waren fast alle wichtigsten Architekturwerke der Zeit vertreten. Literatur über antike Bauwerke (Rom, Paestum, Baalbec, Griechenland), wichtige Werke zur französischen Architektur (J. F. Blondel, Jean Mariette, Pitrou) und verschiedene Ausgaben Palladios und seiner italienischen und englischen Nachfolger (Scamozzi, Campbell); aber auch Stichwerke über die Architektur Wiens (Kleiner, Pfeffer) und Stockholms.

Francesco Graf Algarotti (1712–64). Radierung von J. W. Meil, um 1770. Märkisches Museum Berlin

Palazzo della Gran Guardia in Verona. Kupferstich von F. Zucchi, Anfang 17. Jh. Vorlage für das Haus Breite Straße 6/7. Zentrales Staatsarchiv Merseburg

Potsdam, Breite Straße (Wilhelm-Külz-Straße) 6/7, erbaut von C. L. Hildebrant, 1754

»*Der König hatte in seinem Zimmer beständig die Werke eines Piranesi und Panini auf dem Tisch liegen, aus welchen er die Vorschriften zu den auszuführenden Gebäuden in Berlin und Potsdam gab*« (Stein, 1, S. 136 f.). Die Bücher erhielt der König durch seine literarischen Agenten in Paris, in bezug auf Palladio war der venezianische Patrizier Francesco Algarotti der einflußreichste Vermittler.

Algarotti (1712–1764) zählte in künstlerischen, besonders architektonischen Fragen zu den wichtigsten Beratern des Königs. Schon im September 1739 war es in Rheinsberg zu einer ersten Begegnung zwischen dem Kronprinzen und dem Grafen gekommen. Er war, wie Voltaire berichtet, »*ein äußerst liebenswürdiger Venezianer und Sohn eines steinreichen Kaufherren, bereiste damals ganz Europa, wußte über alles Bescheid und verlieh allem Reiz*« (Bd. 1, S. XLVI). In einem 25jährigen, meist freundschaftlichen Verhältnis hat der Italiener die baukünstlerischen Ambitionen des Königs in nicht zu unterschätzendem Maße beeinflußt. Bereits am 2. Juni 1740, wenige Tage nach der Thronbesteigung, rief Friedrich II. ihn nach Berlin, wo er am 28. Juni eintraf.

Algarotti gewann sehr schnell eine Vertrauensstellung und nahm an den Reisen des Königs nach Kleve und Straßburg teil. Im April 1747

Blick durch die Humboldtstraße auf das Rathaus am Alten Markt in Potsdam

erhielt er den Orden »*pour le mérite*« und die Kammerherrenwürde. Am 2. Februar 1753 reiste Algarotti mit Erlaubnis des Königs nach Italien – er hatte sich bereits Ende 1748 dort aufgehalten – und bekam im Juli des Jahres 1754 seinen erbetenen Abschied. Zuerst lebte er in Venedig, dann in Bologna und seit 1762 in Pisa, wo er 1764 starb. Friedrich II. ließ ihm auf dem dortigen Friedhof ein Denkmal setzen.

Während seines Aufenthaltes in Berlin und Potsdam und später auch von Italien aus war Algarotti bemüht, den König mit neuen Architekturwerken, Stichen und Zeichnungen zu versorgen. Am 4. August 1751 schrieb er aus Potsdam an den König: »*Den Befehlen Ew. Maj. gemäß habe ich wegen des Palastes Pitti und dem neuen Palladio, welchen man in Venedig druckt, geschrieben und ich hoffe, Ew. Maj. werden den Architekten Venedigs dieselbe Ehre zu Theil werden lassen, die Sie denen von Rom und Versailles erwiesen, die nämlich, einige ihrer Schöpfungen bei sich einheimisch zu machen und mit Ihren eigenen zu vermischen. Potsdam wird eine Schule der Baukunst werden, wie es eine Schule der Kriegskunst ist*«. Und am 12. November 1753 aus Padua: »*Ich war in Vicenza, wo ich gesehen habe, was ich bald in Potsdam wieder zu sehen hoffe*« (Friedrich/Algarotti Briefe, S. 91, 110).

Diese Sätze Algarottis sind programmatisch für die friderizianische

Architektur in den ersten Jahren nach der Mitte des 18. Jahrhunderts. Der König verfügte den Bau von fünf Kopien nach Bauten Palladios, die als point de vue bevorzugte Plätze innerhalb Potsdams erhielten. Im Gefolge des Vicentiners zogen auch Sanmicheli und Ferdinando Fuga in Potsdam ein, letzterer auf dem Umweg über Piranesi-Stiche.

Für das Haus Breite Straße (Wilhelm-Külz-Straße) 6/7 »*bestimmte der König eine Zeichnung aus seiner Sammlung*« (Manger, S. 187, III/IV). Genauer gesagt war es keine Zeichnung, sondern ein Kupferstich von F. Zucchi mit einer Ansicht des Pal. della Gran Guardia in Verona, der dem Baumeister Hildebrant übergeben worden war. Der Stich, der noch in den Akten vorhanden ist und den Hildebrant mit großer Wahrscheinlichkeit benutzt haben muß, zeigt starke Gebrauchsspuren und Marginalien, die zweifellos von der Hand Friedrichs II. stammen.

Durch die Vermittlung Algarottis schickte 1752 auch Lord Burlington, der führende Vertreter der englischen Palladio-Renaissance, Vorlagen nach Potsdam.

Algarotti am 13. Dezember 1751 an den König: »*Ich habe zu gleicher Zeit einen Brief aus England erhalten, worin man mir schreibt, daß man an Ew. Maj. die Bäder Palladios, den Palast von Chiswick und den in London gebauten egyptischen Saal abgesendet habe, um welche ich Mylord Burlington für Ew. Maj. gebeten haben*« (Friedrich II./ Algarotti Briefe, S. 92/93). Und am 11. April 1752: »*Ich habe die Ehre, Ew. Maj. den Plan des Hauses des Herrn Wade zu überreichen, welchen Mad. de Villies mir geschickt hat. Mylord Burlington schreibt mir, daß er das Buch über die Bäder Palladios und andere architektonischen Pläne Hrn. Michel, Ew. Maj. Secretair in London, eingehändiget hat und ich zweifle nicht, daß Sie dieselben unverzüglich erhalten werden*« (Friedrich II./Algarotti Briefe, S. 97).

Das Haus des General Wade ist in Potsdam, ehem. Blücherplatz 2 (zerstört), von Büring 1755 modifiziert gebaut worden, wie Manger berichtet: »*... nach einer aus England an den König gekommenen Zeichnung*« (S. 202).

Der König war stolz auf das Erreichte. Gegenüber seinem »Vorleser« Heinrich Alexander de Catt äußerte er 1758: »*Nach Potsdam, nach Potsdam! Das brauche ich um glücklich zu sein. Wenn Sie diese Stadt sehen, wird sie Ihnen sicherlich gefallen. Zu meines Vaters Zeiten war es ein elendes Nest; wenn er jetzt wiederkäme, würde er seine Stadt sicherlich nicht wiedererkennen, so habe ich sie verschönt. Ich habe die Pläne der schönsten Bauwerke Europas, insbesondere Italiens ausgewählt und lasse sie im kleinen und meinen Mitteln entsprechend ausführen. Die Größenmaße sind sehr gründlich berücksichtigt worden. Alle meine Bauwerke gefallen den Leuten, davon werden Sie sich überzeugen können. Ich gestehe, daß ich gern baue und schmücke*« (Kania, Äußerungen Friedrichs, 1937, S. 267).

»*Das verschiedene Bürgerhäuser jetzt nach Entwürfen des Palladio, oder nach Zeichnungen, welche dem Könige von auswärtigen Orten eingeschickt waren, erbaut wurden, möchte wohl daher rühren: Der*

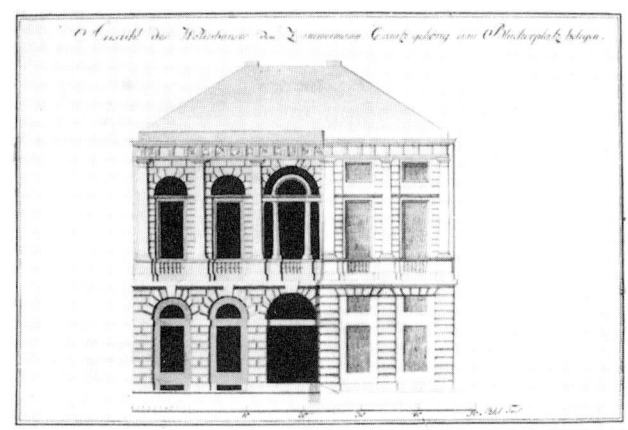

»Ansicht des Wohnhauses dem Zimmermann Craatz gehörig am Blücherplatz belegen«. Zeichnung von A. Krüger (?), um 1755; Beschriftung später. Potsdam-Museum, Potsdam

Potsdam, Blücherplatz 2, erbaut von A. Krüger, 1755

Das »Säulenhaus« Nauensche Straße 26/27 in Potsdam, erbaut von C. v. Gontard, 1767/68. Tuschzeichnung von A. L. Krüger, um 1775. Staatliche Schlösser und Gärten Potsdam-Sanssouci

Freyherr von Knobelsdorff war todt, und Boumann in Ungnade (Manger schrieb diese Zeilen für das Jahr 1753, aber erst 1755 wurde Boumann nach Berlin versetzt; d. V.), *vielleicht hat auch dessen Geschmack im Bauen nichts Reizendes mehr für den König; Hildebrant war der Einzige, den er wegen Bausachen sprach, und diesem möchte er eben nicht viel eigene Erfindungskraft zutrauen; er gab ihm also Kupferstiche, oder Zeichnungen, sagte ihm, an welchem Ort er sie angebracht wissen wollte. Und auf solche Weise entstanden aus Bürgerhäusern Palläste in Migniatür, die an anderen Orten kolossal aufgeführt sind. Auch in späteren Jahren, da wieder andere Baumeister auf dem Schauplatz waren, von denen eigene Erfindungen zu hoffen stunden, ließ der König oft nach Zeichnungen Auswärtiger, Palläste von Bürgerhäusern aufführen, welche auf die mühsamste Art von der Welt ihre Form erhalten konnten, weil dabey die Bequemlichkeit verschiedener Bewohner nicht hintenangesetzt, und das Ganze doch Viel sagen sollte. Bey eingelaufenen Zeichnungen, deren Verfertiger der König nicht wollte bekannt werden lassen, gab er sich oft die Mühe, solche mit der Feder ohne Lineal und Zirkel zu kopieren und sie hernach auf diesen oder jenen Platz auszuführen anzubefehlen. Dieses waren also Ideen aus der zweiten Hand in die dritte, und es mußten solche endlich so wie es der Raum und die dazu bestimmten Kosten erlauben wollten ins Werk gerichtet werden«* (Manger, S. 170f.).

Dieser Bericht Mangers ist in vieler Hinsicht aufschlußreich. Durch den Tod Knobelsdorffs 1753 war tatsächlich ein künstlerisches Vakuum entstanden, das die damals in Potsdam tätigen Bauleute Boumann,

Hildebrant und Büring schwerlich zu füllen vermochten. Aber Mangers Vermutung, daß der König, gleichsam als Ersatz für profilierte Baumeister, Bauten nach ausländischen Vorbildern kopieren lasse, trifft nur bedingt zu; bereits 1752 mußte Knobelsdorff der Potsdamer Nikolaikirche und dem nahegelegenen Predigerhaus Fassaden nach Vorbildern von Fuga-Bauten in Rom geben.

Das von der Fassade ausgehende Bauen – und nur die interessierte den König – hatte die denkbar schlechtesten Wohnbedingungen zur Folge. Es waren meist die Vorderseiten von Palästen mit einer ausgeprägten Beletage, die man, so gut es ging, mit Grundrissen für einen angemessenen bürgerlichen Lebensstil verbinden mußte. Außerordentlich hohen Räumen standen so sehr niedrige und schlecht beleuchtete in den Mezzaningeschossen gegenüber. Manger formuliert seine Kritik an anderer Stelle sogar noch schärfer: »*Wenn doch große Herren, besonders solche, die außer ihrem Vergnügen zugleich zum Besten ihrer Unterthanen bauen, nicht so sehr auf armselige Einsparungen sehen wollten, wie groß würde in der Folge der Vortheil für die selben seyn! besonders in Potsdam, wo für arme Bürger Palläste erbauet werden, deren Unterhalt öfters mehr beträgt, als der Nutzen der Vermietung und des Erwerbes*« (Manger, S. 318). Die Häuser wurden teilweise auf Kosten des Königs erbaut und den Eigentümern geschenkt, die darüber eine vom König eigenhändig unterzeichnete Schenkungsurkunde erhielten. Solche Geschenke aber waren zweifelhafte Gaben, denn nicht selten waren die Gebäude zum Leben und Wirtschaften unpraktisch und zudem kostspielig in der Nutzung.

»Veduta della Dogana di Terra a Piazza di Dietra« in Rom, Vorbild zum »Säulenhaus«. Radierung von G. B. Piranesi, 1753. Staatliche Schlösser und Gärten Potsdam-Sanssouci

Daß der König die Vorlagen selbst mit der freien Hand nachzeichnete, was die Arbeit der Baumeister noch mehr erschwerte, mag den Zweck gehabt haben, die eigentlichen Urheber zu verschleiern, vielleicht, um die mangelnde Originalität der königlichen Bauten nicht zu deutlich werden zu lassen. Aber der Verdacht liegt nahe, daß er seine Entwürfe auch als eigene Ideen ausgeben wollte. Umzeichnungen dieser Art scheint es beim Chinesischen Teehaus in Sanssouci und bei dem Haus Nauener Straße 26/27 gegeben zu haben. Nachdem Unger 1763 und Gontard 1764 nach Potsdam gekommen waren, besaß der König wieder Baumeister, »*von denen eigene Erfindungen zu hoffen stunden*«. Doch auch sie mußten nach vom König bestimmten Vorlagen bauen. Es sind wieder wichtige städtebauliche Punkte, die der König mit ausländischen Prachtbauten versehen wissen wollte. Als Vorlagen dienten, wie fast zwanzig Jahre vorher, Stiche von Piranesi, aber auch ein Projekt des französischen Baumeisters Pitrou, von dem Friedrich II. 1766 eine Zeichnung eines projektierten Stadtpalais auf der Ile de la Cité besaß.

Unger mußte 1769 für das Bürgerhaus Breite Straße 26/27 Motive von einem Entwurf des englischen Klassizisten Inigo Jones für das Schloß Whitehall in London benutzen. Ein Jahrzehnt später wurde bei dem Kopfbau am Langen Stall, einem Exerziergebäude aus der Zeit Friedrich Wilhelms I., noch einmal Palladio herangezogen; hier ist unverkennbar der Einfluß der Loggia Valmarana in Vicenza zu spüren.

Der Anteil der etwa zwanzig auf diese Weise nach italienischen, französischen oder englischen Vorlagen errichteten Häuser ist im Vergleich zu der Gesamtzahl von 612 während der Regierungszeit Friedrichs II. erbauten Bürgerhäusern gering. Aber die Kopien und Varianten hatten nicht nur als Blickpunkte eine ausgewählte städtebauliche Funktion; für den König waren es gleichsam architektonische Leitbilder, »*denn als Anhänger einer normativen Ästhetik war (er) von der Vollkommenheit und unbedingten Vorbildlichkeit von Bauten überzeugt, die er niemals gesehen hatte*« (Keller).

Die Schulbildung aber, die sich der König im Sinne Algarottis von diesen Bauten wohl erhofft hatte, blieb aus. Sie waren und blieben »*Fremdkörper*«, auch wenn sie vielfach von der Vorlage abweichend auf ein »*Potsdamer Maß*« gebracht worden waren. Hinzu kam, daß das Kopieren fremder Vorlagen auch auf Potsdam beschränkt blieb. Es wäre unhistorisch, diese Bauten als Eklektizismus im Sinne des 19. Jahrhunderts abzutun. Sie sind Repräsentationsstücke eines sich auch in der Architektur bestätigenden absolutistischen Monarchen, der sich das kostspielige Vergnügen leistet, nicht nur Gemälde, Skulpturen, Bücher, sondern auch Bauwerke zu »*sammeln*«. Bei seinem repräsentativen Denken war unwichtig, daß Häuser nicht nur einen Schauwert, sondern auch einen Gebrauchswert besitzen.

»*Die ersten vierzig Jahre Seiner Regierung war Er Selbsterfinder und Vorzeichner der Außenseiten zu den erbauenden Schlössern, püpliken,*

Fassade zum Langen Stall in Potsdam, erbaut von G. C. Unger, 1781

privat – und ökonomische Gebäude von einiger Wichtigkeit, eben so als zur Verzierung und Meublirung der inneren Gemächer in den Ihm besonders eigenen Gebäuden, in den letzteren Jahren nahm Er es hierinnen nicht so genau« (Manger, S. 542). Aus diesen Worten, die sich auf Potsdam beziehen, weil, wie Manger sagt, er »*den König als Baumeister blos in Potsdam habe kennen lernen*«, aber teilweise auch für Berlin Gültigkeit haben, wird ersichtlich, daß Friedrich II. selbst Gebäude verschiedenster Art und Zweckbestimmung entworfen hat. Psychologisch wäre es auch kaum verständlich, wenn der König das Bauwesen bis ins kleinste beaufsichtigte, sogar festlegte, nach welchen Vorlagen zu bauen sei, aber keinerlei Neigung verspürt hätte, sich selbst als Architekt zu betätigen.

Die Architektur war bekanntlich nicht sein einziges künstlerisches Betätigungsfeld. Da ihm alles zur Bestätigung vorgelegt werden mußte, läßt sich auch in vielen anderen Bereichen seine präzise Mitsprache

Zeichnung zu einer Feuerwerksdekoration anläßlich der Heirat des Prinzen von Preußen Friedrich Wilhelm (II.) 1765, mit Bemerkungen Friedrichs II. Staatliche Schlösser und Gärten Potsdam-Sanssouci

nachweisen. Es sind z. B. rigorose Korrekturen und Bemerkungen bei einem Entwurf zu einem Feuerwerk anläßlich der Heirat des Thronfolgers Friedrich Wilhelms (II.) 1765 oder Verbesserungen einer Figurine oder – wie wir durch einen Bericht J. J. Kaendlers aus der Meißner Porzellanmanufaktur 1762 erfahren – genaue Angaben für ganz bestimmte Geschirrdessins, »wozu Ihre Maj. eine eigenhändige Zeichnung gegeben«. Auch Schlachtpläne hat der König selbst skizziert. Immer wieder greift er zur Feder, um mit wenigen Strichen Ideen und Vorstellungen deutlich zu machen. Es sind gleichsam »gezeichnete Kabinettsordres« ohne künstlerischen Anspruch, denn sicherlich war Friedrich II. kein guter Zeichner oder Graphiker.

Daß der König Gebäude, Gartenanlagen und Inneneinrichtungen entworfen hat, berichten neben Manger auch andere Zeitgenossen. Nach Nicolai soll Friedrich schon um 1730/31 Skizzen angefertigt haben. In seinen Anekdoten schreibt er, »daß der Kronprinz die Einrichtung des Landhauses zu Küstrin entworfen, und sowohl von der Facciate als von dem Grundrisse eine Zeichnung gemacht habe« (Nicolai, Anekdoten, VI, 1792, S. 194). Im Mai 1746 besuchte der junge Schweizer Johann Conrad von Peyer im Hof den Weinberg und das Stadtschloß Potsdam. Der Kastellan und Baumeister Boumann zeigte

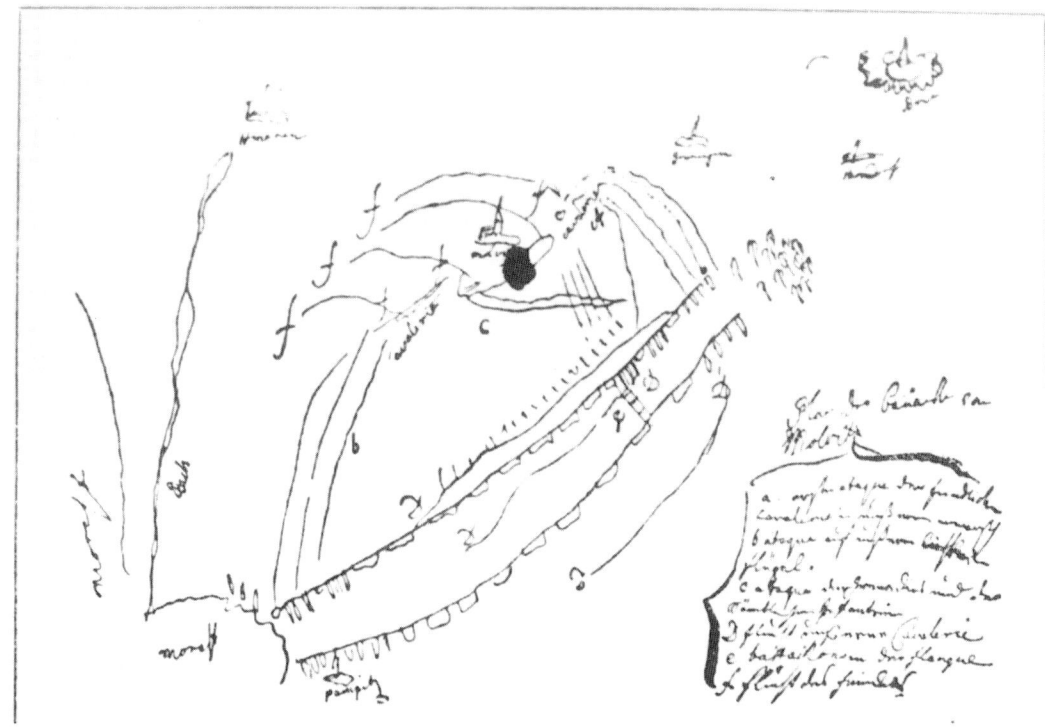

Eigenhändige Planskizze Friedrichs II. von der Schlacht bei Mollwitz, 10.4.1741. Zentrales Staatsarchiv Merseburg

ihm »*vielerlei Risse von allerhand kostbarer Architektenarbeit mit welchen der König seine Schlösser in Potsdam und das neue Lustschloß in Weinberg embellieren wird. Der König habe die gedachten Risse selbst inventiert und obendrein entworfen, was nämlich das Hauptwerk anbelangt. Er ist selbst ein großer Kenner von diesen Sachen und alles was von ihm herkommt, ist von dem auserlesensten goût*« (Eckert, S. 39). D'Alembert berichtete nach seinem Besuch 1763 in Potsdam: »*Der König hatte selbst die Pläne der Stadt und des Schlosses entworfen, den Park und die Gärten gezeichnet. Er zeigte sich mit Recht stolz auf sein Werk und sprach gern davon*« (Mielke 1981, S. 44). Büsching teilte 1788 mit, Hoppenhaupt der Jüngere habe ihm versichert, »*daß der König den rohen Entwurf zu der Auszierung eines jeden Zimmers in dem neuen Schloß (gemeint ist das Neue Palais, d. V.) selbst gezeichnet, und ihm zur Ausarbeitung gegeben habe*« (S. 270).

Aber auch nach ihrer Fertigstellung hat der König Schlösser und Gartenanlagen skizziert, um sie Bekannten zu erläutern. Der Vorleser de Catt berichtet von einem Gespräch mit Friedrich II. am 27. April 1758: »*Ich möchte Ihnen eine Vorstellung von meinem Sanssouci vermitteln und will es Ihnen skizzieren. Sie können sich die Zeichnung, die ich entwerfe aufheben und wenn Sie es nach dem Kriege sehen, so werden*

Sie mir frei und offen sagen, ob meine Zeichnung richtig gewesen ist« (Mielke 1976, S. 128). Kurze Zeit später, am 10. Juni 1758, erfahren wir wiederum von de Catt, daß der König dabei sei »*das Schloß Sanssouci, die Gärten, den Säulengang, das chinesische Schlößchen auf Papier zu zeichnen, wovon er mir schon einmal eine Skizze entworfen hat*«.

Diese Bemerkungen de Catts hatten immer wieder Zweifel aufkommen lassen, ob die Zeichnungen Entwürfe oder nachträgliche Illustrationen von bereits Vorhandenem seien. Man wird diese Streitfrage heute wohl kaum noch endgültig klären können, sie bezieht sich zudem im wesentlichen auch nur auf die Sanssouci-Skizzen.

In Übereinstimmung mit zeitgenössischen Aussagen steht fest, daß Friedrich seinen Bauleuten Skizzen übergeben hat, die Grundlage für die zu errichtenden Bauten und Anlagen waren. Aber auch bei jenen Skizzen, die ein deutliches Maß an Selbständigkeit zu erkennen geben, müssen immer die in seiner Bibliothek vorhandenen Architekturwerke im Hintergrund gesehen werden, auch wo ein direktes Vorbild nicht nachweisbar ist.

Friedrichs Skizzen sind mit freier Hand mit Feder, Bleistift oder Rötel gezeichnet. Meist sind es Fassadenaufrisse, nur für Schloß Sanssouci und bedingt für die Hedwigskirche in Berlin lassen sich Grundrisse nachweisen. Bei den Entwürfen zu Bürgerhausfassaden sind die Skizzen oft noch mit detaillierten Hinweisen zur Ausführung versehen, wie: »*Paladio*« oder »*vitruve*«, aber auch »*Corinthisch*« oder »*Jonisch*«. Auch die Farbgebung wird zum Teil angegeben. Da der König die Plätze zu neuen Gebäuden selbst auswählte, und zwar dort, »*wo sie nach Seiner Meynung zu Verschönerung einer Straße oder einer Gegend nöthig schienen*«, sind auch manchmal die zukünftigen Besitzer vermerkt (Manger, S. 609f.).

Obwohl ihnen kaum ein künstlerischer Eigenwert zuzumessen ist, lassen die Skizzen ein an Architekturwerken geschultes architektonisches Denken erkennen, das sich nicht nur in den genannten Hinweisen, sondern auch in einem Gefühl für Proportion und Massenverteilung zeigt. Am bekanntesten sind die Zeichnungen des Königs zum Schloß Sanssouci und zu dessen östlichem Lustgartenbezirk. Wir wissen aber aus den Quellen, daß er weit mehr Zeichnungen gemacht hat, von denen allerdings nur noch ganz wenige erhalten sind.

Die Bauwerke und Anlagen, zu denen Skizzen des Königs vorhanden sind oder von denen wir wissen, daß solche existiert haben, gliedern sich, der Mangerschen Unterteilung folgend, in vier Hauptgruppen – Schloßbauten, Bürgerhäuser, Stadttore und Kirchenbauten. Der künstlerische und administrative Einfluß des Königs sowie der Anteil der leitenden Baumeister läßt sich, mitunter aufgrund der Baugeschichte, ziemlich genau fixieren.

Figurine für eine Opernaufführung mit Bemerkungen und Korrekturen Friedrichs II., um 1754. Aufbewahrungsort unbekannt

Goldene Galerie im Schloß Charlottenburg (Folgende Seiten)

Marktseite des Potsdamer Stadtschlosses. Gemälde von J. F. Meyer, 1772. Staatliche Schlösser und Gärten Potsdam-Sanssouci

Gartenfront des
Corps de Logis
(Folgende Seiten)

Schloßbauten, Gartenanlagen und Parkbauten

Berlin. Schloß Monbijou und Schloß Charlottenburg

Nach dem Regierungsantritt Friedrichs II. gehörte es zu Knobelsdorffs ersten Aufträgen, das Schloß Monbijou als Witwensitz der Königin-Mutter Sophie Dorothea mit zwei Flügeln an der östlichen Seite des Gebäudes zu erweitern und auszubauen. Knobelsdorff erledigte diese Aufgabe zur Zufriedenheit der Königin; die Arbeiten waren Mitte 1742 beendet. Obwohl keine Berichte über Friedrichs Einfluß bekannt sind, hat der König seine Wünsche und Vorstellungen sicherlich mit dem Baumeister abgestimmt, dafür spricht auch, daß der junge Monarch seiner Mutter die größte Verehrung entgegenbrachte.

Schon im Jahr der Thronbesteigung erhielt Knobelsdorff auch den Auftrag zum Bau des Neuen Flügels am Charlottenburger Schloß. Am 29. August 1742 fand die Einweihung statt, auch wenn die Goldene Galerie erst 1746 und die *»Appartements von drei Salons und einer Kammer«*, zweite Wohnung Friedrichs II., erst 1747 fertig wurden.

Aus den Briefen an Jordan ist deutlich geworden, welches Interesse der König, während er sich im Feldlager aufhielt, am Fortgang gerade dieses Baues hatte.

Es läßt sich nicht feststellen, wie präzise der König seine künstlerischen Vorstellungen dem Architekten übermittelte, aber einerseits begriff sich Friedrich in diesen Jahren noch als Lernender, zum anderen herrschte in grundsätzlichen künstlerischen Fragen zwischen dem Bauherrn und seinem Baumeister Übereinstimmung. Aber wenn Friedrich Anfang der 40er Jahre noch nicht das spätere eigenwillige Bestehen auf selbst formulierten architektonischen Lösungen kannte, so zeigen sich doch schon damals sehr klare Vorstellungen, was seinen eigenen unmittelbaren Lebensbereich betraf. So liegen Arbeitszimmer, Schlafzimmer und Bibliothek nebeneinander, der Gartenseite zugewandt, in ihren Abmessungen geradezu bescheiden, *»aber höchst persönlich in der Durchdringung des künstlerischen und geistigen Gehalts«* (Kühn 1968, S. 17).

Ansicht (Detail) des Stadtschlosses Potsdam aus der Vogelperspektive. Entwurf G. W. v. Knobelsdorff, Ende 1744. Staatliche Museen Preußischer Kulturbesitz Berlin (West), Kupferstichkabinett, verschollen

Das Potsdamer Stadtschloß

Charlottenburg war noch mitten im Bau, da wurde schon ein neues Projekt konzipiert: der Ausbau Potsdams zu einer zweiten Residenz, die für Friedrich bald den Vorrang vor Berlin und Charlottenburg haben sollte. Wie es dazu kam, läßt sich nicht mit Bestimmtheit sagen; vielleicht trifft es zu, daß Charlottenburg zu nahe an Berlin lag und der

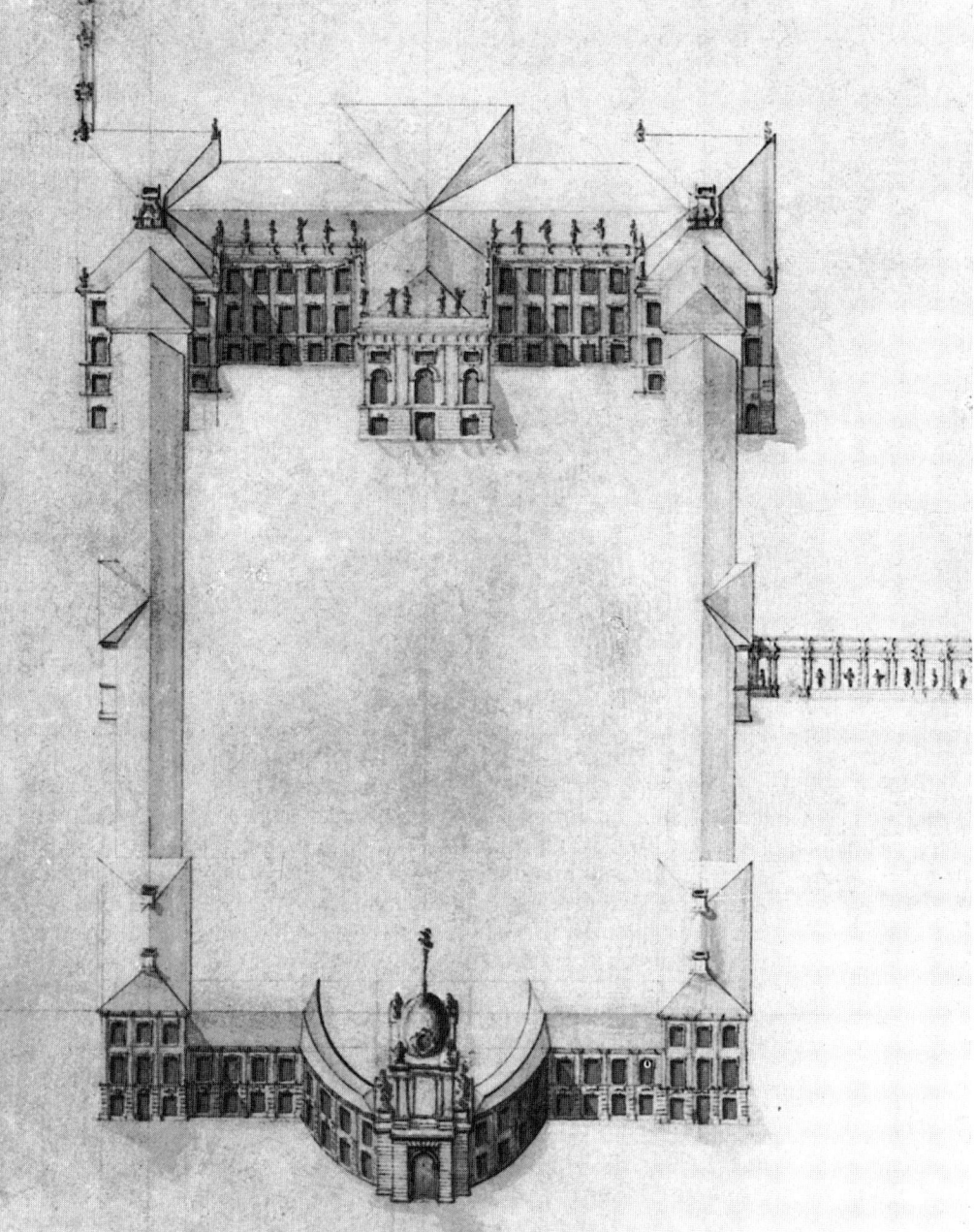

Potsdam, Stadtschloß. Gesamtansicht aus der Vogelperspektive; Kupferstich von J. G. Bartsch nach J. G. Memhardt, 1672. Staatliche Schlösser und Gärten Potsdam-Sanssouci

König hier kaum die Zurückgezogenheit fand, die er sich wünschte. Nicht ausgeschlossen ist allerdings auch, daß die landschaftlichen Bedingungen – hügeliges, bewaldetes Gelände mit dem seenartigen Lauf der Havel – denen in Rheinsberg ähnlich waren, Potsdam aber doch näher zur Hauptstadt Berlin lag als Rheinsberg.

Schon bald nach seinem Regierungsantritt hatte Friedrich II. mit Veränderungen im Inneren des Potsdamer Stadtschlosses begonnen. Das Gebäude, 1662 bis 1669 unter Kurfürst Friedrich Wilhelm an Stelle einer alten Burganlage errichtet und 1679 bis 1682 noch erweitert, hatte in der Zeit des ersten preußischen Königs Friedrichs I. im Äußeren und Inneren eine ganze Reihe von Veränderungen erfahren. Beim Regierungsantritt Friedrichs II. bestand das Schloß aus einem dreigeschossigen, durch Mittel- und Eckrisalite betonten Corps de Logis und zwei niedrigeren Seitenflügeln, die in wiederum dreigeschossigen Kopfbauten endeten. Den Hofraum schloß ein flacher, zum Alten Markt im Bogen vorspringender Galeriebau ab, in dessen Mitte das 1700/01 von Jean de Bodt errichtete Fortunaportal stand. Schon 1740/41 hatte Friedrich II. an der Südostecke des Hauptgebäudes im ersten Geschoß jene Räume für sich ausgewählt, die ehemals von der Kurfürstin Louise Henriette und der Königin Charlotte bewohnt worden waren.

Der König residierte ohne seine Gemahlin in Potsdam, so daß er sich nicht an die alte Aufteilung der Räume zu halten brauchte. Er ließ Schreibzimmer, Konzertzimmer, Schlafzimmer und kleines Speisezimmer instand setzen und einfach ausstatten. Damit war aber noch keineswegs die Entscheidung für Potsdam als Residenz gefallen; vielmehr war es wohl vor allem als Absteigequartier bei Truppeninspektionen gedacht. Doch in der Wahl dieser in sich geschlossenen Raumgruppe drückt sich wie schon in Charlottenburg und später in seinen anderen Schloßbauten sein Streben nach Intimität im eigenen persönlichen Bereich aus. Wenige Jahre später sollten die Räume erlesen ausgestaltet und ausgestattet werden.

Bereits 1744 gestaltete Johann August Nahl die sechs westlich des Marmorsaals gelegenen Räume, die ehemals Kurfürst Friedrich Wilhelm und danach Friedrich I. bewohnt hatten, wobei sich an die Festräume einige Zimmer für Friedrich II. anschlossen. Der König hat diese Wohnung aber bald seinen Gästen überlassen und seine östliche Wohnungsflucht ausgebaut. Neben diesen inneren Ausgestaltungen und Umbauten begannen im gleichen Jahr Arbeiten am Außenbau, der jetzt kaum noch dem mehr und mehr repräsentativen Inneren entsprach.

Der äußere Umbau des Potsdamer Stadtschlosses geschah in drei Etappen, die sich weniger aus der Beschreibung Mangers als vielmehr aufgrund des noch vorhandenen Aktenmaterials und der Zeichnungen deutlich ablesen lassen. Die erste Etappe des Jahres 1744 sah Instandsetzungen und Putzarbeiten vor, die zweite der Jahre 1745/46 gründlichere Umbauten nach einem Plan von Knobelsdorff, die dritte Etappe, die 1747 beginnt und 1752 endet, führte zur Fertigstellung des gesamten Baus; hier ist eine intensive Beteiligung des Königs an den Planungen greifbar.

Die Kabinettsordre vom 2. August 1744 befahl »*ein bloßes Ausbessern des abgefallenen Putzes, Überweißen und Abfärben der äußeren und wo es nöthig that, der inneren Wände und Decken*« des Stadtschlosses (Manger, S. 31). Aus den Bauakten geht hervor, daß wirklich im wesentlichen Putz- und Anstricharbeiten vorgenommen wurden. Den Farbrechnungen zufolge war der ganze Bau mit grüner Erde und »*Totenkopf*« – roter Eisenoxydfarbe – abgefärbt; die Malerrechnung vom 10. Dezember 1744 verzeichnet den Anstrich der Fenster – im Erdgeschoß mit Fensterläden – und Türen, der 22 großen Dachfenster auf dem Corps de Logis sowie 32 kleine auf dem westlichen Flügel. Darüber hinaus erhielten 9 große Vasen auf dem Corps de Logis, 8 kleine und 4 Statuen auf dem Flügel eine neue Farbfassung. Mit einem Anstrich wurden auch der größte Teil der Gesimse sowie die beiden Schornsteine und Galerien auf dem Corps de Logis versehen, dort wurden die Ornamente sogar vergoldet.

Durch diese Rechnung sind wir in der Lage, die bisherigen fragmentarischen Vorstellungen vom ursprünglichen Aussehen des Potsdamer Stadtschlosses zu präzisieren. Auf dem Corps de Logis standen also mindestens neun große Vasen; wann und von wem sie hergestellt worden waren, muß allerdings genauso offen bleiben, wie die Frage, ob sie an der Lustgarten- oder der Hofseite standen. Der westliche Flügel hatte demnach im Erdgeschoß noch Fensterläden. Auf diesem Flügel standen in der Mitte – es ist die Stelle, an der ehemals der Schloßbau von 1662 bis 1669 in einen quadratischen Bau endete und an dem 1679-82 die Verlängerung ansetzte – nach Westen zur Schloßplatzseite zu vier Statuen; die acht kleinen Vasen werden wohl je vier rechts und links davon verteilt gewesen sein. Auch hier sind die Einzelheiten nicht mehr zu rekonstruieren.

Schon während dieser Ausbesserungsarbeiten muß sich gezeigt haben, daß das Äußere des Schlosses auch nach dem Anstrich kein befriedigendes Bild bot und kaum einem Residenzschloß entsprach. *»Eben zu Anfange des 1745sten Jahres entschloß sich der König auch, es nicht bloß bei dem äußerlichen Abputzen und Färben seines Wohnschlosses bewenden zu lassen, sondern dasselbe sowohl von außen als innen mehr zu verzieren. Er ließ daher durch den Baron von Knobelsdorf Zeichnungen der Außenseiten davon verfertigen«* (Manger, S. 39). Eine der von Manger genannten Zeichnungen Knobelsdorffs, die wohl Ende des Jahres 1744 entstanden sein wird und die die zweite Etappe der Umgestaltung des Stadtschlosses dokumentiert, ist bekannt. Dieser Plan sah die Beibehaltung der alten Baukörper – mit hohem Corps de Logis und niedrigen Seitenflügeln – vor, die in rechteckigen, zum Alten Markt hin vorgeschobenen Kopfbauten endeten. Die Hofseite des Corps de Logis erhielt eine Balustrade mit Statuen und der vorhandene vorgezogene Treppenhauskörper eine neue architektonische Durchbildung. Darüber hinaus waren zwei Kolonnaden vorgesehen: die eine lief von der östlichen Ecke des Corps de Logis bis zur bereits 1744 angelegten Balustrade an der Havel, die andere von der Mitte des westlichen Seitenflügels bis zum Marstall, dem ehemaligen Orangenhaus. Der Kabinettsbefehl mit den assignierten 10.000 Talern zum Bau der beiden Kolonnaden datiert vom 29. Dezember 1744.

Wie Manger berichtet, hatte Knobelsdorff *»nach des Königs Idee«* die Zeichnungen gemacht (Manger, S. 37). Sicherlich wird die Erinnerung an Rheinsberg eine Rolle gespielt haben, doch die Situation war in wesentlichen Stücken anders und verlangte andere Lösungen. Durch die Kolonnaden entstand mit den Gebäuden eine klare, wenn auch zum Teil transparente Begrenzung für den Lustgarten, der mit der 1745 fertiggestellten Mauer an der Breiten Straße einen abgeschlossenen Raum bildete. Anfang Mai 1745 begann man an beiden Kolonnaden mit den Fundamentarbeiten; von Juli bis September 1746 planierten Tagelöhner die Baustelle, so daß der Bau zu diesem Zeitpunkt fertig gewesen sein muß.

Einen Monat nach der Ordre über den Kolonnadenbau erhielt der Kriegsrat Neubauer am 27. Januar 1745 einen Kabinettsbefehl Friedrichs II., daß für den Bau eines neuen Flügels am Schloß zu Potsdam 15.000 Taler accordiert seien, die er sich von Fredersdorf aushändigen lassen und dann auf Assignation von Boumann an die Bauleute auszahlen sollte. Dies ist der östliche Seitenflügel, dessen baulicher Zustand so schlecht gewesen sein muß, daß ein Neubau erforderlich war. Aus der Akte geht unmißverständlich hervor, daß dieser Flügel die Form und mit nur zwei Geschossen auch die Höhe des westlichen Flügels erhielt und also dem ursprünglichen Entwurf Knobelsdorffs entsprach. In diesen Komplex gehörte auch der Bau des Komödiensaales am Alten Markt, dessen Innenausbau aber erst 1748 erfolgte. Nahl fertigte vier Statuen und der Bildhauer Schönwitz acht Vasen an. Der Flügel erhielt Dachfenster, wurde mit Dachziegeln gedeckt, mit grüner Erde und »*Totenkopf*« abgefärbt und entsprach damit ganz seinem Pendant auf der westlichen Seite.

Anstelle des alten, bereits im Zuge des ersten Schloßbaus errichteten Treppenhauskörpers an der Hofseite des Corps de Logis wurde 1746 nach dem Abriß des alten ein Neubau zur Aufnahme einer repräsentativen Treppenanlage hochgezogen. Im wesentlichen hielt man sich an den von Knobelsdorff vorgegebenen Plan, den dieser »*nach der ihm erteilten Vorschrift*« angefertigt hatte. Die detaillierten Pläne hatte der enge Mitarbeiter Knobelsdorffs, Andreas Krüger, gezeichnet.

In der Mitte des hohen Sockels befand sich der Eingang. Drei rundbogige Fenster mit Köpfen über dem Scheitel und je ein quergelagertes rechteckiges Fenster darüber gaben der Treppe im Innern das nötige Licht. Die Gliederung übernahmen zwei doppelte korinthische Dreiviertelsäulen zu beiden Seiten der Mittelachse und je eine fast volle Säule an den Ecken. Auf der Attika standen in Verlängerung der Säulen vier Figuren; Knobelsdorff hatte noch über den gekuppelten Säulen je zwei Figuren vorgesehen. Der Bau des Risalits zog sich bis 1748 hin.

Die Baumaßnahmen am Stadtschloß müssen im Zusammenhang mit den Bauten in Sanssouci gesehen werden; eine Zusammenstellung der einzelnen Kabinettsordres des Königs macht eine auffällige Übereinstimmung deutlich. Am 2. August 1744 wird die Ordre zum Abputzen und Färben des Stadtschlosses erteilt, am 10. August erhält Diterichs den Befehl zur Anlage der sechs Terrassen in Sanssouci. Am 29. Dezember 1744 wird der Befehl zum Bau der beiden Kolonnaden im Lustgarten erteilt, am 13. Januar 1745 der Bau des Schlosses Sanssouci und am 27. Januar der des neuen östlichen Flügels am Stadtschloß angeordnet. Ganz offenkundig war Potsdam jetzt für Friedrich zur eigentlichen Residenz geworden, Berlin und Charlottenburg traten an die zweite Stelle. Das Schloß Sanssouci bewohnte der König bis zu seinem Tode im Jahre 1786 während der Sommermonate, das Stadtschloß wurde sein Winteraufenthalt. Potsdam wurde darüber hinaus zum künstlerischen Betätigungsfeld des Königs.

Schon bei den baulichen Veränderungen am Stadtschloß ist aus den Äußerungen Mangers, wie »*nach des Königs Idee*« (Kolonnaden) oder »*nach der ihm* (Knobelsdorff) *erteilten Vorschrift*« (Treppenhausrisalit), die entschiedene Mitsprache des Königs herauszulesen. Wie intensiv diese Einwirkung am Stadtschloßbau tatsächlich gewesen ist, beweist eine Zeichnung des Königs vom Mittelrisalit an der Gartenseite

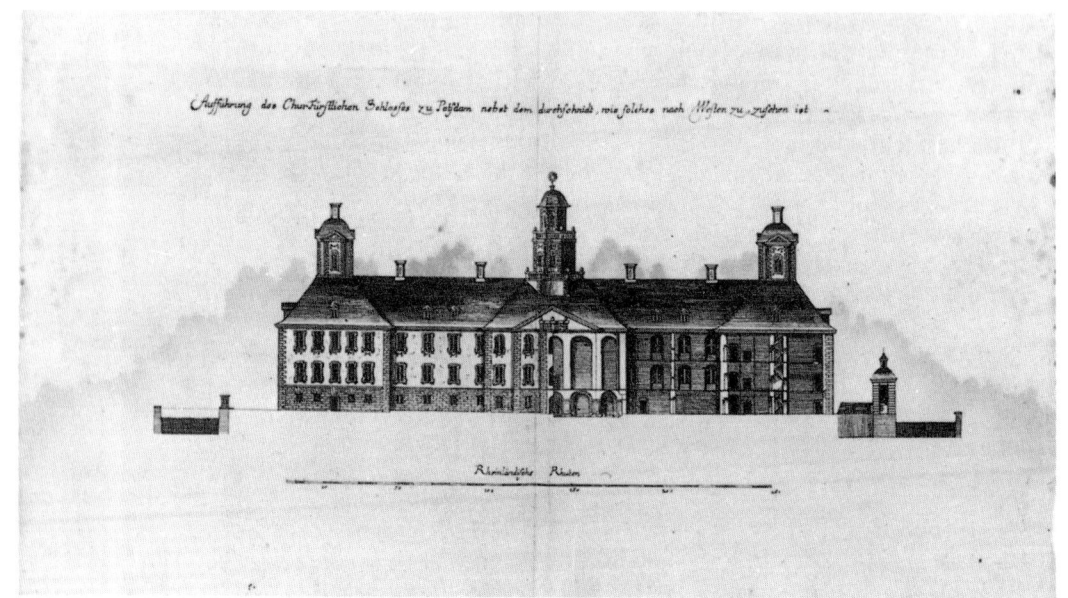

Ansicht der Gartenfront mit Schnitt. Kupferstich von J. G. Bartsch nach J. G. Memhardt, 1672. Staatliche Schlösser und Gärten Potsdam-Sanssouci

des Corps de Logis. Hier lassen sich beispielhaft die einzelnen Umbauphasen zwischen 1744 und 1747 nachweisen; aufschlußreich ist dieser eigenhändige Entwurf des Königs aber auch deshalb, weil die hier gefundene Lösung bestimmend für das spätere endgültige Aussehen des Stadtschlosses werden sollte.

Die Stiche von Bartsch aus dem Jahre 1672 zeigen, daß der Mittelrisalit nach dem Abschluß des Baues 1669 ein sehr charakteristisches Aussehen hatte. Obwohl fünfachsig wie die beiden Seitenrisalite, war der Mittelrisalit breiter als diese und trat weiter hervor. Die drei mittleren Achsen wiederum waren leicht vorgezogen und durch einen Dreiecksgiebel zusammengefaßt. Die Mittelachse trat kräftig aus dem Bau heraus und besaß als Abschluß eine Galerie. Wie an den Eckrisaliten erhielten alle Ecken der Vorsprünge eine Quaderung, die sich auch von der Rustika des Sockels absetzte. Nur die Fenster des zweiten Obergeschosses hatten einen rundbogigen Abschluß, alle anderen einen waagerechten. Auf dem Dach stand ein hoher belvedereartiger Aufbau, der die der Seitenrisalite überragte.

Über die Veränderungen, die Kurfürst Friedrich III. – seit 1701 König Friedrich I. – hatte vornehmen lassen, sind wir nur lückenhaft unterrichtet. Jedenfalls scheint der König bis zu seinem Tod 1713 ständig am Schloß gebaut zu haben. Ein Stich von Broebes zeigt erste Veränderungen: Das mittlere Belvedere ist verschwunden, ebenso die Galerie auf der vorgezogenen Mittelachse; im Giebelfeld befindet sich eine Kartusche mit den Kurinsignien, flankiert von zwei Füllhörnern. Zwei seitliche Rampen führen am Vorbau auf die Höhe des großen Saales im ersten Obergeschoß. Während die anderen Ansichten des Stadtschlosses von Broebes viele eigene Zutaten enthalten und deshalb als Bildquelle ausscheiden, scheint dieser Stich die zwischen 1698 und 1701 vorgenommenen Änderungen wirklichkeitsgetreu wiederzugeben. Die Rampe erscheint allerdings auf zwei anderen Stichen der Gartenseite von Broebes als Treppe, und das Podest hat die Breite von drei Achsen; das würde mit der Ansicht der Stadt Potsdam von Busch nach Feldmann um 1735 übereinstimmen. Man nannte diese Treppe übrigens »*Grüne Treppe*«, da auf den Stufen im Sommer Orangen aufgestellt wurden.

Als die Arbeiten am Außenbau des Stadtschlosses im Jahre 1744 aufgenommen wurden, hatte der Mittelrisalit an der Gartenseite mit seinen fünf Achsen, dem Vorbau in der Mittelachse und der Treppe noch das Aussehen aus jener Zeit Friedrichs I. Im Instandsetzungsprogramm des Jahres 1744 war auch die Gartenseite des Corps de Logis mit der Grünen Treppe enthalten. Aus den Rechnungen ist zu entnehmen, daß die große Galerie und auch die Durchsicht über der Grünen Treppe angestrichen wurden und daß Angermann die Treppenstufen ausgebessert hat. Das macht deutlich, daß vorerst keinerlei bauliche Veränderungen an Risalit und Treppe beabsichtigt waren.

In einer Zusammenstellung Diterichs der für das Jahr 1745 geplanten Bauten vom 24. Januar 1745 heißt es: »*Sub D ist die Decorierung der grünen Treppe nebst den Risalit und eine neue Balustrade von Werkstücken darauf 8.125.16,0 Thaler*« (Akten Potsdam 6, 1745, fol. 16). Diese Planung steht zweifellos im Zusammenhang mit den am Ende des Jahres 1744 ins Auge gefaßten Umbaumaßnahmen am Stadtschloß, die auf den Vorstellungen Knobelsdorffs beruhten. Die aus der Vogelperspektive gesehene Zeichnung des Baumeisters zeigt nicht die Gartenseite, doch ist aus dieser Perspektive eine andere Zeichnung Knobelsdorffs bekannt.

Grundriß des zweiten Stockwerks. Kupferstich von J. G. Bartsch nach J. G. Memhardt, 1672. Staatliche Schlösser und Gärten Potsdam-Sanssouci

Ansicht der Gartenfront und Grundriß des Corps de Logis, Zustand um 1698 bis 1700; Kupferstich von J. B. Broebes, 1733. Staatliche Schlösser und Gärten Potsdam-Sanssouci

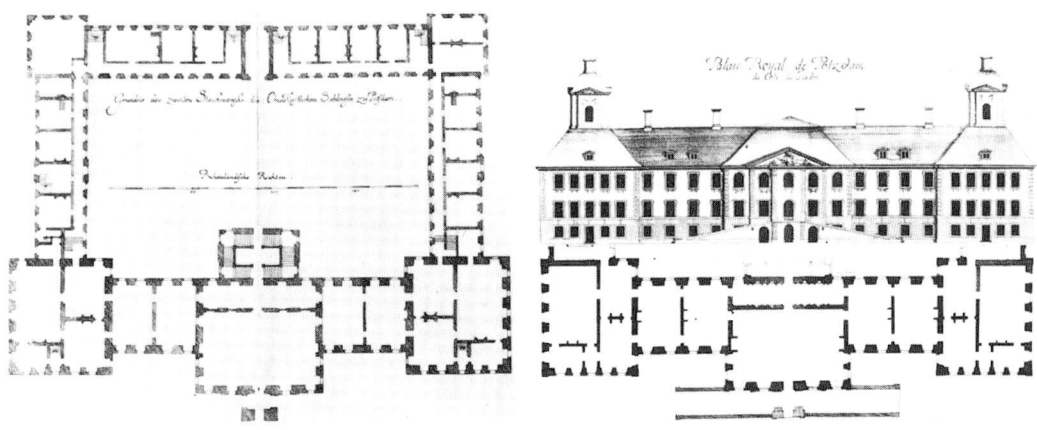

Knobelsdorff behielt in seinem Entwurf die alte Grundstruktur bei. Er versah den Bau mit einer figurengeschmückten Balustrade, ersetzte die Quaderung an den Ecken durch Pilaster und bildete den Vorbau als offene, von Pfeilern getragene Halle mit einer Kartusche in der Gesimszone aus. Die Pilaster zwischen der ersten und zweiten Achse wirken im ersten Moment als gekuppelt; durch den Vorsprung innerhalb der Fassade ergibt sich aber ihre logische Zugehörigkeit zur einen und zur anderen Seite. Gerade diese Differenzierung sollte später eine Rolle spielen. Für die oberen faschierten Fenster sah er eine Sohlbank mit Konsolen vor, die unteren Fenster – ebenfalls mit Faschen versehen – sollten im Scheitel ein Ornament erhalten. Vertiefte Spiegel übernahmen die Trennung zwischen den beiden Etagen. Knobelsdorff ersetzte die Treppenanlage durch eine Rampe, markierte die Anfänge durch Sphingen und versah die Steigungen mit Vasen und Figuren.

Ursprünglich muß Friedrich II. diesen Vorstellungen Knobelsdorffs zugestimmt haben, denn er schrieb auf die Kostenzusammenstellung Diterichs für Risalit und Grüne Treppe den Vermerk »*solches künftig Jahr*«. Und so erscheint »*die Decorirung der Grünen Treppe nebst dem Risalit und einer neuen Balustrade von Werkstücken darauf*« in der »*Recapitulatio der Königlichen Bauten für 1746*« – aufgestellt von Boumann am 28. Januar 1746 – mit der gleichen Summe von 8.125.16,0 Thalern.

Doch 1746 wird statt dessen der Bau eines Treppenhausrisalits in Angriff genommen. Der König scheint nun nicht mehr mit dem Entwurf Knobelsdorffs für den Lustgartenrisalit einverstanden gewesen zu sein. Man bringt diese Wendung mit einer Äußerung Mangers in Zusammenhang; den König sollen danach Säulen vor Wohnzimmern gestört haben, da sie die Aussicht unterbrechen »*und solche für die Bewohner zu einer Art von Gefängnis machen*« (Manger S. 41).

Auch nach den beschriebenen Umbauten war das Stadtschloß weit davon entfernt, der repräsentative Sitz eines preußischen Königs zu sein, der gerade – Dezember 1745 – den zweiten Schlesischen Krieg siegreich beendet hatte und der bei seinem Einzug in Berlin zum ersten Mal in der Öffentlichkeit »der Große« genannt wurde. Nach dem Friedensschluß konnte sich der König auch wieder mehr um die Bauten seiner Residenz kümmern.

Im Laufe des ersten Friedensjahres muß 1746 der Plan entstanden sein, dem Stadtschloß auch im Äußeren eine würdige Gestalt zu geben. Einen ersten Anhaltspunkt, daß Friedrich II. jetzt aber nicht mehr mit dem Entwurf Knobelsdorffs für den Mittelrisalit der Gartenseite einverstanden war, gibt eine eigenhändige, wohl noch 1746 angefertigte Aufstellung des Königs mit den für das Jahr 1747 vorgesehenen Bauten und ihren Kosten. Dort heißt es: »*Vohr die Neue Treppe im Schlos nach dem bassein zu mit einer Neuen Decoration – 16.000 Rth*« (Akten Potsdam 226, fol. 1). Zweifellos sind damit der Mittelrisalit und die Grüne Treppe gemeint. Daß eine wesentliche Änderung gegenüber dem Vorschlag

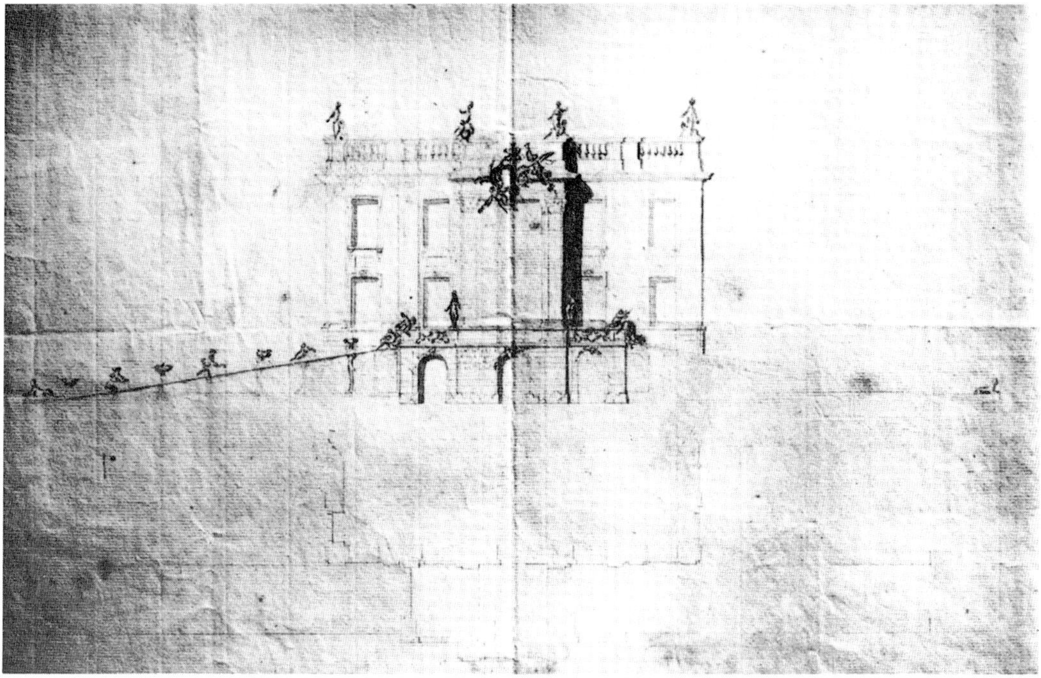

Grund- und Aufriß des Mittelrisalits der Gartenseite. Entwurf G. W. v. Knobelsdorff, Ende 1744. Privatbesitz C. F. Förster, verschollen

Eigenhändige Skizze Friedrichs II. vom Mittelrisalit der Gartenseite. Ehem. Hohenzollernmuseum Berlin, verschollen

Knobelsdorffs ins Auge gefaßt war, geht schon aus der Tatsache hervor, daß die ursprünglichen Kosten von etwas mehr als 8.000 Talern nun auf das Doppelte veranschlagt wurden. Die tatsächlichen Baukosten betrugen dann 17.393 Taler 4 Groschen und 8 Pfennige. Ein von fremder Hand beigefügter Vermerk – »*muß die Zeichnung Erst kom*« – läßt vermuten, daß entsprechende Unterlagen noch fehlten. Der König hat dann seine Vorstellungen vom Mittelrisalit der Gartenseite – wohl von der Architektur Knobelsdorffs am Treppenhaus der Hofseite angeregt – in einer Skizze festgelegt, die Ausgangspunkt für die dritte Phase der Veränderungen am Stadtschloß wurde (Kat.-Nr. 1).

Für den fünfachsigen Risalit, der in seiner alten Breite beibehalten wurde, sah der König zehn korinthische Dreiviertelsäulen vor, von denen acht paarweise gestellt werden sollten; für die Ecken waren dagegen nur je eine vorgesehen. Das resultierte aus dem Wegfall der rhythmischen Vorsprünge zwischen der jeweils ersten und zweiten Achse des Risalits und der Beseitigung des Vorbaues und führte zu unterschiedlichen Abständen zwischen den inneren Fenstern und denen am äußeren Rand. Bereits bei Manger stieß das auf Kritik, da es nicht den Regeln entsprach, die auch an den Ecken gekuppelte Säulen verlangten. Das war jedoch nicht möglich, da »*es der ausdrückliche Befehl des Königs war, die Eintheilung der Fenster und die Größe des Risalits unverändert zu lassen*« (Manger, S. 70). Am Charlottenburger und am Schloß Sanssouci hatte Knobelsdorff dagegen stets den Regeln entsprechend doppelte Säulen oder Pilaster gesetzt.

Die Zone zwischen Achitrav und Attika ist auf der Zeichnung des Königs klar erkennbar. Die skizzierten Attika-Figuren entsprechen noch nicht der späten Doppelstellung der Säulen; die in der Mittelachse auf der Attika vorgesehene Kartusche – sie trug das preußische Wappen, während die beiden Kartuschen auf der Attika der Seitenrisalite das brandenburgische und das der eroberten Provinz Schlesien erhielten – wurde bei der Ausführung in die Gesimszone direkt über das obere Mittelfenster verlegt. Friedrich hatte in beiden Geschossen rundbogige Fenster vorgesehen. Aber hier scheint sich Knobelsdorff durchgesetzt zu haben, denn wie in seinem Entwurf sind rechteckige Fenster ausgeführt worden, nur der mittlere Eingang hat einen Bogenabschluß. Ob die über den Fenstern des ersten Geschosses am Mittelrisalit der Gartenseite und auch an anderen Stellen des Schlosses angebrachten Köpfe und die von Säule zu Säule reichenden Verdachungen darüber auf den König zurückgehen oder eine Zutat des mit der Ausführung betrauten Boumann sind, läßt sich schwer sagen; Knobelsdorff kann man wohl kaum dafür verantwortlich machen, wenn man zum Vergleich seinen Entwurf der Gartenseite nimmt und bei Manger liest, wie hart Knobelsdorff gerade diesen »*Kopfschmuck*« getadelt hat: »*es sähe gar keinen Wohnorte eines christlichen Königs von Preußen, sondern einem türkischen Serail ähnlich, an dem viele abgeschlagenen Menschenköpfe zur Schau gestellt wären*« (Manger, S. 624).

Die Skizze des Königs sah wie der Entwurf Knobelsdorffs die Beibehaltung des Rampenpodestes mit den drei großen Öffnungen zum Keller unterhalb des Marmorsaales in der Breite der drei mittleren Achsen vor. Hinsichtlich der Rampe scheinen sich Bauherr und Baumeister geeinigt zu haben. Aus der Skizze des Königs wurden die Rundung des Podestes mit den drei Öffnungen zum Keller sowie die vier Laternenträger-Gruppen übernommen. Für die Rampenschräge blieben dagegen Knobelsdorffs Vorstellungen mit den sitzenden Figuren oben und den Sphingen unten sowie den Vasen und Putten – die in der Ausführung modifiziert wurden – verbindlich.

Zwar begann man erst im Juli 1747 mit dem »*Abbrechen des alten Stücks*« (Manger, S. 70), doch waren schon im Februar die ersten Sandsteinlieferungen aus Magdeburg eingetroffen, so daß für die Steinmetz-

Ansicht der Gartenseite. Kupferstich von J. D. Schleuen, 1747. Staatliche Schlösser und Gärten Potsdam-Sanssouci

arbeiten ein genügender Vorlauf entstand. Der von Boumann dirigierte Bau wurde erst in der ersten Hälfte des Jahres 1748 abgeschlossen.

Dieser Bau des Mittelrisalits der Gartenseite in der vom König skizzierten Form war der Beginn eines nochmaligen Umbauprogramms, das sich bis 1752 hinzog. Die angeschlagene korinthische Gliederung wurde für den ganzen Schloßkomplex verbindlich, der sich zwar im Aufriß durchgreifend veränderte, im Grundriß aber bis auf geringe Änderungen die Form aus der Zeit Friedrichs I. beibehielt. Das mag seine Ursache in der Sparsamkeit des Königs haben, der gerade bei seinen Baumaßnahmen Vorhandenes nach Möglichkeit zu verwenden suchte, aber es kommt darin auch ein Konservatismus zur Geltung, der auf die Epoche des ersten preußischen Königs gerichtet ist.

Ansicht der Gartenseite. Gemälde von J. F. Meyer, 1773. Staatliche Schlösser und Gärten Potsdam-Sanssouci

Stourhead Castle. Aus: Campbell, Vitruvius Britannicus Vol. III

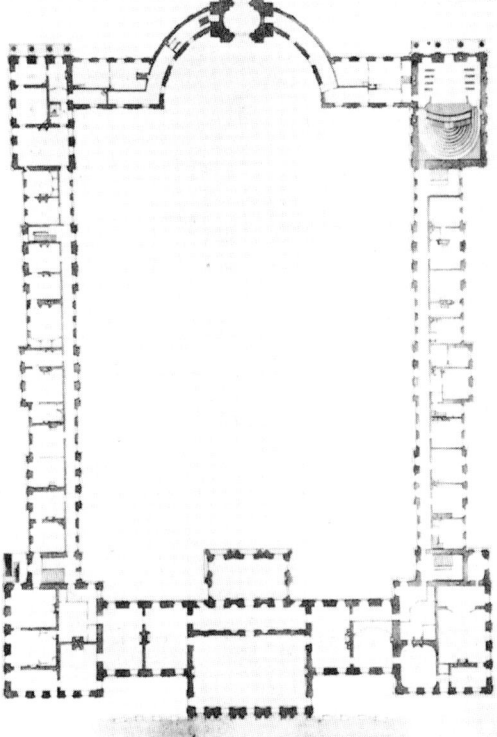

Grundriß des zweiten Stockwerks, aufgenommen von J. Manger d.J. und C. Krüger, um 1800. Staatliche Schlösser und Gärten Potsdam-Sanssouci

Im Anschluß an den Bau des Mittelrisalits erfolgte 1748 der äußere Umbau der seitlichen Risalite des Corps de Logis mit dem Anbau für die Maschinentafel in der Ecke zwischen dem östlichen Eckrisalit und dem Seitenflügel. 1749 erhielten die beiden Seiten rechts und links neben dem Treppenhausrisalit an der Hofseite eine neue korinthische Gliederung. 1750 folgte die Aufstockung des sog. »*neuen Flügels*« und 1751 die des »*alten*« westlichen Traktes. Vor die beiden Kopfbauten am Alten Markt wurden tempelartige Fronten aus vier Säulen mit einem Giebeldreieck darüber gesetzt. Die Giebelreliefs von Heymüller wiesen auf den Verwendungszweck der dahinterliegenden Räume hin: Am östlichen Bau, in dem sich das Theater befand, war es Apoll mit den Musen, am westlichen sogenannten Kapellengiebel eine zehnfigürige Darstellung des »*Friedensopfers*«.

Nachdem bereits 1750 in den beiden halbrunden Hofabschlüssen Unterkünfte für die Schloßwachen eingerichtet und damit auch hier gewisse bauliche Veränderungen durchgeführt worden waren, blieb von dem ehemaligen Schloßbau nur noch das Fortunaportal, das anläßlich der Krönung des ersten preußischen Königs 1701 errichtet worden war, symbolhaft als Eingangsbau erhalten.

Friedrich hatte mit seiner Skizze des Mittelrisalits der Gartenseite zweifellos den entscheidenden Anstoß zur neuen Formensprache gegeben, aber die Umsetzung in baureife Zeichnungen ist kaum ohne Knobelsdorff zu denken. Durch die immerwährende Oberaufsicht des Königs und die Bauausführung Boumanns waren ihm allerdings in vielen Fällen – besonders in den Details – die Hände gebunden. In der Skizze des Königs stand erkennbar die Louvrefassade Perraults im Hintergrund; dennoch ist das Potsdamer Stadtschloß ein Beispiel, wie sich Bauherr und Baumeister den englischen Palladianismus zu eigen machten. Die Verwendung von Motiven aus Campbells »*Vitruvius Britannicus*« lassen sich bereits bei der Berliner Oper, also im Jahr 1740, nachweisen.

Knobelsdorff waren die Werke der englischen Palladio-Nachfolger nicht unbekannt. Schon 1741 hatte ihm Bielfeld Ausgaben von Inigo Jones beschafft. Für die Tempelfronten am Alten Markt zog man dagegen wiederum den »*Vitruvius Britannicus*« zu Rate. Es ergeben sich Parallelen zu ähnlichen Fronten am Haus für Robert Walpole (Vol. III, p. 33) und zu Stourhead Castle (Vol. III, p. 42). Nicht nur die Tempelfront, sondern auch das Apollo-Thema deuten auf einen inneren Zusammenhang zwischen dem Berliner Opernhaus und dem Theatergiebel des Potsdamer Stadtschlosses hin. Daß Knobelsdorff sich auf den englischen Palladianismus einzustellen wußte, beweist auch das von ihm 1750 erbaute Haus Brauerstraße 10 (Knobelsdorffhaus) in Potsdam. Hier lehnte er sich an ein Haus in Twittenham, Middlesex, an, das im »*Vitruvius Britannicus*« abgebildet ist (Vol. III, p. 93). Der König und Knobelsdorff scheinen sich zumindest in bezug auf Palladio und dessen englischen Nachfolger einig gewesen zu sein; vermittelnd dürfte wiederum Algarotti gewirkt haben.

Hofseite des Corps de Logis (S. 64/65)

Mittelrisalit der Gartenfront (S. 66/67)

Marktseite des Potsdamer Stadtschlosses (S. 68/69)

Marmorsaal im Stadtschloß Potsdam (S. 70/71)

»Spezification. Von denen Königlichen Bauten vor Potsdam bey Sans Souci«, mit einer eigenhändigen Zeichnung Friedrichs II. von der Fahnentreppe des Stadtschlosses Potsdam, 24. Juni 1751. Zentrales Staatsarchiv Merseburg

»Spezification. Derer Königlichen Bauten in Potsdam« mit Bemerkungen zur Fahnentreppe des Stadtschlosses Potsdam, 24. Juni 1751. Zentrales Staatsarchiv Merseburg

Nach der achtjährigen Bauzeit von 1744 bis 1752 war aus dem äußerlich nicht sehr ansprechenden Potsdamer Stadtschloß eine repräsentative Anlage geworden, die durch einheitliche architektonische Gliederung, reichen plastischen Schmuck und nicht zuletzt durch eine auffällige Farbigkeit – rot gestrichenes Mauerwerk, gelbe Architekturteile, blau lackiertes Kupferdach mit goldenen Lambrequinmotiven und grünes Fortunaportal – ein prächtiges Bild bot.

Im Jahr 1730 war an der dem Lustgarten zugewandten Seite des Schlosses am südwestlichen Eckrisalit eine Treppe angelegt worden, die unmittelbar in die Wohnung Friedrich Wilhelms I. (»*Königliche Treppe*«) führte. Unter dieser Treppe befand sich das Lokal für die Wachmannschaften, das später als Nische verschlossen und mit einer Figur versehen wurde. 1746 erfolgte ein Umbau der Treppe, über die man jetzt in eine 1748 eingerichtete Galerie gelangte, die der Aufbewahrung der Fahnen und Standarten der Garde diente (»*Fahnentreppe*«). Im Zuge der Aufstockung des westlichen (»*alten*«) Schloßflügels 1751 wurden an der Treppe auch Steinmetzarbeiten von Angermann und Bildhauerarbeiten von Heyne vorgenommen und am 23. Oktober 1751 abgerechnet.

Auf einer »*Specification. Derer Königlichen Bauten in Potsdam im Anno 1751*« vom 24. Juni 1751 mit der Unterschrift Johann Boumanns findet sich der Vermerk: »*Das von Seiner Königl. Majestaet befohlene anzufertigende Treppen Geländer von Bronze dori am hiesigen Königl. Schloß im Lust-Garten, wes solches nach dem im Anschlage befindlichen Eisernen Treppen Geländer mehr zu stehen kommen wird*« (Akten, Bau- u. Meliorationssachen, fol. 2). Es war also zu Anfang nur ein eisernes Geländer vorgesehen, das auf Befehl des Königs durch ein wesentlich reicheres in Bronze ersetzt werden mußte. Seine Vorstellungen skizzierte der König auf eine in der gleichen Akte befindliche weitere »*Specification. Von denen Königlichen Bauten vor Potsdam bey Sans Souci*«, ebenfalls mit dem Datum des 24. Juni 1751 und von Boumann unterschrieben (Kat.-Nr. 2). Die Treppe ist beim Blick vom Lustgarten auf die Stadtschloßfassade frontal angelegt, so daß die Struktur des Unterbaus mit den Tropfenplatten sowie der Verlauf der Treppe deutlich werden. Eingezeichnet sind eine Nische mit der Andeutung einer Figur und oben eine rundbogige Eingangstür; ihr Abschluß ist in Wirklichkeit waagerecht. Aus dem Ganzen kann man zwar die Form der Treppenführung, nicht aber die später so reich ausgeführte Geländerdekorierung erkennen. Das Geländer ist nur mit senkrechten Strichen mit einem Handlauf angedeutet.

Diese Skizze Friedrichs scheint weniger eine direkte Vorgabe oder Bauanleitung zu sein, wie es die Zeichnung vom Gartenrisalit war, sondern mehr eine Verdeutlichung des Grundsätzlichen. Auf der erstgenannten »*Specification*« befinden sich Vermerke des Königs über gezahlte Baugelder; die letzte Eintragung mit dem Datum des 5. Juli 1751. Da beide Specificationen zusammengehören, ergibt sich eine fast

Specification

Summa

Johan Boumann

Specification

Summa

Johan Boumann

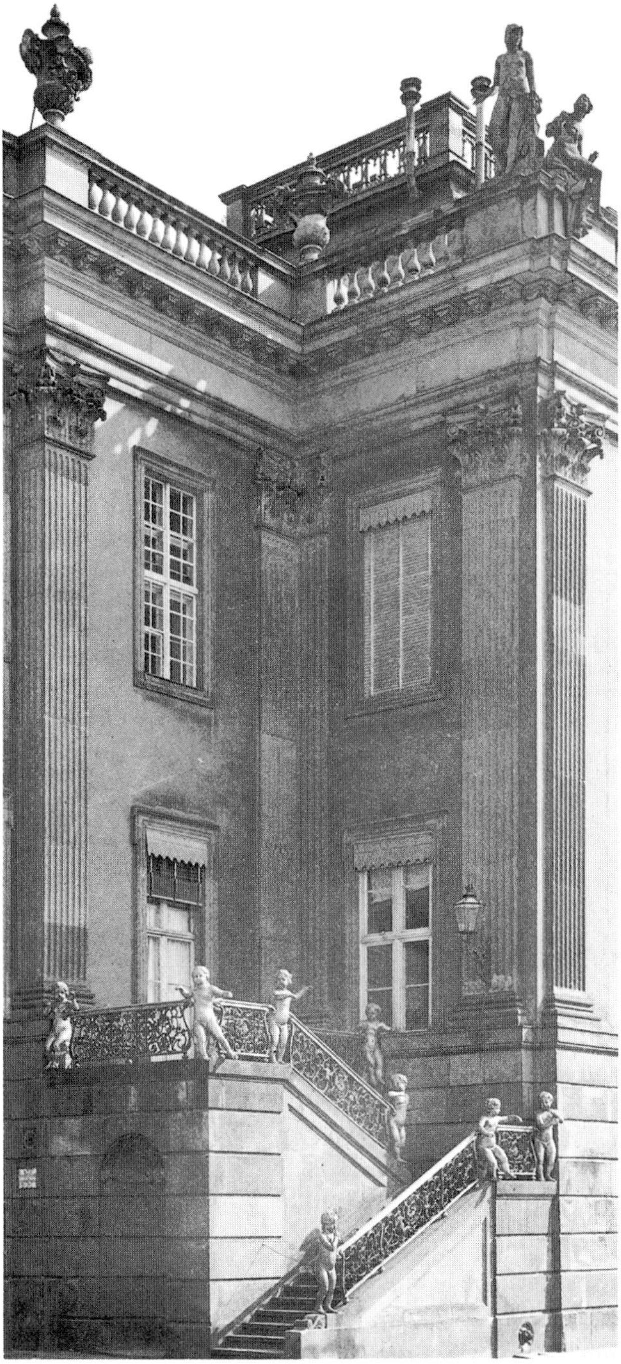

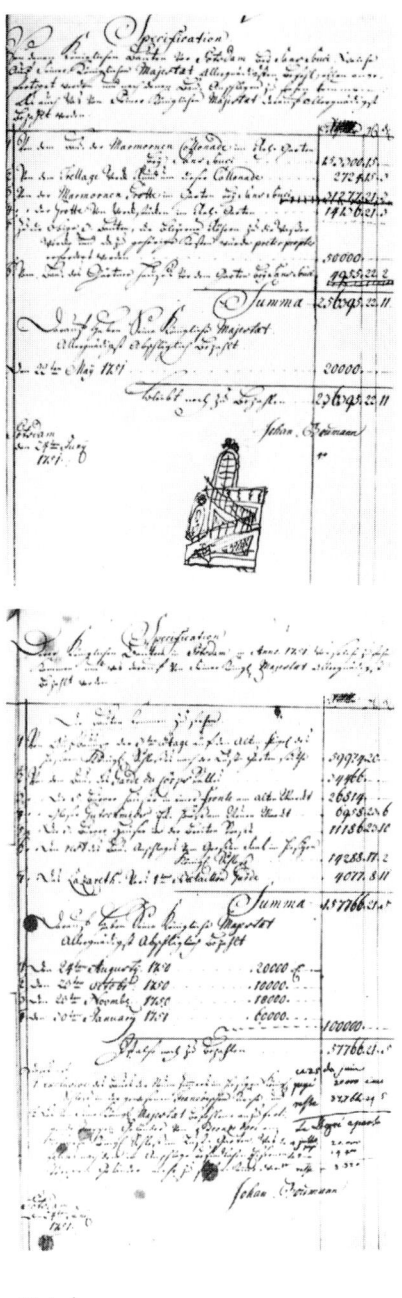

Potsdam, Stadtschloß. Ansicht der Fahnentreppe

Schreibkabinett Friedrichs II. in der östlichen Wohnung des Stadtschlosses

auf den Tag genaue Datierung der Skizze. Das reich verzierte, feuervergoldete Bronzegeländer fertigte dann Melchior Kambly an, die neun Putten aus Blei arbeitete Glume (Vergoldung von Bock), ebenso wie die Nymphe aus Sandstein in der Nische.

Auch was die innere Ausgestaltung des Schlosses anlangt, brachte der König zweifellos seinen künstlerischen Willen zur Geltung. Sicher geht die Einteilung der Räume, die ja im wesentlichen das alte Schema beibehielt, auf ihn zurück. Zeichnungen des Königs zu Räumen haben sich nicht erhalten, man weiß aber, daß solche existiert haben. Am 1. Februar 1755 schrieb Fredersdorf an Friedrich II.: »*Ich habe den Stuccatour-Arbeiter ausführlich gesprochen. Er kan nach Ew. Königl. Majesté Allergnädigsten Verlangen* (die) *Gantze Camer in der arth* (Art) *Arbeit Verfertigen. vor den quadrat-Fuß marmor Zu machen ist ein-Mahl reguliret* (ein für alle mal ausgemacht) *16 Groschen; und die stuccatour-Arbeit wil Er nach den dessein* (Zeichnung), *welches Ew. Königl. Majesté allergnädigst* (selbst) *entworfen haben ausar-Beiten. Fredersdorf.*« Dazu die Randbemerkung des Königs: »*Ich wolte das Cabinet neben meiner Schlafcamer machen lassen, alein es gehet mit der arbeit* (d. h. in Stuckmarmor) *nicht an, ich muß es in Holtz machen lassen*« (Brief 250). Es handelt sich dabei um das Schreibkabinett des Königs an der Südostseite des Corps de Logis. Ähnlich dem sogenannten Voltairezimmer in Sanssouci waren Decke (von Sartori), Wände und Sitzmöbel mit Blumenfestons und -girlanden (von Hoppenhaupt d. J.) dekoriert und von Dubuisson »*nach der Natur*« gemalt.

Der Marmorsaal war zwischen 1695 und 1706 von Schlüter dekoriert worden, und die Umgestaltung zu einer Ruhmeshalle für Kurfürst Friedrich Wilhelm in den Jahren 1749 bis 1752 hatte die Schlüterschen Dekorationen in der Voute beibehalten. In der Eloge Friedrichs II. auf

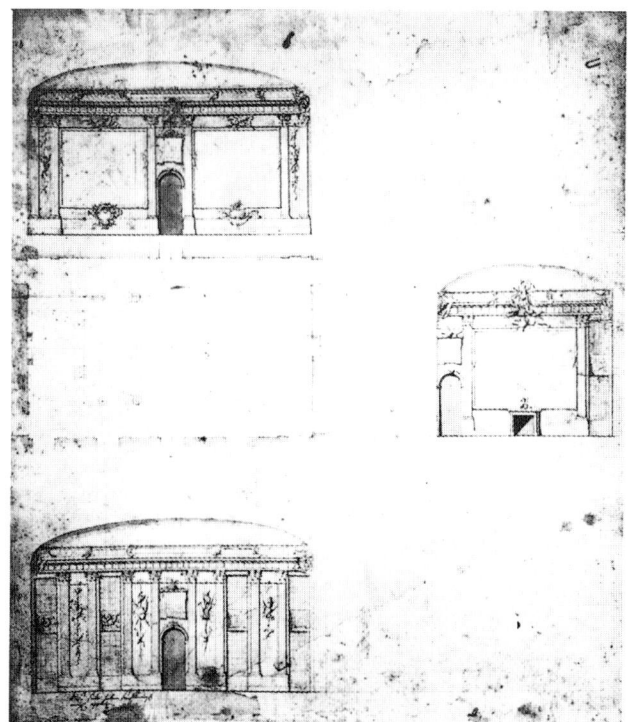

Entwurfskizzen für den Marmorsaal. G. W. v. Knobelsdorff, 1746. Staatliche Schlösser und Gärten Potsdam-Sanssouci

No. 14.

die größi von dem Gemallten Plafons.

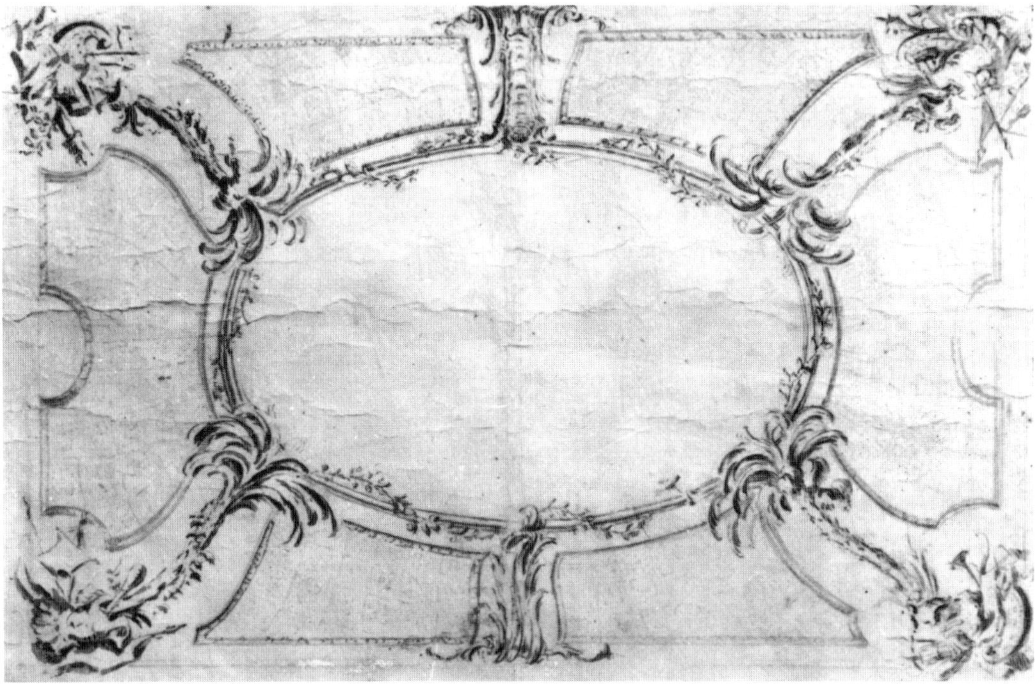

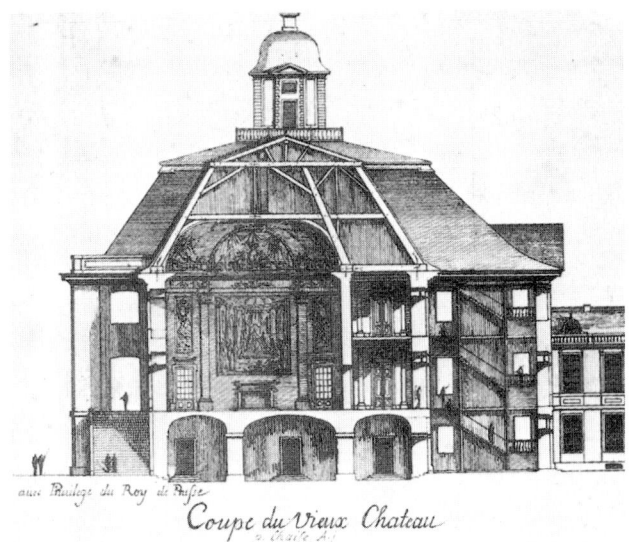

Potsdam, Stadtschloß. Schnitt durch das Corps de Logis; Kupferstich von J. B. Broebes, 1733. Staatliche Schlösser und Gärten Potsdam-Sanssouci

Deckenentwurf für den Marmorsaal mit Korrekturangaben Friedrichs II. Unbekannter Zeichner, 1746. Staatliche Schlösser und Gärten Potsdam-Sanssouci

seinen verstorbenen Baumeister wird die Neufassung dieses Saals ausdrücklich als Werk Knobelsdorffs genannt, und das bestätigten auch die noch vorhandenen Entwürfe.

Ein Deckenentwurf zeigt verschiedene Ecklösungen; bei der einen ist vermerkt: »*Dieses Viertel ist wie es in der Zeichnung von dem Baron von Knobelsdorff angedeutet.*« Hier sitzt in der Ecke ein Waffenbündel, aus dem ein sich biegender Palmenstamm mit breiter Krone bis zum Rand des Deckengemäldes herangeführt wird. Das Blatt lag dem König vor, denn er hat eigenhändig die Änderungswünsche in die Zeichnung geschrieben: Die Waffenbündel erschienen ihm zu klein, deshalb die Bemerkungen »*Krieges armatur*« und »*Helm*«; an der Palmenkrone »*die Partie größer*«; an Stelle der vorgeschlagenen Rosengirlande am Rand des Deckenspiegels wünschte der König »*Lohr Behr*«. Dem Änderungsverlangen wurde in einem neuen Entwurf entsprochen, der maßgebend für die Ausführung gewesen ist. Die starke Betonung der Kriegsarmaturen und auch die Lorbeergirlande stehen im thematischen Einklang mit der Ausstattung des Raumes mit Gemälden und Reliefs, die die Taten des Kurfürsten Friedrich Wilhelm verherrlichen. Die Motive und die kräftige barockisierende Art knüpfen an die Dekorationsformen Schlüters an. Bei der Einteilung der Wände und ihrer Dekoration orientierte sich Knobelsdorff stark an einem Stich von Broebes.

An einem der drei Wandaufrisse findet sich der Vermerk: »*Diese Seite haben Seine Königl. maj. approbirt.*« Trotzdem muß es dann noch eine Korrektur gegeben haben, denn das Relief sollte wohl kaum das vorhandene Fenster verdecken.

Deckenentwurf für den Marmorsaal, im wesentlichen der Ausführung entsprechend. G. W. v. Knobelsdorff, 1746. Staatliche Schlösser und Gärten Potsdam-Sanssouci

Sanssouci

Terrassenanlage und Schloß

In höherem Maße noch als der Um- und Ausbau des Potsdamer Stadtschlosses wurde die Anlage von Sanssouci nach 1744 der bevorzugte Gegenstand der künstlerischen Leidenschaft Friedrichs. Das Schloß in der Stadt war ja als Winteraufenthalt bestimmt; in Sanssouci gedachte er aber »*ungestört*« von den Staatsgeschäften seinen persönlichen Neigungen und Interessen nachzugehen.

Schloßterrassen von Sanssouci, heutiger Zustand

So überließ der König die Gestaltung dieses Refugiums nicht seinem Baumeister, sondern griff bis in die Einzelheiten in die Planungen und Entwürfe ein.

»*Soviel ist gewiß,*« schreibt Manger, »*daß die erste Idee dazu der König dem Freyh. von Knobelsdorf gegeben und daß es aller Einwendungen des Letztern ungeachtet, so wie es jetzt dasteht, hat gebauet werden müssen*« (Manger, S. 170). Dieser Satz ist zwar im Hinblick auf das Schloß Sanssouci geschrieben, kann aber in seinem ersten Teil für die ganze Anlage gelten. Seit jeher hat man herauszufinden versucht, welcher Art diese »*Idee*« des Königs war und wie bei einer solchen Abhängigkeit im Grundsätzlichen das Verhältnis zwischen Bauherrn und Baumeister während der praktischen Planungsarbeit war.

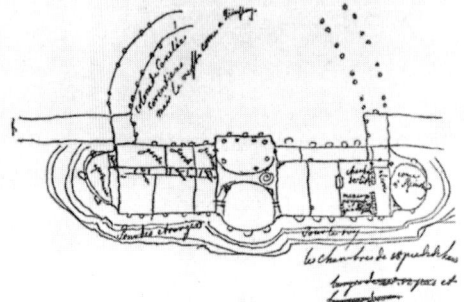

Grundriß des Schlosses Sanssouci. Eigenhändige Zeichnung Friedrichs II. Ehem. Hohenzollernmuseum Berlin, verschollen

Schloßterrassen von Sanssouci, heutiger Zustand

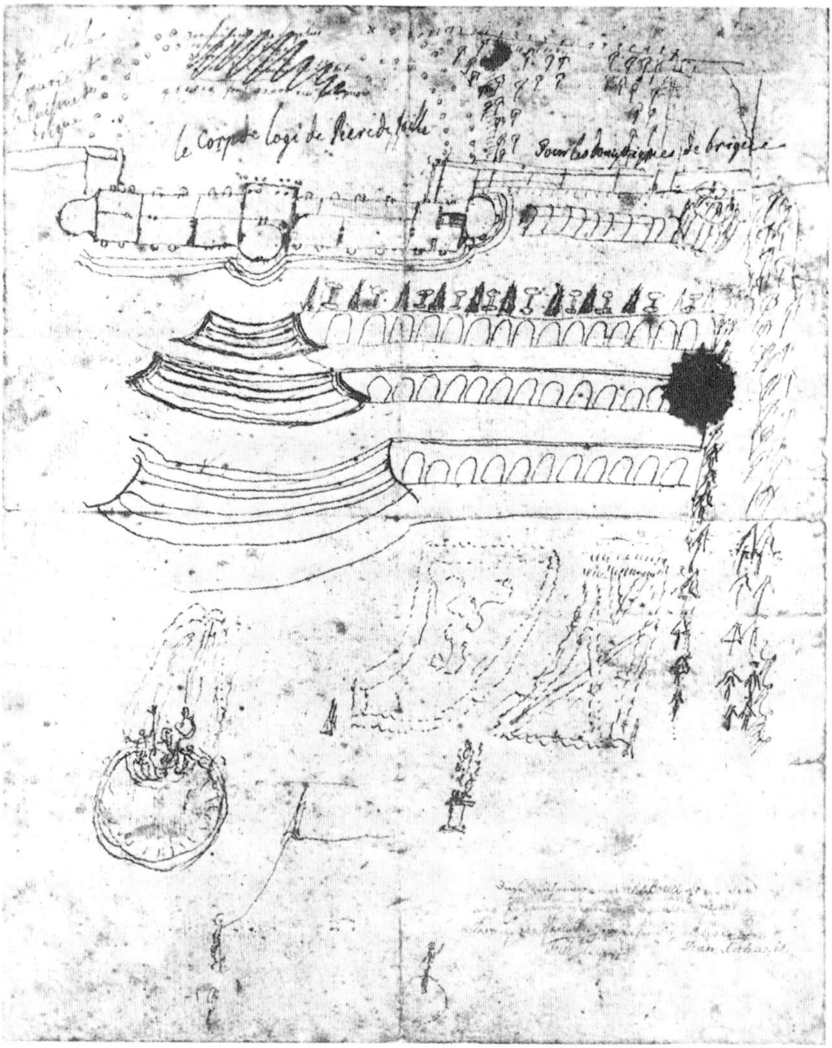

Sanssouci. Terrassenanlage mit Grundriß des Schlosses. Eigenhändige Zeichnung Friedrichs II. Ehem. Hohenzollernmuseum Berlin, verschollen

Wie diese »*erste Idee*« aussah, belegen zwei Zeichnungen des Königs, von denen die eine das Parterre, die Terrassenanlage mit dem Grundriß des Schlosses (Kat.-Nr. 3), die andere nur den Grundriß des Schlosses (Kat.-Nr. 4) zeigt.

Dem König war das Gelände seit seiner Jugend gut bekannt. Friedrich Wilhelm I. hatte sich vor dem Brandenburger Tor einen bescheidenen Garten mit einer Meierei (nach 1725) anlegen lassen, den er spöttisch »*mein Marly*« nannte. Zur Belustigung, an der meist die ganze Familie teilnahm, dienten Scheibenschießen und Kegeln. In dem Gelände befand sich neben anderen kleinen Gebäuden (Orangenhaus, Melonentreiberei) auch ein bescheidenes Lusthaus. Beim Besuch des sächsischen Königs 1728 fand hier ein sogenanntes »*Schnepfenschießen*« mit Armbrüsten statt. Der nahe gelegene Berg war damals noch mit Eichen bestanden, die 1729 abgeholzt wurden, danach hieß er der »*Wüste Berg*«. Für die Kinder scheint das allerdings nicht immer angenehm gewesen zu sein, denn Wilhelmine schrieb am 4. Mai 1733 an ihren Bruder: »*Wir waren zweimal im Marly. Dort hatten wir das Vergnügen, in der Sonne zu braten, uns zu langweilen und zu hungern*« (Kurth, S. 15). Sowohl die in einem Schreiben vom 20. August 1743 an Jordan enthaltene Bitte, in Marseille 15 Sorten Feigen, insgesamt 400 Bäume und 300 Weinstöcke zu bestellen, als auch ein Brief des Königs vom 25. August 1743 an die Königin-Mutter – »*Wir haben gestern auf dem Hügel gespeist, von dem aus die Sicht reizend ist*« (Eckardt, 1964, S. 156) – wird allgemein auf den späteren Weinberg bezogen.

Der Weinbau war auch in der Mark Brandenburg seit dem 13. Jahrhundert heimisch, und viele der Hügel rund um Potsdam wurden dafür genutzt. So sind den in der zweiten Hälfte des 17. Jahrhunderts bei Potsdam angelegten Lustschlössern Bornim, Caputh und Glienicke Weinberge zugeordnet worden ebenso wie Rheinsberg. Doch hatten die Weinberge niemals eine zentrale Stellung eingenommen, sondern lagen stets am Rande des jeweiligen Lustgartens. In Sanssouci dagegen sollte jetzt ein Weinberg zum Mittelpunkt, zum Herzstück einer fürstlichen Gartenanlage werden.

Diese Vorstellungen scheinen langsam gereift zu sein, bis am 4. April 1744 die Verhandlungen wegen des Geländeerwerbs in der Nähe des alten Küchengartens begannen, das der König »*Kurtz vorher in Höchster Person marquiret*« (Eckardt, 1964, S. 156) haben soll. Daß Friedrich selbst Bauplätze absteckte, läßt sich auch an anderen Stellen nachweisen. Einem Schreiben des Amtmannes Draing – er war Pächter des zum Potsdamer Großen Militärwaisenhause gehörenden Vorwerks Bornstedt, das auch den »*Wüsten Berg*« mit einschloß – vom 1. Mai 1744 ist zu entnehmen, daß das »*Gelände in der Zwischenzeit*« über die Hälfte erweitert worden war (S. Volz, S. 13). Der mit der Vermessung beauftragte Ingenieur Löscher legte das Ergebnis am 11. Juni 1744 in einer »*Specification*« nieder (Sello, S. 378 f.). In einem Bericht vom 29. Juni 1744 schreibt der Potsdamer Amtmann Plümicke, der König habe »*die-*

ser Tagen den Platz von dem anzulegenden Garten und Weinberg nach geschehener Vermessung von dem Ingenieur Löscher noch etwas erweitern, und in richtiges Quadrat bringen lassen« (Sello, S. 379f.).

Von der ersten Markierung des Geländes Anfang April bis Ende Juni wurde das »Zu Anlegung eines neuen Gartens und Weinbergs« vorgesehene Terrain also zweimal erweitert, was darauf hinausläuft, daß das Projekt sich währenddessen stufenweise entwickelt haben muß und immer wieder Vergrößerungen bedingte. Welche Absprachen in der Zwischenzeit zwischen Baumeister und Bauherrn stattgefunden hatten, ist nicht bekannt. Die Planung der Terrassenanlage – und wohl auch die des Schlosses – scheint damals jedenfalls einen gewissen Abschluß erreicht zu haben.

Am 25. Mai 1744 starb der letzte Herrscher des Fürstentums Ostfriesland, das damit an Preußen fiel und dem König unvorhergesehene Einkünfte brachte, so daß nun auch die finanziellen Voraussetzungen für die Verwirklichung größerer Vorhaben vorhanden waren. Ende Juni erhielt der Bruder des Königs, Prinz Heinrich, Rheinsberg zum Geschenk. Im gleichen Monat wurde Diterichs zum König beordert und erhielt am 9. August den Auftrag, einen Weinberg anzulegen, am 10. August erging die Kabinettsordre, und am 13. August begannen die Arbeiten zu den sechs Terrassen, die nicht so zügig vorangingen, wie es sich der König dachte; denn am 20. September verfügte er aus seinem Hauptquartier bei Kundratizi, »mehrere Maurers nach gedachten Potsdam zu schaffen und allerfals von anderen Orthen zu verschreiben« (Sello, S. 381). Als er am 17. Dezember nach Potsdam zurückkehrte, zeichnete sich bereits die Grundstruktur der sechs Terrassen ab, auch standen einige Abschnitte der Stützmauern mit den Nischen.

Nach Manger und Nicolai ist auch schon 1744 die Gruft auf der Ostseite der obersten Terrasse angelegt worden. Während des ersten Schlesischen Krieges hatte Friedrich Anfang März 1741 in einem Schreiben an den Kabinettsminister von Podewils festgelegt, daß bei seinem eventuellen Tod der Körper »nach Römerart verbrannt und in einer Urne in Rheinsberg beigesetzt würde«. Dort sollte Knobelsdorff ein Grabmal errichten. Über die Beisetzung in Sanssouci verfügte er in seinem Testament von 1752: »Ich habe als Philosoph gelebt und will als solcher begraben werden, ohne Pomp, ohne Prunk und ohne die geringsten Ceremonien. Ich will weder geöffnet noch einbalsamiert werden. Sterbe ich in Berlin oder Potsdam, so will ich der eitlen Neugier des Volkes nicht zur Schau gestellt und am dritten Tag um Mitternacht beigesetzt werden. Man bringe mich beim Schein einer Laterne, und ohne daß mir jemand folgt, nach Sanssouci und bestatte mich dort ganz schlicht auf der Höhe der Terrasse, rechterhand, wenn man hinaufsteigt, in einer Gruft, die ich mir habe herrichten lassen. Sterbe ich auf der Reise, so will ich, daß mein Körper an Ort und Stelle beigesetzt und bei Eintritt des ersten Frosts ohne jedwede Ceremonie nach Sanssouci gebracht werde« (Volz, S. 18). Diese Festlegungen wurden 1758 vor

Friedrich II. und der Marquis d'Argens besichtigen den Gruftbau in Sanssouci. Gemälde von J. C. Frisch, um 1802. Staatliche Schlösser und Gärten Potsdam-Sanssouci

der Schlacht bei Zorndorf als Anweisung an die Generale und 1769 in seinem zweiten Testament wiederholt. Friedrich II. bezog sich dabei auf das Beispiel des Johann Moritz von Nassau-Siegen (gest. 1679), der »*in gleicher Weise in einem Wäldchen bei Kleve bestattet sei*«.

Auch wenn in allen amtlichen Dokumenten und Anweisungen des Jahres 1744 nur von dem »*anzulegenden Garten und Weinberg*« die Rede ist, deutet der Gruftbau doch auf eine endgültige Entscheidung des Königs für Potsdam und für diesen Platz hin, zumal er Rheinsberg schon Ende Juni 1744 verschenkt hatte.

83

Karg hat die Entwicklungsgeschichte der Terrassenanlage und des Parterres ausführlich behandelt und auf Anregungen verwiesen, die in den Stichwerken der königlichen Bibliotheken zu finden sind. Auch die Terrassenform mit den »*parabolisch eingebogenen Linien, wegen mehrer Ab- und Gegenprallung der Sonnenstrahlen nach allen einzelnen Stellen*« (Manger, S. 35) ist von Theoretikern der Zeit für die Aufstellung einer Orangerie und den Anbau von Obst und Wein empfohlen worden. Außerdem deutet der Bogen – als Halbkreis seit der Antike für die Form von Abschlußarchitekturen (Exedra) verwendet – auf einen Bezugspunkt in der Ebene hin. Hier stand in Verlängerung der »*Mittellinie dieser neuen symmetrischen Anlage*« (Manger, S. 36) am Ende des alten Küchengartens ein kleines Lusthaus aus der Zeit Friedrich Wilhelms I. Es wurde 1745 – nach Manger schon 1744 – abgebaut und im Rehgarten als Fasanenwärterhaus wieder aufgestellt. Nach Bielfeld soll sich der König, angezogen von der Schönheit der Landschaft und der unvergleichlichen Aussicht, entschlossen haben, »*eine Art leichten Sommergebäudes oder Lusthauses dahin zu bauen; allein dies Lusthaus, das anfangs nur dem Könige zu einem angenehmen Aufenthalte diente, ward endlich ein prächtiger Sommerpalast*« (Bielfeld, 2, S. 352). Es gibt keinen Beweis, daß zuerst ein kleines Gebäude auf dem Hügel errichtet wurde, durchaus denkbar ist aber eine Verwechslung mit dem alten Lusthaus im Küchengarten. So scheint der König anfangs nur an einen Weinberg in Verbindung mit diesem sogenannten Marlyschlößchen seines Vaters gedacht zu haben. Vielleicht schwebte ihm eine Anlage vor, wie er sie in Selowitz in Schlesien gesehen hatte und von der er Algarotti am 20. März 1742 berichtete: »*Mein lieber Algarotti, ich bin hier an einem Ort, welcher dem Hof-Canzler Sinzendorff gehörte. Es ist ein außerordentlich schönes Sommerhaus in Verbindung mit einem Garten, welcher schön geworden wäre, wenn der Besitzer ihn vollendet hätte. Das Ganze ist an den Ufern des Flüßchens Schwarza gelegen, an dem Fuße eines Bergrückens, welcher durch seine Fruchtbarkeit sich unter den besseren Weinbergen dieses Landes einigen Ruf erworben hat*« (Friedrich II./Algarotti, Briefe, S. 35).

Spätestens am Gruftbau war zu erkennen, daß der König der neuen Anlage mindestens die Bedeutung von Rheinsberg zumaß, dem wohl kaum ein kleines Fachwerkgebäude entsprechen konnte.

Am 13. Januar 1745 erhielt die Kurmärkische Kriegs- und Domänenkammer die königliche Kabinettsorder, »*zu dem resolvirten Bau eines Lusthauses zu Potsdam erforderliche Materialien ... zu liefern*«. Ab 3. April wurden die Gräben für das Fundament ausgehoben, am 14. April der Grundstein gelegt, und Ende des Jahres 1745 war das Schloß im Rohbau fertig. Nach dem vom König am 18. Juli 1746 genehmigten Kostenanschlag vollzog sich der Innenausbau; am 1. Mai 1747 wurde der Bau mit einer Mittagstafel eingeweiht, obwohl der Marmorsaal und die Kolonnade noch nicht fertig waren. Nie hat der König mit der Benutzung eines Hauses bis zur endgültigen Fertigstellung gewartet, ungeduldig nahm er es immer schon vorher in Besitz. In Rheinsberg lebte er nahezu die ganze Zeit »*mit gewissen Beschwerlichkeiten*«, wie er zugibt, auf einer Baustelle; die Oper in Berlin ist bei ihrer Einweihung im Dezember 1742 noch voller Gerüste, Teile sogar nur mit den Grundmauern sichtbar, und nun in Sanssouci und später am Neuen Palais war es nicht viel anders.

Parallel zum Schloßbau liefen die Arbeiten an den Terrassen weiter. Nicht ausgeschlossen ist, daß der König erst im Zusammenhang mit dem Schloß an eine Verglasung der Nischen gedacht hat, denn erst in einer Zusammenstellung der Bauten vom 24. Januar 1745 ist davon die Rede: *»Weil mir auch der Gärtner Müller sagen lassen, Ew. Königl. Majestät hätten allergnädigst befehlen, daß auf den Weinberge vor den Nischen sollten Fenster gemacht werden und die Mauern mit Spalier bekleidet auch ein Anschlag davon gemacht worden, so ist solcher unter Sub G hierbey gefügt und beträgt 5.229.8,- Rthl.«* (ZStA Merseburg HA Rep. 14 F Potsdam Nr. 6, fol. 16 v). Müller betreute bis 1748 den Küchengarten in Sanssouci und hatte also die Order direkt vom König erhalten. Die entsprechenden Kontrakte mit den Tischlern wurden am 1. Mai 1745 geschlossen. Zum Ende des Jahres standen alle Terrassenmauern mit Nischen, die seitlichen Rampen waren angelegt, die Seitenteile daneben planiert und das ganze Terrain von einer Mauer umgeben.

Im Mai 1746 begannen die gärtnerischen Arbeiten am Parterre. In die Nischen wurden in diesem Jahr auch die Fenster mit einer oberen Abdeckung eingesetzt und Spaliere daneben angebracht. Auf die Terrassen pflanzte man Kirsch-, Aprikosen- und Pflaumenbäume, in die Nischen und an die Spaliere Weinstöcke, aus Portugal, Italien, Frankreich, aber auch aus Ruppin, sowie Feigen, und die Streifen neben den Rampen erhielten Walnußbäume und Kastanien. Da man 1746 eine Erweiterung des bis dahin im wesentlichen auf den Weinberg beschränkten Gartens nach Osten und Westen beschlossen hatte, wurde die im Vorjahr errichtete Ringmauer ab Juli wieder abgerissen.

Ende des Jahres 1746 ist Sanssouci eine abgeschlossene Anlage, mit dem im Äußeren auf der Gartenseite fertiggestellten Schloß mit Laubengängen und Kabinetten, bepflanzten Terrassen und Seitenstreifen – es fehlten noch die Treppe und die Taxuspyramiden (1748) – sowie einem gestalteten Parterre. Eine Vorstellung davon vermittelt die von Charles Dubois vermutlich Anfang 1747 gemalte Supraporte im Konzertzimmer des Schlosses: Über die Havel hinweg sieht man das Schloß mit den Terrassen, im Vordergrund stehen und sitzen zwei Hirtinnen und ein Hirte mit ihrer Herde an einem antiken Grabmal – et in Arcadia ego. Sanssouci ist das neue Arkadien, in dem aber bei aller Glückseligkeit der Tod seinen Platz hat. In Rheinsberg lebten der Kronprinz und sein Hof nach dem *»Geschmack des Watteau«* (Bielfeld), versuchte man die *»Fêtes galantes«* in die Wirklichkeit umzusetzen. Knobelsdorffs 1737 gemalte Ansicht von Rheinsberg, wie bei

Ansicht von Rheinsberg. Gemälde von G. W. v. Knobelsdorff, 1735. Verwaltung der Staatlichen Schlösser und Gärten Berlin (West)

dem Bild von Dubois auch mit dem Blick über das Wasser, aber mit einer sich vergnügenden Hofgesellschaft im Vordergrund, hat »*geradezu programmatischen Charakter*« (Börsch-Supan) für eine Zeit unbeschwerten Lebens unter Freunden. Noch vier Jahrzehnte später bekannte der König, daß er in Rheinsberg seine glücklichsten Jahre verlebt habe. Schon 1737 hatte er Rheinsberg als »*mein Sanssouci*« bezeichnet, und es wird noch darzustellen sein, wie stark Rheinsberg in dem neuen Sanssouci nachwirkte; aber hier gibt sich der König als Philosoph, als »*Philosophe de Sanssouci*«, wie er zum ersten Mal am 24. Juli 1747 unterzeichnete.

Daß Friedrich II. einen wesentlichen Anteil an diesem »*Sitz der Ruhe, des häuslichen Lebens, der schönen Natur und der Musen hatte*« (Nicolai, 1786, III., S. 1200) bezeugen die Zeitgenossen und wird bis in die Gegenwart in der Literatur immer wieder festgestellt: Kabinettsorder und wiederholte Besichtigungen während der Bauarbeiten belegen sein Interesse und die Ungeduld, wenn es ihm – wie meist – zu langsam voranging. Die beiden Skizzen des Königs vom Weinberg und Schloß haben jedoch besonders in jüngster Zeit Anlaß zu unterschiedlicher Interpretation gegeben. Überwiegend werden sie, wenn nicht gar als Beginn, so doch als Teil der königlichen Planung angesehen. Es gibt neuerdings (Drescher, Mielke) nicht von der Hand zu weisende Zweifel daran, daß die Skizzen mit der anfänglichen Planung im Zusammenhang stehen, denn sie könnten auch als Erläuterung eines bereits bestehenden Zustandes später entstanden sein. Verwiesen wird dabei auf die erwähnten Gespräche des Königs mit seinem Vorleser de Catt im Jahre 1758.

Wann die Planung überhaupt begann, läßt sich nicht mehr ermitteln,

nur der sukzessive Geländeerwerb vom 4. April 1744 an deutet auf verschiedene Stadien hin. Ob der Berg, wie in der ersten Skizze angedeutet, anfangs durch nur drei Terrassen hatte gegliedert werden können, muß trotz der späteren Auf- und Anschüttungen bezweifelt werden. Der Kronprinz hatte in Rheinsberg den alten Weinberg mit drei geraden Talutmauern und unverglasten (!) Nischen anlegen lassen. Von hier könnten seine unmittelbaren Vorstellungen herrühren. Keineswegs jedoch bestanden schon die drei geschwungenen Terrassen am Ufer des Grienericksees, dem Schloß gegenüber, die von Drescher und Mielke wieder als Vorbild für Sanssouci angesehen werden. Im Rheinsberg-Inventar ist eine derartige Anlage von 1746 nicht erwähnt, nach Hennert sind die Terrassen auch erst 1762 angelegt worden.

Ansicht der Terrassenanlage von Sanssouci. Supraporte von C.S. Dubois im Konzertzimmer des Schlosses, um 1746/47. Staatliche Schlösser und Gärten Potsdam-Sanssouci

Ehrenhof des Schlosses Sanssouci

So ist man geneigt, die erste Skizze des Königs eher als konzeptionelle Verständigung über die Gliederung von Parterre, Weinberg und Schloß zu verstehen, denn als direkte Anweisung an den Baumeister. Als »*erste Idee*« für die Terrassen muß sie ohnehin ausscheiden, da diese doch wohl anfangs ohne bekrönendes Schloß auf das Lusthaus im Küchengarten bezogen waren: Das schließt jedoch eine Beschäftigung des Königs mit der Terrassenanlage überhaupt nicht aus. Auf den Kostenanschlag für die 1752 gegenüber dem Obelisk an der Straße nach Bornstedt angelegten sechs (!) Terrassen hat er eine Talutmauer mit Maßen skizziert und die Bepflanzung angegeben. Seine Vorliebe für frisches Obst, das überall in Schalen in den Schloßräumen stand, ja überhaupt an der »*Gärtnerei*«, bekundete er schon in Ruppin. In Rheinsberg gab es zahlreiche Obstplantagen, und 1748 teilte er seiner Schwester Wilhelmine in der Ode »*Vom rechten Gebrauch der Glücksgüter*« mit, daß er mit »*Quintinie*« – dem Direktor der Obstgärtnerei in Versailles und Verfasser mehrerer entsprechender Bücher – durch den Garten gehe und sich belehren lasse. Vergil und Cicero nachfühlend, schrieb er schon aus Rheinsberg: »*Das Landleben sagt mir tausendmal mehr zu als das Stadt- und Hofleben. Es ist natürlicher, behaglicher, ehrlicher und ungezwungener.*« *(Kühn, 1939, S. 33).*

Durch den Schloßbau auf dem Weinberg wird dieser mit den Terrassenschwüngen in ein neues Verhältnis zum Garten und zur Landschaft gesetzt; er ist nicht mehr Abschluß, sondern Bindeglied zwischen Schloß und Parterre und Öffnung zur Landschaft, die im Herabschreiten von jedem Absatz neu und anders gesehen und erlebt wird.

In einer kurz nach der Einweihung des Schlosses 1747 entstandenen Ode an seinen Freund Marquis d'Argens schrieb der König:

Hoch auf eines Hügels Rücken,
Wo das Auge mit Entzücken
Schweift, soweit der Himmel blau,
Hebt gebietend sich der Bau.
Hohe Kunst ward dran gewendet;
Sorglich schuf und meisterlich
Mir des Meißels Hieb und Stich
Steingestalten formvollendet,
Die das Ganze prächtig schmücken,
Ohne lastend es zu drücken.
Morgens taucht mein Schlößlein ganz
Sich in goldnen Frühlichtglanz,
Der es grüßt, wenn er erwacht.
Sechs bequeme Treppen lassen
Nieder über sechs Terrassen,
Mählich sacht
Euch zum Haine niedersteigen,
Euch zu flüchten
In die grüne Dämmernacht.

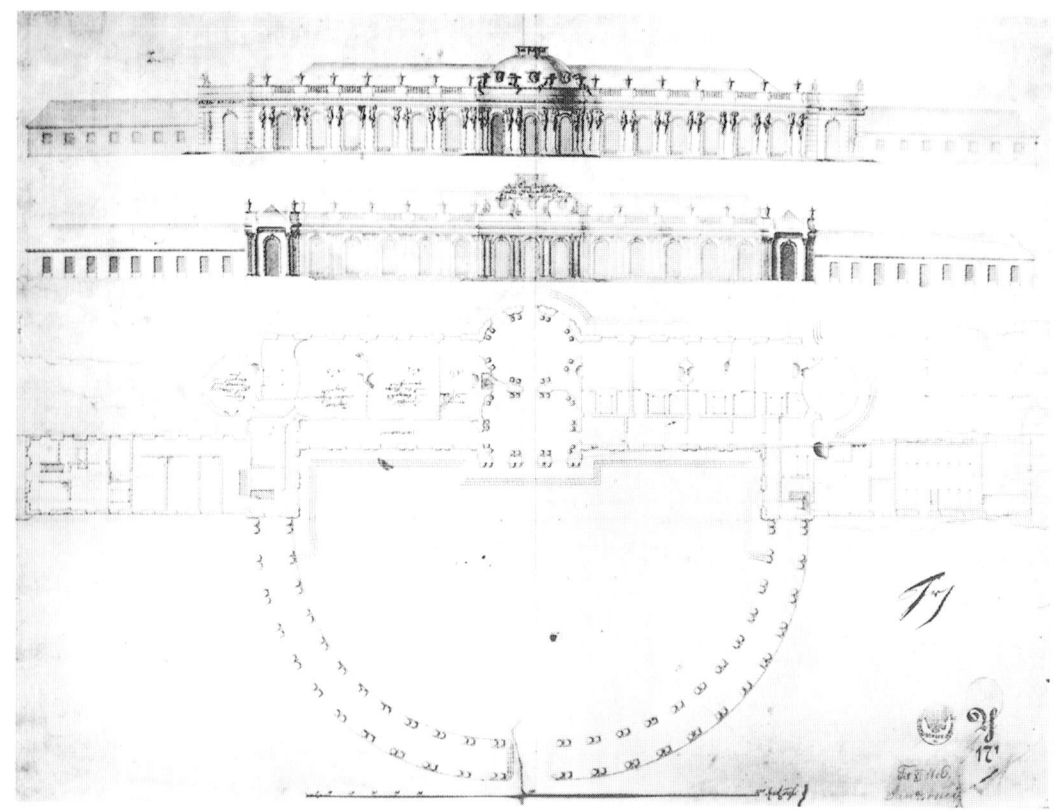

Grundriß und Aufrisse des Schlosses Sanssouci. Von Friedrich II. approbierte Zeichnung aus dem Baubüro G. W. v. Knobelsdorffs, 1745. Staatliche Schlösser und Gärten Potsdam-Sanssouci

Das Schloß Sanssouci »*ist nach der Idee des Königs selbst gebaut worden. Der Freyherr von Knobelsdorf machte die Zeichnung, und der König trug 1745 Diterichs den Bau auf. Dieser zeichnete den Riß ins Große.*« Nicolai (1786, III, S. 1212) gibt hier die Schritte friderizianischen Bauens an, die nicht allein für Sanssouci gelten, sondern allgemein verbindlich sind. Die Stellung Diterichs nahm nach dessen baldiger Ablösung Boumann ein. Auch von Bielfeld ist zu erfahren, daß der König »*selbst den ersten Riß*« gemacht hat. Der Grundriß auf der ersten Skizze und mehr noch der auf dem zweiten Blatt müssen wohl als erste zeichnerische Verdeutlichung der Vorstellungen Friedrichs angesehen werden. Mielke glaubt auch hier an eine spätere Entstehung, da die Verbindung zwischen Schlafzimmer und Bibliothek schon in der endgültigen Form wiedergegeben ist. Dagegen sprechen der Kamin in der Bibliothek, der noch nicht an die Stelle des Fensters an der Nordseite getreten ist, die zweigeteilte kleine Galerie, drei statt vier Gästezimmer und die fehlenden Säulen im Marmorsaal, alles Details, die dem König später sicher vertraut waren und die er auch richtig dargestellt hätte.

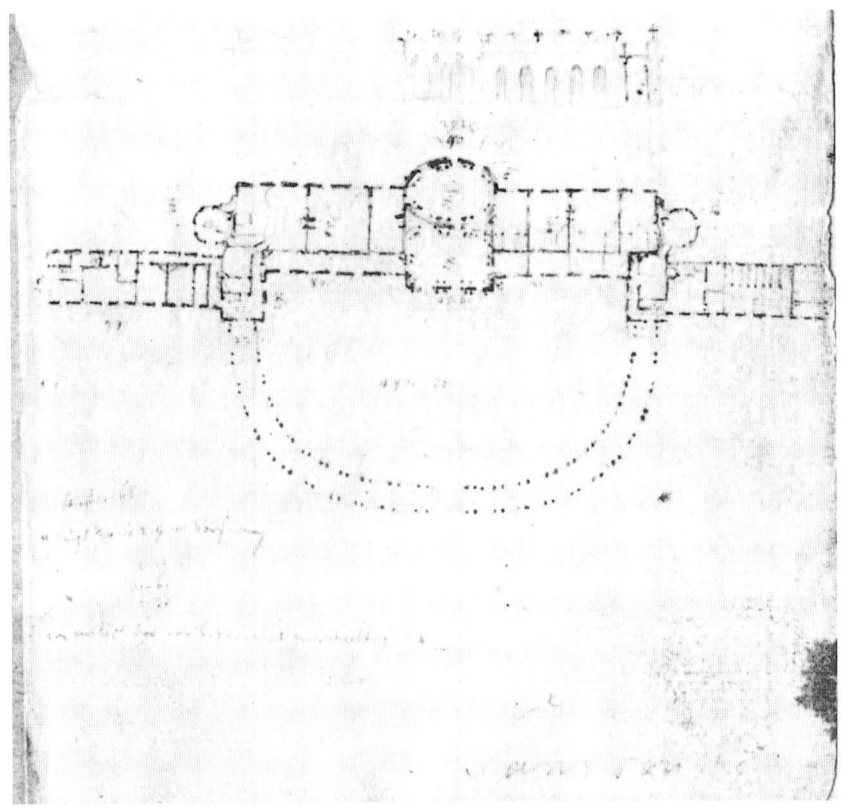

Grundriß des Schlosses Sanssouci, darüber halber Aufriß; Bleistiftskizze von G.W. v. Knobelsdorff (?), um 1744. Verwaltung der Staatlichen Schlösser und Gärten Berlin (West), Skizzenbuch 3827

Ausgangspunkt für die Raumaufteilung war das Grundschema aus dem 1737 erschienenen Werk Blondels »*De la distribution des maisons de palaisance et de la décoration des édifices en general*«, das der König aber nach seinen Vorstellungen und Bedürfnissen abwandelte.

Genau sind die Angaben über die Nutzung der Flügel, zu einzelnen Räumen und zu den Säulenordnungen. Die Anmerkungen verdeutlichen zudem die Individualität des Königs in bezug auf wiederverwendbare Architektur- und Raumformen: Das Schlafzimmer sollte die gleichen Proportionen wie das im Potsdamer Stadtschloß erhalten. »*Come à Reinsberg*« – wie in Rheinsberg – dachte er sich die Kolonnade und die Bibliothek, der auf westlicher Schloßseite ein Gästezimmer gleicher Rundform entsprach. In Rheinsberg hatte der Kronprinz seine Bibliothek im mittelalterlichen runden »*Klingenberg*«, im Berliner Schloß war das 1745 fertiggestellte Schreibzimmer Friedrichs von nahezu gleichem Durchmesser wie die Bibliothek in Sanssouci. »*Wie in Rheinsberg*« bedeutete schließlich auch, daß die kronprinzliche Bibliothek 1747 nach Sanssouci überführt wurde.

Terrassen und Schloß Sanssouci. Luftaufnahme um 1927/28 (S. 92/93)

Schloß Sanssouci. Mittelbau der Gartenfront (S. 94/95)

Schloß Sanssouci.
Karyatiden am
Mittelbau der
Gartenfront

Schloß Sanssouci.
Karyatide an der
Gartenfront

Neue Kammern.
Gartenfront von
Südwesten
(S. 98/99)

Kolonnade des Schlosses Rheinsberg. Entwurf von G. W. v. Knobelsdorff, um 1737. Staatliche Schlösser und Gärten Potsdam-Sanssouci

Turmkabinett des Kronprinzen Friedrich in Rheinsberg. Aquarell von W. Streckfuß, um 1880. Staatliche Schlösser und Gärten Potsdam-Sanssouci

Bibliothek Friedrichs II. im Schloß Sanssouci

Rekonstruktion des Schlafzimmers Friedrichs II. im Schloß Sanssouci. Aquarell von J. H. Strack, um 1845. Staatliche Schlösser und Gärten Potsdam-Sanssouci (vorige Seite, oben)

Schlafzimmer Friedrichs II. im Stadtschloß Potsdam (vorige Seite, unten)

Nur Knobelsdorff konnte solche Hinweise verstehen. Er ist zweifellos derjenige, der die Vorgaben des Königs in eine künstlerische Form brachte. Das beweisen seine Skizzen im Skizzenbuch und deren Umsetzung in den vom König approbierten Plan.

Über die Anlage von Sanssouci soll es zu schweren Differenzen zwischen dem Bauherrn und Knobelsdorff gekommen sein, berichtet Manger. Knobelsdorff habe den Bau unterkellern und weiter an den Rand der oberen Terrasse heransetzen wollen, *»allein er behielt in Beydeley Unrecht«.*

Inzwischen ist nachgewiesen worden, daß diese Differenzen durchaus nicht so grundsätzlich und unüberbrückbar waren, wie sie bis heute noch dargestellt werden, und daß sie nicht durch die Meinungsverschiedenheiten über Schloß Sanssouci entstanden sind.

Es ist auffällig, daß die Verbindungen zwischen dem König und Knobelsdorff in den Jahren 1747 bis 1749 wesentlich lockerer gewesen sein müssen als zuvor, danach aber setzte wieder eine Periode intensiverer Begegnungen ein, die anscheinend bis zum Tode des Baumeisters gedauert hat. Zwar erhielt Knobelsdorff 1748 den Rang eines Ministers im Generaldirektorium, doch mustert man die Liste, die Manger von den Bauten Knobelsdorffs in Potsdam zusammengestellt hat, so wird deutlich, daß der Anteil Knobelsdorffs am Potsdamer Baugeschehen zwischen 1747 und 1749 gering ist. Sieht man von bereits geplanten und während dieser Jahre geförderten Bauten wie Sanssouci und Stadtschloß ab, so bleiben 1748 die Knobelsdorffsche Gestaltung des Ruinenberges – der allerdings auf königlichen Befehl durch Bellavite verändert wurde –, der Obelisk in Sanssouci und drei Bürgerhäuser am Eingang der Breiten Straße (Wilhelm-Külz-Straße). Erst nach 1750 häufen sich dann die Knobelsdorffschen Bauten.

Mangers Liste führt folgende Bauten auf:

»Das Lehmannsche Eckhaus am Markte« – heute unter der Bezeichnung *»Knobelsdorffhaus«* bekannt –, 1750;

»Die marmorne Kolonnade im Rehgarten«, 1751-62;

»Die marmorne Grotte im Garten zu Sanssouci«, 1751-54;

»Das Gutschmidtsche Eckhaus an der Mammonstraße und andere«, 1751;

»Die sämtlichen Wohn- und Stallgebäude, auch das Lazareth für die Leibgarde zu Pferde«, 1753;

»Die Obelisken nebst Zugehör am Neustädter Tor«, 1752;

»Die Gärtnerhäuser in Sanssouci, an welchen kein Dach zu sehen ist«, 1752;

»Die Französische Kirche«, 1752/53;

»Das Stadtprediger- und Schulhaus am Markte«, 1752;

»Das zum Waisenhaus gehörige Gebäude am Lustgarten«, 1752;

»Der marmorne Obelisk auf dem Markte«, 1752/53;

»Das Stadtkirchportal«, 1753-55.

In einem Brief Prinz Ferdinands an seine Mutter vom 11. Mai 1750 heißt es: »*Der Baron von Knobelsdorff wird Potsdam sehr verändert finden, es sind drei oder vier Jahre her, daß er nicht dort war. Augenscheinlich fährt er fort, den König dort zu begleiten*« (Kühn, 1939, S. 67 Anm. 57). Das bestätigt den Befund, daß Knobelsdorff erst nach 1750 wieder zum Zuge kam was auch noch aus anderen Quellen zu belegen ist.

Die im Verlag von Haude und Spener erschienene Zeitung »Berlinische Nachrichten von Staats- und gelehrten Sachen« vermerkte auf den ersten beiden Seiten ihrer jeweiligen Ausgabe, wo sich der König aufhält, wer zu ihm beordert wurde oder wer ihn auf Reisen begleitete. Die Durchsicht der Jahrgänge 1747 bis 1751 und 1753 – der Jahrgang 1752 konnte bisher nicht gefunden werden – verzeichnet folgende Begegnungen des Königs mit Knobelsdorff:

Jahrgang 1746
Nr. II, 4. Januar
»*Gemeldeten Tages* (Sonnabend, d. 1. Jan., d. V.) *begab sich der Sur-Intendant der Königlichen Gebäude Herr Baron von Knobelsdorff und der Königl. Flügel-Adjutant, Herr von Nostitz, zu Sr Majest. nach Potsdam ...*«

Nr. VI, 13. Januar
»*Vorgestern, Vormittags, erhoben sich Se Majestät, der König, mit Sr. Königl. Hoheit, dem Prinzen Heinrich und in Begleitung des Sur-Intendanten der Königl. Gebäude, Herr Baron von Knobelsdorff nach dem Lust-Schlosse Charlottenburg, von dannen sie gegen Mittag wieder hier eintrafen.*«

Nr. LXXXII, 12. Juli
Seit dem 6. Juli hielt sich der Hof in Oranienburg auf, am 8. Juli fuhr der König mit Rothenburg, dem Generalmajor von Stille und Knobelsdorff nach Rheinsberg, dort fanden wieder große Feste »*mit viel Illumination*« statt (am 16. kehrte der König nach Potsdam zurück).

Nr. CXXV, 18. Oktober
»*Am verwichenen Mittwoch* (der 18. Oktober war ein Dienstag, d. V.) *nahm Se. Majest., der König, Patenschaft bei dem Sohn des Obrist Leuitenant bei der Garde zu Fuß Herrn von Kleist an.*« Weitere Paten waren u. a. Rothenburg, General von Winterfeld, von Stille und Knobelsdorff.

In den Jahrgängen 1747 bis 1749 finden sich keine Hinweise.

Jahrgang 1750
Nr. LXXVIII, 30. Juni
»*Der Sur-Intendant der Königl. Gebäude, Herr Baron von Knobelsdorff, reiste gestern zu Sr. Majest. dem Könige nach Potsdam.*«

Nr. CXLV, 3. Dezember
»*Den 29ten des vorigen Monaths begaben sich der erste königl. Cammerherr, Herr Baron von Pöllnitz, der Sur-Intendant der Königl. Gebäude, Herr Baron von Knobelsdorff, der Oberst Lieutenant und Königl. Flügel Adjutant Herr von Grumbkow und der Königl. Cammerherr, Herr v. Voltaire, nach Potsdam.*«

Jahrgang 1751
Nr. XCVIII, 17. August
»*Verwichenen Sonnabend* (der 17. Aug. war ein Dienstag, d. V.) *begaben sich Se. Excellentz der Marschall von Frankreich, Herr Graf von Löwendahl, von hier zu Sr. Majestät, dem Könige nach Potsdam, wohin auch Tages darauf Se. Durchl. der aus Stargard hier angekommene General-Lieutenant von der Infanterie, Fürst Moritz von Anhalt-Dessau, mit dero Adjutanten, dem Herrn Lieutenant von Kleist, ... ingleichen der Sur-Intendant der Königl. Gebäude, Herr Baron von Knobelsdorf, reiseten.*«

Jahrgang 1753
Nr. XXIV, 18. September
»*Den 16ten des jetzigen Monaths hat allhier der Hochwohlgeborene Herr, Herr George Wentzel Freyherr von Knobelsdorf, Sur-Intendant der Königl. sämtlichen Schlösser, Häuser und Gärten, Directeur en Chef aller Baue in den sämtlichen Provinzen, auch Geheimer Finantz- Kriegs- und Domainen-Rat, nach einer langwierigen Krankheit im 53ten Jahre seines ruhmvollen Alters, das Zeitliche gesegnet.*«

Dabei wurden bestimmt nicht sämtliche Begegnungen des Königs mit Knobelsdorff bei offiziellen Anlässen aufgeführt – ganz zu schweigen von den inoffiziellen, die sicherlich stattgefunden haben. Aber auch dann ist es auffällig, daß die Zeitung zwischen 1747 und 1749 nicht ein einziges Mal im Zusammenhang von Besuchen beim König den Namen Knobelsdorff nennt. In dieser Zeit muß also das Verhältnis zwischen Bauherr und Baumeister sehr locker gewesen sein. Die Quellen sagen weder, was zu dieser offenkundigen Trübung der Beziehungen geführt hat, noch was drei Jahre später eine erneute Annäherung bewirkte. Aber auch wenn möglicherweise der König und sein Surintendant in bezug auf das Schloß Sanssouci unterschiedlicher, ja gegensätzlicher Meinung waren, so ist es zu einem definitiven Bruch entgegen den Vermutungen nicht gekommen. Mehr als eine Abkühlung des Verhältnisses scheint nicht stattgefunden zu haben.

Auf jeden Fall betraute Friedrich seinen leitenden Baumeister in diesen Jahren nur mit wenigen Aufgaben, was aber auch damit zusammenhängen mag, daß der König in dieser Zeit mehr und mehr persönlichen Einfluß auf das Baugeschehen nahm; eigentlich war er sein eigener »*Directeur en Chef aller Bauten*« geworden.

Hinzu wird gekommen sein, daß sich die oft unkonventionellen, ja eigenwilligen Vorstellungen Friedrichs einfacher durch subalterne Baubeamte in die Tat umsetzen ließen als durch einen geistig unabhängigen und selbstbewußten Mann wie Knobelsdorff, der die Wahrheit liebte »*und glaubte, sie verletze niemanden*« (Friedrich, Werke, Bd. 8, S. 226). Knobelsdorff schmeichelte nicht, und »*ließ sich lieber suchen, als daß er sich vordrängte*« (Friedrich, Werke, Bd. 8, S. 219). Neben solchen Eigenschaften, die dem König wohl oft mißfallen haben, scheint Knobelsdorff bei finanziellen Dingen nicht immer eine glückliche Hand gehabt zu haben, aber gerade darauf legte Friedrich großen Wert. Wenn in künstlerischen Fragen immer noch eine Einigung möglich war, in punkto Geld kannte der König kein Pardon. Ein in scharfen Worten gehaltener Brief an Knobelsdorff vom 22. März 1747 über nicht ordnungsgemäß verwaltete Baugelder macht das deutlich. »*Es liegt ganz klar am Tage, daß letzterer* (der Rendant Finke) *alle Dienstrechnungen mit solcher Unordnung, Ungenauigkeit geführt hat, daß sich wohl nicht leicht ein Exempel von größerer Konfusion findet. Ich erinnere mich zwar nicht, daß ich Euch vorhin dispensiert habe, mit der Einnahme und Ausgabe der Gelder nicht immediate zu seyn, da aber doch die Bauten Eurer Direktion geführet und die Ausgaben fast samtlich auf Eurer Assigeration versehen seyn, so kann ich nicht anders als Euch mein äußerstes Mißfallen darüber zu erkennen geben, daß Ihr nicht mehr auf Ordnung und Richtigkeit gehalten.*« Und in einem versöhnlichen Ton weiter: »*Ich kann nicht anders glauben, daß Ihr selbst solches gantz unverantwortlich jetzo und findet und begreifen werdet, wie penibel deshalb dazu ich bin ... und daß ich nicht umhin gekonnt, Euch solches hierdurch zu bezeigen*« (Streichhan, S. 22). Daß die Baugelder nicht immer richtig verwaltet wurden, ist weniger Knobelsdorffs Schuld als die seines damals schon verstorbenen Rendanten Finke. Das gesamte bauliche und finanzielle Gebaren wird dann 1752 endgültig in einem formellen Reglement für Potsdam festgelegt – praktisch ist aber schon vorher danach verfahren worden.

Auf eine Anfrage des Königs wegen der Galerie im Potsdamer Stadtschloß schrieb Knobelsdorff am 15. Mai 1748 dem König, daß er »*nach dero hohen Vorschrift die Zeichnung zur Gallerie verfertiget, solche dem Castellan Baumann und Bildhauer Nahl auf Ihro Majestät hohen Befehl gegeben worden die Execution davon zu besorgen und der Graf von Müncho zugleich die ordre erhalten die Anstalten zu Anschaffung des marbres zu machen, es ist also nicht das geringste davon bewußt, wie die accords gemacht oder das geld von demjenigen ausgezahlet, denen hierüber die commissions von Euer Königlichen Majestet selbst allergenedigst anvertrauet worden*« (Seidel 1899, S. 130).

Knobelsdorff war über den aufgebrachten Brief des Königs verwundert und wandte sich deshalb an Fredersdorf mit der Bitte um Auskunft: »*da ich weder mit dieser Gallerie noch anderen Gebäuden von Potzdam das Geringste zu thun gehabt und ich sogleich wann die Zeich-*

105

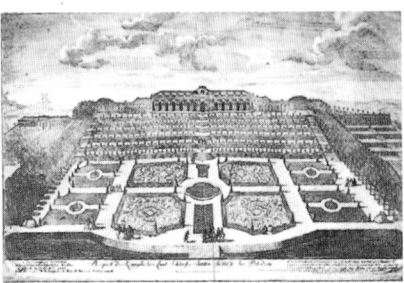

»Prospect der hintern Seite des Königl. Lust-Schlosses Sans Soucy bei Potsdam«. Kupferstich von J. D. Schleuen, um 1750. Staatliche Schlösser und Gärten Potsdam-Sanssouci

»Prospect des Königlichen Lust-Schlosses Sans Soucy bei Potsdam«. Kupferstich von J. D. Schleuen, 1748. Staatliche Schlösser und Gärten Potsdam-Sanssouci

»Prospect des Königl. Lust-Schlosses und Gartens Sans Soucy, bei Potsdam«. Kupferstich von J. F. Schleuen, um 1756. Staatliche Schlösser und Gärten Potsdam-Sanssouci

nung gemacht solche gleich an den Castellan geben müssen« (Seidel 1899, S. 130). Aus beiden Schreiben geht hervor, daß der Surintendant schon vor dem Weggang Nahls im Juli 1746 mit bautechnischen und finanziellen Dingen beim Stadtschloß oder im Falle anderer Potsdamer Bauten nichts mehr zu tun gehabt hat. Aufschlußreich ist aber auch, daß Knobelsdorff zumindest für die Galerie die Zeichnung anfertigte. Kastellan Boumann hat also nach der Ablösung Diterichs' am 25. April 1745 »*alle bey Knobelsdorf verzeichneten Gebäude nach desselben Entwürfen ausgeführt*«, wie Manger ebenfalls bestätigt (S. 624). Auch das belegt wieder, daß häufig flüchtig skizzierte Vorstellungen oder auch detaillierte Anweisungen des Königs den Ausgangspunkt für Knobelsdorffs Entwürfe bildeten, die dann schließlich durch Boumann ausgeführt wurden. Bei dieser Reihenfolge verschob sich die Gewichtung zugunsten der Bauausführung, und der eigentliche schöpferische Anteil Knobelsdorffs, nur wenigen bekannt und nicht so leicht erkennbar, trat in den Hintergrund.

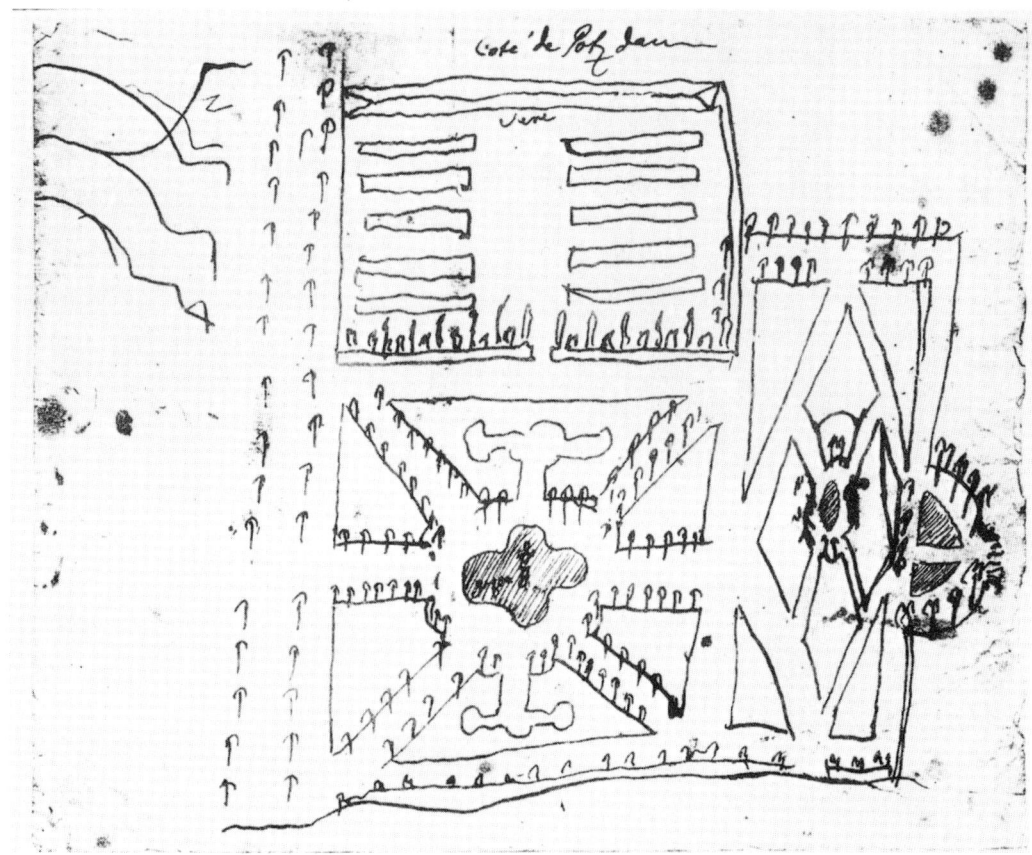

Der östliche Lustgartenbezirk

Im Herbst 1745 legte man um die Weinberganlage, die nur den terrassierten Berg selbst, das Parterre und das obere Plateau mit dem Schloß sowie zwei seitliche schmale Streifen mit Platz für höchstens zwei Baumreihen umfaßte, eine Ringmauer. Man sah also dieses Terrain zunächst als ausreichend an.

Als der König während des zweiten Schlesischen Krieges Anfang November 1745 für kurze Zeit nach Berlin und Potsdam kam, scheint ihn die neue Anlage nicht befriedigt zu haben. Sie war erkennbar zu klein und ließ dem eigentlichen Garten zu wenig Raum. So wird in dieser Zeit der Gedanke einer Erweiterung des Gartens nach Osten und Westen entstanden sein. Für die östliche Erweiterung ist eine eigenhändige Skizze des Königs bekannt (Kat.-Nr. 5). Darauf sind links drei Terrassen des Weinbergs in der inneren Schwingung angedeutet; eine vierte ist wohl versehentlich verzeichnet. Dann folgen zwei Baumreihen

Sanssouci.
Östlicher
Lustgartenbezirk.
Eigenhändige
Zeichnung
Friedrichs II.
Ehem. Geheimes
Staatsarchiv
Berlin, verscholle

Obeliskportal in Sanssouci. Radierung von A. L. Krüger, um 1777. Staatliche Schlösser und Gärten Potsdam-Sanssouci

– in der späteren Ausführung sind es fünf. Im Norden des neuen Bezirks sollte eine nutzgärtnerische Anlage mit einem Gewächshaus (»Sere«) und sechs Terrassen davor liegen. Für den westlichen Bereich ist das ehemalige Vorhandensein einer Zeichnung des Königs, wie M. Kühn (1939, S. 48) annimmt, nicht auszuschließen.

Das Parterre besteht aus einem Quadrat mit großem Rondell in der Mitte, von dem sechs Wegestrahlen ausgehen und dessen Mitte ein vierpaßförmiges Becken einnimmt; in den Plan hat Friedrich an dieser Stelle »gazon« (Rasen) geschrieben. Weiter nach Osten folgt eine schmale Partie mit der Wegeführung eines Rhombus und endlich ein halbrunder Abschluß. Die Ausführung begann 1746 mit Aufschüttungsarbeiten und Bepflanzungen, 1747 entstanden das Gewächshaus und die sechs Terrassen. Eine wesentliche Änderung gegenüber der Skizze des Königs betraf die Anlage der Hauptallee, die nicht mehr vor dem Rhombus endete, sondern ihn durchschnitt und bis zu dem halbrunden Abschluß lief, wie es der Plan von Netcke aus dem Jahre 1746 zeigt.

1747 entstand nach einem Entwurf von Knobelsdorff das Obeliskportal, wie der gesamte Gartenabschluß wiederum eine Reminiszenz an Rheinsberg. Erst 1751 wurde mit dem Bau der von Knobelsdorff gezeichneten Neptungrotte in einem kleinen Bezirk nördlich des Rhombus begonnen. Diese Grotte war zu Anfang nicht geplant, was aus der Tatsache hervorgeht, daß man für sie die erst drei Jahre zuvor dort gezogene Mauer abbrechen mußte. Aber die Anlage ergab sich aus der Notwendigkeit einer Pendantwirkung zur sogenannten Thetisgrotte auf der westlichen Seite neben dem Orangenhaus, den späteren Neuen Kammern. 1749 war hier ein »*dreifaches theatralisches Bogengerüste von Holz und Brettern aufgesetzt und mit Oelfarben als Felsen gemah-*

let, auch in dessen Mitte eine gleichfalls auf Brettern gemahlte Figur gestellt«, errichtet, ein Jahr später aber in Stein ausgeführt worden (Manger, S. 112).

Für den östlichen Bereich scheint es also auch keine von Anfang an bestehende einheitliche Konzeption gegeben zu haben. Die Skizzen des Königs legten den Grundgedanken der Anlage fest, danach begann ein schöpferischer Prozeß, der viele Änderungen brachte. Manger schreibt Knobelsdorff die gesamte Gartenanlage zu, ihm folgen Höckendorf, Kühn und Kurth. Auffällig ist nur, daß der König in seiner »*Eloge*« auf Knobelsdorff nichts darüber sagt. Aber wenn es nicht Knobelsdorff war, wer sonst? Der König nahm auf die Gartenangelegenheiten noch mehr Einfluß als auf die Bausachen, und so mag er die Rolle, die Knobelsdorff hier gespielt hat, so gering eingeschätzt haben, daß er diese Leistung seines Architekten nicht neben den großen Bauten aufführen wollte. Es gibt auch keine Zwischeninstanz wie das Baukontor in Bauangelegenheiten, und Friedrich gab seine Befehle direkt an die Gärtner, wobei er sogar zeitweilig die Rechnungen selbst assignierte. Später wurden sie dann, von Hildebrant attestiert und von Boumann assigniert, aus der Baukasse gezahlt. Die Idee wird vom König gekommen sein, aber seine Skizzen waren dilettantisch und weit entfernt von ausführungsreifen Plänen, die mit ziemlicher Sicherheit Knobelsdorff zuzuschreiben sind.

Ansicht von Rheinsberg. Zeichnung von G. W. v. Knobelsdorff, um 1745. Staatliche Schlösser und Gärten Potsdam-Sanssouci

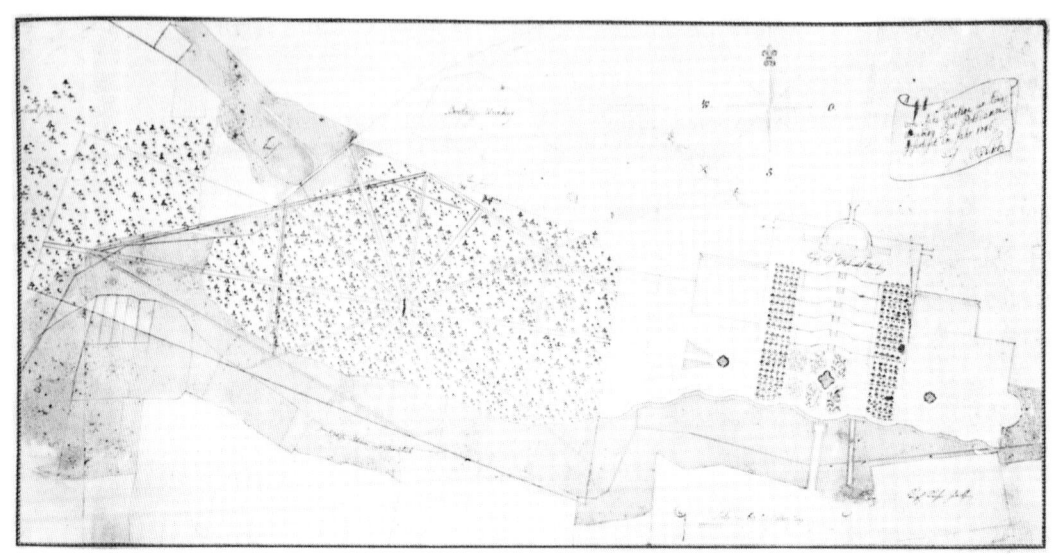

Sanssouci, Gartenplan von C. L. Netcke, 1746. Staatliche Schlösser und Gärten Potsdam-Sanssouci

Der Rehgarten und das Chinesische Teehaus

Während der östliche Lustgartenbezirk im Netcke-Plan von 1746 nur in seinen äußeren Umrissen mit dem Rondell und der Hauptallee wiedergegeben ist, sind auf der westlichen Seite ein Gebäude angedeutet und eine gliedernde Struktur von Wegen erkennbar. Das Gebäude ist das 1747 errichtete »*steinerne Orangenhaus*« (Neue Kammern). Es ist darauf hingewiesen worden, daß eine in Blondels Architekturwerk wiedergegebene Orangerie als Vorbild diente (Bd. 1, Taf. 10, 11). Allgemein wird Knobelsdorff als der entwerfende Architekt angenommen, bei Manger fehlt dafür jeder Hinweis. Das Orangenhaus diente als Vorbild für die auf der östlichen Seite an der Stelle des Gewächshauses 1755 bis 1763 von Büring errichtete Bildergalerie. Büring hat zwar, wie wir von Manger wissen, dafür detaillierte Anweisungen vom König erhalten (Manger, S. 221ff.), es liegt dem Bau aber, entgegen der Behauptung von Kurth, keine Skizze des Königs zugrunde.

Wie aus der Legende hervorgeht, bezieht sich der Plan von Netcke im wesentlichen auf den Rehgarten, der sich nach Westen an den Lustgarten anschloß. Bereits im Februar 1745 war auf Befehl des Königs vom Hasenheger Lindstedt ein Jagdgebiet mit Rebhühnern und Rehen auf dem »*Höneberg*« – später Ruinenberg – nördlich des Schlosses Sanssouci angelegt worden, doch wurde das Projekt erst im März 1746 fortgesetzt. Lindstedt gibt in einem Bericht vom 11. März 1746 eine Aufstellung der notwendigen Arbeiten und fügt auch einen Plan des Hönebergs und Risse für das zu erbauende Hühnerfutterhaus bei. Der König antwortet ihm: »*Da ich Euren Plan etwas zu weitläufig finde, so habe ich in denselben eigenhändig crayonnirt, wie ich solches haben will damit es nicht so weitläufig werde«* (Schneider 1872, S. 146). In den Lindstedtschen Plan war eine Allee von der nördlichen Auffahrtsrampe zum Schloß bis zum Fuße des Berges eingezeichnet, die auch im Netcke-Plan zu sehen ist. Der König legte selbst fest, mit welchen Bäumen sie zu bepflanzen sei.

Zur Anlage der Allee schrieb der mit dem Bau des Rebhühnergeheges beauftragte Konstrukteur Netcke am 19. April 1746 an den Grafen von Schlieben: *»Seine Königliche Majestät haben unterm heutigen Dato Dero Castellan an mir gesandt und sagen lassen, Wie Höchstdieselben sich anders resolviret hätten, und die Allee vom Palais nicht auf den Gibfel des Höne-Berges, aus resong, Weilen solche nicht, perpendiculais mit dem Cour de Losiis günge, – haben wollten, sondern sollte nach der erst abgestochenen Linie folglich in der Niederung des Berges lauffen«* (Schneider 1872, S. 146).

Damit war der Plan, das Schloß durch eine gradlinige Allee an das Jagdgebiet anzubinden und dadurch dem ganzen Garten eine ausgeprägte Nord-Süd-Richtung zu geben, fallengelassen worden. Der König entschied sich für eine Erweiterung des Lustgartens nach Westen und somit für eine Ost-West-Achse.

Aus einem Bericht des Hasenhegers vom 11. März 1746 geht hervor, daß auch ein Fasanengarten angelegt werden sollte, für den Lindstedt die Wiesen und Äcker linker *»Hand des Dammes nach Dero Sommer Palais«* vorschlägt, wobei er darauf hinweist, daß dafür Wiesen und Äcker der Potsdamer Bürger und des Dorfes Bornstedt gekauft werden müßten (Schneider 1872, S. 145). Weiter wird angefragt, ob der Rehgarten – gemeint ist ein neuer Bereich, der nicht mit dem auf dem Höneberg zu verwechseln ist – an den Fasanengarten stoßen solle.

Das Jagdrevier auf dem Höneberg erhielt im April/Mai 1746 eine Abgrenzung durch einen Wall und durch Gräben; gleichzeitig war man sich auch über den neuen Reh- und Fasanengarten einig geworden. Er umfaßte den sogenannten *»Alten Fasanengarten«*, der altes Jagdgebiet der Hohenzollern war und in der Karte von Suchodoletz 1683 als *»Klein Faßangarten«* eingezeichnet ist, aber schon längere Zeit nicht mehr als solcher diente, sowie hauptsächlich dem Amt Bornstedt gehörendes Gebiet. Am 4. September 1746 reichte C. L. Netcke einen Kostenanschlag für die Umzäunung des Rehgartens mit gemauerten Pfeilern und hölzernen Bohlen ein. In dem Anschlag steht ein Satz, der bisher unbeachtet geblieben ist: *»Nach Ihre Königl. Majest. p. p. allergnädigster Vorzeichnung ist die Circumferenz 700 Ruthen.«* (ZStA Merseburg HA Rep. 14 F Potsdam Nr. 7, fol. 55). Mißt man das im Netcke-Plan für den Rehgarten vorgesehene Gebiet ab, ergibt sich genau die Zaunlänge von 700 Ruthen. Sehr wahrscheinlich hat der König in seiner Zeichnung nicht nur die Größe, sondern auch die innere Aufteilung der neuen Anlage angegeben. Die Form entspricht den im Barock üblichen Jagdgärten mit Sternschneisen, die sich in einem Mittelrondell konzentrie-

Ansicht von Sanssouci und Potsdam. Gemälde von G. W. v. Knobelsdorff, 1750. Staatliche Schlösser und Gärten Potsdam-Sanssouci

ren. Das System ist eingeschrieben in einem Rhomboid, dessen zwei Strahlen vom Rondell vor dem späteren Orangenhaus (Neue Kammern) ausgehen, bis zur nördlichen und südlichen Grenze laufen und sich noch vor dem Ende des Rehgartens wieder auf der Hauptallee treffen.

Ein Beispiel solcher Anlagen war schon im 17. Jahrhundert der Tiergarten südlich von Potsdam. Dem König waren zweifellos die für derartige Jagdgärten geltenden Richtlinien und die Beispiele in der nahen Umgebung bekannt. Mitunter hat man in der Disposition des Rehgartens auch die gestaltende Hand Knobelsdorffs zu erkennen geglaubt und auf den Berliner Tiergarten verwiesen. Aber Netcke erhielt die Zeichnung ja direkt vom König, und die Regeln für Tiergärten waren schließlich allgemein verbindlich.

Besaß er aber überhaupt die Fähigkeiten, ein solches Schneisensystem anzulegen? Christian Ludwig Netcke war Konduktuer und Landmesser bei der königlichen Jägerei und wohnte auf dem Jägerhof in Berlin, Oberwallstraße. Von 1743 bis 1779 wird er im Berliner Adreßkalender unter dem Stichwort Jägerhof und auch als Konduktuer und Feldmesser bei der Kurmärkischen Kriegs- und Domänenkammer aufgeführt. Er scheint aus Berlin zu stammen und muß kurz nach 1779 gestorben sein. In Potsdam läßt sich seine Tätigkeit bei der Rebhuhnanlage auf dem Höneberg (1746), bei der Vermessung der Karpfenteiche bei Bornim 1749 und bei der Anlage des Reh- und Fasanengartens 1746 nachweisen. Er war durch seine Tätigkeit als Landmesser und Kondukteur befähigt, entsprechende Gebiete für die Jagd einzurichten; aber er war für die Anlage eigens von Berlin nach Potsdam beordert worden, da sie in den Zuständigkeitsbereich der königlichen Jägerei gehörte.

Doch wie bei den Gartenangelegenheiten die Befehle des Königs direkt an die Ausführenden gingen, erhielt auch Netcke die Order unmittelbar vom König. So spricht alles dafür, daß die Anlage des Rehgartens in hohem Maße auf den Vorstellungen Friedrichs II. beruht und Netcke lediglich die vermessungstechnische Durcharbeitung vorgenommen hat. Vorausgegangen sein mögen allerdings Besprechungen des Königs mit Knobelsdorff, die sich auf die Anbindung des Rehgartens an den Lustgarten bezogen haben dürften.

Das neu angelegte Jagdgebiet macht deutlich, daß der König in jenen Jahren dem Jagdvergnügen durchaus nicht abgeneigt war; allerdings war er ein Gegner der von seinem Vater so geliebten Parforcejagd und bevorzugte die Pirsch. Aber das Interesse Friedrichs an der Jagd, das sich auch in der Deckenornamentik und in den Gemälden von Pesne (Diana) des Konzertzimmers im Schloß Sanssouci niedergeschlagen hat, ist sehr bald erloschen; schon 1748 wurde das Gehege für Rebhühner auf dem Höneberg aufgelöst und an seiner Stelle das Bassin für die Fontänenanlage mit der Ruinenstaffage nach dem von Bellavite veränderten Entwurf Knobelsdorffs erbaut.

Ruinenburg nördlich des Schlosses Sanssouci. Radierung von J. F. Schleuen, um 1775. Staatliche Schlösser und Gärten Potsdam-Sanssouci

Kolonnade im Rehgarten. Radierung von J. F. Schleuen, um 1770. Staatliche Schlösser und Gärten Potsdam-Sanssouci

1746 hatte der Rehgarten eine Umzäunung und auch ein Haus für den Fasanenwärter erhalten. Um dem Wild den Zugang in den Lustgarten zu versperren, schloß man den Rehgarten 1747 dann nach Osten durch eine Mauer mit fünf Toren ab. Bis 1747 ist innerhalb des Wegesystems mit Sicherheit die große Hauptallee angelegt worden, denn Benckert und Heymüller lieferten im Juli 1748 sechs vergoldete Sandsteinfiguren, die mit den 1749 aus Italien gelieferten vier Marmorfiguren im Wechsel zwischen Lustgarten und dem Rondell im Rehgarten aufgestellt wurden. Auch das Rondell muß schon um 1748 an der im Netcke-Plan bezeichneten Stelle seinen Platz erhalten haben. Mehr wurde kaum ausgeführt.

Nach der Aufstellung der Figuren an der Hauptallee und dem Bau der Kolonnade im Rondell nach einem Entwurf Knobelsdorffs 1751 bis 1762 scheint das Tiergartenprojekt dann vollständig aufgegeben worden zu sein. 1750 war der Graben in Richtung Rehgarten weitergeführt worden, wo er einen Anschluß an denjenigen erhielt, der von der Havel bis an den Rehgarten führte und für die Fontänenanlage gedacht war.

Den westlichen Abschluß der Hauptallee sollte ursprünglich eine Sandsteingrotte bilden. Vielleicht war sie von Knobelsdorff geplant, das aber läßt sich nicht mehr belegen. 1751 wurden erste Materialien angefahren, doch erst 1755 wurde mit dem Bau des Fundaments begonnen. Mit der Planung des Neuen Palais wurde der Bau eingestellt, das Fundament wieder beseitigt und die Materialien an anderer Stelle verwendet.

Das Gebiet, das abgesehen von den geplanten und zum Teil ausgeführten künstlerischen Enklaven entlang der Hauptallee nur aus Wald bestand, erhielt nach 1754 in der südöstlichen Ecke durch das Chinesische Teehaus mit eigenem Gartenbezirk einen besonderen Akzent.

J.B. Fischer von Erlach, Pagode von Sinkicien. Aus: J.B. Fischer von Erlach, Entwurf einer Historischen Architektur, Wien 1721

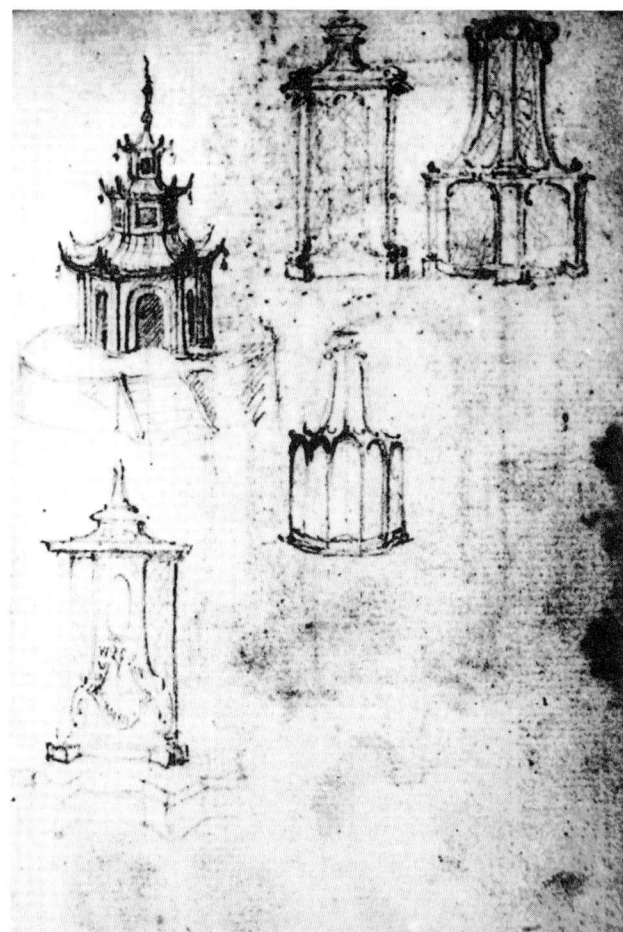

Skizzenblatt G.W. v. Knobelsdorff (?) u.a. mit einer chinesischen Pagode. Verwaltung der Staatlichen Schlösser und Gärten Berlin (West), Skizzenbuch Nr. 3827

Es ist nicht ausgeschlossen, daß schon während der Planung der Kolonnade erste Ideen zu einem Pavillon im Rehgarten formuliert wurden. In dem Skizzenbuch Knobelsdorffs Nr. 3827 finden sich drei Skizzen, die einen Gartenpavillon in Grund- und Aufriß zeigen, bei dem sich um einen zentralen Mittelraum jeweils vier Kabinette gruppieren. Noch deutlicher scheint eine andere Zeichnung aus diesem Skizzenbuch auf das spätere Teehaus zu weisen; ein Blatt zeigt eine dreistufige Pagode mit geschweiften Dächern, an deren Spitzen Quasten oder Glocken hängen. Die Pagode steht auf einem runden Podest, zu dem eine Treppe empor führt. Nahezu die gleiche Pagode findet sich im dritten Buch von Fischer von Erlachs »*Historischer Architektur*«. Dort ist auf Tafel XI die Kaiserburg in Peking wiedergegeben und auf derselben Seite die Pagode von Sinkicien. Auf einer anderen Tafel ist diese

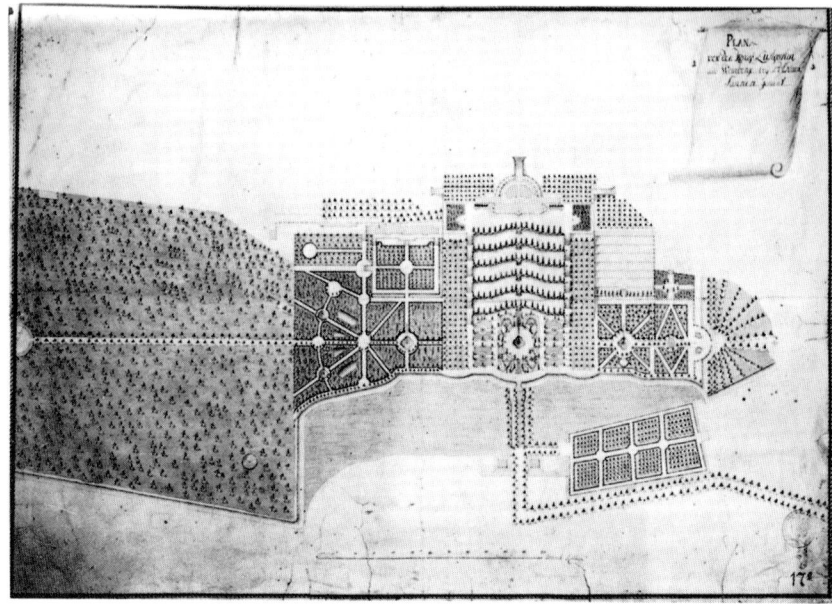

Sanssouci. Plan des Lustgartens und des westlichen Rehgartens, um 1752. Staatliche Schlösser und Gärten Potsdam-Sanssouci

Aufriß des Chinesischen Pavillons im Park von Lunéville. Erbaut von E. Héré, 1742 Staatliche Schlösser und Gärten Potsdam-Sanssouci

Chinesisches Teehaus in Sanssouci. Kupferstich von J. F. Schleuen, um 1770. Staatliche Schlösser und Gärten Potsdam-Sanssouci

Pagode noch einmal abgebildet, wobei ein erhöhter runder Sockel in die Augen fällt. Dieser Sockel aber war in Sinkicien in der Provinz Kantum notwendig, da die Pagode sehr dicht am Wasser stand und vor Überschwemmungen geschützt werden mußte. Die Übereinstimmung bis in die Details beweist, daß Knobelsdorff ohne jeden Zweifel zumindest das Blatt mit der Kaiserburg in Peking kannte, denn hier stimmen selbst die Drehung des Gebäudes und die Stellung der Treppe mit seiner eigenen Zeichnung überein.

In einen »*Plan von den Königl. Lustgarten und Weinberge bey Potsdam Sanssouci genannt*«, der noch vor der Mitte des Jahres 1752 entstanden ist, sind die Gärtnerhäuser mit den beiden Sphingen und die Kolonnade im Rehgarten eingezeichnet. Die 1755 begonnene Bildergalerie fehlt noch, und auch der Standpunkt des späteren Teehauses ist lediglich durch einen Kreis fixiert. Während bei den anderen Gebäuden der Grundriß bis in Einzelheiten wiedergegeben ist, fehlt hier jede detaillierte Angabe. Sollte es sich um die von Knobelsdorff nach Fischer von Erlach gezeichnete Pagode mit ihrer kreisrunden Plattform handeln? Da das Gelände sehr sumpfig war, wäre auch hier ein ähnlicher Unterbau angebracht gewesen.

Es ist anzunehmen, daß diese oder eine ähnliche Pagode von Knobelsdorff für den Rehgarten vorgesehen war, auch wenn sich ein Beweis nicht führen läßt. Auf jeden Fall scheint die Wahl eines Bauwerkes im chinesischen Geschmack von Knobelsdorff beeinflußt worden zu sein, auch wenn der König 1754 den Landbaumeister Büring beauftragte,

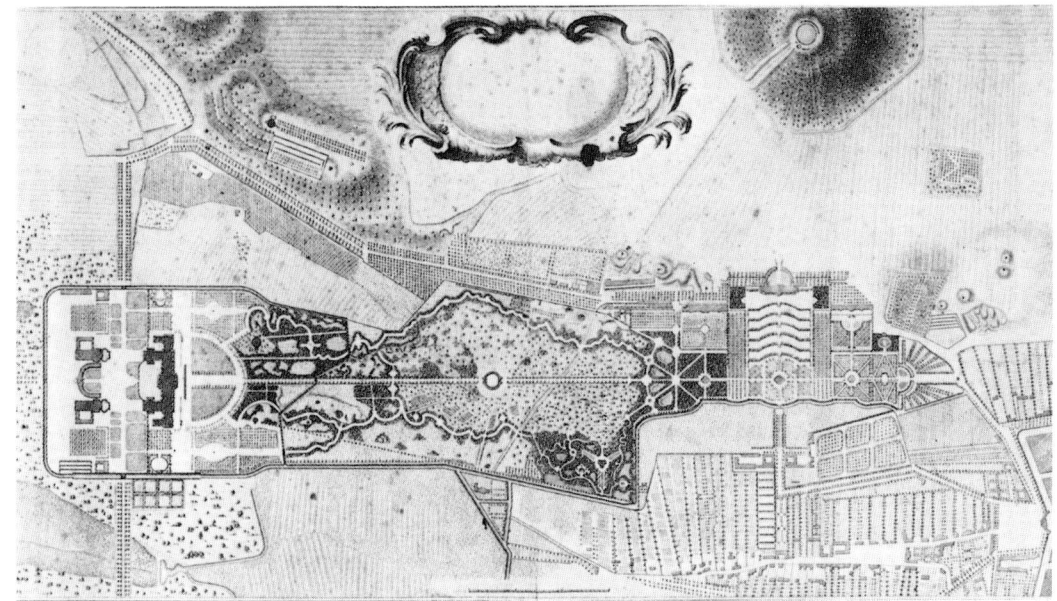

nach einer von ihm selbst entworfenen Skizze ein Gebäude zu errichten. Manger war bei seinem Bericht unbekannt, daß Friedrich II. sich hier von einer ähnlichen Anlage inspirieren ließ, die der polnische König Stanislaus Leszcynski in Lunéville von einem Architekten Héré hatte anlegen lassen. Dieser gab 1753 ein Kupferstichwerk mit seinen Bauten in Lunéville heraus, das der König in seiner Bibliothek im Potsdamer Stadtschloß besaß.

Die Teehaus-Anlage hatte keine direkte Verbindung zum Lustgarten und öffnete sich nur in einer trichterförmigen Schneise zum Rehgarten. Der »*nach holländischem Geschmack herausgeputzte Bezirk*« (Hennebo/Hoffmann II, S. 343) gibt sich ungezwungen. Von einem neuen Gartenideal ist noch wenig zu spüren; das trifft wohl mehr auf die ein knappes Jahrzehnt später begonnene Neugestaltung des Rehgartens zu. Im Zuge der Planung für das Neue Palais gewann nach 1763 auch der Rehgarten als wichtiges Bindeglied zwischen dem neuen Schloßbau und dem Lustgarten an Bedeutung. »*In dem Park oder dem sogenannten Rehgarten hinter dem Lustgarten wurden viele neue schlangenförmige Alleen angelegt, auch ein Theil davon auf cinesische, oder wie man jetzt sagt, auf englische Art, mit vielerley ausländischen Gebüschen bepflanzt zugleich auch die zeither zwischen dem Garten und Park gewesene Mauer, abgebrochen und also beyderley zu einen Ganzen vereinigt*« (Manger, S. 267 f.). Die Schlängelwege weiteten sich zu Salons, die der König in einem Plan der westlichen Rehgartenpartie selbst eingezeichnet hatte.

Plan des Parkes Sanssouci (Saltzmann-Plan). Radierung von J. F. Schleuen nach F. Z. Saltzmann, 1772. Staatliche Schlösser und Gärten Potsdam-Sanssouci

Chinesisches Teehaus von Westen

Chinesisches Teehaus. Mittelsaal

Luftbild des Neuen Palais

Das Neue Palais

Nach Beendigung des Siebenjährigen Krieges entstand 1763–69 am westlichen Ende der Hauptallee das Neue Palais. Es ist der letzte und zugleich umfangreichste Schloßbau Friedrichs II. in Sanssouci und war für den Aufenthalt der Verwandten und Gäste des Königs in den Sommermonaten bestimmt.

Die Planung für das Neue Palais ist schon in den Jahren vor dem Krieg 1755/56 entstanden. Wie aus dem Rödenbeck-Plan zu entnehmen, war zuerst ein Standort an der Havel auf dem Kiewitt in südlicher Verlängerung der Terrassenachse von Sanssouci vorgesehen. Manches spricht dafür, daß hier Baugedanken sowohl des Berliner Friedrichsforums als auch Rheinsbergs aufgenommen wurden, wo nach der Meinung Dreschers ebenfalls eine axiale Verbindung von dem am Wasser gelegenen Schloß und einem Gartengebäude auf dem Hügel (Bacchustempel) geplant gewesen war. Die axiale Ausrichtung zweier Schloßbauten unterschiedlicher Größenordnung mit einer großen Gartenanlage dazwischen kommt bereits in einem Stich in Deckers »*Fürstlichem Baumeister*« vor. Dann wären bei der ersten Platzwahl für das Neue Palais Elemente aus der Knobelsdorffzeit und hochbarocker Gestaltungsvorschläge zusammengenommen. Es ist nicht ausgeschlossen, daß die Planung für das Neue Palais mit seinem Standort am Wasser das Ergebnis von Unterredungen zwischen Knobelsdorff und dem König

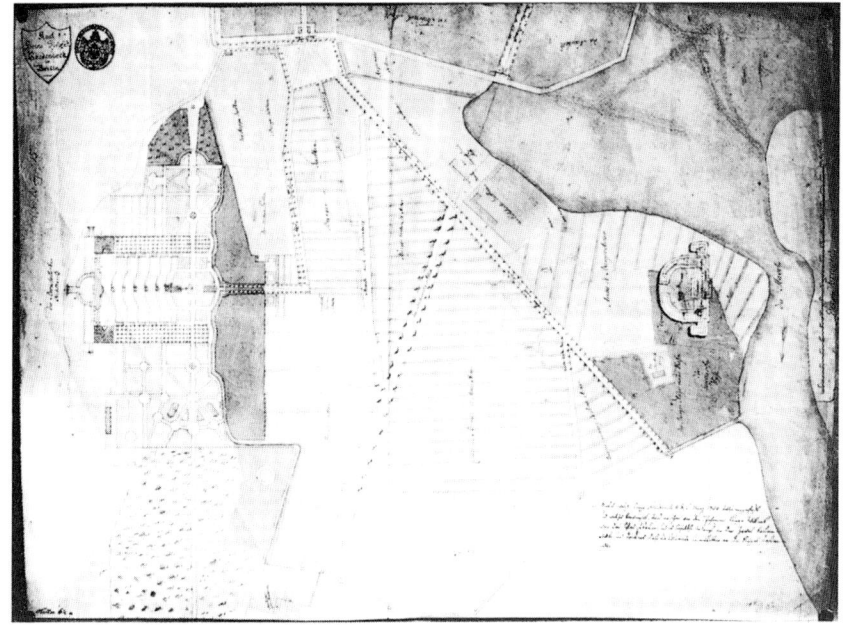

Lageplan von Sanssouci mit der ursprünglich an der Havel projektierten Anlage des Neuen Palais, Zeichnung um 1755/56 (Rödenbeck-Plan). Ehem. Brandenburg-Preußisches Hausarchiv Berlin, verschollen

gewesen ist. Fest steht jedenfalls, daß jene Annäherung zwischen Bauherr und Baumeister nach dem Jahr 1750 begann und in zahlreichen Bauten in Sanssouci und Potsdam ihren Niederschlag fand. Der Bau der Gärtnerhäuser 1751 in Sanssouci und die symmetrische Komplettierung durch die Bildergalerie anstelle des Gewächshauses östlich des Schlosses ab 1755, wodurch ein Dreiklang von Schloß und zwei im architektonischen Aufbau ähnlicher Bauwerke – Orangenhaus und Bildergalerie – entstand, deutet auf eine bewußte Orientierung zum Wasser hin. Schon 1756 bestand ja die Absicht, auf dem Orangenhaus eine Kuppel »*nach den Dessein wie auf der Gallerie*« zu errichten (Plankammer Sanssouci, Akte 380), auch wenn diese Absicht erst während des Umbaus des Orangenhauses zu einem Gästehaus (Neue Kammern) 1771 bis 1775 ausgeführt wurde. Daß Sanssouci vom Wasser gesehen werden will, beweist schon die 1746 im Auftrag des Königs gemalte Supraporte von Dubois im Konzertzimmer des Potsdamer Schlosses.

Die Weiterführung des Gesamtplans nach dem Tode Knobelsdorffs 1753 wurde Büring übertragen, der nun für den Bau des Chinesischen Teehauses, der Bildergalerie und die Planung für das Neue Palais verantwortlich war. Die grundlegenden Gedanken dürften aber schon in den letzten Jahren vor dem Siebenjährigen Krieg gemeinsam zwischen Friedrich und Knobelsdorff entstanden sein, wenn auch danach als endgültiger Standort für das Neue Palais das westliche Ende des Rehgartens bestimmt worden ist.

Ansicht der Gesamtanlage des Neuen Palais von Süden. Radierung von J. F. Schleuen, um 1770. Staatliche Schlösser und Gärten Potsdam-Sanssouci (S. 122/123 o.)

Ehrenhofseite des Neuen Palais (S. 122/123 u.)

Communs mit Kolonnade am Neuen Palais (S. 124/125)

Prospect der sämtlichen Gebäude des neuen Königlichen Palais bei Pot...

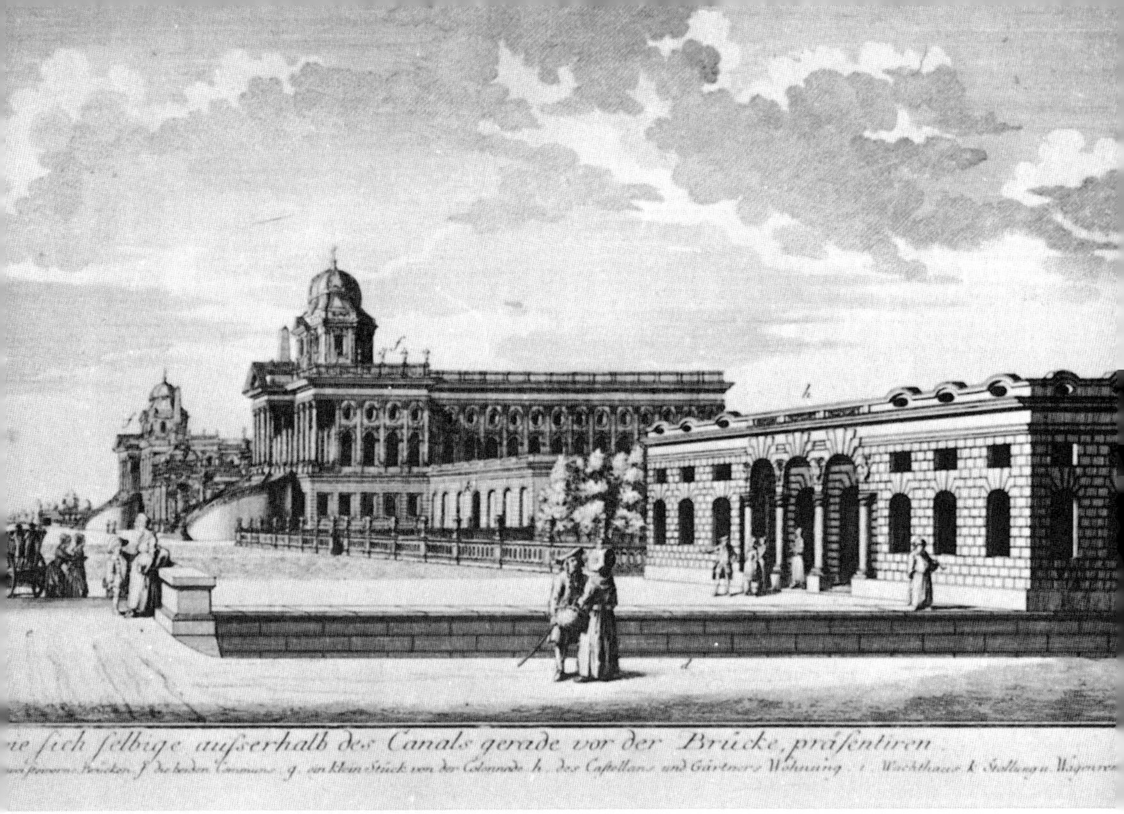

ie fich felbige aufserhalb des Canals gerade vor der Brücke, präfentiren
f. die beiden Communs g. ein klein Stück von der Colonnade h. des Castellans und Gärtners Wohnung i. Wachthaus k. Stallung u. Wagenre

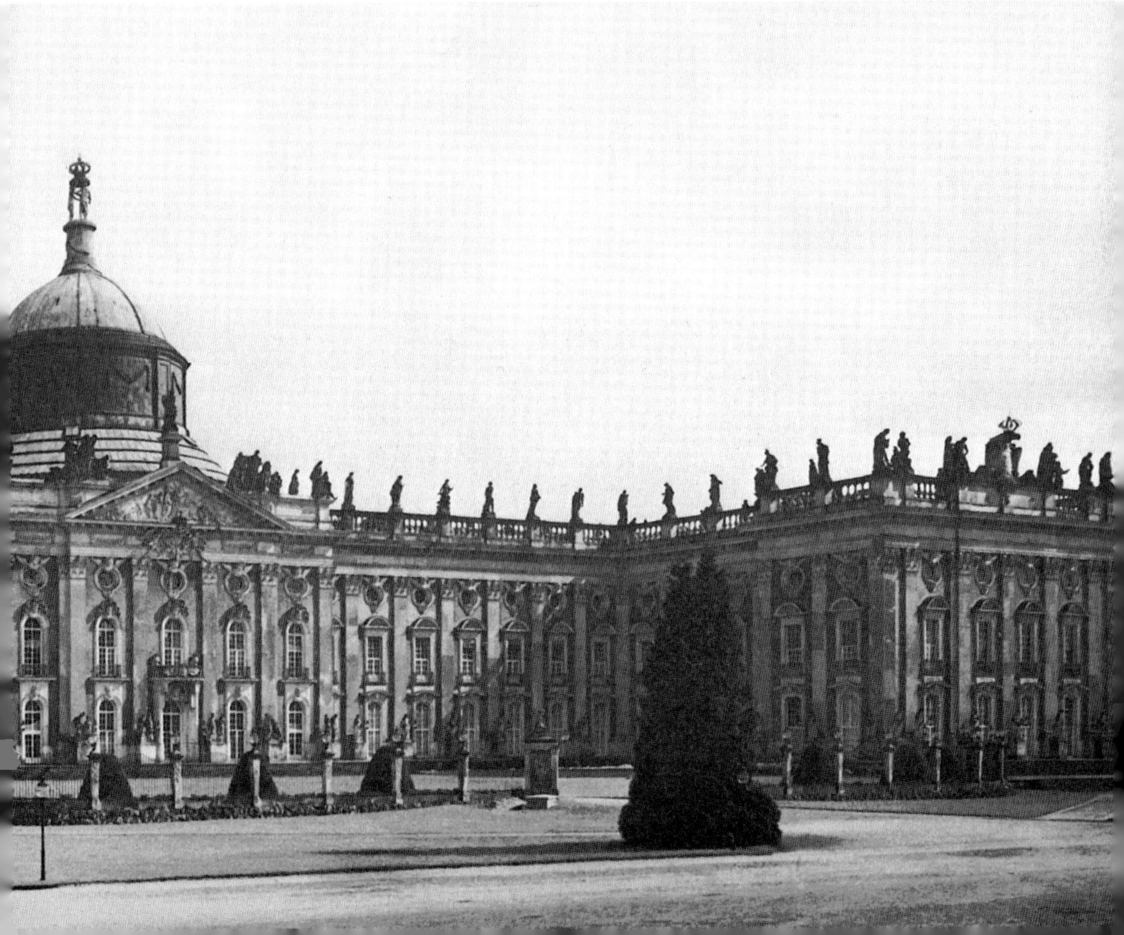

Fassadendetail des Neuen Palais

Marmorsaal im Neuen Palais

Ansicht der Gartenseite des Neuen Palais. Radierung von J. F. Schleuen, um 1770. Staatliche Schlösser und Gärten Potsdam-Sanssouci

Erste Pläne hatten J. G. Büring und H. L. Manger ausgearbeitet, ersterem oblag auch die Bauleitung bis 1764, 1765 übernahm sie C. v. Gontard.

Die »*entscheidende Idee*« zu diesem Schloßbau ging auch hier von Friedrich aus. Wie Manger berichtet, gab der König »*dazu Büringen eine Skizze. Ungeachtet sie von einer Meisterhand herrührte, so war sie doch für einen andern Baumeister, also auch für Büringen nicht deutlich genug*« (Manger, S. 209). Aus der ironischen Wendung von der »*Meisterhand*« hat man geschlossen, daß es sich um eine Zeichnung des Königs gehandelt habe. Mitunter ist aber auch vermutet worden, daß Friedrich die Skizze 1755 von seiner Reise nach Holland mitgebracht habe, so daß die Formulierung sehr ernst gemeint war. Manger, als Mitglied des Baukontors und an den meisten Projekten selbst beteiligt, ist für diese Zeit durchaus ein zuverlässiger Chronist, der meist genau vermerkt, wann eine Skizze des Königs als Vorlage für einen Entwurf des Architekten vorlag und wann es sich nur um genaue Anweisungen handelte. Ihm waren die Zeichnungen Friedrichs bekannt und er wußte, daß sie zwar Grundlage für einen Bau, aber niemals »*von Meisterhand*« sein konnten. Auch lagen Manger Ironie und Schmeichelei fern, und an keiner anderen Stelle seiner Aufzeichnungen finden sich hochmütige oder huldigende Zwischentöne. Wenn auch die »*Skizze*« von einer »*Meisterhand*« herrühre, so sei sie doch »*für einen andern Baumeister ... nicht deutlich genug*«. Manger sah darin offensichtlich die Zeichnung eines Baumeisters, aber für einen »*anderen*« war sie nicht deutlich genug. So gelesen spricht alles dafür, daß der König Büring nicht eine eigene, sondern die Zeichnung eines fremden, Manger unbekannten

Aufriß der Gartenfassade des Neuen Palais, Mittelteil. Entwurf von H. L. Manger, um 1755/56. Staatliche Schlösser und Gärten Potsdam-Sanssouci

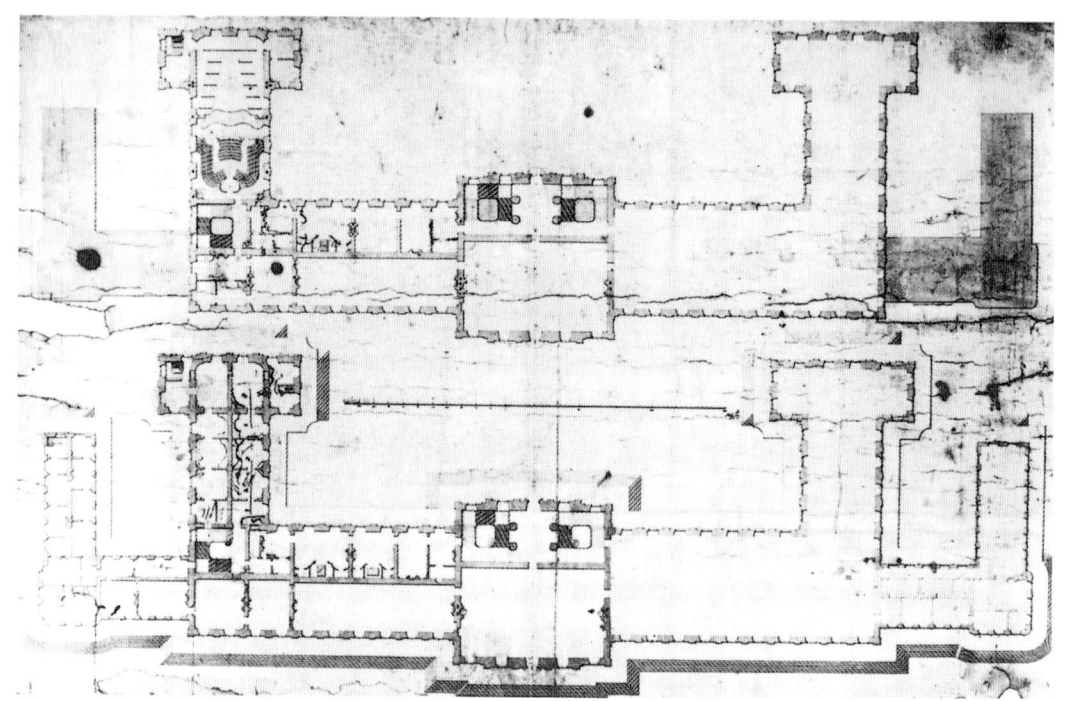

Grundriß des Erdgeschosses und der ersten Etage des Neuen Palais, mit Marginalien Friedrichs II. Zeichnung von C. v. Gontard, um 1765/66. Staatliche Schlösser und Gärten Potsdam-Sanssouci

Baumeisters übergeben hat, wie er das sicher oft tat. Die Frage nach dem Urheber der Skizze muß unbeantwortet bleiben, jedenfalls fand die Vorlage ihren Niederschlag in den ersten Entwürfen von Büring und Manger aus den Jahren 1755/56.

Ganz ohne Zweifel hat das Neue Palais, auch wenn seine Konzeption in die Friedensjahre zurückreicht, als architektonisches Denkmal der siegreichen Beendigung des Siebenjährigen Krieges seine Parallele im Berliner Schloßneubau Friedrichs I. Beide Anlagen waren als bauliche Manifestation der erlangten und behaupteten Königswürde gedacht. Ein ähnliches Selbstgefühl drückt sich im Projekt des Forum Fridericianum aus, das die neue Stellung Preußens unter den etablierten Mächten zum Ausdruck bringt.

Die Wirkungen dieser Vorbilder werden im Neuen Palais greifbar. Das zeigt auch eine Zeichnung des Königs für das Palais des Prinzen Heinrich (der späteren Universität), Unter den Linden (Kat.-Nr. 11), das ursprünglich ein Bestandteil des Forumplanes von Knobelsdorff gewesen war; nun wurde es modifiziert und verkleinert von Boumann 1748 bis 1753 errichtet.

Die Skizze des Königs fußte auf einer Reliefzeichnung am Sockel des Reiterstandbildes des Kurfürsten Friedrich Wilhelm, das 1703 enthüllt worden war. Zusammenhänge zwischen der Schlüterschen Reliefzeich-

Prospect der Colonnade und der beiden Communs des Königl. Palais bei Potsdam, wie solche innerhalb des Hofes von der Haupt-Façade her anzusehen.

Communs und Kolonnade am Neuen Palais in Potsdam. Radierung von J. F. Schleuen, um 1770. Staatliche Schlösser und Gärten Potsdam-Sanssouci

nung, der königlichen Skizze für das Palais des Prinzen Heinrich und der von Manger erwähnten Skizze »*von einer Meisterhand*« für das Neue Palais sind nicht auszuschließen, aber sie werden sich im einzelnen nicht belegen lassen. Auch hier wird es wohl so gewesen sein, daß es nicht detaillierte Entwürfe des Königs, sondern eine Reihe von Vorbildern gab, die der König zusammengetragen hatte und nun den am Bau beteiligten Architekten zur Grundlage ihrer Planung gab. Mit der Anlehnung an Deckers »*Fürstlichen Baumeister*« und das Stichwerk von Broebes wurde zudem eine bewußte Verbindung zur Architektur des ersten preußischen Königs hergestellt.

Auf jeden Fall läßt sich eindeutig nachweisen, daß Friedrich nicht nur die Vorbilder angab, denen der neue Bau folgen sollte, sondern von der Festlegung des Bauplatzes an Ort und Stelle, über Korrekturen an den Entwürfen der Baumeister, bis zu Einzelangaben der Ausstattung, wie »*gemalte Tapete*«, »*Damast*« oder »*Tisch*«, an der Ausführung selber intensivsten Anteil nahm. Nichts geschah ohne seine Anordnung oder Zustimmung, so daß er tatsächlich der »*eigentlich führende Geist*« des Baues war (Drescher 1969, S. 49). Friedrichs Selbstgefühl duldete keinen Widerspruch, selbst wenn sich durch seine willkürlichen Eingriffe nicht geringe architektonische Mängel ergaben.

Auch bei der Innenausstattung der einzelnen Räume bringt sich der

Zuschauerraum des Theaters im Neuen Palais

Grundriß des Theaters im Neuen Palais. Zeichnung von J. C. Hoppenhaupt d. J., 1766. Staatliche Schlösser und Gärten Potsdam-Sanssouci

Grundriß des Theaters im Potsdamer Stadtschloß. Unbekannter Zeichner, um 1800. Staatliche Schlösser und Gärten Potsdam-Sanssouci

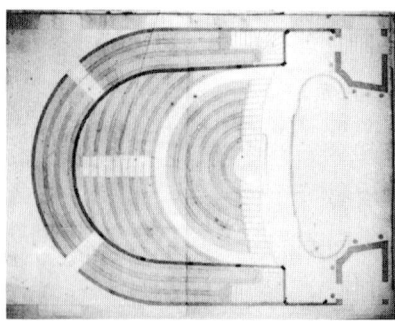
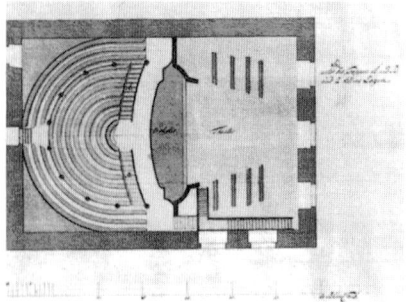

konservative Zug im Geschmack des Königs zur Geltung – einerseits der Rückgriff auf Formen aus der Zeit Friedrichs I., andererseits die Aufnahme von Stilelementen, die Knobelsdorff ein Vierteljahrhundert zuvor in den 40er Jahren des 18. Jahrhunderts geprägt hatte. So geht der Marmorsaal auf denjenigen des Potsdamer Stadtschlosses zurück, der wiederum auf Broebes fußt. Eine weitere Beziehung zum Stadtschloß ergibt sich beim Theater, das zwar im Neuen Palais modifiziert und in der Anordnung der Sitze verbessert, in seiner Grundhaltung aber der Knobelsdorffschen Konzeption entspricht. Räume des Schlosses Sanssouci wurden als Vorbild für das Untere und Obere Vestibül, die Decke der Marmorgalerie und das Konzertzimmer in der Wohnung Friedrichs II. herangezogen. Einige Wohnräume beruhen auf Entwürfen von Wanddekorationen, die Hoppenhaupt d. Ä. gezeichnet und Meil 1754 gestochen hat.

Längsschnitt durch das Theater im Neuen Palais. Zeichnung von J. C. Hoppenhaupt d. J., 1766. Staatliche Schlösser und Gärten Potsdam-Sanssouci

Aufriß des Theater-Proszeniums im Neuen Palais. Zeichnung von J. C. Hoppenhaupt d. J., 1766. Staatliche Schlösser und Gärten Potsdam-Sanssouci

Freundschafts- und Antikentempel

Freundschafts- und Antikentempel entstanden im Zuge der Errichtung des Neuen Palais und der damit zusammenhängenden Neugestaltung des Rehgartens, auch wenn ihre Beziehung zum Schloßbau und der gleiche Abstand zur Hauptallee nicht sofort erkennbar sind, da sie in eigenen Boskettbezirken lagen. Beiden Bauten, die Gontard 1768 errichtete, liegen wiederum Skizzen des Königs zugrunde. »*Der König hatte in diesem Jahre ein paar Skizzen zu Tempeln entworfen, die in dem Rehgarten, unweit dem neuen Schlosse erbauet werden sollten. v. Gontard mußte solche ins reine zeichnen, und nach einigen Änderungen in den Entwürfen und Kostenanschlägen wurde zum Bau derselben geschritten*« (Manger, S. 314).

Der Freundschaftstempel war als Gedächtnisstätte für die 1758 verstorbene Schwester des Königs, Wilhelmine, Markgräfin von Bayreuth, gedacht und zeigt den Typ des offenen Monopteros, der nur an der Rückseite durch eine Wand geschlossen ist, vor der die in Anlehnung an ein Gemälde A. Pesnes von den Gebrüdern Räntz geschaffene Sitzstatue der Markgräfin Aufstellung fand. Eine literarische Quelle für diesen Bau ist wohl Voltaires Gedicht »*Le temple de l'Amitié*« von 1732. Die Verbindung zwischen der Freundschaft zu seiner Schwester und dem Tempelbau reichen aber bis in die Ruppiner Zeit des Kronprinzen zurück; Reminiszenzen an den dortigen Apollotempel im Amaltheagarten, das erste Werk Knobelsdorffs (1735), sind unübersehbar.

Freundschaftstempel in Sanssouci. Radierung von A. L. Krüger, 1780. Staatliche Schlösser und Gärten Potsdam-Sanssouci

Grund- und Aufriß des Apollotempels im Amaltheagarten von Neuruppin. Zeichnung von G. W. v. Knobelsdorff, um 1735. Staatliche Schlösser und Gärten Potsdam-Sanssouci

Der Antikentempel beym Königl. Neuen Schloss

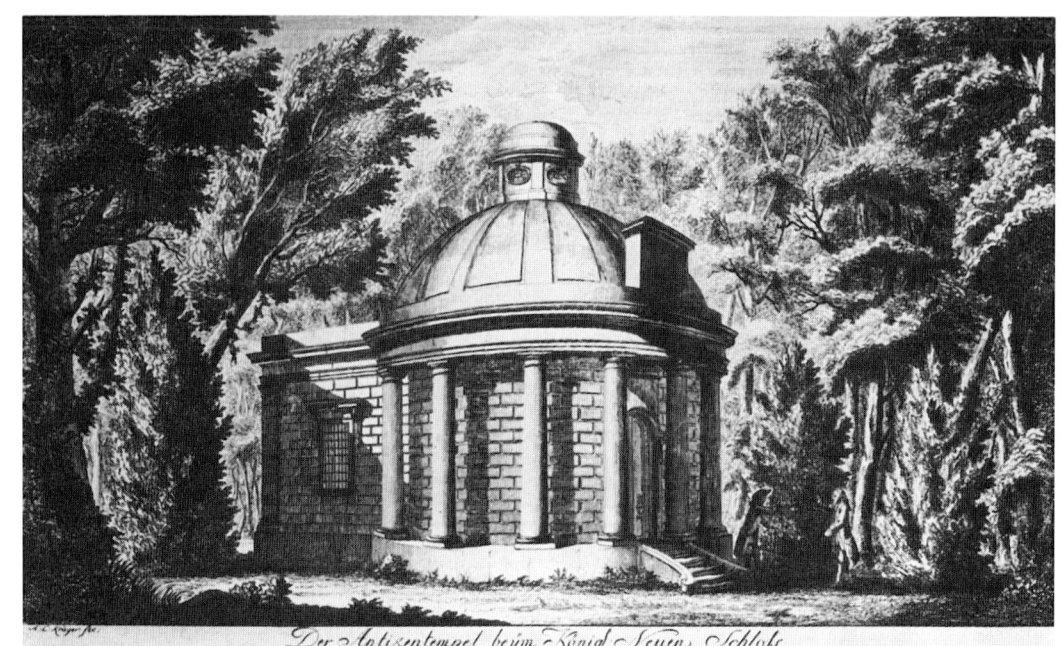

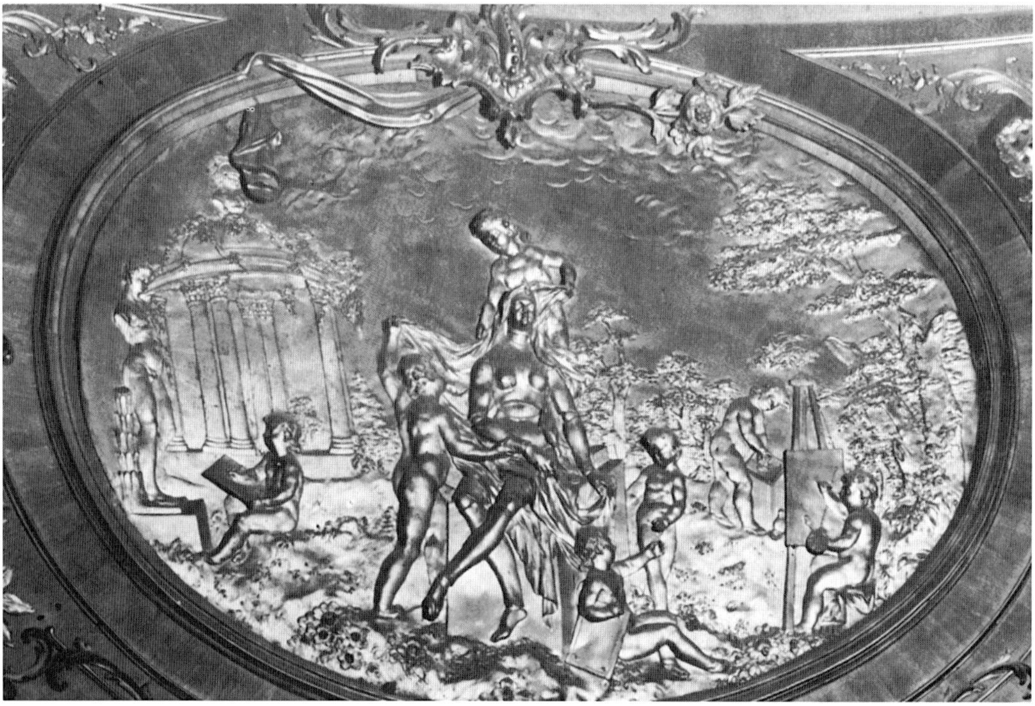

Aus Ruppin schrieb Friedrich am 24.8.1735 an Wilhelmine: »*Ich betätige mich auch in der Gärtnerei und beginne uns einen Garten anzulegen. Das Gartenhaus ist ein Tempel aus acht dorischen Säulen, die eine Kuppel tragen. Auf ihr steht die Statue Apollos. Sobald er fertig ist, werden wir Opfer darbringen – natürlich Dir, liebe Schwester, als Beschützerin der schönen Künste*« (Kühn, 1939, S. 33).

Am 24. Oktober 1773 gestand der König Voltaire: »*Mag es Schwachheit oder übertriebene Verehrung sein, genug, ich habe für die Schwester ausgeführt worauf Cicero für seine Tullia dachte und ihr zu Ehren einen Tempel der Freundschaft errichten lassen ... ich gehe oft dahin, um an so manchen Verlust zu denken und an das große Glück, das ich ehemals genoß*« (Volz, S. 82).

Der Katalog der Vorbilder und Anregungen ist wie bei fast allen Bauten des Königs, an denen er selbst intensiv beteiligt war, weit gefächert. Monopterale Bauten lassen sich auf einer antiken Münze mit der Julia Domna finden, die der König in seiner Sammlung besaß, auf einer Vignette in Begers »*Thesaurus Brandenburgicus*« und auf Reliefs im Schloß Sanssouci, die dem Freundschaftstempel sehr nahe kommen. Der König bleibt auch hier seinem alten geschmacklichen Konservatismus treu, wenn er am Ende dann doch am meisten zu Vorbildern der Knobelsdorff-Ära neigt.

Der Antikentempel, ähnlich der Bildergalerie ein Museumsbau, war für die Unterbringung der Antikensammlung des Königs bestimmt. Er besteht aus einem geschlossenen Rundbau, der sein Licht nur durch eine Laterne auf der Kuppel und einen mit Fenstern versehenen quadratischen Anbau erhält. In der Rotunde fanden Stücke der 1742 erworbenen Sammlung des Kardinals Polignac sowie Bestände aus dem Nachlaß der Wilhelmine von Bayreuth Aufstellung. Im Anbau wurden Werke antiker Kleinkunst – Münzen und Gemmen – aus der ehemaligen Kunst- und Raritätenkammer des Berliner Schlosses, die durch den Ankauf der Sammlung des Baron von Stosch 1767 wesentlich bereichert wurden, in vier Schränken aufbewahrt.

Neben offenkundigen Analogien zum Apollotempel in Neuruppin sind auch hier wie beim Freundschaftstempel Verbindungen zu Stichen im »*Thesaurus Brandenburgicus*« – für den Außenbau im 1., für den Innenraum im 2. Band – und zu einem Titelkupfer in Deckers »*Fürstlichem Baumeister*« erkennbar. Der Rundtempel auf dem Relief Ebenhechs im Vestibül des Schlosses Sanssouci und ein ähnlicher auf dem Ruinenberg aus den 40er Jahren mögen als Anregung für die toskanischen Säulen an der Außenwand der Rotunde gedient haben. Hier und da ist in dem Bau »*eine Nachahmung der berühmten Rotunde in Rom*« (Oesterreich 1775, S. 65), also des Pantheon gesehen worden, aber das gilt nur im allgemeinsten Sinne und meint eigentlich nur das Prinzip des fensterlosen Rundbaus, der sein Licht einzig durch eine Kuppelöffnung erhält. Es ist ein Bautyp, den Friedrich geschätzt haben muß, denn auf seine verschiedenen Varianten wurde immer wieder zurückgegriffen.

Antikentempel in Sanssouci. Radierung von A. L. Krüger, um 1780. Staatliche Schlösser und Gärten Potsdam-Sanssouci

Allegorische Darstellung der Malerei. Bronzerelief von B. Giese in der Bibliothek des Schlosses Sanssouci, um 1745–47

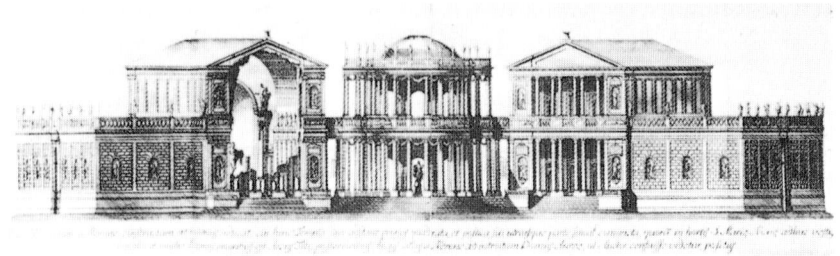

Macellum des Nero in Rom. Rekonstruktion in: F. Bianchini, »Del Palazzo dei Cesari«, Verona 1738

Belvedere auf dem Klausberg in Sanssouci

Belvedere und Drachenhaus

Zwei weitere Bauten, die zur Ausgestaltung der Umgebung des Neuen Palais gerechnet werden müssen, sind das Belvedere und das Drachenhaus auf dem Klausberg.

Das von Unger 1770–72 errichtete Belvedere orientiert sich an der Rekonstruktion des Macellum des Nero, die Bianchini in seinem 1738 in Verona erschienenen Buch »*Del Palazzo dei Cesari*« veröffentlicht hatte.

Mit dem Drachenhaus, das dem Winzer des 1769 angelegten Weinbergs als Wohnstätte diente, wird noch einmal auf die Chinamode zurückgegriffen, die bereits vor dem Siebenjährigen Krieg im Chinesischen Teehaus einen architektonischen Höhepunkt in Sanssouci erreicht hatte.

Die nun von Gontard verwendete Form der Pagode geht auf den Einfluß von Chambers zurück und korrespondiert mit einem ähnlichen Bau im Garten von Kew. Chambers (1723–1796) hatte diesen chinesischen Bautyp in Kanton aufgemessen und in Kew ausgeführt. Das von ihm 1763 herausgegebene Stichwerk sorgte für die Verbreitung seiner Bauten und gab dadurch nicht nur die Anregung für das Drachenhaus, sondern auch für ähnliche Turmbauten in Chanteloup 1775–78, im Englischen Garten in München 1791 und in Oranienbaum 1795.

Es ist nicht ausgeschlossen, daß Chambers selbst einen Entwurf für einen Pagodenbau in oder bei Sanssouci angefertigt hat, denn 1763 hatte er »*trois Elevations et trois Plans de Ponts à la Chinoise*« an den König geschickt. Von den drei Brückenentwürfen hat sich einer in der Plankammer von Sanssouci erhalten, was sich hinter den »*drei Aufrissen*« verbarg, wissen wir nicht. Vielleicht liegt der von Büring nahe dem Teehause 1764 errichteten Teeküche auch einer der Chambers-Entwürfe zugrunde.

Zum Kreis der Bauten um das Neue Palais sollten nach den Vorstellungen des Königs zwei weitere Gebäude gehören: ein gotischer Gasthof und eine Moschee. Beide sind nicht ausgeführt, einstmals vorhandene Entwürfe fehlen, so daß von der geplanten Existenz der Bauten nur Notizen in Mangers Potsdamer Baugeschichte Kenntnis geben.

Unter dem Jahr 1769 vermerkt er: »*Eben so hatte der König willens, neben dem Hopfengarten, an der Allee nach dem Schloßhofe, einen großen Gasthof von außen ganz in altgothischem Geschmack anlegen zu lassen. Die Zeichnung war von Ihm genehmigt, und bereits eine große Menge Materialien an Ort und Stelle geschafft. Allein bald hernach befahl Er, aus welcher Ursache weiß ich nicht, den Bau liegen zu lassen, und nachdem die Materialien ein paar Jahre gelegen hatten, mußten sie anderwärts verwendet werden*« (Manger, S. 323).

Nach der Wiedererweckung der Gotik in England kurz vor der Mitte des 18. Jahrhunderts entstand schon 1755 mit dem Nauener Tor in Potsdam der erste Bau dieser Art auf dem europäischen Kontinent. Wie beim

Pagode in Kew Garden. Kupferstich nach W. Chambers, 1763. Staatliche Schlösser und Gärten Potsdam-Sanssouci

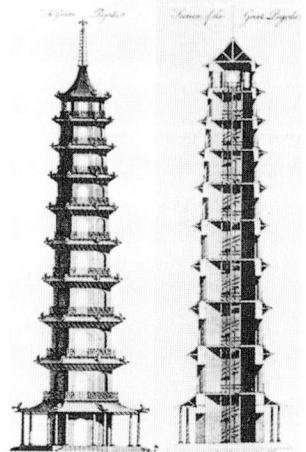

Ansicht des Drachenhauses in Sanssouci

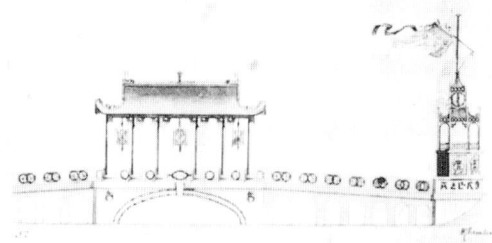

Entwurf zu einer chinesischen Brücke im Rehgarten von Sanssouci. Zeichnung von W. Chambers, um 1763. Staatliche Schlösser und Gärten Potsdam-Sanssouci

Drachenhaus muß man bei dem geplanten Gasthof den Einfluß von Chambers annehmen, hatte er doch in Kew eine »*gotische Kathedrale*« errichtet und sie in seinem Werk über diesen Garten wiedergegeben. Aus der Kathedrale in Kew wurde in Potsdam ein Gasthof; es kam hier nicht auf den Inhalt, sondern das Erscheinungsbild an.

Dieser Gedanke liegt auch dem anderen nicht ausgeführten Bau am Neuen Palais zugrunde. Dazu Manger: »*Die nächste Aussicht vom neuen Schlosse war etwas rechts nach dem Dorfe Eichow* (heute Eiche), *und besonders auf dessen voranstehende alte baufällige Kirche von schlechter Beschaffenheit. Der König entschloß sich also, solche neu und massiv erbauen zu lassen. Er wollte anfänglich, daß dieselbe und der Turm im Geschmack der türkischen oder arabischen Moscheen ausgeführt werden sollte, änderte aber seinen Vorsatz und ließ eine Zeichnung in modernem Geschmack dazu machen*« (S. 358).

Den geplanten Neubau der Eichener Kirche verzeichnet Manger im Jahre 1771. Nachdem festgestellt werden konnte, daß für das Drachenhaus und den Gasthof die Anregung sicherlich von Chambers ausgegangen sind, wird man auch die Moschee bei ihm suchen müssen. Im Garten von Kew hatte er eine Moschee, flankiert von zwei Minaretten, gebaut und natürlich auch in seinem Stichwerk abgebildet. Die Beschreibung Mangers ist zu dürftig, um eine genaue Vorstellung zu geben, doch kann man nicht ausschließen, daß Chambers für die erste Version der Kirche in Eiche Pate gestanden hat.

Neben dem Stichwerk über Kewgarden, das sich zwar in den Bibliotheken des Königs nicht nachweisen läßt, aber aufgrund seiner Bedeutung als bekannt vorausgesetzt werden kann, wird man dabei auch die drei unbekannten Entwürfe, die Chambers 1763 an den König geschickt hatte, in Betracht ziehen.

Wie stark die Vorbildwirkung des englischen Architekten und seiner Bauten gewesen ist, zeigt die 1778 von Pigage errichtete Moschee in Schwetzingen, die sich eindeutig an dem gleichen Bau in Kew orientiert. Orientalisierende Bauten sind in den 70er und 80er Jahren des 18. Jahrhunderts noch selten und werden erst nach 1790 zum festen Bestandteil der neuen Gartenanlagen (Neuer Garten).

Auch wenn die Moschee am Neuen Palais aus unbekannten Gründen nicht gebaut worden ist, so muß doch das Projekt nach Chambers zum frühesten dieser Art in der kontinental-europäischen Kunstgeschichte gerechnet werden.

Neben diesem Bezug gibt es noch einen zweiten Hinweis auf eine Moschee in Sanssouci. 1774 stellte Legeay in der Königlichen Akademie der Künste von Toulouse den »*Plan einer Moschee, die im Park von Sanssouci ausgeführt werden soll*«, aus. Auch wenn die genaue Ortsangabe fehlt, wird man doch annehmen dürfen, daß es sich hier um die Kirche in Eiche handelt. Legeay, an der Planung der Communs am Neuen Palais beteiligt, hatte 1765 Potsdam verlassen und war nach England gegangen.

Der Entwurf entstand entweder noch in seiner Potsdamer Zeit, das würde bedeuten, daß die Planung für die Eichener Kirche vor 1765 einzuordnen ist, oder Legeay wußte von dem Vorhaben des Königs und hat den Entwurf erst in England unter dem Eindruck Chamberscher Bauten angefertigt. Eine Verbindung zwischen Friedrich II. und Legeay nach 1765 ist aber nicht bekannt, zudem hat sich sein 1774 in Toulouse ausgestellter Entwurf nicht erhalten. Zweifellos wird man hinter Legeay auch Chambers sehen müssen.

Läßt man noch einmal die vier ausgeführten und zwei geplanten Bauten Revue passieren, so ergibt sich ein architektonisches Bild, das vom antikisierenden Bau über die Pagode, die Gotik bis zur Moschee reicht und in dieser Zeit nur in Kewgarden zu finden war. Die Gebäude sprengen die Parkgrenzen und greifen in die Landschaft hinaus, von der sie als Überraschungsmoment wieder in den Garten zurückwirken. Ihr eigentlicher Inhalt ist der Vermittlung von Stimmungswerten untergeordnet. Von hier aus ist es nur noch ein kleiner Schritt zum sentimentalen Garten.

Blick von Eiche auf das Neue Palais, das Belvedere auf dem Klausberg und die Türme von Potsdam. Gemälde von J. F. Meyer, 1771. Staatliche Schlösser und Gärten Potsdam-Sanssouci

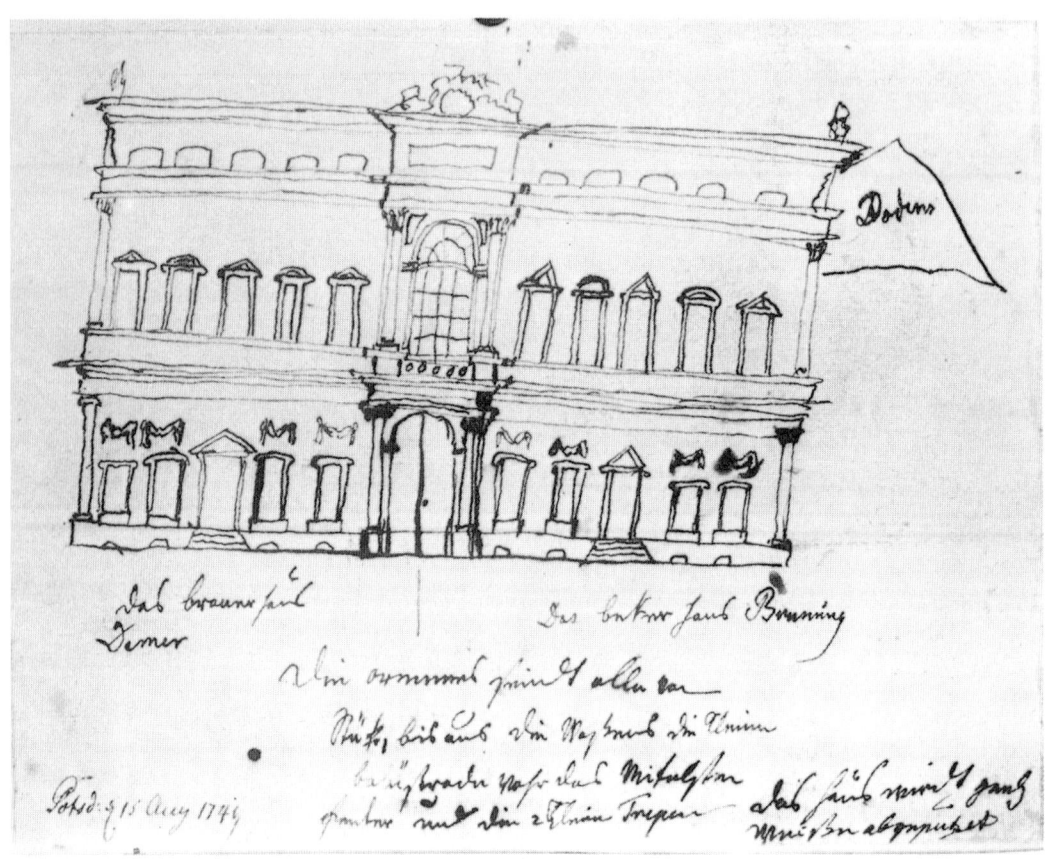

Eigenhändiger Entwurf Friedrichs II. für das Haus Breite Straße 3, 3a, 4 in Potsdam. Staatliche Museen Preußischer Kulturbesitz, Berlin (West), Kupferstichkabinett

Eigene Entwürfe Friedrichs II. zu Potsdamer Bürgerhäusern

Als 1748 der Umbau des Potsdamer Stadtschlosses in vollem Gange und das Schloß Sanssouci im wesentlichen fertiggestellt war, begann Friedrich II. auch mit dem Bau neuer Bürgerhäuser in der Stadt Potsdam. In den folgenden fünf Jahren konzentrierte sich der Bürgerhausbau auf die unmittelbare Umgebung des Stadtschlosses: Alter Markt, Schloßstraße, Neuer Markt, Breite Straße (Wilhelm-Külz-Straße). So wurde ein neuer repräsentativer Rahmen für die Residenz des Königs geschaffen.

Der Gesichtspunkt der Repräsentation stand bei der Stellung und der Durchbildung der Fassade jedes einzelnen Hauses im Vordergrund. Nach einem Entwurf Knobelsdorffs wurden 1748 die beiden Häuser

Schloßstraße 13 und 14 als Eingang zur Breiten Straße errichtet. Es sind zweigeschossige Bauten mit sieben Achsen in der Schloßstraße – die Mittelachse durch eine leichte Risalitbildung betont –, fünf beziehungsweise sechs Achsen in der Breiten Straße und drei in der Mammonstraße (Werner-Seelenbinder-Straße) beziehungsweise in der Priester-(Bauhof-)Straße. Beide Häuser bilden für die Breite Straße eine torartige Eingangssituation und sind in ihrer schlichten Klassizität beispielhaft für Knobelsdorffs Architekturauffassung.

Nach seinen Entwürfen sind in Potsdam nur vergleichsweise wenig Bürgerhäuser errichtet worden. Auch hier suchte sich der König als Baumeister zu bestätigen, indem er nicht nur nach Vorbildern bauen ließ, sondern eigene Entwürfe den Mitgliedern des Baukontors, besonders Boumann, zur Umsetzung übergab. Manger nennt 1753 nur drei Häuser, die in der Schloßstraße nach Zeichnungen des Königs aufgeführt worden seien. Da Manger aber die Zeit, die vor seinem Eintritt in das Potsdamer Baukontor 1753 lag, oft nur summarisch behandelt, ist ihm wohl unbekannt gewesen, daß gerade hier der König eine ganze Anzahl Häuser nach eigenen Skizzen von Boumann errichten ließ. Tatsächlich kann man fünf Blätter mit insgesamt neun Vorzeichnungen Friedrichs II. zu Bürgerhäusern nachweisen (Kat.-Nr. 6–10). Fünf Skizzen sind mit der Feder und vier (auf einem Blatt) mit Rötel »*ohne Lineal und Zirkel*« gezeichnet. Die Federzeichnungen zeigen die bereits von den Sanssouci-Zeichnungen her bekannte unruhige Strichführung eines Dilettanten, der wenig Wert auf Rechtwinkligkeit legt. Auch wenn die Rötelzeichnungen einen besseren Duktus haben, so sind es pure Ideenskizzen ohne bedeutenden künstlerischen Wert. Allerdings verraten sie durch Hinweise wie »*Palladio*« und »*vitruve*« und die Angabe von klassischen Ordnungen eine kenntnisreiche Beschäftigung mit der Baukunst und auch ein deutliches Gefühl für Proportion, obwohl er eine genaue Unterweisung in Baufragen nie erhalten hatte.

Als absolutistischer Fürst, der seine Bestätigung auch als Baumeister sucht, begnügt sich der König aber nur in den wenigsten Fällen lediglich mit dem Entwurf. Vielmehr gab er genau an, wem das Haus gehören sollte, welche Farbe der Putz zu erhalten hatte und aus welchem Material der plastische Dekor herzustellen war. So lassen sich die Skizzen als »*gezeichnete Kabinettsordre*« begreifen. Die Entwurfszeichnung des Königs für das Haus Breite Straße 3, 3a, 4 (Kat.-Nr. 6) wurde 1750 im wesentlichen ohne große Änderung aller Wahrscheinlichkeit nach von Boumann errichtet. Wie auf der Skizze vermerkt, war das Doppelhaus – der Mittelbau hat erst später eine selbständige Hausnummer erhalten – für den Bäckermeister Brüning und den Brauer Dehne bestimmt. Laut »*Specification dererjenigen Bürger hieselbst, welchen Seine Königl. Majestaet ihre alte Häuser abreißen, dafür aber neue massive Häuser aufbauen laßen und ihnen darüber Schenkungsbriefe ausgefertiget werden sollen*« haben beide auch diese Häuser erhalten (Stadtarchiv Potsdam, 1-1/G 13, fol. 39/40).

Potsdam, Breite Straße (Wilhelm-Külz-Straße) 3, 3a, 4 (folgende Seiten)

Gesims und Fenster der Berliner Oper. Aus der Dedikationsmappe G. W. v. Knobelsdorffs, 1742. Staatliche Schlösser und Gärten Potsdam-Sanssouci

Eigenhändige Entwürfe Friedrichs II. für zwei Bürgerhäuser in Potsdam. Ehem. Hohenzollernmuseum Berlin, verschollen

Geplant war ein elfachsiges Haus mit zwei durch eine breite Gesimszone getrennten Geschossen sowie einer hohen Attika mit Fenstern. Die Mittelachse war leicht vorgezogen und hatte im Erdgeschoß eine rundbogige Toreinfahrt mit einem großen Bogenfenster darüber. Über den Erdgeschoßfenstern waren Tuchgehänge in Stuck vorgesehen, die Fenster des Obergeschosses sollten im Wechsel dreieckige und segmentbogige Verdachungen erhalten. Jeweils die dritte äußere Achse nahm die Tür auf, ebenfalls mit einer dreieckigen Verdachung. An den Gebäudeecken und am Mittelteil sind unten schmale flache ionische und oben ebensolche korinthische Pilaster angedeutet. Aus nicht bekannten Gründen wurde das Haus bei der Ausführung auf 15 Achsen erweitert, die rechts und links eingeschoben wurden. Über den Fenstern dieser Achsen brachte man im Erdgeschoß Blumengirlanden und im Obergeschoß Verdachungen mit Segmentbögen an. Ob die mittlere Toreinfahrt schon beim Bau durch einen ähnlichen Eingang wie die anderen ersetzt wurde, kann nicht mit Bestimmtheit gesagt werden, es dürfte wohl aber erst später geschehen sein. Insgesamt gesehen sind die Unterschiede zwischen Zeichnung und Ausführung bis auf die vier hinzugekommenen Achsen – und das wird kaum ohne Zustimmung des

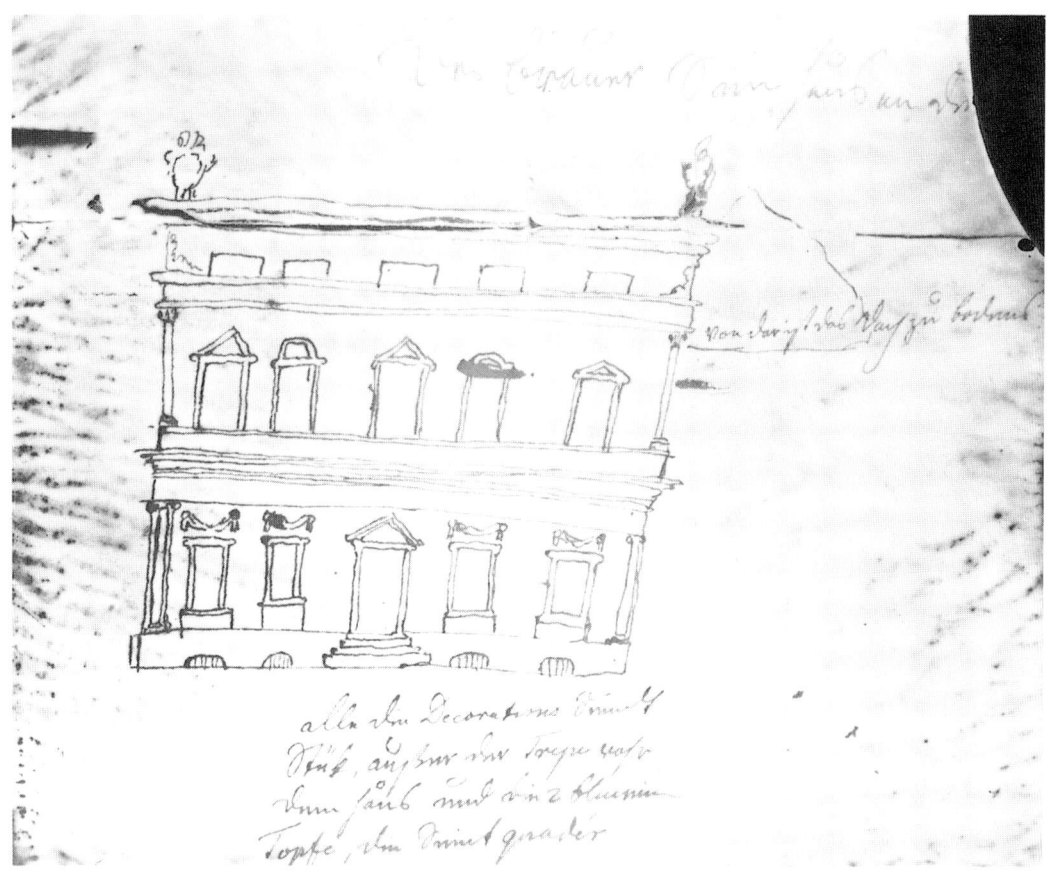

Königs geschehen sein – gering. Boumann hat sich geradezu sklavisch an die Vorlagen gehalten.

Auf einer weiteren Skizze (Kat.-Nr. 7 a) finden sich erste Anfänge zu einem Entwurf des gleichen Hauses, doch sind nur die linken drei Achsen klarer angedeutet. Hier scheint sich der König über den Aufbau des Hauses noch nicht restlos klar gewesen zu sein.

Eine andere Skizze des Königs betrifft das Haus Breite Straße 36 (Kat.-Nr. 8), das Boumann 1750 erbaute. Bei den Details wiederholt der König hier die Seiten der Häuser Breite Straße 3, 3 a, 4. Bei der Ausführung ergaben sich aber größere Veränderungen gegenüber der Skizze als bei diesen Häusern. Der Bau erhielt statt der geplanten fünf Achsen sieben in der Breiten Straße und vier in der Staffettenreitergasse. Die vorgesehenen Tuchgehänge über den Erdgeschoßfenstern wurden weggelassen.

In der langgestreckten schmalen Form, in der Art der Faschen und dreieckigen Verdachungen erinnern die Fenster von Haus Nr. 3/4 stark

Eigenhändiger Entwurf Friedrichs II. für das Haus Breite Straße 36 in Potsdam. Ehem. Hohenzollernmuseum Berlin, verschollen

Potsdam, Breite Straße (Wilhelm-Külz-Straße) 36

Eigenhändiger Entwurf Friedrichs II. für das Haus Breite Straße 33. Privatbesitz

an die Fenster Knobelsdorffs am Berliner Opernhaus. Auch bei Nr. 36 sind Knobelsdorffsche Fensterformen verwandt worden, wenn sich auch Abweichungen in der Faschenbildung und vielleicht auch in den Proportionen ergaben. Wie bei den meisten Häusern sollte die hohe Attika das Dach verdecken. Der König hat das in seinen Skizzen zeichnerisch angedeutet und mit entsprechenden Hinweisen versehen: »*von dar ist das Dach zu bodens*«. Erst nach 1776 hat man bei neuen Häusern das Dach auf die Attika aufsetzen lassen und bei älteren entsprechende Änderungen vorgenommen.

Friedrich gab auf seiner Skizze den Standort des Hauses mit »*Das brauer Sein haus an der eke*« an. Gemeint ist die westliche Ecke an der Gasse zwischen Breite- und Priesterstraße (Staffettenreitergasse). In der bereits genannten »*Specification*« über die Ausstellung von Schenkungsbriefen wird unter Nr. 12 als Besitzer des östlichen Eckhauses die Witwe des Brauers Sandow und für das westliche unter Nr. 13 der Nadler Berckholtz genannt. Für das Haus der Witwe Sandow ist sogar die vom 4. Dezember 1750 datierte und von Friedrich II. unterschriebene Schenkungsurkunde erhalten. Ursprünglich war der Entwurf des Königs für ein neues Haus des Brauers Sandow wohl für die östliche

Potsdam. Breite Straße (Wilhelm-Külz-Straße) 32 und 33 (links)

Ecke bestimmt, erst später wählte man aus nicht bekannten Gründen die westliche Seite, deren Besitzer der Nadler Berckholtz war.

Anspruchslos und ohne Fassadendekor ist das fünfachsige dreigeschossige Haus Breite Straße 33. Es wurde 1751 errichtet und gehörte zu dieser Zeit dem Handschuhmacher Martin Friedrich. Selbst für diesen wenig attraktiven Bau ist eine Skizze des Königs bekannt (Kat.-Nr. 9), nach der dann bis in alle Einzelheiten verfahren wurde. Den einzigen plastischen Schmuck bilden – wie auf der Skizze angegeben – zwei Vasen mit Satyrköpfen an den Eckpunkten der Attika. Es sind Arbeiten von Kambly. Das Haus ist zwar von der Fassade her dreigeschossig konzipiert, doch das Dach sollte von der Attika rückwärtig abfallen und so »*das oberste Stok bodens*« werden, wie der König auf seiner Skizze vermerkte. Wichtig erschien ihm der Fassadeneindruck, denn es sollte »*aber so hoch als das Satler haus*«, das links daneben lag, sein.

Die Häuser nach diesen vier Zeichnungen des Königs lassen sich in der Potsdamer Breiten Straße exakt lokalisieren. Weitere fünf Zeichnungen müssen im Zusammenhang mit dem Ausbau dieser Straße gesehen werden, sind aber nicht genau bestimmbar. Während eine Skizze mit dem Haus Breite Straße 3, 3a, 4 in Verbindung gebracht

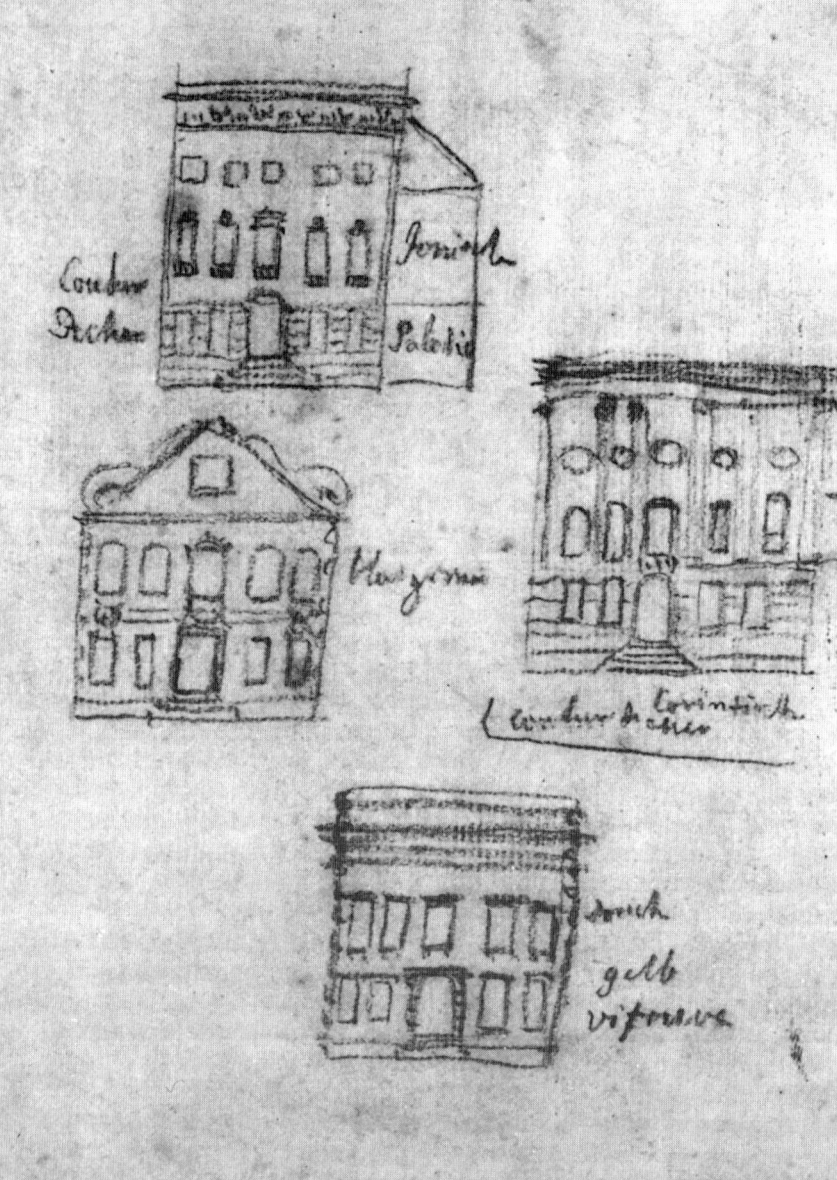

werden muß (Kat.-Nr. 7a), ist ein zweiter darauf befindlicher Hausentwurf nicht ausgeführt worden (Kat.-Nr. 7b). Dargestellt ist ein dreiachsiges Haus mit drei Geschossen, von denen das dritte als Mezzaningeschoß ausgebildet ist. In dem gebänderten Sockel befinden sich zwei rundbogige Fenster und eine ebensolche Türöffnung. Über einem breiten Gesims besteht die Beletage aus drei Rundbogenfenstern mit kleinen angedeuteten Balustraden und durchgehendem Kämpfergesims. Das zweite, mezzanine Obergeschoß, vom unteren durch ein Gesims getrennt, besitzt rechteckige, quadratische oder liegende Fenster und aufrechte rechteckige Spiegel dazwischen. Eine Balustrade schließt den Bau nach oben ab. In der Dreiachsigkeit ergibt sich eine Verbindung zum Haus Breite Straße 5 (1751). Doch ist die Achsenzahl nicht immer entscheidend; sie kann beliebig erweitert werden. So lassen sich im Aufbau der Fassade und in den Einzelteilen – gebänderter Sockel, rundbogige Fenster im ersten Obergeschoß, Kämpfergesims und dergleichen – Parallelen zu den Häusern Nr. 39/40 und Nr. 2 herstellen, wobei das allerdings um 1850 verändert wurde.

Ein weiteres Blatt gibt vier Fassadenentwürfe Friedrichs wieder. Die erste Zeichnung zeigt eine dreigeschossige fünfachsige Fassade (Kat.-Nr. 10a). Das Erdgeschoß ist gebändert, hat rechteckige Fenster und in der Mittelachse einen rundbogigen Eingang, zu dem eine Treppe führt. Die großen ebenfalls rechteckigen Fenster des ersten Obergeschosses haben unten kleine Balustraden und im Scheitel einen betonten Schlußstein (Köpfe?). Eine hohe Attika bildet über dem mit quadratischen Fenstern versehenen Mezzaningeschoß den Abschluß. An der Seite ist angedeutet, daß ein nach hinten abfallendes Pultdach mit dem Mezzanin als Bodenraum vorgesehen war. Anmerkungen wie »*Jonisch*« und »*Paladio*« sind Hinweise für die genauere Durcharbeitung. Kania hat in dieser Zeichnung einen nicht ausgeführten Entwurf gesehen, aber eine Beziehung zum Haus Breite Straße 1 ist deutlich. Das 1748 errichtete Haus ist allerdings in der Schinkelzeit verändert worden, so daß sich die Übereinstimmung nur auf den Grundtypus bezieht.

Eine weitere Zeichnung (Kat.-Nr. 10b) ist als Umbauvorschlag für die zur Garnisonskirche weisende Giebelfront des Hauses Breite Straße 8 gedeutet worden, der aber nicht ausgeführt wurde. Das Gebäude war gerade ein Jahrzehnt zuvor errichtet worden und wurde erst fast ein Jahrhundert später 1833/34 verändert. Die Skizze zeigt eine zweigeschossige Front mit einem Eingang und größeren Fenstern darüber in der mittleren der fünf Achsen. Der Dreiecksgiebel weist ein Mittelfenstern und an den abfallenden Seiten barockes Rollwerk auf.

Die dritte Zeichnung erweckt besonderes Interesse durch die Pilastergliederung in den zwei Obergeschossen. Die Fassade ist wiederum dreigeschossig mit fünf Achsen. In das Erdgeschoß mit Bändern sind rechteckige Fenster und eine etwas erhöht liegende Türöffnung eingeschnitten. Durchlaufende Pilaster fassen das erste Obergeschoß mit Rundbogenfenstern und das Mezzanin mit Ochsenaugenfenstern

Vier eigenhändige Entwürfe Friedrichs II. für Bürgerhäuser in Potsdam (?). Staatliche Museen Preußischer Kulturbesitz, Berlin (West), Kupferstichkabinett

Potsdam, Breite Straße (Wilhelm-Külz-Straße) 30

zusammen und scheinen Gesims und Attika zu stützen. Das abfallende Pultdach verweist darauf, daß das Mezzanin nur als Bodenraum gedacht war.

Der Vermerk »*Corintisch*« gibt einen Hinweis auf die beabsichtigte architektonische Ordnung. Aber auch der gesamte Aufbau der Fassade zeigt direkte Parallelen zum Haus Breite Straße 30, das Boumann 1752 errichtete. Hier sind allerdings die drei Mittelachsen risalitartig vorgezogen und durch vier mächtige Pilaster mit Kompositkapitellen in den beiden Obergeschossen betont. Die drei rundbogigen Fenster haben im Scheitel Köpfe, wie bereits das Stadtschloß und das Haus Brauerstraße 10 (Knobelsdorffhaus); und wie diese gehen sie vermutlich auf Boumann zurück. Entgegen den Ochsenaugenfenstern im Entwurf des

Königs hat das Haus Breite Straße 30 im dritten Geschoß, das in diesem Falle als vollwertige Wohnetage ausgebildet ist, rechteckige Fenster. Interessant und aufschlußreich ist, daß dieses Haus seiner Gesamtform nach in enger Beziehung zu den Kopffronten der beiden Seitenflügel des ebenfalls von Boumann errichteten Prinz-Heinrich-Palais (Universität) steht. Dabei macht die Übertragung der Formensprache des Prinz-Heinrich-Palais auf das Bürgerhaus deutlich, daß nicht der Verwendungszweck, sondern die repräsentative Wirkung für den König ausschlaggebend war.

Die vierte und letzte Skizze stellt eine zweigeschossige, fünfachsige Fassade mit Attika dar. Es ist darin die Urform des Hauses Breite Straße 1 gesehen worden, doch muß das Hypothese bleiben, da zeichnerische Unterlagen vor dem Umbau um 1840 nicht bekannt sind. Wichtiger ist etwas anderes.

Die Zeichnung Friedrichs läßt sowohl den Einfluß Knobelsdorffs als auch den ausgeprägten Hang zum Formengut des englischen Palladianismus erkennen, dem sich auch Knobelsdorff verpflichtet fühlte. Wenig später geht der König zu direkten Palladio-Kopien über, so daß den 1749/50 in der Breiten Straße errichteten Häusern, trotz offensichtlicher Anleihen, ein schöpferischer Eigenwert zukommt.

Nach dem Bau eines neuen Eckhauses am Alten Markt Nr. 17 im Jahr 1750 wurde zwischen 1752 und 1754 die ganze Front der Schloßstraße bis zur Ecke Hohe Wegstraße mit neuen Häusern versehen. Den Anfang machten 1752 die ersten drei Häuser unter einer einheitlichen Front. 1753 folgten drei Einzelgebäude in der Schloßstraße 4-6. *»Die Vorderseiten hatte der König selbst skizziert und der schon mehr gedachte Konducteur Krüger hatte solche nach dem vorhandenen Raume, und also nach den Maßen, die sie bekommen konnten, aufgezeichnet«* (Manger, S. 171). Die Skizzen des Königs zu diesen Häusern sind nicht bekannt, so daß Mangers Angaben nicht nachgeprüft werden können.

Auch diese Gebäude haben fünf Achsen; offensichtlich die vom König bevorzugte Achsenzahl, die schon Friedrich Wilhelm I. bei seinen Typenbauten hauptsächlich angewendet hatte. Während in den Häusern Nr. 4 und 6 das dritte Geschoß als Mezzanin angelegt ist, wurde es beim mittleren Haus Nr. 5 voll ausgebildet. Dadurch und durch seine Balustrade mit vier Vasen hebt es sich heraus. Da die Häuser Ende des 19. Jahrhunderts zum Teil umgebaut und 1945 zerstört worden sind, muß hier der Beschreibung Mangers (S. 172f.) gefolgt werden.

»Das erste (Nr. 6, d. V.) *war 42 Fuß lang, 43 Fuß tief, und erhielt vier, aber sehr ungleiche Stockwerke in Ansehung der Höhe. Die Verzierung desselben war eine Art von Portal in der Mitte mit einem Balkonfenster darüber, von Sandstein, und die vier übrigen Fenster neben demselben erhielten gerade Verdachungen auch von Sandstein. Die Schnirkel am mittelsten Fenster, die Muschel über demselben und die verzierten Architrave desselben, sind Stukkarbeiten von Satori.«* Das Haus ist in mehrfacher Hinsicht interessant. Auffallend ist die

Schloßstraße mit Blick in die Hohe Wegstraße. Gemälde von J. F. Meyer, 1773. Staatliche Schlösser und Gärten Potsdam-Sanssouci

eigenartige Portalbildung mit großen Fenstern darüber. Eine solche Lösung könnte der König in einem seiner Stichwerke gesehen haben. Sie mutet sehr barock an und gliedert sich nur schwer in das System der Fassade ein. Das Erdgeschoß wiederum ist extrem hoch, so daß man ein Zwischengeschoß einschob, wodurch allerdings die Wohnbedingungen nicht wesentlich verbessert wurden.

Im Skizzenbuch Knobelsdorffs (Nr. 3827) befindet sich die Zeichnung einer Fassade, die der des Hauses Schloßstraße 6 nahekommt. Nach Manger hat der Mitarbeiter Knobelsdorffs, Andreas Krüger, der wiederum mit dem Besitzer des Hauses, dem Brauer Ludwig Krüger, verwandt war, die Bauzeichnungen für dieses und auch die anderen beiden Häuser angefertigt. Mielke (1972, Textt., S. 22) nimmt deshalb an, daß nicht der König, sondern Knobelsdorff den Entwurf sowohl für Nr. 6 als auch für Nr. 4 und 5 geliefert hat. Dafür spricht viel, zumal Mangers Angaben in bezug auf Friedrich II. und Knobelsdorff für diese Zeit gewisse Ungenauigkeiten aufweisen. Doch könnten wie bei Schloß Sanssouci auch Skizzen des Königs der Ausgangspunkt für die eventuellen Entwürfe Knobelsdorffs gewesen sein.

»Das Zweite (Nr. 4, d. V.) von 32 Fuß Länge 42 1/4 Fuß Tiefe und drey Geschoß Höhe ward über der Einfahrt mit einem großen Bogenfenster versehen, welches, um den Raum über dem Thore auszufüllen, schräge oder perspektivische Seitenstücken hatte, die auch im Bogen fortliefen, auf die Art, wie die Fenster am Risalit des Hauptgebäudes im Schloßhofe waren gemacht worden. Die vier Nebenfenster des

Zwei Entwurfsskizzen G. W. v. Knobelsdorffs (?), die obere vermutlich für das Haus Schloßstraße 6 in Potsdam. Verwaltung der Staatlichen Schlösser und Gärten Berlin (West), Skizzenbuch Nr. 3827

Potsdam, Schloßstraße 6

zweiten Geschosses wurden auch mit Bogen geschlossen, und bekamen zu ihrer Breite beinahe dreyfach Höhe. Im Hauptgesimse wurde ein triangulärer Fronton angebracht, der aber kein Risalit deckt, sondern auf der geraden Wand mit zwey Tragsteinen auf jeder Seite unterstützt ist, deren Verzierungen von Müller herrühren, als welcher auch in den Fronton ein Schild machte. Alles gedachte war von Sandstein.«

»*Das Dritte (Nr. 5, d. V.) 41 Fuß lang, 37 Fuß tief, drey Geschosse hoch, bekam auch nur eine simple Außenseite, nähmlich die Einfahrtsöffnung eine gerade, und das Mittelfenster eine eckigte Verdachung und zwey Tragsteinen. Auf der Attik kamen vier Vasen mit Blumen von Müller.*«

Gerade an diesen Häusern kritisiert Manger die schlechten Wohnbedingungen, die dadurch entstanden, daß dem König lediglich die repräsentative Fassade wichtig war. Hätte man die Räume der Fassaden-

Nordseite der Nauenschen Plantage in Potsdam, mit Blick auf das Nauener Tor. Lavierte Federzeichnung von A. L. Krüger, um 1773. (Ausschnitt) Staatliche Schlösser und Gärten Potsdam-Sanssouci

Potsdam, Wilhelmplatz (Platz der Einheit) 9

Potsdam, Am Kanal 41

gliederung angepaßt, wäre tatsächlich eine für einen bürgerlichen Wohnraum völlig ungeeignete Höhe entstanden. Das versuchte man durch den Einschub von Mezzaningeschossen zu umgehen. Doch reichten dann die Fenster in den unteren Geschossen bis an die Decke und setzten sich in dem Stockwerk darüber am Fußboden fort. »*Bey ersteren mußten also an den Fenstern Estraden angebracht werden, um darauf die Helle des Tages zu genießen, bey denen darüber aber mußten es sich die Bewohner gefallen lassen, sich an denselben sogut, als sie konnten, auf den Fußboden zu lagern, um Lesen, Schreiben oder andere Arbeiten verrichten zu können, zu denen am Tage Tageslicht erfordert wird*«

(Manger, S. 172f.). Das gleiche traf auch auf die Palladio-Kopien zu. Eine davon, der Plögersche Gasthof, 1754 von Hildebrant nach dem Vorbild des Palazzo Valmarana in Vicenza errichtet, bildet an der Ecke zur Hohen Wegstraße einen wichtigen Abschluß dieser Schloßstraßenfront.

1756 entstand Am Kanal 41 wiederum »*nach einer Skizze des Königs*« ein von Manger entworfenes Haus (Manger, S. 215f.). Wie der Chronist, der in diesem Falle selbst der Baumeister war, berichtet, sollte »*es ein Modell zu dem vorhabenden neuen Lustschlosse abgeben*«; gemeint ist das Neue Palais in Sanssouci. Der Standort an der Nauenschen Plantage (Platz der Einheit) war so gewählt, daß das Haus aus unmittelbarer Nähe wie auch über den Platz hinweg aus größerer Entfernung betrachtet werden konnte. In der Kombination von rotem Ziegelmauerwerk und gelben Sandsteinteilen, aber auch in der Gliederung mit großen, alle drei Geschosse durchlaufenden Pilastern hat man diesen Bau mit Recht als eine Frucht der Reise des Königs nach Holland im Jahre 1755 angesehen, die schließlich ihren Niederschlag auch im Neuen Palais fand. Auf die Ähnlichkeit des Gebäudes mit dem Haus Trip am Kloveniersburgwal in Amsterdam (Justus Vingboons 1662) ist oft hingewiesen worden. Vermutlich war es wirklich eine Art von Probehaus für das Neue Palais; die Fassadenplanung für dieses Schloß hatte jetzt ihren Abschluß gefunden.

Nach 1765 wurde auch die Nauensche Plantage, die ursprünglich im Zuge der Erweiterung der Stadt nach Norden nach 1722 angelegt worden war, mit neuen Bürgerbauten, meist nach Entwürfen Gontards, besetzt. Für das Haus Nr. 9 »*gab der König einen von ihm Selbst aus freyer Hand mit der Feder, nicht nach dem Maasstabe, aber überaus schön gezeichneten Entwurf*« (Manger, S. 337, 636). Mit der Ausführung wurde 1769 Gontard beauftragt. Den Regeln entsprechend erhielt jedes der drei Geschosse seine eigene Gliederung. Hinzu kam eine ganze Palette von dekorativem Beiwerk: Spiegel, Verdachungen, Konsolen, Balustraden, Lünetten, Muscheln und Rokoko-Blumengehänge, so daß sich die Fassade aus der Reihe der anderen heraushob. Obwohl die Zeichnung des Königs nicht überliefert ist, wird man dahinter ein ausländisches Vorbild vermuten dürfen.

Nach 1770 findet sich bei Manger kein Hinweis mehr auf Skizzen des Königs für Bürgerhäuser. Die Baumeister Gontard und Unger und nachfolgend auch ihre Schüler gewannen mehr Eigenständigkeit, die sich bei der Bürgerhausarchitektur in der Verwirklichung eigener Vorschläge deutlich macht. Die großen Prachtfassaden gehen zugunsten einer besseren Übereinstimmung von Grundriß und Fassade mehr und mehr zurück. Das zweigeschossige Bürgerhaus wurde bald zum beherrschenden Bautyp in der Innenstadt. Friedrichs intensive Mitwirkung an der Planung und Gestaltung von Bauwerken im allgemeinen und von Bürgerhäusern im besonderen hielt aber unvermindert an; erst zu Beginn der achtziger Jahre des 18. Jahrhunderts nahm das Interesse des jetzt Siebzigjährigen ab.

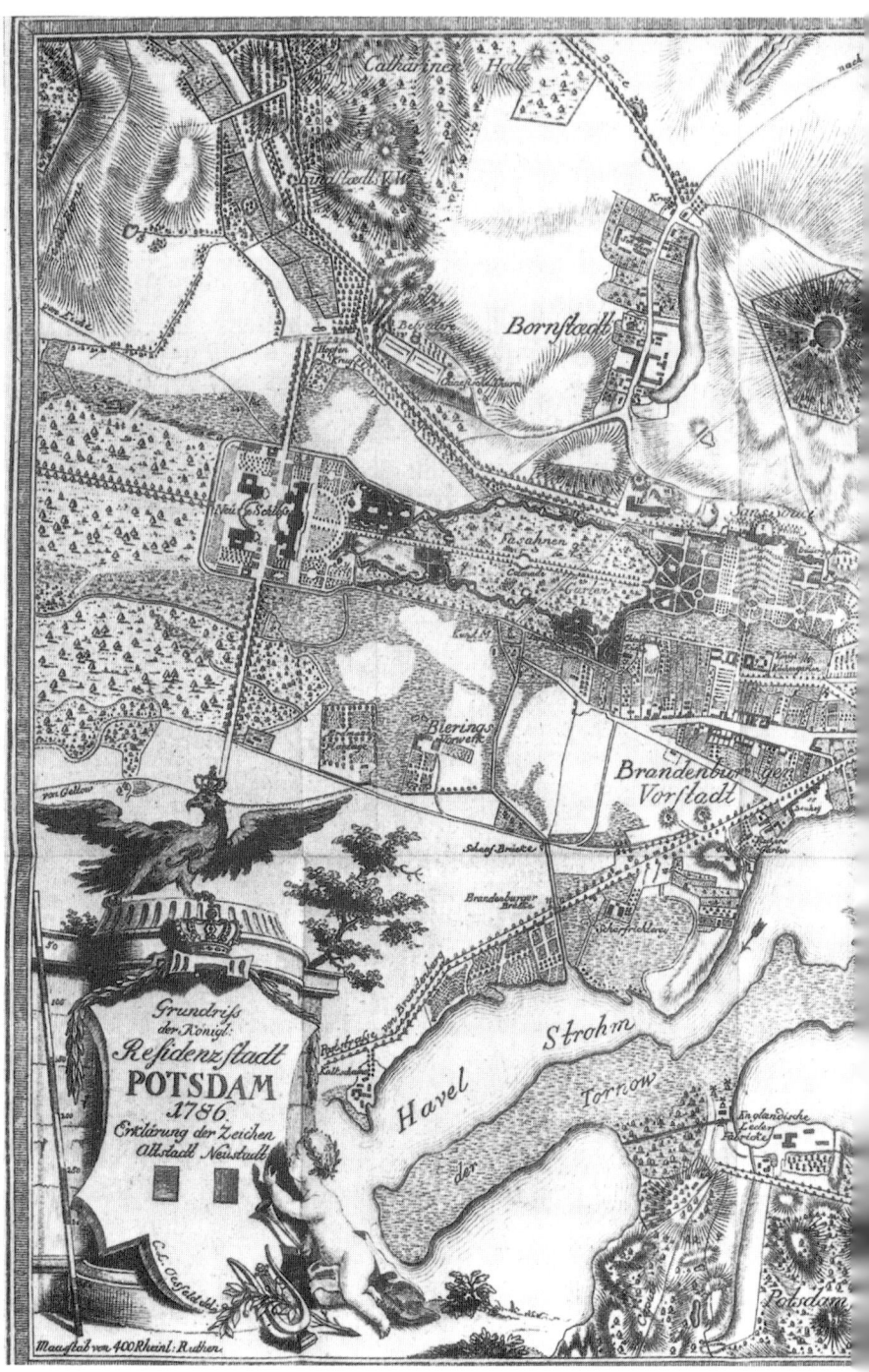

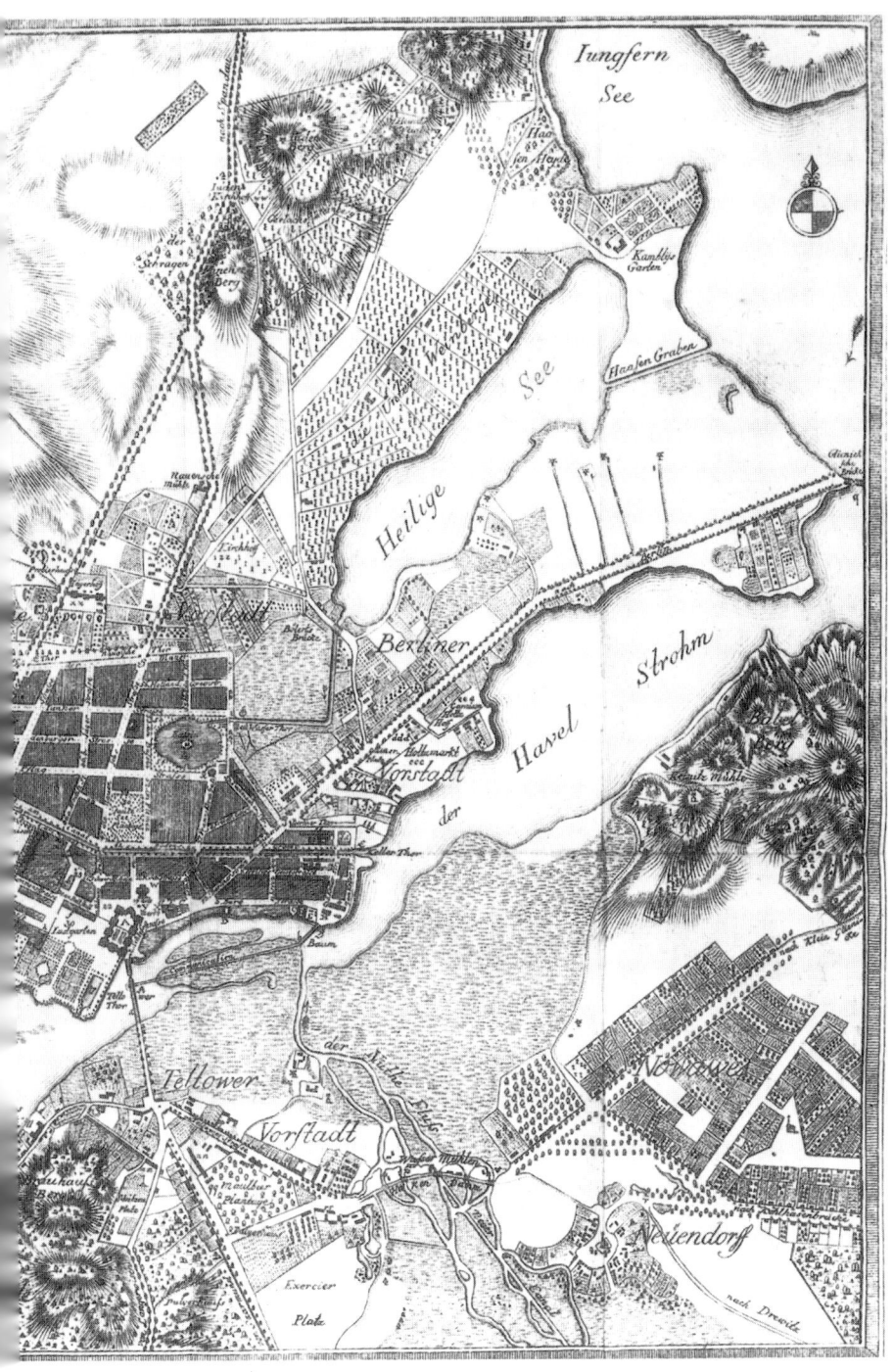

Stadtplan von Potsdam aus dem Jahr 1786. Staatliche Schlösser und Gärten Potsdam-Sanssouci

Ansicht des Jägertores in Potsdam. Gemälde von D. Dägen, um 1735. Staatliche Schlösser und Gärten Potsdam-Sanssouci

Das Rondell (Mehringplatz) in Berlin. Gemälde eines unbekannten Künstlers, um 1735. Märkisches Museum Berlin

Stadttore in Berlin und Potsdam unter besonderer Berücksichtigung des Triumphbogenmotivs

Stadttortypen in der Regierungszeit Friedrich Wilhelms I. (1713–40)

In der Regierungszeit Friedrichs II. wurden in Potsdam vier, in Berlin drei neue Stadttore gebaut. Das Berliner und Brandenburger Tor in Potsdam und das Oranienburger und Rosenthaler Tor in Berlin gehören dem Typ des Triumphbogens an. Diese Torbauten traten an die Stelle älterer, einfacher Toranlagen aus der Zeit Friedrich Wilhelms I.

Nach seinem Regierungsantritt 1713 ließ Friedrich Wilhelm I. das seit dem Mittelalter im wesentlichen nur durch die »*Kurfürstliche Freiheit*« (Bauhofstraße, Wilhelm-Külz-Straße, Werner-Seelenbinder-Straße) in der zweiten Hälfte des 17. Jahrhunderts vergrößerte Potsdamer Stadtgebiet mit neuen Bürgerhäusern besetzen und die Scheunen vor die Tore verlegen. Der Ausbau der Stadt und deren spätere Erweiterungen waren nicht zuletzt durch die Einquartierung mehrerer Regimenter, die in Bürgerquartieren untergebracht waren, notwendig geworden. Aber auch die sogenannte Altstadt erwies sich bald als zu klein, und man begann 1722 unter Einbeziehung des Kietzes an der Neustädter Havelbucht mit einer Erweiterung der Stadt nach Norden bis zur Linie der heutigen Wilhelm-Pieck-Straße. Diese Erweiterung geschah ohne Rücksicht auf den schlechten Baugrund in diesem Gebiet.

Die Altstadt und die (erste) Neustadt wurden an der Landseite mit einer Mauer und am Wasser mit einem Palisadenzaun umgeben, die das Desertieren der in Potsdam stationierten Soldaten und den Schmuggel mit akzisepflichtigen Waren verhindern sollten. Die Mauer aus Backstein hatte eine Dachziegelabdeckung. Ihre Höhe betrug 12 Fuß (3,77 m). An der Innenseite befanden sich zwischen 2 2/3 Fuß (0,84 m) breiten und 2 1/2 Fuß (0,78 m) starken Pfeilern rundbogige Nischen mit 16 Zoll (0,42 m) Mauerstärke (Manger, S. 162). Der größte Teil der Potsdamer und Berliner Stadtmauer wurde in der zweiten Hälfte des 19. Jahrhunderts abgerissen.

Die Torbauten waren einfach, und es ist anzunehmen, daß sie wie die der späteren zweiten Stadterweiterung von einem Wach- und einem Zollhaus flankiert wurden. Einer der neuen Torbauten war das 1722 errichtete erste Nauener Tor an der heutigen Wilhelm-Pieck-/Friedrich-Ebert-Straße. Es trug das Wappen Preußens und eine Inschrift, die angesichts der aus vielen Ländern zum Militärdienst gepreßten Soldaten sehr formelhaft klingt: »*Es lebe der König von Preußen Friedrich Wilhelm und alle braven Soldaten*« (Bellamintes, S. 30, 81).

Jägertor in Potsdam. Die Anbauten wurden 1907 abgetragen

1733 wurde die Stadt abermals nach Norden bis zur heutigen Hegelallee/Straße der Jugend, im Westen bis zur Schopenhauerstraße und im Osten bis zur Hebbelstraße erweitert. Auch dieses neu hinzugekommene Gebiet wurde mit einer Mauer umgeben; die in der jetzigen Wilhelm-Pieck-Straße wurde 1735 abgerissen. Von den Stadttoren der zweiten Stadterweiterung ist nur das Jägertor, das 1733 von einem unbekannten Baumeister errichtet wurde, erhalten geblieben. Zwei gebänderte Torpfeiler sind durch einen waagerechten Sturz verbunden, auf dem sich die plastische Darstellung eines von Parforcejagdhunden gestellten Hirsches befindet, der von flammenden Granaten und Fahnen flankiert wird. Dem Tor waren zwei kleine Gebäude zugeordnet, von denen das linke für den Akziseeinnehmer, das rechte für die Wache bestimmt war (beide sind am Ende des 19. Jahrhunderts abgerissen worden). Durch zwei große hölzerne Flügel konnte das Tor nachts verschlossen werden. Da es im Blickpunkt einer schon 1668 angelegten Allee, der heutigen Otto-Nuschke-Straße/Jägerallee, stehen mußte, wurde es schräg in den Mauerverlauf eingebunden, was noch heute in der Hegelallee sichtbar ist. Der Name und der plastische Schmuck beziehen sich auf den ehemals hinter dem Tor befindlichen Jägerhof Friedrich Wilhelms I. (vorher kurfürstliche Fasanerie). In seinem

Grundtypus ähnelte auch das 1733 errichtete neue Nauener Tor dem hier beschriebenen Jägertor.

Auch Berlin war im ersten Drittel des 18. Jahrhunderts gewachsen. Erweitert wurden vor allem die Dorotheen- und Friedrichstadt, die ein neues Straßensystem und Plätze erhielten, wie das Rondell (den späteren Belle-Alliance-Platz und heutigen Mehringplatz) und das Quarré (den späteren Pariser Platz). Zwischen 1732 und 1734 wurde ganz Berlin, ähnlich wie Potsdam, mit einer Mauer beziehungsweise einem Palisadenzaun umschlossen. Die Eingrenzungen umfaßten bereits die geplanten Neubaugebiete und besaßen insgesamt achtzehn Tore. Sie waren meist noch einfacher als das Jägertor in Potsdam und bestanden in der Regel aus zwei mehr oder weniger stark gegliederten Torpfeilern, die Aufsätze mit barocker Emblematik erhielten. Typisch dafür sind das Hallesche Tor und das alte Brandenburger Tor.

Das Hallesche Tor lag am Ausgang des Rondells, einem Rundplatz, auf dem die späteren Wilhelm-, Friedrich- und Linden-Straße mündeten. Während beide Torhäuser noch in die Rundbebauung eingezogen waren, lag das eigentliche Tor etwas davor. Seine Torpfeiler trugen Kartuschen mit Krone, Trophäen und Adler sowie die königlichen Initialen. Vermerkt ist auch das Baudatum »*Anno 1732*«. Wenig später, 1734, entstanden am Quarré das Brandenburger Tor am Ende der Straße »Unter den Linden«, die jenseits des Tores durch den Tiergarten in Richtung Charlottenburg weiterlief. Der Aufbau glich dem des Halleschen Tores, doch waren die Pfeiler durch je zwei Säulen gegliedert; seitlich davon standen wie üblich das Zoll- und das Wachhaus.

Berlin, Brandenburger Tor. Radierung von D. Chodowiecki, 1764. Märkisches Museum Berlin

Potsdam. Ansicht der Breiten Straße (Wilhelm-Külz-Straße) mit Waisenhaus, Breiter Brücke und Neustädter Tor. Tuschzeichnung von A. L. Krüger, um 1775. Staatliche Schlösser und Gärten Potsdam-Sanssouci

Stadttore in der Regierungszeit Friedrichs II. (1740–86) außer Triumphbogenmotiv

Das Neustädter Tor in Potsdam (1753) und das Hamburger Tor in Berlin (1789)

Noch während das Potsdamer Stadtschloß umgebaut wurde, war 1748 damit begonnen worden, die Breite Straße mit neuen Gebäuden zu besetzen und zu einer Prachtstraße auszubauen. Vier Jahre später war im Straßenabschnitt zwischen Lustgarten und Kanal ein gewisser Abschluß erreicht, so daß man ihr einen würdigen Endpunkt geben konnte. Dies geschah durch das 1753 »*nach der Idee und der Zeichnung des Baron von Knobelsdorff*« errichtete Neustädter Tor (Nicolai [1786] III, S. 1176).

Bereits 1668 war eine breite, vom Schloßbezirk ausgehende Allee (die heutige Wilhelm-Külz-Straße) angelegt worden, die sich jenseits der Neustädter Havelbucht fortsetzte und ihren Endpunkt auf dem Pannenberg (Ehrenpfortenberg) bei Golm hatte. Das ursprüngliche Neu-

Potsdam. Neustädter Tor, Stadtseite

städter Tor war im Zuge der ersten Stadterweiterung um 1722 errichtet worden und hatte aus einem Torgebäude mit einem Fachwerkturm darüber bestanden. Aber schon bei der zweiten Stadterweiterung nach 1733 hatte man die Mauer weiter nach Westen bis direkt an die Havelbucht versetzt, und der Verkehr ging nun durch das neu erbaute Brandenburger Tor. Das Neustädter Tor lag jetzt, seiner Funktion beraubt, innerhalb der Stadt, und der Neubau hatte nur die Wirkung als Prospekt im Auge, durch den der Schloßbezirk abgeschlossen werden sollte. Die Bestimmung des Standortes geschah sicherlich auf Anweisung des Königs.

Das Tor bildeten zwei Obelisken aus Pirnaer Sandsteinblöcken, dekoriert mit Hieroglyphen von Müller und Kambly. Auf den Spitzen saßen steinerne Adler, die 1776 durch in Kupfer getriebene ersetzt werden mußten. Die zwei eisernen Torflügel hatten nur symbolischen Wert und wurden niemals verschlossen. Seitlich gliederten sich zwei niedrige Flügel an, die die alten Zoll- und Wachhäuser vorstellen sollten, jetzt aber keinerlei Funktionen besaßen. Jeder Flügel hatte drei rundbogige Öffnungen mit Schlußsteinköpfen (von Müller und Kambly) und auf der niedrigen abschließenden Attika vier Trophäen (von Giese).

»Niderer Prospect des Eingangs zu Schönbrunn«, Wien. Kupferstich nach J. B. Fischer von Erlach, 1721.

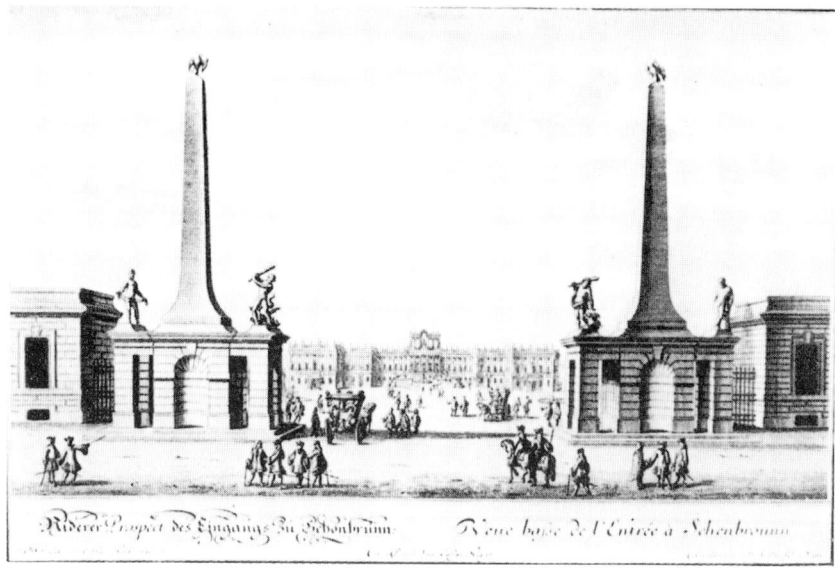

Obelisk am Park Sanssouci in Potsdam

Für Knobelsdorff war die Errichtung von Obelisken nichts Neues. Schon in Rheinsberg hatte er vor das Portal an der Ruppiner Landstraße einen hölzernen, mit Hieroglyphen geschmückten Obelisk gestellt, der 1761 in Stein ausgeführt wurde. Da man das Motiv des Rheinsberger Portals in Sanssouci wieder aufnahm, kündigte auch hier ein Obelisk aus Sandstein den Beginn des königlichen Terrains an; wie in Rheinsberg wurden Hieroglyphen zur Dekorierung des Schaftes verwendet. Auf seiner Italienreise 1736/37 war Knobelsdorff mit den originalen steinernen Zeugen ägyptischer Kultur bekannt geworden, die besonders in Rom seit der Renaissance auf Plätzen und in Gärten aufgestellt worden waren.

Aber auch in Preußen hatten sie schon eine gewisse Tradition. Auf seiner Reise nach Dresden hatte Friedrich Wilhelm I. 1728 die für diese Zeit guten Straßen und Meilensteine in Obeliskform in Sachsen gesehen und dieses System nach 1730 auch auf Preußen übertragen. Das sächsische Poststraßennetz war von August dem Starken nach 1722 eingeführt worden, sicherlich in Kenntnis der alten römischen Straßenanlagen mit ihren Meilenanzeigern. In Potsdam stand solch ein Obelisk als Postsäule bis 1888 am Anfang der Alten Königstraße in Richtung Berlin hinter der Langen Brücke.

War der Typ des Einzelobelisken für Preußen nicht neu, so ist die Doppelstellung als Tor zweifellos vom Eingang des zweiten Projektes Fischers von Erlach für Schloß Schönbrunn bei Wien beeinflußt. Dort stehen die Obelisken auf Torhäusern, von Statuen flankiert. Ihre Form erwächst aus dem Sockel und wird dann allmählich zur Spitze geführt,

Stadtschloß Potsdam. Skizze von G. W. v. Knobelsdorff (?) für den Umbau des forduna-portals. Verwaltung der Staatlichen Schlösser und Gärten Berlin (West), Skizzenbuch Nr. 3827

Alter Markt in Potsdam. Radierung von A. L. Krüger, 1779. Staatliche Schlösser und Gärten Potsdam-Sanssouci

Obelisk auf dem Alten Markt in Potsdam

auf der je ein Adler sitzt. Knobelsdorff – und hinter ihm muß man Friedrich sehen – bedient sich zwar des Motivs Fischers von Erlach, gibt aber den Einzelformen seine spezifische Durchbildung, die einen »ägyptischen« Eindruck hervorrufen sollen.

Der Entwurf für Schönbrunn hat darüber hinaus mit seiner axialen Ausrichtung zweier Schloßbauten – ein kleineres auf dem Hügel, ein Monumentalbau in der Ebene, dazwischen Gartenanlagen – vielleicht sogar eine gewisse Rolle bei der Wahl des ersten Standortes für das Neue Palais im Süden des Schlosses Sanssouci an der Havel gespielt.

Knobelsdorff hatte bereits anläßlich des Umbaues des Potsdamer Stadtschlosses vorgeschlagen, das Fortunaportal durch einen Portalbau mit monumentalem Obelisken darüber zu verändern. Das wurde vom König nicht akzeptiert; statt dessen wurde 1753 bis 1755 nach einem Entwurf Knobelsdorffs ein Obelisk auf dem Alten Markt vor dem Schloß als Symbol der Stärke und – wie in Rheinsberg und Sanssouci – als Zeichen des königlichen Territoriums errichtet. Ohne Zweifel sollte dem Alten Markt mit seinen neuen Bauten nach italienischen Vorbildern noch deutlicher der Charakter einer römischen Platzanlage verliehen werden. Heymüller fertigte ein Modell des zu erbauenden Monuments an, das auch die farblichen Abstufungen des vorgesehenen Marmors aufwies.

Das Monument besteht aus dem Sockel und dem eigentlichen Obelisken. Ursprünglich war eine Höhe von 84 Rheinl. Fuß (26,66 m) vorgesehen, mußte jedoch auf Befehl Friedrichs auf 73 Rheinl. Fuß 11 Zoll (23,19 m) verkürzt werden, da der König befürchtete, daß es die Sicht vom Schloß auf die neue Fassade der Nikolaikirche beeinträchtige. Daraus erklärte sich auch der obere, etwas abrupte Abschluß.

Der Kern des Baues besteht aus Mauersteinen, die Verkleidung ist überwiegend Kauffunger Marmor aus Schlesien. Vom Straßenpflaster aus beginnt der Bau mit einer Schrägen aus Sandstein, auf der eine Plinthe aus rötlichem Kauffunger Marmor liegt, die ihrerseits ein Fußgesims aus weißem carrarischem Marmor mit Girlanden aus Eichenblättern und Bocksköpfen an den Ecken trägt. Diese farbliche Abstufung ist wichtig, um den darüber stehenden Figuren auch optisch einen Halt zu geben.

Der würfelförmige Baukörper mit seinen Spiegeln ist ebenfalls aus Kauffunger Marmor. An den vier Ecken stehen hochaufragende Männergestalten in Gewändern antiker Redner oder Philosophen aus weißem Carraramarmor. Alles weitere ist durchgängig aus Kauffunger Marmor, wie er auch in Sanssouci vielerorts verwendet wurde. Ein stark vorragendes Gesims schließt den Würfel ab. Den Übergang von der Sockelzone zum oberen Teil bilden an den Ecken vier Sphingen (an der Ost- und Westseite in Frontalstellung, an Süd- und Nordseite in Seitenansicht). Der Schaft selbst trägt vier Medaillons mit Bildnissen des Kurfürsten Friedrich Wilhelm und der Könige Friedrich I., Friedrich Wilhelm I. sowie Friedrich II.

Bei römischen Obelisken sind die Sockel meist einfach gestaltet und weisen kaum einen derart reichen figürlichen Schmuck auf wie in Potsdam. Die Anregung für die Sockelzone des Obelisken auf dem Alten Markt hat der entwerfende Architekt wahrscheinlich der Darstellung eines ägyptischen Grabbaues aus dem »*Entwurff einer Historischen Architektur*« von Johann Bernhard Fischer von Erlach (1721) entnommen. Die Verbindung eines ägyptischen Grabbaues als Sockel mit der ebenfalls aus Ägypten stammenden Form des Obelisken gab dem Baumeister die Möglichkeit einer neuen künstlerischen Lösung.

Das ägyptische Vorbild wird aber zu einem klassizistisch-barocken Monument im Einklang mit den umgebenden Bauten umgedeutet. An die Stelle der an Mumien erinnernden Eckfigur mit Hieroglyphenbändern in den Händen treten vier das Gesims stützende antike Gestalten. Bereits Gurlitt hat diese Arbeiten des Bildhauers Johann Gottlieb Heymüller zu den besten Kunstwerken gerechnet, die Potsdam besitzt. »*Es ist erstaunlich, in welchem Maße hier ein Künstler des Rokokos dem Empfinden seiner Zeit voraus ist, wie er das Erhaben-Strenge der Antike wirklich rein erfaßt und dennoch seinen Gestalten eine Note gibt, die sie über bloßes Nachempfinden hinaushebt*« (K.E. Müller,

»Egyptische Grab Gebäu, so unweit Groß Caiero gestanden«, J.B. Fischer von Erlach, Historische Architektur, Wien 1721, 1. Buch

Potsdam. Entwurf zum Neuen Wassertor am Bassin, um 1785. Potsdam-Museum, Potsdam

Berlin, Ansicht des Hamburger Tores. Kolorierter Kupferstich von Serrurier, um 1800. Verwaltung der Staatlichen Schlösser und Gärten Berlin (West)

S.143). Die Zahl der Sphingen an den Ecken ist zugunsten einer klaren Gliederung von den acht des Vorbildes auf vier reduziert. Benckert, der Schöpfer dieser Plastiken, kann im Gegensatz zu Heymüller trotz aller streng-symmetrischen Ausrichtung barocke Elemente nicht ganz unterdrücken, die besonders in den Details, wie Haarformen und Kopfschmuck, deutlich werden. Seine Sphingen sind zahme Wesen, die den Betrachter nicht erschauern lassen; ihre gewinnende Individualität macht sie geradezu anziehend. Entschiedener will Benjamin Giese mit seinen vier Medaillons den Geist der Antike vermitteln, die den Platz der vier mit Hieroglyphen geschmückten Rechtecke am pyramidenförmigen Aufbau der Vorlage einnehmen. An die Stelle der Pyramide ist nun ein über 16 Meter hoher Obelisk getreten. Die vier Hohenzollernherrscher in kreisrunden Einfassungen sind Brustbilder mit ins Profil gedrehten Köpfen; ganz offenkundig lehnt sich Giese in Form und Durchbildung an antike Gemmen an.

Wie die Postsäulen, die neben den Entfernungsangaben oftmals auch die Initialen des Landesfürsten trugen, ist der Obelisk auf dem Alten Markt zum Denkmal der Hohenzollern geworden. Das geht ohne Zweifel auf Friedrich zurück, der das Programm bestimmte und im stilistischen Rückgriff auf die Zeit seiner Vorfahren den Stolz seiner Herkunft zu erkennen gab. Darüber hinaus ist der Obelisk auf dem Alten Markt Symbol der preußischen Macht überhaupt.

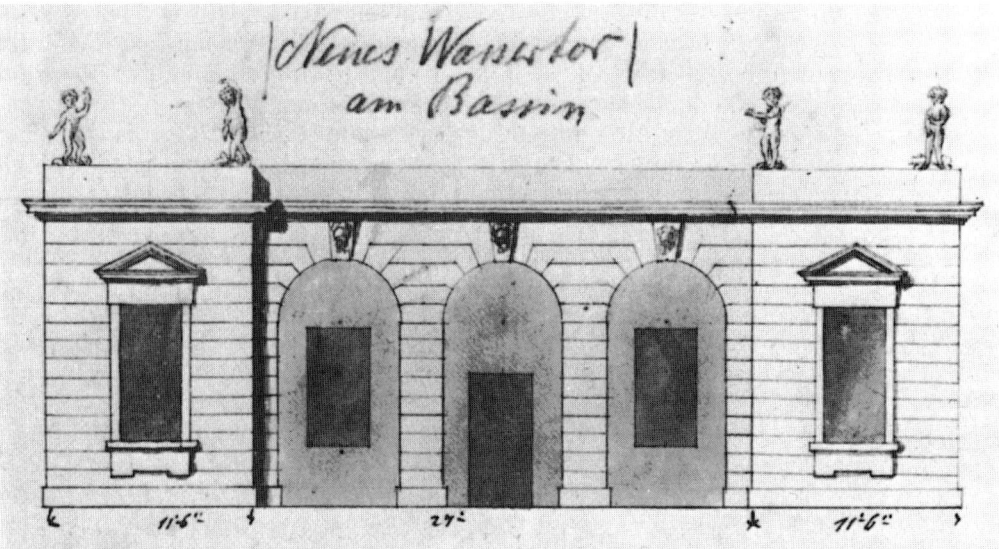

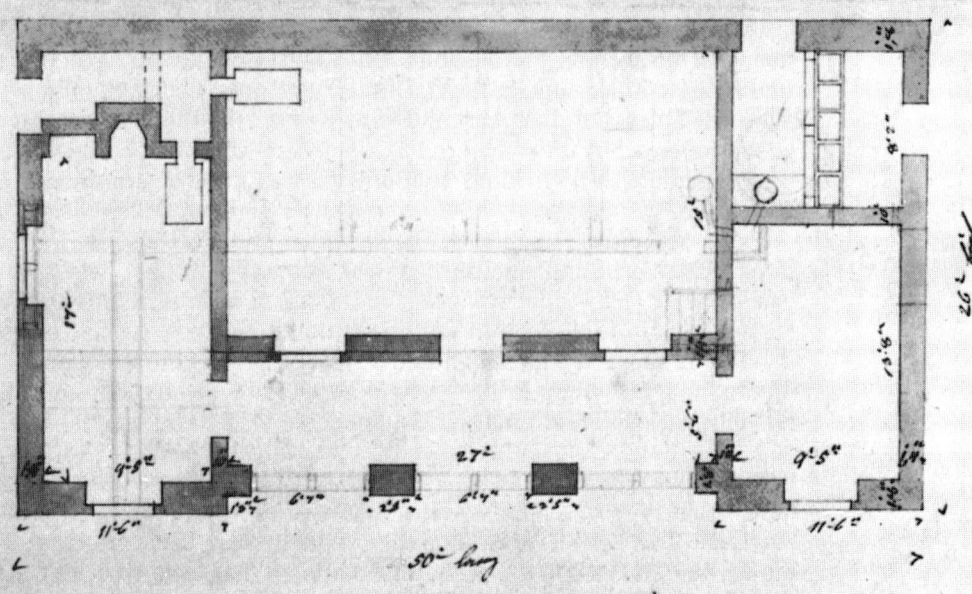

Schon das Chinesische Teehaus in Sanssouci zeigte, wie genau Knobelsdorff Fischer von Erlach gekannt hat. Das Neustädter Tor und der Obelisk auf dem Alten Markt machen noch greifbarer, daß Knobelsdorff aus der »*Historischen Architektur*« des Wiener Barockbaumeisters wichtige Anregungen bezog. Inwieweit der König daran beteiligt war, läßt sich nicht sagen, das Werk befand sich nicht in seinen Bibliotheken. Aber wie schon erwähnt, zog er für die Bibliothek am Opernplatz in Berlin einen Fassadenentwurf der Wiener Hofburg Fischers von Erlach d.J. heran. In seiner Bibliothek im Potsdamer Stadtschloß besaß er Stichwerke über die Architektur Wiens, die auch diese Michaeler Front der Hofburg zeigten (s. Anhang).

Für Potsdam war mit dem Neustädter Tor und dem Obelisken auf dem Alten Markt das »Ägyptische« vorerst abgeschlossen, während in Berlin das Motiv des aus zwei Obelisken gebildeten Tores am Ende des 18. Jahrhunderts noch einmal im Hamburger Tor aufgenommen wurde. Der vermutlich von Unger 1786 angefertigte Entwurf basierte wohl auf einer Kabinettsordre Friedrichs vom 13. Januar 1786, die befahl, die eigentlichen Tore mit den Wach- und Steuereinnehmergebäuden zu monumentalen Baugruppen zu vereinigen und so den Straßen einen repräsentativen Abschluß zu geben. Das Tor lag in der Flucht der kleinen Hamburger Straße (später Elsässer, jetzt Wilhelm-Pieck-Straße).

Der Entwurf sah am Sockel glatte Bänder auf aufgerauhtem Grund mit vorgelegten doppelten Spiegeln vor, darüber je zwei mit Girlanden verbundene Helme. Über dem Sockelgesims waren ovale Medaillons mit verschlungenem FR, bekrönt von Adlern und gerahmt von Fahnen und Kriegsemblematik, gedacht. Die aufragenden Obelisken sollten aufgerauhte Spiegel und als Abschluß eine Krone erhalten. Eine geschwungene Mauer schuf die Verbindung zum Wach- und zum Steuereinnehmerhaus, die aber nicht längs, sondern, wie im Entwurf vermerkt und im »*General-Plan*« eingezeichnet, quer gestellt werden sollten.

Die Ausführung dieses Entwurfs kam aber erst 1789, als das Brandenburger Tor von Langhans im Bau war, zustande. In der Zwischenzeit war der Entwurf verändert worden. Die Spiegel am Sockel hatten wie die Kanten des Obelisken eine einfache Rahmung erhalten, und anstelle der Krone wurden Pinienzapfen als Abschluß gewählt. Es blieben die Medaillons mit dem kriegerischen Beiwerk, jetzt freilich mit dem Namenszug von Friedrichs Neffen, Friedrich Wilhelm II. Angesichts des neu aufkommenden Frühklassizismus bemühte man sich, den Entwurf bei seiner drei Jahre späteren Ausführung zu »modernisieren«. Doch es kam nur ein zopfig steifer, sich klassizistisch gebender Spätbarock zustande. Das zeigen besonders die Medaillons an den Obelisken und die Torhäuser. Dafür hatte man einen einheitlichen Typ entwickelt, denn das 1786 am Bassin in Potsdam errichtete Neue Wassertor weist mit seinen drei rundbogigen Arkaden zwischen den leicht vorgezogenen Seitenteilen das gleiche Schema wie die Torhäuser des 1868 abgerissenen Hamburger Tores in Berlin auf.

Nauener Tor in Potsdam. Radierung von M. Kurz nach J. Poppel, um 1850. Potsdam-Museum, Potsdam

Das Nauener Tor in Potsdam (1755)

Als Winckelmann seine »*Gedanken über die Nachahmung der griechischen Werke . . .*« der Öffentlichkeit übergab, entstand in Potsdam das Nauener Tor »*in gothischem Geschmack*«. Dem Bau lag eine Skizze des Königs zugrunde, nach der Büring die Zeichnungen anzufertigen hatte. Bereits 1733 war beim Bau der Mauer um die zweite Stadterweiterung an der Straße nach Nauen (heute Friedrich-Ebert-Straße) ein barockes Tor ähnlich dem Jägertor errichtet worden. Wie dieses als prospektartiger Abschluß gedacht, war es ebenfalls schräg in den Mauerverlauf eingebunden. Um das Desertieren der in Potsdam stationierten Soldaten an dieser Stelle zu verhindern, ließ man während der Bauarbeiten das alte Tor stehen. Auch nach Fertigstellung erging kein Befehl zu dessen Abriß, so daß die merkwürdige Doppeltorigkeit bestehen blieb und erst 1867 beim Umbau des Tores beseitigt wurde.

Mit dem Bau wurde Mitte 1754 begonnen, und schon bei der Planung war es aufgrund der auf der Zeichnung des Königs angegebenen Maße zu einem Mißverständnis gekommen. »*Der König hatte nähmlich die Gewohnheit, das jenige pieds zu nennen, was bey Castramentation,*

Stadtseite des Nauener Tores

oder sonst im Felde eigentlich Schritte, oder 3 Rheinländische Fuß bedeuten. Dieses wußte aber Büring nicht, und er ließ das Fundament nach den Maasstabe eines rheinländischen Duodecimalfußes herausführen, wodurch denn freilich ein Miniaturding von Thürmen und Häusern entstanden seyn würde, dessen körperliche Masse sich zu der vom Könige gemeinten etwa wie 1 zu 27 würde verhalten haben. Jedoch der König entdeckte solches noch bey Zeiten, ließ alles wieder abbrechen, und nach seiner eigentlichen Meinung größer aufführen« (Manger, S. 192f.). Der Abbruch der zu kleinen Tormauern, die an den Türmen schon eine Höhe von 27 Fuß (8,47 m) und an den Seitengebäuden 17 Fuß (5,34 m) erreicht hatten, geschah im November 1754, so daß der eigentliche Bau des Tores erst im Jahre 1755 zustande kam.

Das neue Tor bestand aus zwei die Durchfahrt flankierenden runden Tortürmen mit einem Durchmesser von 16 Fuß (5,02 m) und 65 Fuß (20,4 m) Höhe. Sein Mauerwerk war mit einer einfachen Putzrustika versehen. Über einer ebenerdigen spitzbogigen Tür deuten gleiche, aber in der Mitte noch einmal unterteilte Fenster drei Geschosse an. Das ausladende Hauptgesims wurde von »ziemlich moderne(n) Tragsteine(n)« (Manger) gestützt; die Attika war zinnenähnlich ausgeschnitten, darüber erhob sich ein 15 Fuß (4,71 m) hoher Kegel als Abschluß. Die Seitengebäude für die Wache (rechts) und den Steuereinnehmer (links) hatten je eine Länge von 60 Fuß (18,83 m), eine Breite von 34 Fuß (8,25 m). Sie erhielten drei spitzbogige Arkaden und als Abschluß ein Gesims, das dem der Türme glich.

An den Arkadenpfeilern wurden Fratzenköpfe (von Giese) mit Kupferringen durch den Mund (von Jury) angebracht. Darunter befanden sich jeweils drei große »Tafeln mit Diamantspitzen« und ebensolche kleinere an den abgerundeten Seiten. Das Tor sollte als Prospekt

Nauener Tor;
Aufriß eines
Turms mit halber
Mittelöffnung und
halbem Arkaden-
bogen des linken
Torschreiber-
hauses, für den
Umbau 1867.
Potsdam-Museum,
Potsdam

von der Stadt her gesehen werden. Demzufolge verzichtete man auf eine Durchbildung der Feldseiten und gab den Flügeln nur noch an den Seiten die neue Höhe und einen Abschluß mit Zinnen. Der ankommende Reisende sah also auf das barocke Tor und die niedrigeren Seitengebäude mit Dachgaupen. Es mutet seltsam an, wenn man erfährt, daß nachts das alte Tor mit hölzernen Torflügeln, das neue aber mit einem Eisengitter verschlossen wurde.

Nach mehr als einhundert Jahren wurde das Nauener Tor 1867 umgebaut. Man beseitigte das Tor von 1733 und fügte zwischen die Türme einen spitzbogigen Durchlaß mit einer Zinnenbekrönung ein. Die Torhäuser wurden jetzt auch auf der Feldseite auf die Höhe der Stadtseite gebracht. Man spürt darüber hinaus das Bestreben, sich nun wirklich »*rein gotisch*« zu geben, besonders in den Veränderungen der baulichen Details, wie den Gesimsen, Mauerabschlüssen, Fensterstellungen und -formen. Aber das Bauwerk verlor dadurch viel von seinem einstigen Reiz.

Nach den Angaben des Königs hatte das Nauener Tor »*in gothischem Geschmacke*« errichtet werden sollen. Manger wußte damit wenig anzufangen, und für ihn war es unklar, »*ob es bey der Ausführung nach dem zierlichen oder groben gothischen Geschmacke gerathen ist. Vielleicht ist es zu Gothisch, nämlich das Gothische mit so vielem Modernen vermischt, daß man nicht eigentlich weiß, was es seyn soll*« (Manger, S. 197 f.).

»*Gothischer Geschmack*« war im 18. Jahrhundert ein feststehender Begriff, der allgemeine Regellosigkeit bezeichnete. Das Attribut »gotisch« drückte dabei das Negative aus. Eggers schrieb 1757 in seinem Kriegslexikon: »*Gotisch wird in der Baukunst gemeinet alles was ohne Geschmack, ohne Regeln, ohne richtige Anordnung der Profile und außer Proportion ausgeführet ist*« (Lüdtke, S. 137), und in Sulzers »Theorie der schönen Künste« (1771) heißt es in ähnlichem Sinne: »*Das Gothische ist überhaupt ein ohne allen Geschmack gemachter Aufwand auf Werke der Kunst, denen es nicht am Wesentlichen auch nicht immer am Großen und Prächtigen, sondern am Schönen, am Angenehmen und Feinen fehlt. Da dieser Mangel an Geschmack sich auf vielerley Art zeigen kann, so kann auch das Gothische von verschiedener Art seyn.*« (Lüdtke, S. 137). Manger ist noch ganz dieser Auffassung verbunden, denn er sah spitzbogige Fenster und Arkaden ebenso als »*gothisch*« an wie die in die klassischen Ordnungen nicht einzureihenden Gesimse der Seitenbauten. Trotzdem wußte er natürlich, daß »gothisch« auch etwas mit Spitzbogen zu tun hat, nur bleibt für den heutigen Leser unklar, was unter »*zierliche(m) oder grobe(m) gothische(m) Geschmacke*« zu verstehen ist.

In vielen Fällen konservativ denkend und bauend, erwies sich Friedrich beim Nauener Tor als »*modern*« und auf der Höhe der Zeit stehend. Die Wiedererweckung der Gotik war in England kurz vor Mitte des 18. Jahrhunderts geschehen. 1742 erschien von Batty und Thomas Lang-

Inverary Castle, Schottland

ley das erste Werk über gotische Architektur, und mit der Ruine von Edgehill (1746) und vor allem dem Landhaus Strawberry Hill des Horace Walpole (begonnen um 1751) folgten schon einige Jahre später die ersten neugotischen Bauten. Um 1750 baute Robert Morris das Inverary Castle in Schottland, ein Beispiel für eine etwas nüchterne Auffassung. In diesem Schloß mit seinen runden Ecktürmen und Kegeldächern hat man mit Recht das Vorbild für das Nauener Tor gesehen. Die Vermittlung geschah wahrscheinlich durch Georg von Keith, Erbmarschall von Schottland, Bruder des Feldmarschalls James Keith. Der »Mirlord Marechal« kam 1748 mit 56 Jahren an den Hof in Berlin und war dann von 1751 bis 1754 Gesandter Preußens in Paris. Der König ließ ihm 1764 in Sanssouci ein Haus bauen, das er bis zu seinem Tode 1778 bewohnte.

Auf jeden Fall wurde das Nauener Tor zum ersten Beispiel der »Gothic Revival« auf dem Kontinent. die Grundform mit zwei hoch aufragenden Senkrechten, die die Durchfahrt flankieren, und seitlichen Torhäusern mit Arkaden war durch das Neustädter Tor Knobelsdorffs vorgegeben und im Grunde von klassizistischer Grundhaltung. Man »gotisierte« dieses System durch Türme à la Inverary Castle, spitzbogige Arkaden und Fenster sowie eine zinnenartig ausgeschnittene Attika. So wurde es eine aus Einzelteilen zusammengesetzte Gotik, wie sie in dem genannten Werk Langleys gefordert wird. Die Feststellung Mangers, daß »*das Gothische mit so vielem Modernen vermischt*« sei, ist durchaus richtig. Es gilt nicht nur für das Grundschema, sondern auch für Einzelheiten: Konsolen, Fratzenköpfe, Diamantquader.

Deshalb ist es unberechtigt, das Nauener Tor in eine gewisse Beziehung zu den märkischen Toranlagen des Mittelalters zu setzen; die heimische gotische Baukunst wird überhaupt nicht gesehen. Friedrich ließ ja 1773 die Marienburg zu einer Infanteriekaserne umbauen. Das Verhältnis des Nauener Tores zur Gotik ist das gleiche wie das des Teehauses in Sanssouci zur chinesischen oder japanischen Kunst.

Nach den Vorstellungen des Königs sollte die Neugotik nicht auf diesen städtischen Torbau beschränkt bleiben, sondern mit dem Gasthof »*in altgothischem Geschmack*« nahe dem Neuen Palais auch den Park Sanssouci bereichern.

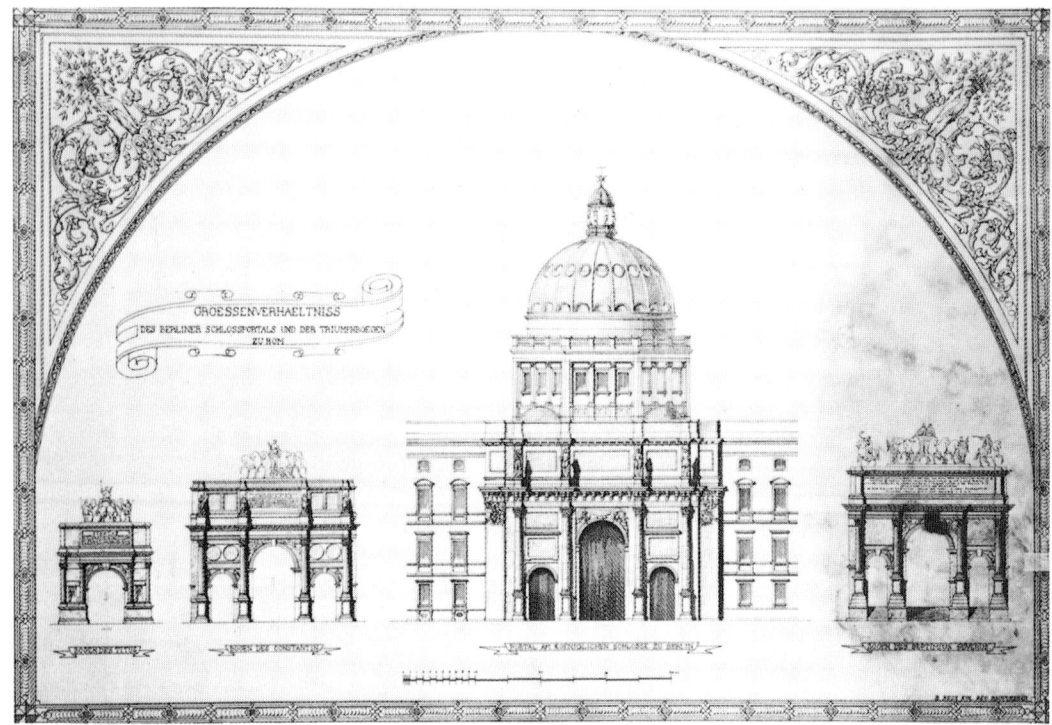

Schloß-Portal III mit Vergleich der Triumphbogen des Titus, Konstantin und Septimius Severus in Rom. Zeichnung von B. Beck, Mitte 19. Jh. Staatliche Schlösser und Gärten Potsdam-Sanssouci

Triumphtore als Stadttore

Triumphtore und Ehrenpforten in Berlin und Potsdam

Bei zwei gebauten friderizianischen Stadttoren, dem Berliner und dem Brandenburger Tor, sowie dem geplanten Teltower Tor in Potsdam ist die Ähnlichkeit mit antiken Triumphbogen augenfällig, besonders mit den Bogen des Septimius Severus und des Konstantin in Rom. Weshalb aber trat das Triumphbogenmotiv in dieser markanten Form auf und wo lagen die Wurzeln und Einflüsse? Und gab es in jener Zeit ähnliche Stadttore?

Der antike römische Triumphbogen war ein Denkmal. In der älteren Zeit wurde er für siegreiche Feldherren errichtet, während er in der späteren Kaiserzeit als Denkmal für den Herrscher oder ein Mitglied der kaiserlichen Familie diente. Sie waren meist eintorig, entwickelten sich aber dann zu dreitorigen Bogen mit großer Mittelöffnung, während zweitorige Anlagen die Ausnahme waren. Auf der Attika standen in der älteren Zeit nur Götterbilder; erst seit dem Ende des zweiten Jahrhunderts trugen die Triumphbogen auch die Standbilder der zu ehrenden

Personen; meist eine Reiterfigur oder eine Quadriga. Daneben kamen auch Statuen von Soldaten, Viktorien und Gefangenen sowie das Tropaeum vor. Bei dem oft umfangreichen Reliefschmuck gibt es zwei Gruppen: die Triumphalsymbolik (Viktorien mit Kränzen oder Palmenzweigen, Waffenreliefs) und die Darstellung jenes historischen Ereignisses, das Anlaß zur Errichtung des Triumphbogens war. Dieses antike Instrumentarium hat immer wieder als Vorbild gedient.

Den mittelalterlichen Herrschern hatte man niemals Triumphbogen errichtet, stand doch die weltliche Verherrlichung dem jenseitsbezogenen Denken fern. Erst in der Renaissance wird der Triumphbogen »wiederentdeckt« und findet auch Eingang in die Schriften der Architekturtheoretiker. Ein Beispiel ist der Triumphbogen Alfons' I. und Ferdinands I. in Castel Nuovo, Neapel, um 1470. Im Absolutismus häufte sich dann ihre Zahl. In Paris, dem Zentrum des unter Ludwig XIV. nach 1660 gefestigten absolutistischen Staates, schuf man die ersten barocken Triumphbogen. Claude Perrault entwarf 1669 den Plan für einen großen steinernen Triumphbogen im Faubourg Saint-Antoine, der aber nur bis zum Sockel ausgeführt wurde.

Anlaß zur Errichtung von Triumphbogen waren meist gewonnene Kriege. 1671–75 wurde in Paris ein Teil der alten Stadttore umgebaut oder durch Neubauten in Form von Triumphbogen ersetzt. Beispiele hierfür sind die Porte St-Denis, erbaut 1672/73 nach Plänen Nicolas-François Blondels, und die Porte St-Martin, 1674 nach Plänen seines Schülers Pierre Bullet errichtet. Im letzten Viertel des 17. und im 18. Jahrhundert folgten dann viele französische Städte dem Pariser Vorbild.

Für die Errichtung eines Stadttores in Form eines Triumphbogens gab es auch in Berlin ein frühes Beispiel: das Leipziger Tor, das Nering 1683 anläßlich des Sieges der Schlacht bei Fehrbellin erbaut hatte. In der Folgezeit gab kein konkretes Ereignis Anlaß zum Bau eines Triumphtores – ganz allgemein diente es der Huldigung der absolutistischen Staatsidee. In diesem Sinne erhielt Stettin auf Befehl Friedrich Wilhelms I. das Königstor (1726–28) und das Berliner Tor (1725–40), beides Bauten in toskanischer Ordnung mit reichem plastischem Schmuck – *»Ausdruck dafür, daß der preußische Staat zu einem mächtigen Bürgen geworden war, diese für das Reich lebenswichtigen Gebiete* (Stettin und Odermündung, d. V.) *zu erhalten«* (J. H. Schmidt, S. 383). Auch das Berliner Tor in Wesel bekam durch Jean de Bodt 1718–22 die Form eines Triumphtores.

In diesen Zusammenhang gehören das Berliner und Brandenburger Tor sowie der Entwurf des Teltower Tors in Potsdam als die wohl antikisierendsten Beispiele. Zum Ausgang des 18. Jahrhunderts wurden in den Berliner Mauerring neue Stadttore eingefügt. Neben der aus zwei Obelisken gebildeten Torform (Hamburger Tor, Unger 1789) wurde das Motiv des Triumphtores noch einmal aufgenommen. Gontard ist der Baumeister des 1786–88 errichteten Oranienburger Tores, dessen

Aufgipfelung über der mittleren großen Durchfahrt mit dem Obelisken bereits von anderen Gontardschen Schöpfungen, vor allem den Eckbauten der Kolonnade zwischen den Communs am Neuen Palais, bekannt ist. Der Gontardschüler Unger hatte nach dem Entwurf des Meisters das Rosenthaler Tor 1781-88 gebaut, das wie das Oranienburger Tor eine mittlere große Durchfahrt besaß, dessen Seiten aber mit kleinen Giebeln überdacht waren und Statuen trugen. Zur gleichen Zeit – 1789 – ist das Brandenburger Tor entstanden, dessen Motiv aber nicht mehr auf den römischen Triumphbogen, sondern auf das Tor der Akropolis, die Propyläen, verweist.

Dieses Motiv hat – neben der Verwendung des Triumphbogens als Stadttor – auch beim Schloßbau Eingang gefunden. Bereits 1659 ist von Johann Gregor Memhardt das Eingangstor zum Berliner Schloß in der Sicht der Breiten Straße in Form eines Triumphbogens gestaltet worden. Andreas Schlüter muß diesen Bau sehr geschätzt haben, denn er hat ihn bei seiner Schloßplanung nicht nur beibehalten, sondern an der Spreeseite sogar noch einmal wiederholt. Der neue, von Eosander von Göthe 1707-13 erbaute Schloßtrakt (*»Neues Schloß«*) an der Seite der Schloßfreiheit erhielt in der Mitte ein großes Portal, dessen Ausmaße die der bekannten römischen Triumphbogen noch überstiegen. Die Anlehnung an das antike Vorbild – den Konstantinbogen – ist sehr eng.

Eine stärkere Orientierung der Architektur auf Italien ist in dieser Zeit allgemein. Memhardt hatte zwischen 1692 und 1695 das Land besucht, und man hat darin »*ein deutliches Zeichen der Hinwendung zu Italien in künstlerischen Dingen*« gesehen, »*die schon in der Zeit der Regierungswende des Großen Kurfürsten einzusetzen scheint und auch bei anderen Künstlern zu beobachten ist, deren Schaffen nicht mehr nur aus holländischen Traditionen zu erklären ist*« (Ladendorf 1935, S. 160).

Nur entfernte Beziehungen zum antiken Original hat dagegen das Fortunaportal am Potsdamer Stadtschloß, das 1701 im Jahr der Königskrönung nach Entwürfen Jean de Bodts fertiggestellt wurde. Ein Menschenalter später hat Gontard in die Mitte der Kolonnade zwischen den Communs am Neuen Palais gleichsam als triumphalen Abschluß dieses nur in sieben Jahren vollendeten gewaltigen Baukomplexes einen Siegesbogen eingefügt, der von einer ähnlichen Anlage in Deckers »*Fürstlichem Baumeister*«, aber auch von den Projekten für eine »*Place Royale*« Ludwigs XV. in Paris beeinflußt ist.

Von den Wettbewerbsentwürfen für einen Pariser Königsplatz ist auch der Entwurf B. R. Bourdets für den Berliner Gendarmenmarkt (den heutigen Platz der Akademie) angeregt worden. Er sah eine geschlossene Umbauung des rechteckigen Platzes vor mit den beiden Kirchen an den Schmalseiten. An den Längsseiten sollten je zwei Straßen einmünden und von dreitorigen Triumphbogen mit aufwendigem plastischem Schmuck überbaut werden. Der König hat diesen Entwurf aber abgelehnt. Auch bei den 1777 von Gontard errichteten Königs-

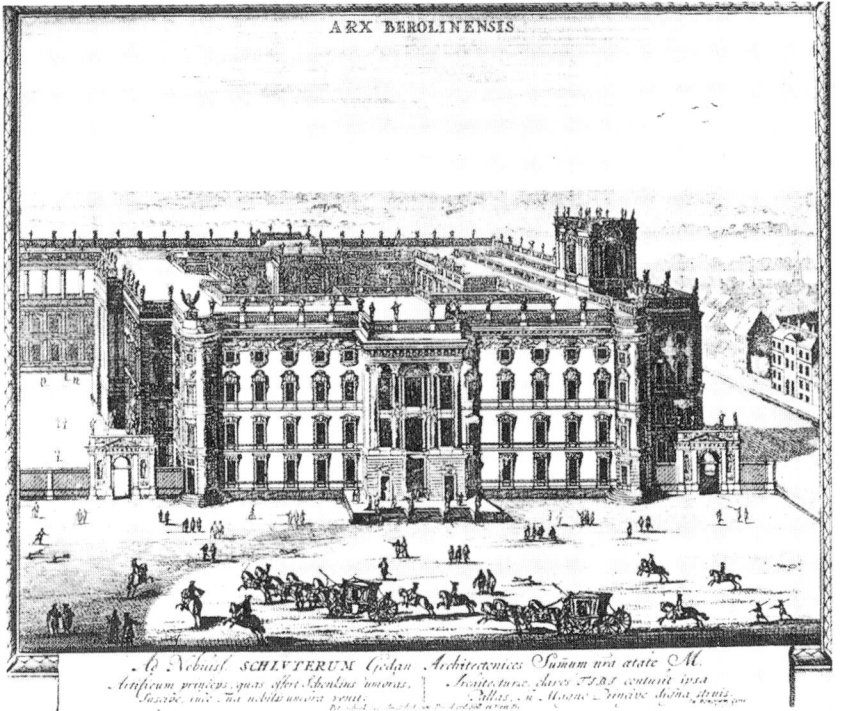

Schloßplatzfront des Joachimbaues, Berlin. Aquarell von J. Stridbeck, 1690. Deutsche Staatsbibliothek Berlin

Berliner Schloß nach der Planung Schlüters 1698 bis 1706, aus der Vogelperspektive. Kupferstich von Pieter Schenk, nach C. F. Blesendorff, 1701. Staatliche Schlösser und Gärten Potsdam-Sanssouci

Portal des Kutschstalls am Neuen Markt in Potsdam

kolonnaden in Berlin wird der Triumphbogen als Motiv verwendet. Zu den letzten Beispielen gehört das Portal am Kutschstall auf dem Neuen Markt in Potsdam, das A. L. Krüger 1787 errichtete. Unter dem Einfluß des beginnenden Klassizismus haben sich die Formen merklich abgeklärt. Auf dem in toskanischer Ordnung gebauten Bogen lenkt der Leibkutscher Friedrichs II., Pfundt, einen Phaethon-Wagen in Form einer antiken Quadriga.

Das wirkliche Erbe des antiken Triumphbogens trat die Ehrenpforte an. Sie unterscheidet sich vom Triumphbogen dadurch, daß sie kein Denkmal ist, sondern im Rahmen einer Festdekoration für den einmaligen Einzug eines Fürsten und später auch zu anderen Gelegenheiten errichtet, danach aber wieder abgerissen wurde. Wie der Triumphbogen fand sie seit der Renaissance überall in Europa Verbreitung, schon sehr früh in Frankreich und in den Niederlanden, während sie in der ersten Hälfte des 16. Jahrhunderts in Deutschland noch selten war.

Ehrenpforten wurden zu den verschiedensten Anlässen errichtet: zur Krönung, Rückkehr des Fürsten aus einem siegreichen Feldzug, Friedensschlüsse, Staatsbesuche, Vermählung, Heimführung oder Einzug des neuvermählten Paares und auch bei Leichenbegängnissen. Auftraggeber waren meist die Städte oder einzelne Körperschaften (Zünfte, Gilden), im Falle von Staatsbesuchen aber die Landesherren selbst. Dafür stellten Gelehrte ein Programm auf, bestehend aus Allegorien, Personifizierungen, Emblemen und Inschriften, das von den Künstlern – es waren nicht nur Architekten – in eine entsprechende Form gebracht werden mußte.

Seit der Renaissance hatten sich zwei Grundformen der Ehrenpforte herausgebildet: die Schaubühne über einer Durchfahrt und der Triumphbogen in ein- oder dreitoriger Form mit oft hohem, mehrgeschossigem Aufbau. Von Frankreich ausgehend setzte sich im zweiten Drittel des 18. Jahrhunderts allgemein eine stärkere Anlehnung an das antike Vorbild durch. Nicht selten wurden den Ehrenpforten beiderseits viertelkreisförmige Flügelbauten angefügt. Im Zeitalter des Absolutismus wuchs die Zahl der Ehrenpforten fast ins unermeßliche. Jeder Territorialfürst war bestrebt, durch große Aufbauten bei den zahlreichen Festlichkeiten und Besuchen anderer Herrscher seine Macht zu demonstrieren. Auch die Architekturtheorie befaßte sich damit und entwarf Regeln für den Bau und den geeignetsten Aufstellungsort. In Norddeutschland hat besonders Leonhard Christoph Sturm Ehrenpforten in vielfältigen Abwandlungen entworfen.

In Brandenburg-Preußen wurde es in der zweiten Hälfte des 17. Jahrhunderts Brauch, Ehrenpforten aufzustellen. Dem Kurfürsten Friedrich Wilhelm wurden 1677 nach der Einnahme von Stettin und 1678 nach der Eroberung der Insel Rügen und Stralsunds bei seinem Einzug in Berlin Ehrenpforten errichtet. Schon diesen Dekorationen ist trotz ihrer barocken Aufbauten das antike Vorbild anzumerken; und im Falle der Ehrenpforte zur Trauerfeier für den Kurfürsten Friedrich Wilhelm (1688) ist die Anlehnung an das Schema des römischen Triumphbogens noch augenfälliger. Sie wurde nicht, wie sonst üblich, nach den Feierlichkeiten abgebrochen, sondern anschließend auf dem sogenannten Pannenberg, der danach den Namen »Ehrenpfortenberg« erhielt, bei Golm unweit Potsdam, wiederaufgestellt. Der Berg bildete den Endpunkt einer vom Potsdamer Stadtschloß ausgehenden großen Allee, und die Ehrenpforte war somit schon von weitem sichtbar. Aus der für den einmaligen Gebrauch bestimmten Ehrenpforte war ein Denkmal im Sinne des antiken Triumphbogens geworden, das allerdings aufgrund des vergänglichen Materials nicht lange bestand.

Einen Höhepunkt erreichte der Bau von Ehrenpforten und Festdekorationen beim Einzug Friedrichs I. am 6. Mai 1701 in Berlin. Entlang der Georgenstraße – der späteren Königstraße – hatte man sieben Ehrenpforten errichtet, und den Abschluß dieser »*via triumphalis*« bildete das eben fertiggestellte Portal I des Berliner Schlosses.

Ehrenpforte der »Examirten« auf der Langen Brücke in Berlin; errichtet anläßlich des Einzuges des Kurfürsten Friedrich Wilhelm am 12. Dez. 1678

Ehrenpforte in Berlin zur Trauerfeier für den Kurfürsten Friedrich Wilhelm, 1688. Kupferstich von C. F. Blesendorff

»Arc de Triomphe à Berlin«. Kupferstich von J. B. Broebes, 1733

Ehrenpforte der Stadt Cölln vor dem Berliner Schloß beim Krönungseinzug Friedrichs I. am 6. Mai 1701. Kupferstich von P. Scheck, 1702. Staatliche Schlösser und Gärten Potsdam-Sanssouci

»Dessin von der Ehren Pforte welche beim Einzuge Sr. Königl. Majestaet von Preussen in Berlin vor dem Franckfurter-Landwehre durch die Veranstaltung des hiesigen Magistrats errichtet wurde«. 30. März 1763. Radierung von C. B. Glaßbach. Märkisches Museum Berlin

Zuvor schon hatten Oranienburg, Potsdam und Köpenick dem aus Königsberg heimkehrenden Monarchen Ehrenpforten errichtet. Beim Bau der Pforten in Berlin waren Jean de Bodt und Martin Grünberg beteiligt. Das antike Vorbild ist als Grundform trotz der vielfältigen barocken Auf- und Nebenbauten erkennbar. Die Ehrenpforte der Stadt Cölln, die vor dem Schloß errichtet worden war, wurde 1702 wie die zur Leichenfeier des Kurfürsten Friedrich Wilhelm im Jahre 1688 auf dem nun schon so bezeichneten »*Ehrenpfortenberg*« in Golm wieder aufgestellt.

Anstelle der Ehrenpforte der Hofbedienten am alten Georgentor sollte nach dem Einzug des Königs ein sogenanntes Königstor errichtet werden, dem »*der Triumph-Bogen des Kaysers Septimi Severi zu Rom*« als Vorbild gedient haben soll, wie Besser berichtet (S. 31). Der bei Broebes (Bl. 4 a) wiedergegebene »*Arc de Triumphe à Berlin*« kann sich nur auf die Pforte der Hofbedienten beziehen, doch die Übereinstimmungen sind so gering, daß man kaum von einer Ähnlichkeit sprechen kann. Wie auch bei anderen Blättern von Broebes, zeigt der Lehrer an der Berliner Akademie, wie er sie gebaut hätte. Ein Probestich, auf den Ladendorf aufmerksam gemacht hat, trägt die noch genauere Beschriftung: »*Ehren-Pforte, als Aó 1700 (sic!) Friedrich I. König von Preußen in Berlin seinen Einzug hielt*« (Ladendorf [1935], S. 79).

»Erste Ehren Pforte in Berlin Beym Einzuge des Großfürsten von Rußland Paul Petrowitz« am 21. Juli 1776

Sowohl die Bauten für Feuerwerke und Illuminationen als auch die Ehrenpforten nähern sich im Laufe des 18. Jahrhunderts mehr und mehr den antiken Vorbildern. Das zeigt sich besonders bei den Ehrenpforten, die nach dem zweiten Schlesischen Krieg 1746 und nach dem Siebenjährigen Krieg 1763 für den Empfang Friedrichs II. in Berlin errichtet wurden. Auch die Ehrenpforte zum Eingang des Großfürsten von Rußland 1776 in Berlin behielt das antike Schema bei.

Der Potsdamer Baumeister und Radierer A. L. Krüger entwarf zwei Ehrenpforten, die noch einmal den ganzen spätbarocken Formenapparat, aber auch schon klassizistische Elemente aufweisen. Das Reiterdenkmal auf einem Sockel über der Mittelöffnung wie der Sockel selbst sind wohl wiederum von einem Denkmalsentwurf für Ludwig XV. angeregt worden, das in dem Werk von Patte abgebildet worden war; ebenso dürfte der Triumphbogen im Faubourg Saint-Antoine nicht nur für den Aufbau des ersten, sondern für die Mittelfiguren des zweiten Entwurfs zu Rate gezogen worden sein. Der Bestimmungszweck dieser Pforten ist nicht bekannt, zumindest eine ist durch das FR in der Kartusche noch in friderizianische Zeit zu setzen, dürfte aber wohl kaum ein Entwurf für das Brandenburger Tor in Potsdam sein, die andere ist vielleicht ein Alternativentwurf.

Ehrenpforte für den Einzug der Prinzessinnen Luise und Friederike am 21. Dez. 1793. Radierung von A. L. Krüger. Potsdam-Museum, Potsdam

Ehrenpforte. Lavierte Federzeichnung, vermutlich von A. L. Krüger, um 1795. Staatliche Museen Preußischer Kulturbesitz, Berlin (West), Kunstbibliothek

Entwurf zu einem Triumphbogen zum Tode Friedrich Wilhelms II. und dem Regierungsantritt Friedrich Wilhelms III. Grund- und Aufrißzeichnung von A. Parent, 1798. Staatliche Schlösser und Gärten Potsdam-Sanssouci

Neugotische Ehrenpforte auf dem Alten Markt in Potsdam. Errichtet am 27. Nov. 1823 anläßlich des Einzuges der bayrischen Prinzessin Elisabeth, Gemahlin des Kronprinzen Friedrich Wilhelm (IV.). Kolorierte Radierung von Mauch nach Ziller. Staatliche Schlösser und Gärten Potsdam-Sanssouci

Mit den Ehrenpforten, die bei der Einholung der mecklenburgischen Prinzessinen Louise und Friederike im Dezember 1793 in Potsdam und Berlin errichtet wurden, klingt das antike Triumphbogenmotiv aus. Bei den 1798 angefertigten Entwürfen für einen Ehrenbogen auf den Tod Friedrich Wilhelms II. und den Regierungsantritt Friedrich Wilhelms III. von A. Parent ist bereits der Einfluß des neuen Klassizismus und namentlich der des Brandenburger Tors in Berlin deutlich. Für die Statue auf dem höher herausgesetzten Mittelteil scheint Parent von einem Entwurf Schadows zu einem Denkmal für Friedrich II. angeregt worden zu sein, der 1797 in der Berliner Akademie-Ausstellung zu sehen war.

Seit Beginn des 19. Jahrhunderts wurden die vielfältigsten Formen für Ehrenpforten verwendet, hier eine offene, aus zwei Halbkreisen gebildete Kolonnade von zwölf Säulen, dort eine Pforte mit Spitzbogen und neugotischen Aufbauten und dann wieder zeltartige, mit Girlanden verzierte Gebäude mit im Inneren amphitheatralischen Erhöhungen. Auf jeden Fall aber macht dieser Zeithintergrund deutlich, daß die Berliner und Potsdamer friderizianischen Stadttore in der Form antiker Triumphbogen in Funktion, Art und Durchbildung keine Einzelerscheinungen waren, sondern eingebettet sind in die Architekturströmungen des 18. Jahrhunderts.

Feldseite des Berliner Tores vor dem Abriß der Torhäuser

Das Berliner Tor in Potsdam (1753)

Das erste Berliner Tor, nach 1733 errichtet, bestand ähnlich dem ersten Brandenburger und dem Halleschen Tor in Berlin aus zwei Torpfeilern neben der Durchfahrt, die nachts durch Tore verschlossen werden konnte. 1752 ließ Friedrich hier die Stadtmauer etwas nach Norden verlegen und an dieser wichtigen Straße nach Berlin ein neues Tor errichten. Noch im selben Jahr wurden die Baumaterialien herangeschafft, so daß der Bau 1753 zügig vorankam.

Die Feldseite bestand aus einem triumphbogenähnlichen Portal. Die große rundbogige Durchfahrt wurde von je zwei korinthischen Dreiviertelsäulen flankiert, die separate Sockel hatten und oben durch eine Verkröpfung des Hauptgesimses zusammengefaßt wurden. Auf der Attika standen, die Vertikale der Säulen fortsetzend und wie diese zu Zweiergruppen zusammengefaßt, vier Figuren von Heymüller. Auf der linken Seite Minerva mit einem eulenbekrönten Helm, in der Rechten eine Lanze und an der linken Seite den Aigisschild haltend. Ihr zugewandt ein Legionär in Sagulum, Schnürsandalen und mit einem Drachenhelm. Die rechte Hand wies auf Minerva, die linke faßte eine im Gewand verborgene Streitaxt. Auf der rechten Torecke stand Bellona

Feldseite des Berliner Tores in Potsdam. Kupferstich aus »Ein Tag in Potsdam« von G. A. Lehmann, um 1810. Potsdam-Museum, Potsdam

Feldseite des Berliner Tores ohne Torhäuser

mit Helm und Brünne, die linke Hand hielt den auf einen Helm gestellten Buckelschild. Sie wandte den Kopf und hob den rechten Arm zum Zenturion neben ihr, der eine Art Zenturiatsstab in die Hüfte stützte; im Unterschied zu den gemeinen Soldaten trug er sein Schwert links. Ein Brustpanzer stand zu seinen Füßen; der Mantel fiel über die Schulter und wurde vorn durch eine Schnalle zusammengehalten. Alle vier Figuren waren vollplastisch gearbeitet, so daß sie auch von der Stadt her wie von den Seiten betrachtet werden konnten.

Zu beiden Seiten des Tores schlossen sich, mit der Traufe die Höhe des Kämpfergesimses aufnehmend, jeweils im Viertelbogen die Gebäude für die Wache und den Torschreiber an. Die Toranlage wölbte sich somit aus dem Verlauf der Mauer halbkreisförmig nach außen, und in der Mitte stand wie ein Triumphbogen das Portal. Zur Stadt zu trat dieses Portal allerdings nicht in Erscheinung. Der größere Bogen der Durchfahrt wurde seitlich von zwei kleineren gerahmt und mit einem Gesims und einer Attika zusammengefaßt. Dieses Mittelstück war seitlich schon leicht gekrümmt, wobei sich die Biegung rechts und links in je einer Arkade fortsetzte, die zu etwas niedrigeren Seitengebäuden gehörten.

Während das Neustädter und das Nauener Tor ihre Schauseite zur Stadt hatten, war der Triumphbogen an der Feldseite bewußt auf den von Berlin kommenden Reisenden orientiert. Durch die Berliner und Brauerstraße gelangte man direkt zum Stadtschloß, das 1752 fertig geworden war. So wird man den im gleichen Jahr vorgenommenen Bau des Berliner Tores mit einem Triumphbogen als Eingang zur Stadt in diesem Zusammenhang symbolhaft verstehen müssen. Die Torhäuser wurden 1896, nachdem man bereits vorher seitliche Durchgänge für die Fußgänger geschaffen hatte, aus Verkehrsgründen abgerissen, und 1901 wurde das Tor 15 Meter in die Stadt hinein versetzt; 1952 ist es dann abgetragen worden.

Triumphtor aus der Rekonstruktion des Macellum des Nero in Rom. F. Bianchini, Del Palazzo dei Cesari, Verona 1738

Manger, demzufolge Boumann das Tor errichtet hat, berichtet eine interessante Begebenheit: »*Mich dünkt, es ist das letztemal gewesen, als 1753 der König Knobelsdorf von Berlin nach Potsdam beschied, und mit eigenem Gespann abholen ließ. Bey seiner Ankunft ward er sogleich nach dem Schlosse bestellt, und zur Mittagstafel eingeladen. Unter andern fragte ihn der König, wie ihm das Berliner Thor gefiele? (durch welches er hätte kommen müssen). Knobelsdorff that, als hätte er die Frage nicht gehört, der König aber sagte: ›sieht er, das hat sein dummer Kastellan Boumann gebaut‹, und Knobelsdorff antwortete lakonisch: ›das muß auch wohl die Ursache seyn, daß ich es nicht bemerkt habe.‹ Der König, verdrüßlich, sagte weiter nichts, als: ›Er kann wieder nach Berlin gehen‹*« (Manger, S. 618f.). Knobelsdorff ist

Stadtseite des Berliner Tores vor dem Abriß der Torhäuser

darauf wirklich gefahren und hat sich auch von einem Feldjäger, der ihn auf Befehl des Königs zurückholen sollte, nicht zur Umkehr bewegen lassen. Die Anekdote, wie immer es mit ihrem Wahrheitsgehalt bestellt sein mag, zielt ganz offensichtlich weniger auf den Konflikt zwischen Knobelsdorff und Boumann als auf den König selbst, der auch entsprechend reagierte.

Der Bericht macht klar, daß Knobelsdorff aus dem Kreise der in Frage kommenden Architekten auszuschließen ist. Allerdings findet sich in seinem Skizzenbuch die Zeichnung eines Triumphbogens, der dem Berliner Tor in gewisser Weise ähnelt. Doppelte korinthische Säulen rahmen eine Durchfahrt; auf der Attika befindet sich in der Mitte eine Kartusche, rechts und links davon sitzt jeweils eine Figur auf einer am Boden liegenden. Die seitlich an das Tor anstoßenden Mauern mit Gesims und Balustrade deuten aber weniger auf ein Stadttor als auf einen repräsentativen Eingang zu einem Schloßbezirk hin. So ist kaum anzunehmen, daß ein Entwurf Knobelsdorffs dem Berliner Tor zugrunde liegt.

Stellung und Motiv des Tores deuten vielmehr darauf hin, daß der König selbst an dem Entwurf entscheidend beteiligt war. Eintorige Triumphtore waren als Stadttore, Schloßeingänge und Ehrenpforten seit dem Ende des 17. Jahrhunderts üblich, allerdings meist mit reichem barockem Beiwerk. Der klare Aufbau des Berliner Tores an der Feldseite läßt dagegen ein direktes Vorbild vermuten. Nicolai und auch Manger sprechen nur von einem »*Portal*«. Eine Anlehnung an den Titusbogen in Rom, wie man zuerst vermuten könnte und wie auch Kania zu Anfang annahm, kommt nicht in Betracht, da der römische Bogen im 18. Jahrhundert noch von mittelalterlichen Bauten eingeschlossen war und ganz anders aussah als nach der Freilegung und Wiederherstellung 1822 durch Valadier. Später glaubte Kania, das indirekte Vorbild für das Tor – ein direktes wurde nie angenommen – sei der Bogen der Sergier in Pola, der mit dem Potsdamer Bau insofern eine Gemeinsamkeit besitzt, als auch dort paarweise Säulen – in Pola sind die äußeren allerdings über Eck gestellt – vor der Front stehen. Der Bogen in Pola ist bei Serlio abgebildet. Aber daß Friedrich II. die Werke Serlios kannte, wie Kania auch in bezug auf das Pantheon annimmt, ist in keiner Quelle eindeutig belegt, und in seinen Bibliotheken ist das Werk nicht nachweisbar.

Piranesi hat Bogen in »*Alcune Vedute di Archi Trionfali*« (erschienen 1748) wiedergegeben, aber auch diesen Band besaß der König nicht. Es ist schwerlich anzunehmen, daß Friedrich den »*Arco delle Scalette*« in Vicenza, einen Bogen, der ein ähnliches System wie derjenige der Sergier in Pola aufweist, kannte, da er erst später als Werk Palladios erkannt wurde und erst in der Palladio-Ausgabe von Bertotti Scamozzi (1776 bis 1783) abgebildet ist.

Die endgültige Lösung des Problems glaubte Kania gefunden zu haben, als er noch einmal die Architekturbetrachtungen Algarottis durchmusterte. Dieser habe nämlich bei der Besprechung des Bogens in

Entwurf G. W. v. Knobelsdorffs (?) zu einem Tor. Verwaltung der Staatlichen Schlösser und Gärten Berlin (West), Skizzenbuch Nr. 3827

Pola bemerkt, 1721 sei in Rom in den Bädern des Augustus ein ganz ähnlicher Bau entdeckt worden, bei dem die Säulen paarweise geordnet vor der Front stehen. Algarotti hatte ausdrücklich bemerkt: »*Ich habe davon einen Stich, den mir der (Lord-) Marschall Keith zum Geschenk machte*« (Kania, Schicksal Stadttore, 1926). Daraus schloß Kania, daß Algarotti als Berater Friedrichs dem König diesen Stich wohl kaum vorenthalten haben wird. Es gab aber in Rom weder die Bäder des Augustus, noch gibt es irgend einen Hinweis, daß zu Beginn des 18. Jahrhunderts ein bis dahin unbekannter Bogen gefunden worden sei.

Welchen Bogen Algarotti wirklich gemeint hat, ist aber unerheblich. Inzwischen ist wohl ein klares Vorbild für das Berliner Tor nachgewiesen worden. In der Bibliothek Friedrichs befand sich auch das Werk von Francesco Bianchini »*Del Palazzo de' Cesari*«, erschienen 1738 in Verona. Auf Tafel XV schließen rechts und links je ein Triumphbogen die Rekonstruktionszeichnung des Macellum des Nero ab, das später für das Belvedere als Vorlage diente. Beide Bögen sind bis auf die Einzelstellung der Säulen links und die Doppelung rechts gleich. Die Säulen des Berliner Tors haben einen Einzelsockel. In der Architrav- und Gesimszone sind sie durch eine Verkröpfung über den Kapitellen verbunden, die Figuren stehen dann wieder separat. Dieses System gibt Bianchini bei einer etwas vereinfachten Darstellung zweier Triumphbogen auf Tafel XVII wieder.

Die Gliederung des Tores und die Aufstellung der Figuren, die ebenfalls der Vorlage von Bianchini entnommen ist, sind beim Berliner Tor ganz unantik. Natürlich wird Friedrich – und man kann mit gewisser Berechtigung annehmen, daß der König die Vorlage bestimmte, wenn man nicht sogar davon auszugehen hat, daß er dem Baumeister eine selbst gefertigte Zeichnung übergeben hat – die Triumphbogen nach dem Werk Bianchinis als klassisch-antik angesehen haben und wollte diese Klassizität auch auf Potsdam übertragen sehen.

Als äußerer Anlaß für den Bau des Berliner Tores als Triumphbogen wird immer wieder der für Preußen erfolgreiche Abschluß der beiden Schlesischen Kriege genannt. Zwischen dem Frieden zu Dresden (25. Dezember 1745) und dem Bau des Tores (1752/53) liegen aber mehr als sieben Jahre, so daß man die militärischen Ereignisse kaum als Grund für den Bau ansehen kann. Wenn das Triumphbogenmotiv seit dem Ende des 17. Jahrhunderts in Berlin und Potsdam heimisch war, so lag es nahe, am Eingang von Potsdam allen Reisenden sichtbar die Würde der Residenz zu demonstrieren und durch den »*römische(n) Charakter*« des Bauwerks, der durch die Attikafiguren noch verstärkt wurde, den Bezug auf Potsdam als Garnisonsstadt zu akzentuieren.

Das Brandenburger Tor in Potsdam (1770)

Nach Westen war das Brandenburger Tor Ausgangspforte der Stadt. Es war 1733 im Zuge der zweiten Stadterweiterung in der Fluchtlinie der Brandenburger (der heutigen Klement-Gottwald-) Straße angelegt worden und bestand bis 1769 als ganz einfacher Bau in der Art des Jägertors. Ein Jahr später trat an seine Stelle ein neuer, wesentlich größerer Torbau in Form eines Triumphbogens mit großer Mittelöffnung. Die niedrigen Seitenöffnungen waren ehemals Fenster der Wachstuben und sind erst später für die Fußgänger geöffnet worden. An den Seiten schlossen sich wieder im Viertelbogen die Wache und die Wohnung des Torwächters und Steuereinnehmers an. An der Feldseite, die wie beim Berliner Tor in der architektonischen Gliederung reicher war als die Stadtseite, standen auf Postamenten vor der Front vier Paar gekuppelter korinthischer Säulen. Die Attika wurde von einer großen Kartusche bekrönt, die von Mars und Herkules flankiert wurden. Über den Säulenpaaren schmückten Armaturen die Attika; zwei posaunenblasende Famen umgeben die Kartusche über dem Mittelportal.

Die Stadtseite dagegen war wesentlich zurückhaltender gegliedert. Da die seitlichen Fensteröffnungen hier größer waren, blieb nur Platz für je einen Pilaster neben der großen Durchfahrt, die an den Ecken wieder

Stadtseite des Brandenburger Tores in Potsdam. Kupferstich aus »Ein Tag in Potsdam« von G. A. Lehmann, um 1810. Potsdam-Museum, Potsdam

Feldseite des Brandenburger Tores (folgende Seiten)

Stadtseite des Brandenburger Tores in Potsdam

paarweise standen. Auf der Attika auch hier Armaturen, die wie die Reliefs an beiden Seiten über den kleinen Öffnungen den kriegerischen Charakter des Baues betonten.

Nach den Angaben Nicolais war die Feldseite »*von Unger nach einem eignen Entwurf des Königs Majestät ausgeführet worden*« (Nicolai, 1779, II, S. 891). Als Muster habe der »*Trojanische Triumphbogen zu Rom, dessen Zeichnung Unger zu diesem Thore umändern mußte*« gedient (Manger, S. 346), und der Baumeister der anderen Seite sei Gontard gewesen. Das am Ende des 18. Jahrhunderts durch Nicolai und Manger festgelegte Vorbild wird auch von Horvath und im 19. Jahrhundert von Schmidt genannt, die beide nicht nachgeprüft haben, ob es den »*trojanischen*« Triumphbogen in Rom überhaupt gibt. Kania, der der Zuweisung folgte, vermerkte jedoch, daß der Bogen des Trajan in Rom nicht mehr erhalten sei; er glaubte in der Briefstelle Algarottis, in der dieser Friedrich als Trajan, »*welcher selbst ein Apollodor ist*«, bezeichnet, einen Hinweis auf das Vorbild für das Brandenburger Tor zu sehen.

Anfang des zweiten Jahrhunderts ist in der Tat als Eingang zum Trajansforum ein eintoriger Bogen mit sechs Säulen errichtet worden. Zwischen den Säulen waren keine Durchfahrten, wie Kania meinte, sondern Statuennischen mit Medaillons. Der Bogen, der uns durch Goldmünzen bekannt ist, hat aber nichts mit dem Brandenburger Tor gemein. Seit der Renaissance ist der Bogen des Konstantin immer als der typische römische Triumphbogen angesehen worden. Der Bogen des Septimius Severus war im 18. Jahrhundert noch nahezu bis zum Schei-

Triumphbogen im Faubourg Saint-Antoine, Stich von Le Clerc nach Perrault, um 1685

telpunkt der Durchgänge verschüttet. Eine starke Anlehnung an das Vorbild war beim Portal III des Berliner Schlosses zu merken; auch die Ehrenpforten von 1763 und 1776 waren Variationen dieses Grundtyps. So liegt es nahe, daß der Konstantinbogen auf den Bau des Brandenburger Tors einen gewissen Einfluß ausgeübt hat.

Andere Vermutungen gingen dahin, daß beim Brandenburger Tor auf die einhundert Jahre zuvor geschaffene Form des Triumphbogens im Faubourg Saint-Antoine zurückgegriffen wurde, und tatsächlich ist nicht auszuschließen, daß Architekt und Bauherr diesen Bau gekannt haben, hatte doch Friedrich die von Perrault besorgte Vitruv-Ausgabe (Paris 1684), deren Titelblatt eine Schrägansicht dieses Bogens zeigt, in seiner Bibliothek im Neuen Palais. Eine Frontalansicht des Entwurfs von Le Brun befindet sich außerdem im Werk von Jean Mariette »L'architecture Françoise« (1727), das der König in der Bibliothek im Schloß Sanssouci aufbewahrte. Allerdings ist das Potsdamer Bauwerk steiler, und die paarweise gestellten Säulen lassen zwischen sich keinen Raum für Schmuckelemente. Gewisse Verbindungen gibt es wohl auch zum Triumphbogen in Florenz, denn hier gibt es Gemeinsamkeiten in den sehr niedrigen seitlichen Durchgängen und den Feldaufteilungen der Wandfläche. Sollte Gontard bei seiner Reise nach Italien 1754 den Florentiner Bogen gesehen haben?

Gesicherte zeichnerische Unterlagen aus der Erbauungszeit des Brandenburger Tores fehlen. Im Zusammenhang mit diesem Tor muß aber ein Entwurf aus dem Gontard-Umkreis gesehen werden, der im Schloß

Entwurf zu einem Stadttor, vielleicht zum Brandenburger Tor in Potsdam. Zeichnung von C. von Gontard (?), letztes Drittel 18. Jh. Verwaltung der Staatlichen Schlösser und Gärten Berlin (West)

Triumphbogen aus dem Entwurf von Boffrand (Projekt J) für einen Königsplatz in Paris. (Patte, 1767, Pl. XLVIII)

Charlottenburg aufbewahrt wird. Es ist ein dreitoriger Bogen mit sehr hoher Mittelöffnung und niedrigen seitlichen Durchgängen. Die Gliederung übernehmen vier Paar korinthische Säulen; jedes Paar steht auf einem gemeinsamen Sockel, wobei Attika und Gesims über den Kapitellen verkröpft sind. Über den Seitendurchgängen befinden sich jeweils zwei rundbogige Öffnungen in Form des Palladio-Motivs. Am Architrav ist ein figürlicher Fries vorgesehen, der durch die Verkröpfungen mit einem Kranz zwischen Konsolen unterbrochen wird. Nur angedeutet mit wenigen Bleistiftstrichen sind Figuren auf Einzelsockeln vor der Attika und eine besondere Betonung der Mitte.

Der Entwurf korrespondiert mit dem Triumphbogen in Boffrands Prospekt für einen Königsplatz in Paris. Übereinstimmung ergibt sich in den doppelten Säulen, der Dreigeschossigkeit der Seiten – auch wenn sich in den Details Unterschiede ergeben. Anders ist die Gesimszone mit Verkröpfungen und Fries. Friedrich hatte das Buch von Patte, in dem der Entwurf wiedergegeben ist, in seiner Bibliothek im Neuen Palais, und so ist es nicht ausgeschlossen, daß auch von dieser Seite her eine Linie zur späteren endgültigen Fassung des Brandenburger Tores führt. Darüber hinaus aber haben vermutlich sowohl der Konstantinbogen in Rom als auch der Triumphbogen im Faubourg Saint-Antoine (vielleicht sogar auch der Florentiner Bogen) ihren Einfluß ausgeübt. In den Kreis der Betrachtung sollte vielleicht auch die 1752 errichtete und bei Patte wiedergegebene Porte Royale in Nancy einbezogen werden.

Es soll noch auf einen Vorentwurf Gontards hingewiesen werden, der sich im Kupferstichkabinett der Staatlichen Museen zu Berlin/DDR befindet und sich auch an Perraults Projekt für den Triumphbogen im Faubourg Saint-Antoine in Paris anlehnt.

Falsch wäre jedoch, das Vorbild bis ins Detail suchen zu wollen. Es fließen auch lokale Bautraditionen ein, die das Bauwerk von der bloßen Kopie zu einer selbständigen Leistung werden lassen. So sind die Trophäen und Armaturen fester Bestandteil der barocken Architektur militärischer Prägung und auch bei den Ehrenpforten zu finden. Bei den antiken Triumphbogen sitzen in den Zwickeln über dem Mittelbogen, ohne dessen Rand zu überschneiden, Viktorien mit Siegeszeichen. Im Barock werden daraus bewegte trompetenblasende Famen, die über den Bogen hinausragen und zwischen sich ein Wappen, eine Kartusche mit den Initialen des Herrschers oder ein Spruchband halten. Man kann den Weg verfolgen von den Formen in der Scala Regia des Vatikan (Bernini 1663–66) über die Bogenbekrönung am Eosanderportal des Berliner Schlosses bis zum Brandenburger Tor in Potsdam. Die Ähnlichkeit, besonders zwischen Rom und Potsdam, ist frappierend.

Das Motiv der Doppelsäulen am Tor ist auffallend, und in der Forschung wurde immer wieder nach Begründungen dafür gesucht. In Potsdam hatte man eine gewisse Vorliebe für dieses Architekturmotiv. Knobelsdorff verwandte gekuppelte Säulen schon bei der Kolonnade am Rheinsberger Schloß, und auch bei seinen Potsdamer Bauten ist dieses Motiv zu finden: sowohl beim Mittelbau und den Kolonnaden am Stadtschloß, der Nordseite und der Kolonnade des Schlosses Sanssouci und im Vestibül und beim Marmorsaal des Schlosses. Büring nahm das Motiv im Innenraum der Bildergalerie und am Direktionsgebäude der Gewehrfabrik (1755) auf. Am Freundschaftstempel hatte der König Gontard die paarweise gestellten Säulen sogar vorgeschrieben. Warum sollte man also nicht wie beim Berliner Tor und entsprechend den Vorbildern auch beim Brandenburger Tor Doppelsäulen verwenden?

Der Bau des Brandenburger Tores wird immer mit der für Preußen siegreichen Beendigung des Siebenjährigen Krieges in Verbindung gebracht. Doch das war schon 1763, während das Tor 1770 errichtet worden ist; es liegen also sieben Jahre dazwischen. Wie beim Berliner Tor die Fertigstellung des Stadtschlosses 1752 und die damit notwendig gewordene repräsentative Veränderung dieses wichtigen Zugangs zur Stadt aus Berlin in Richtung Schloß der Anlaß zu seiner Erbauung gewesen sein wird, so ist für das Brandenburger Tor die Beendigung der Bauarbeiten am Neuen Palais in Sanssouci 1769 anzunehmen.

Bei beiden Toren ist die Stellung im Verlauf der Stadtmauer auffällig. Die Tore stehen nicht mehr in der Linie der Mauer, sondern sind etwas vorgesetzt und durch die Schwünge der Torschreiber- und Wachgebäude mit ihr verbunden. Die Torbauten werden somit auch durch ihre Stellung hervorgehoben. Neu ist ebenso die Architektur der Unterkünfte für die Wache und den Steuereinnehmer. Beide Einrichtungen hatten bisher separate Gebäude, die hinter der Mauer in der Stadt standen, wie es das Beispiel der Jägertors in Potsdam um 1733 zeigt und wie es von Unger beim Hamburger Tor in Berlin noch 1789 praktiziert wurde. Das Berliner Tor in Potsdam erhält nicht mehr diese Häuser, sondern an das eigentliche Tor schließen sich seitlich Viertelbögen mit großen Arkadenöffnungen an, so daß ein Halbkreis entsteht, in dessen Mitte das Tor emporragt. Hinter den Arkaden befanden sich die Räume für die Wache und den Steuereinnehmer. Die Torgebäude haben in Potsdam Pultdächer, die zur Feldseite hin stark abfallen, so daß die Schmuckseite des Tores noch gesteigert wird. Die seitlichen Torbauten reichen beim Berliner Tor bis an das Gesims, beim Brandenburger Tor bis zur halben Höhe des Tores; die im Vergleich zur Feldseite größeren seitlichen Öffnungen an den Stadtseiten ergaben sich aus der Höhe der Arkadenbögen, die mit der der seitlichen Toröffnungen übereinstimmt. So sind Torbau und Arkaden nicht zwei voneinander isolierte und unabhängige Bauglieder, sondern verschmelzen zu einem Ganzen. Das Rosenthaler Tor in Berlin hatte ähnliche Arkaden wie das Brandenburger Tor in Potsdam.

Einflüsse für diese Art Torgestaltung werden von der Eingangslösung eines Schloßbezirkes ausgegangen sein. Potsdam besaß im Fortunaportal und in den sich im Bogen anschließenden Bauteilen – einfach in der Gliederung nach außen, Arkaden und doppelte Pilaster im Innern – ein gutes Beispiel. Für die Unterteilung der seitlichen Torgebäude mit gro-

Stadtschloß Potsdam, Fortunaportal mit nördlichem halbrunden Schloßabschluß

ßen Arkaden ist die Orangerie als Gebäudetyp mitbestimmend. Große Fenster reichen nicht selten bis an das Gesims, und dazwischen liegende Mauerstreifen sind durch Pilaster gegliedert. Berlin hatte sogar in dem 1685 errichteten Orangeriehaus und späteren Packhof ein Gebäude, das den oben genannten Fassadenaufriß hatte und in der Form eines Segmentbogens angelegt war. Bei den Torbauten sind die Öffnungen durch eine feste Rahmung eingefaßt. Diese neue Lösung ist zum ersten Mal beim Berliner Tor ausgeführt worden und wird dann weiter beim Brandenburger Tor in Potsdam und dem Rosenthaler Tor in Berlin angewendet.

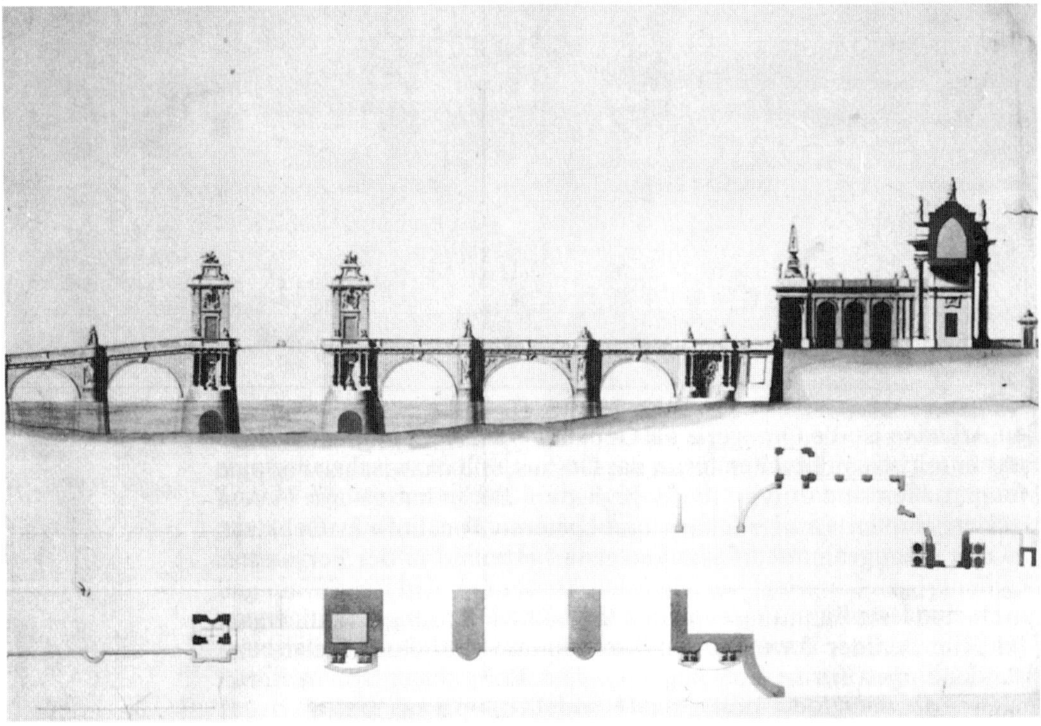

Das Teltower Tor in Potsdam (1777)

Mit dem Berliner und Brandenburger Tor war das Triumphbogenprogramm für Potsdam noch nicht abgeschlossen. Den Zugang zur Stadt aus südöstlicher Richtung, von Teltow und Berlin her, ermöglichte die 1666–69 errichtete hölzerne Lange Brücke, die mit 48 Jochen die Havel überspannte. Sie war mit einem Wachhaus versehen, und an der Stadtseite besaß sie einen aufklappbaren Schiffsdurchlaß. Immer wieder notdürftig repariert, war es kein repräsentatives Bauwerk, das genau auf die Südostecke des Stadtschlosses zuführte.

Wie Nicolai berichtet, hatte der König bereits 1770 Zeichnungen für eine steinerne Brücke anfertigen lassen, »*der Bau ist nur bis zur völligen Beendigung der Bürgerhäuser bisher aufgeschoben worden*« (Nicolai, 1786, III, S. 1130). Schmitz hat entsprechende Entwürfe J. Boumann d. Ä. zugeschrieben. Sie sehen auf der jeweils zur Hälfte aus Bögen und einem Damm bestehenden Brücke ein Wach- und ein Zollhaus sowie zwei mit Trophäen ausgeschmückte Torpfeiler mit einem Gittertor dazwischen vor. 1777 ist wiederum von Nicolai zu erfahren, daß anstelle der hölzernen Langen Brücke ein neues Bauwerk mit Kolonnaden errichtet werden soll. Auch wird von einem geplan-

Lange Brücke und Havelkolonnade am Stadtschloß in Potsdam. Radierung von B. Schwarz, um 1790. (l.o.)

Entwurf für den Neubau der Langen Brücke und des Teltower Tores. Zeichnung von C. v. Gontard(?), um 1777. (l.u.)

Lange Brücke. Gemälde von W. Barth, 1828. Sämtl. Staatliche Schlösser und Gärten Potsdam-Sanssouci

ten großen Bergschloß als »*Rudera*« auf dem Brauhausberg und vom Projekt für ein kronprinzliches Schloß mit ausgedehnten Gartenanlagen an der Havel vis-à-vis der Heiligengeistkirche berichtet. Nach der Beendigung der Arbeiten in Sanssouci scheint der König nun größere Bauvorhaben im Süden und Osten Potsdams geplant zu haben. Nicht ausgeschlossen ist, daß Skizzen und ein Aquarell Gontards für ein repräsentatives Schloß, die bisher – zuletzt von Erouart – mit dem Neuen Palais in Verbindung gebracht wurden, im Zusammenhang mit diesem neuen Projekt des Königs stehen. Dazu gehört wohl auch ein in Sans-

souci befindlicher Entwurf zum Neubau der Langen Brücke, den man, wenn nicht Gontard selbst, so doch seinem Umkreis zuschreiben kann. Ein aufwendiges Brückenbauwerk wird durch einen Triumphbogen – eintorig und mit Figuren besetzt – abgeschlossen. Seitliche Bauten mit rundbogigen Arkaden (Kolonnaden?) enden in Pavillons, bekrönt von Obelisken, wie sie von der Kolonnade am Neuen Palais und dem späteren Oranienburger Tor in Berlin bekannt sind.

Die Ausführung des großartigen Projektes unterblieb; erst 1823 erhielt Potsdam einen neuen Havelübergang mit Torhäusern von Schinkel.

Entwurf zu einem Schloß. Aquarell von C. v. Gontard, letztes Drittel 18. Jh. Staatliche Schlösser und Gärten Potsdam-Sanssouci

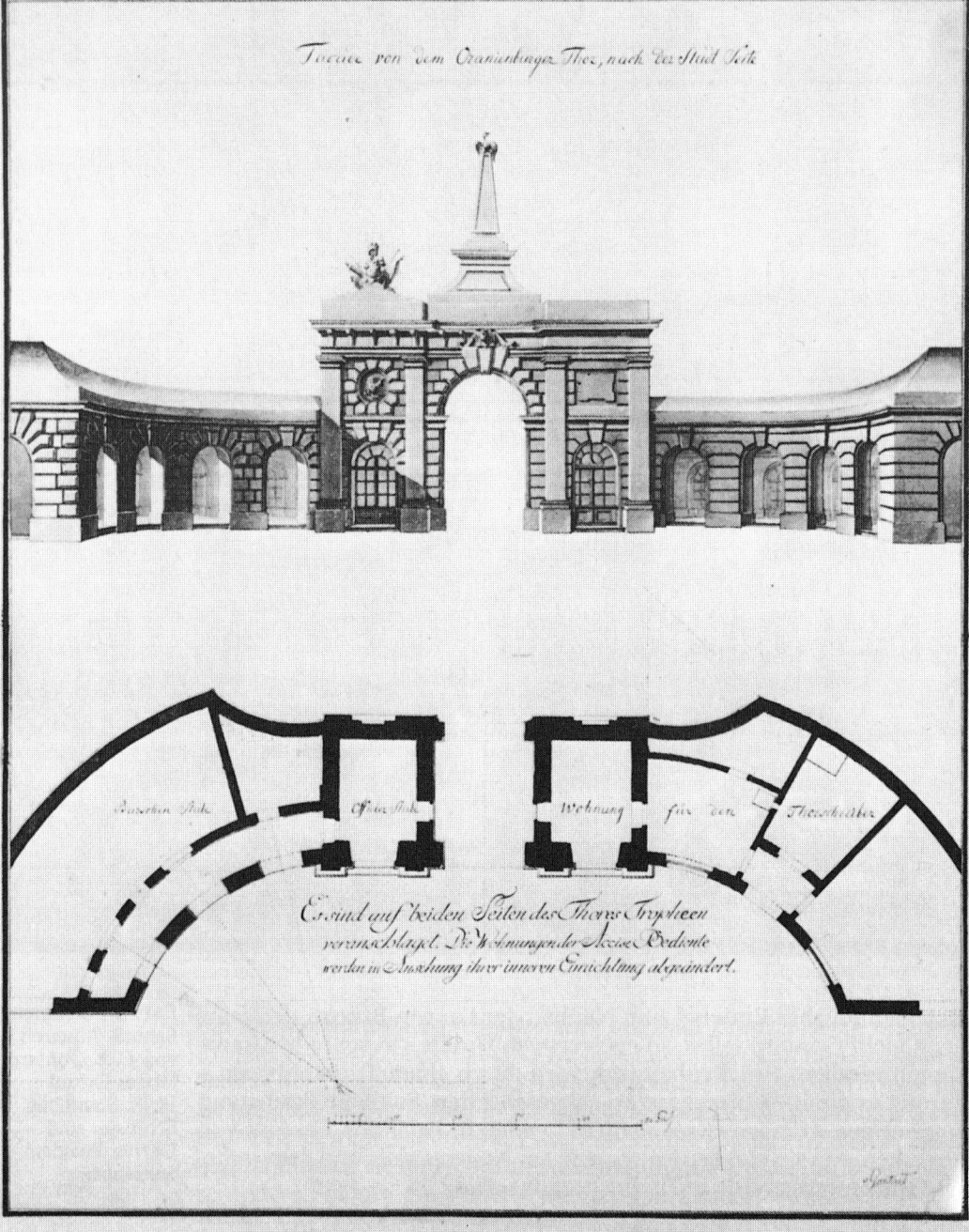

Das Oranienburger (1786–88) und Rosenthaler Tor (1781–88) in Berlin

Am Ende der Entwicklung des spätbarocken Triumphbogenmotivs stehen zwei in Berlin errichtete Stadttore: das Oranienburger und das Rosenthaler Tor.

Das Oranienburger Tor wurde 1786 bis 1788 nach einem Entwurf Gontards gebaut. Es war der monumentale Abschluß der Friedrichstraße; 1867/68 wurde es abgerissen. Der zu Anfang eintorige Bogen – die zwei seitlichen Bögen an der Stadtseite bildeten die Eingänge zur Offiziersstube und Wohnung des Torschreibers und sind wohl erst später in Durchgänge für Fußgänger umgewandelt worden – besaß eine toskanische Pilasterordnung und eine starke Rustikaquaderung. Auf dem attikalosen Tor flankieren Trophäen einen geschweiften Sockel mit kurzem Obelisk über der Durchfahrt. Der ursprünglich vorgesehene Adler auf der Spitze ist nicht ausgeführt worden. Das Motiv, den Triumphbogen mit einem Obelisken zu bekrönen, hatte Gontard schon bei den Kopfbauten und dem Mittelportal der Kolonnade zwischen den Communs am Neuen Palais angewandt. Es wurde auch bei Ehrenpforten aufgenommen, wie das Beispiel des 1776 für den Einzug des Großfürsten Paul Petrowitsch von Rußland errichteten Tores zeigt. Wieder greift man auf die schon bekannte Form mit den Arkadenbögen und Trophäen auf dem Gesims zurück.

Stadtseite des Rosenthaler Tores in Berlin. Kupferstich von Serrurier, um 1797

»Facade von dem Oranienburger Thor, nach der Stadt Seite« in Berlin. Entwurf von C. v. Gontard, um 1786. Verwaltung der Staatlichen Schlösser und Gärten Berlin (West)

Rosenthaler Tor in Berlin. Aufnahme von F. A. Schwartz, 1868. Märkisches Museum Berlin

Annähernd zur gleichen Zeit wurde 1781–88, wohl nach Plänen Gontards, unter der Leitung von Unger durch den Bauinspektor Moser das Rosenthaler Tor auf dem gleichnamigen Platz in Berlin aufgeführt. Noch einmal wird das ganze spätbarocke Formeninstrumentarium aufgeboten. Neben der hohen rundbogigen Durchfahrt sind toskanische Säulen eingestellt. Die leicht vorgezogenen Seiten werden von ebensolchen freistehenden Säulen getragen und mit Giebeln und Eckfiguren betont. Über der Mitte erhebt sich ein geschweifter Sockel mit Gehängen an den Seiten und Waffen mit einem Helm als Abschluß. Derartige Sockel werden bei den Gontard-Bauten und -Entwürfen, aber auch bei Ehrenpforten seit dem Ende des 17. Jahrhunderts verwandt. Die kleineren Bogen neben der Mittelöffnung waren wie beim Oranienburger Tor Eingänge zu den Flügeln, später Durchgänge für die Fußgänger. Ihre Form setzt sich in den gerundeten Flügelbauten für die Wache und den Torschreiber fort. Das Tor ist 1869 abgerissen worden.

Kirchenbauten in Berlin und Potsdam unter besonderer Berücksichtigung des Pantheonmotivs

Die Zahl der in der Regierungszeit Friedrichs II. errichteten Kirchen ist im Vergleich zu den Kirchenbauten seines Vaters Friedrich Wilhelm I. gering. In Berlin sind es der Dom am Lustgarten (1747–50), die Hedwigskirche (1746–73) und die Luisenstädtische Kirche (1751–53), in Potsdam die Französische Kirche (1753–55) und die Synagoge (1767). Die Fassade vor der Potsdamer Nikolaikirche (1753) und die Türme der Deutschen und Französischen Kirche auf dem Platz der Akademie (Gendarmenmarkt) in Berlin (1780–85) können nur bedingt dazu gerechnet werden, da sie in der Hauptsache repräsentative Funktion hatten und mit dem Gottesdienst und dem eigentlichen Kirchengebäude nur sekundär in Verbindung standen. Von der Hedwigskirche in Berlin und der Synagoge in Potsdam abgesehen, die bis auf geringe materielle und finanzielle königliche Zuwendungen durch die Gemeinden selbst und durch Spenden errichtet wurden, sind die anderen kirchlichen Bauten auf Kosten des Königs entstanden.

Der Dom in Berlin (1747–50)

Am 9. Juli 1747 wurde öffentlich bekanntgemacht, daß am künftigen Sonntag, dem 16. Juli 1747, der letzte Gottesdienst in der Domkirche auf dem Schloßplatz bei der Breiten Straße stattfinde; sie sei baufällig und werde daher abgebrochen. Der König habe beschlossen »*auf einem andern bequemeren Platze eine gantz neue und weit prächtigere zu erbauen*« (Berlinische Nachrichten von Staats- und gelehrten Sachen, 11. Juli 1747). Als neuer Standort war der Lustgarten vorgesehen. Am 8. Oktober 1747 wurde der Grundstein gelegt, und am 16. September 1750 konnte der neue Bau eingeweiht werden.

Die alte Domkirche, aus einem 1297 gegründeten Dominikanerstift hervorgegangen, war im Laufe der Zeit vielfach verändert worden, und bereits 1698 trug man sich mit dem Gedanken eines Neubaus, der dann zehn Jahre später durch Jean de Bodt noch einmal aufgenommen wurde.

Die neu errichtete Domkirche zeigt den Typ der Berliner Quersaalkirche, mit einer Länge von 230 Fuß (72,22 m) und einer Breite von 80 Fuß (25,12 m). Der schmale, langgestreckte Raum wurde zudem noch durch Emporen eingeengt. Am Außenbau wird der kirchliche Charakter wenig deutlich, besonders die Lustgartenfront ähnelt mehr einer Schloßfassade als einem Sakralbau. Die Gliederung mit hoch aufragen-

Aufriß des Berliner Domes. Tuschzeichnung eines unbekannten Künstlers, um 1750. Staatliche Museen zu Berlin, Nationalgalerie

den rundbogigen Fenstern zwischen ionischen Pilastern, Balustrade und Vasen ist vom Typ der Orangerie abgeleitet und weist auch Parallelen zur Nordfront des Schlosses Sanssouci auf. Triumphbogenartig wird die Mitte durch einen Risalit mit ionischen Dreiviertelsäulen, einem größeren Mitteleingang und zwei kleineren Seiteneingängen betont. Auf den Ecken der schweren und geschlossenen Attika sitzen zwei allegorische Figurengruppen – das Alte und das Neue Testament – von Karl Glume, dem Bruder des bekannten Friedrich Christian Glume. Über dem Risalit erhebt sich auf einem massiven Unterbau ein Turm mit rundbogigen Öffnungen zwischen korinthischen Säulen, mit einer Kuppel und abschließender Laterne. Dem Risalit an der Lustgartenseite entsprach ein Vorbau mit einem Eingang und zwei seitlichen Sakristeiräumen an der Spreeseite.

Die »Berlinischen Nachrichten von Staats- und gelehrten Sachen« schrieben am 25. Dezember 1749, der neue Dom sei schon in solchem Stande, daß er bald eingeweiht werden könne und »*Se. Majestät habe diese schöne Kirche nach Höchstderoselben Entwurf aufzuführen allergnädigst befohlen*«. Nicolai wußte von diesem Entwurf nichts, er gab nur an, daß J. Boumann (d. Ä.) die Kirche aufgeführt hat (1786, I, S. 76). So ist die Zeitungsnotiz bisher die einzige Quelle für die Entwurfszeichnung Friedrichs. Die Zeichnung ist unbekannt, und es gibt keinen Hinweis auf das, was sie zeigte.

Hatte Boumann die Skizze des Königs selbständig umgesetzt, oder gab es wie bei anderen Bauten eine Zwischenperson, der die Entwurfsarbeit oblag? In die Erbauungszeit des Domes (um 1747/48) muß eine Zeichnung mit Grund- und Aufriß der Kirche datiert werden, die sich im Kupferstichkabinett der Staatlichen Museen zu Berlin/DDR befindet,

Grund- und Aufriß des Berliner Doms. Unbekannter Zeichner, um 1747/48. Staatliche Museen zu Berlin, Kupferstichkabinett

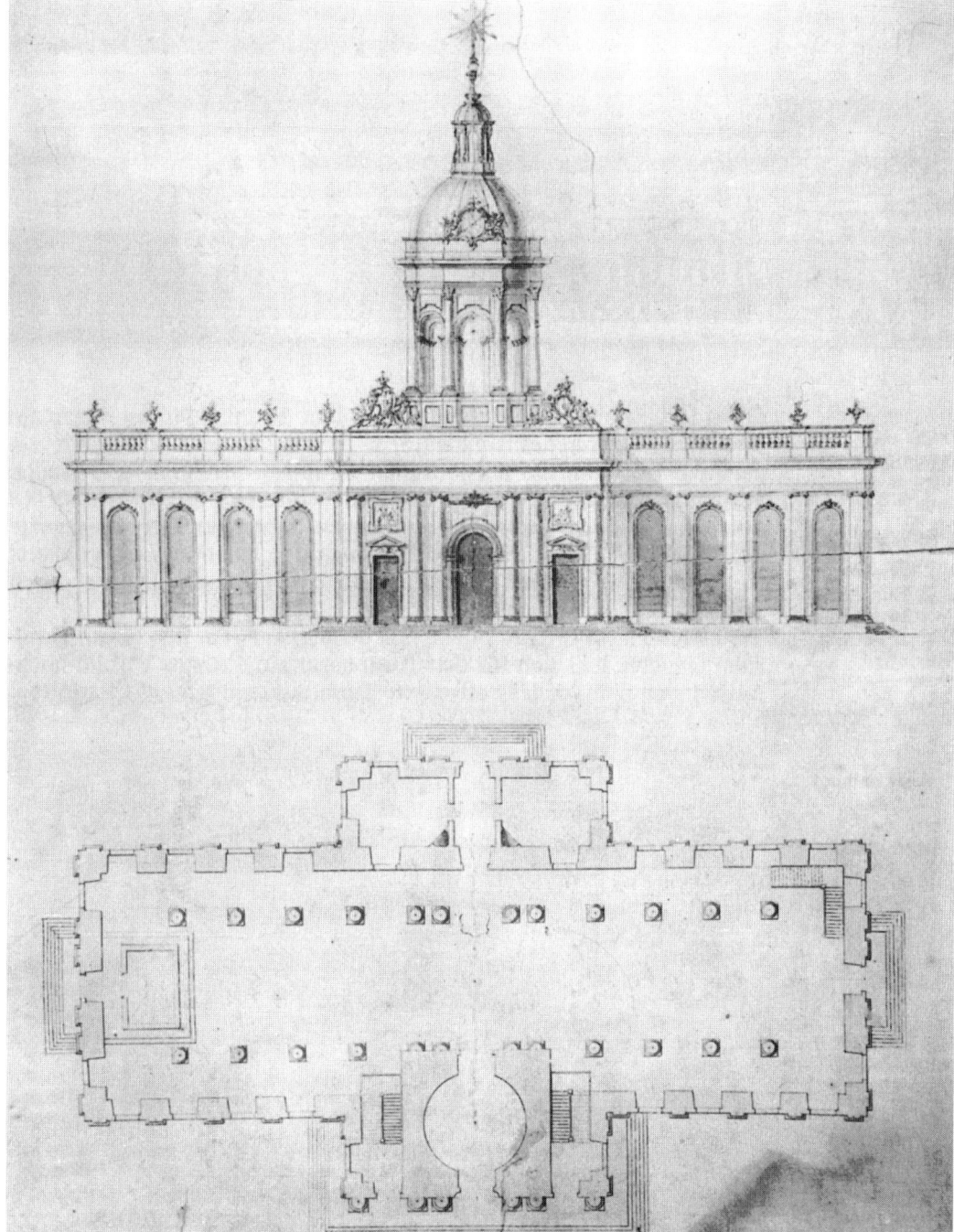

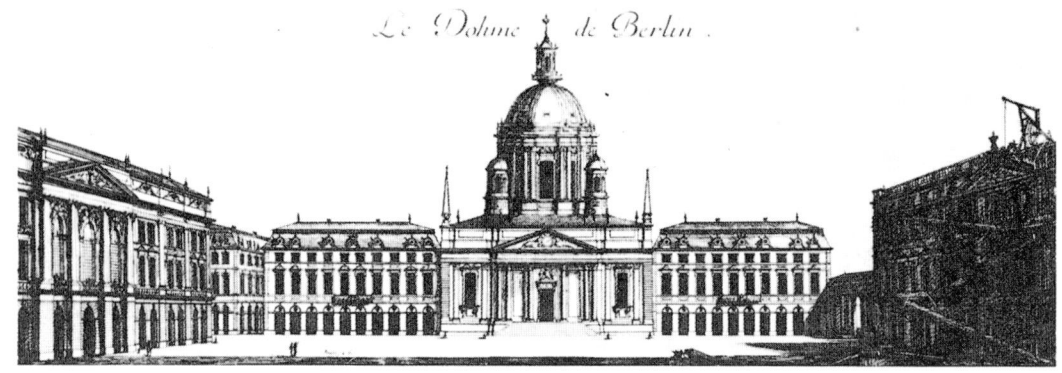

Entwurf eines Doms und Invalidenhauses für den Schloßplatz, Berlin. Kupferstich von J. B. Broebes, 1733. Staatliche Schlösser und Gärten Potsdam-Sanssouci

deren Details aber Unterschiede gegenüber der Ausführung zeigen. So sind auf den Ecken des Risalits Kartuschen mit Krone und Figuren vorgesehen, wo dann die allegorischen Gruppen des Alten und Neuen Testaments aufgesetzt wurden. Der Schleuen-Stich vom Dom weist 1748 noch den anfangs geplanten plastischen Schmuck auf. Eine zweite Zeichnung der Fassade in der oben genannten Sammlung ist wohl erst zu Beginn des 19. Jahrhunderts vor dem Umbau des Domes durch Schinkel 1817–22 entstanden.

So wie sich für die Seitenteile und bedingt auch für den Risalit Parallelen ergeben, läßt sich für den Turm sogar ein direktes Vorbild nachweisen: der 1709 bis 1712 errichtete Turm auf dem Schloß Charlotten-

Schloß Charlottenburg, Mittelbau und Turm (Rechte Seite)

»Prospect der sehr prächtigen neuen Schloß-und Dom-Kirche«, Berlin. Kupferstich von J. D. Schleuen, um 1748. Staatliche Schlösser und Gärten Potsdam-Sanssouci

burg, zu dem die Übereinstimmung augenfällig ist. Die Wahl des Vorbildes dürfte zweifellos von Friedrich II. ausgegangen sein, der auf diese Weise wieder einmal auf die Architektur des ersten preußischen Königs zurückgriff. Das Dombauprojekt ist überhaupt im Zusammenhang mit der Planung des neuen Domes um 1700 zu sehen. Broebes hat in seinem Werk über die Bauten Friedrichs I. seine Vorstellungen von einer neuen Hofkirche im Zusammenhang mit einem Invalidenhaus auf zwei Blättern wiedergegeben. Danach war ein Zentralbau auf einem kolossalen Sockelgeschoß mit einer Hauptkuppel und vier kleineren Nebenkuppeln geplant. Dieses Projekt muß der Ausgangspunkt für die neue Dom- und Schloßkirche im Jahre 1747 gewesen sein, denn im Skizzenbuch Knobelsdorffs befinden sich zwei Zeichnungen des Untergeschosses aus beiden Broebes-Blättern. Auffallend ist der von einem Giebeldreieck zusammengefaßte Risalit mit einer Säulengliederung, zu dessen Eingang flache Stufen führen; seitlich schließt sich hier je eine Achse mit einem schmalen Fenster zwischen Pilastern an, während die obere Begrenzung eine Attika bildet. Knobelsdorff hat bei der unteren Zeichnung abweichend vom Broebes-Vorbild bereits ein rundbogiges Fenster zwischen den Pilastern angedeutet, so wie es beim Domneubau nach 1747 dann ausgeführt wurde. Bis zur endgültigen Fassung des Plans wurden noch verschiedene Stadien durchlaufen. Der Anteil Knobelsdorffs daran läßt sich im einzelnen nicht feststellen, doch wird durch die Skizzen auf jeden Fall deutlich, daß er daran beteiligt war.

Mit der um 1747/48 zu datierenden Zeichnung im Berliner Kupferstichkabinett scheint eine Endphase der Planung erreicht worden zu sein, denn der erste Schleuen-Stich vom Dom ist mit dieser Zeichnung fast identisch. Sie kann auch in Hinblick auf die Ähnlichkeit des Maßstabes mit zwei Zeichnungen des Schlosses Sanssouci (Grund- und Aufriß), von denen die eine mit »*J. C. Berger Condukteur*« bezeichnet, die andere ihm zugeschrieben wird, in Verbindung gebracht werden. Die Figuren und Vasen auf der Attika sind aber qualitätvoller als ähnlicher plastischer Schmuck auf den Sanssouci-Zeichnungen Bergers. So ist nicht ausgeschlossen, daß zumindest Teile von einem anderen Zeichner stammen. Inwieweit der gesamte Plan eventuell dem Baubüro Knobelsdorffs zuzuordnen ist, muß offen bleiben.

Zwischen den Zeichnungen des Königs und der Bauausführung durch Boumann läßt sich also eine Beteiligung Knobelsdorffs und seines Baubüros mit gewisser Wahrscheinlichkeit annehmen. Der Anstoß und die Wahl der Vorbilder wird vom König ausgegangen sein. Schon am Ende der 40er Jahre des 18. Jahrhunderts wird auch in Berlin eine bewußte Orientierung auf die Architektur und Architektur-Projekte der Zeit Friedrichs I. erkennbar. Der von Broebes um 1702 geplante Zentralbau einer Dom- und Schloßkirche in Berlin wird in ein Querhaus umgewandelt und erhielt statt der großen Zentralkuppel einen Turm nach dem Vorbild des Charlottenburger Schloßturmes, so daß das Bauwerk mehr einem Schloß als einem Sakralbau entsprach.

Zwei Skizzen von G. W. v. Knobelsdorff (?) vermutlich zum Berliner Dombau. Verwaltung der Staatlichen Schlösser und Gärten Berlin (West), Skizzenbuch Nr. 3827

»Veduta del Palazzo fabbricato sul Quirinale per le Segreterie de Brevi e della Sacra Consulta«, Radierung von G. B. Piranesi, 1749. Staatliche Museen zu Berlin, Kupferstichkabinett (S. 230 o.)

Die Fassade der Nikolaikirche in Potsdam (1752–55)

Die Potsdamer Nikolaikirche wurde 1721–24 von Philipp Gerlach anstelle eines mittelalterlichen Baues errichtet. Mit dem Grundriß in Form eines griechischen Kreuzes war dies der erste Zentralbau in Potsdam. Ihr Turm stand an der Nordseite. 1752 bis 1755 wurde vor den südlichen, dem Stadtschloß zugewandten Kreuzarm eine Schaufassade gesetzt. Als Vorbild diente die 1741–43 von Ferdinando Fuga errichtete Fassade der Kirche Santa Maria Maggiore in Rom. Die Vermittlung geschah mit großer Wahrscheinlichkeit durch die 1749 entstandene Ansicht der Kirche von G. B. Piranesi. Seine »*Vedute di Roma*« besaß der König in der Bibliothek des Schlosses Sanssouci. Ganz sicher wird daher die Wahl des Vorbildes vom König ausgegangen sein, und man ist geneigt, dahinter den Einfluß Algarottis zu sehen. Schon 1748 hatte sich Friedrich an Algarotti mit der Bitte gewandt, Vorbilder zu beschaffen. Algarotti hatte daraufhin an seinen Bruder in Venedig geschrieben, der preußische König wünsche Ansichten von Rom, von Plätzen, Gebäuden, dem Kapitol, der Piazza del Popolo und anderen Architekturen; der Bruder möge sie durch Vermittlung des Abbate Scarselli bald aus Rom

Prediger- und Schulhaus der Nikolaigemeinde in Potsdam, Am Alten Markt 4

Ostseite des Alten Marktes in Potsdam. Zeichnung von A. L. Krüger, um 1780. Staatliche Schlösser und Gärten Potsdam-Sanssouci

Die Nikolaikirche auf dem Alten Markt in Potsdam. Gemälde von J. F. Meyer, um 1772. Staatliche Schlösser und Gärten Potsdam-Sanssouci

kommen lassen. So läßt sich der Weg der Piranesi-Stiche ziemlich genau zurückverfolgen.

Aus der gleichen Quelle stammt sicherlich auch eine weitere Radierung Piranesis, der Palazzo della Consulta (1749), der für das 1752 errichtete Prediger- und Schulhaus der Nikolaikirche die Vorlage war. In dem von Fuga 1732–34 als päpstliche Kanzlei und Reiterkaserne erbauten Gebäude wohnte damals der Kardinal Quirini, der durch große finanzielle Spenden den Bau der Berliner Hedwigskirche gefördert hat und dessen Name dafür an der Fassade verewigt wurde.

Den Zeitgenossen war bekannt, daß die Fassade von Santa Maria Maggiore in Rom als Vorbild für die Potsdamer Stadtkirche gedient hat. Preuß schreibt in seiner 1833 in Berlin erschienenen Lebensgeschichte Friedrichs II.: »*Drei Zeichnungen von Friedrichs Hand zur Verschönerung der St. Nicolaikirche in Potsdam, ungemein genau ausgeführt, besitzt der Baurath Langhans hierselbst*« (Bd. 3, S. 324, Anm. 2). Demnach hätte der König wiederum selbst, wie für andere Bauten, so auch für die Potsdamer Stadtkirche, seine Vorstellungen nach dem römischen Vorbild in Zeichnungen festgelegt. Aber wenn Preuß auch schreibt, daß die Zeichnungen »*ungemein genau ausgeführt*« gewesen seien, so sind sie sicherlich nicht so exakt und detailgetreu gewesen, daß sie die Grundlage für die starke Annäherung der Potsdamer Fassade an das Original in Rom hätten bilden können. Vielmehr wird auch die Radierung von Piranesi der Ausgangspunkt gewesen sein.

Der wesentlichste Unterschied gegenüber dem römischen Vorbild besteht in der Reduzierung von fünf auf drei Öffnungen an der unteren Zone und dem entsprechenden Wegfall der Bogen zu beiden Seiten der großen Mittelöffnung in der oberen Zone; außerdem ist die Mittelöffnung in Potsdam durch ein Gemälde geschlossen.

Knobelsdorff soll, wie Manger schreibt, das »*Stadtkirchenportal*« und auch das Prediger- und Schulhaus entworfen haben, während Boumann die Ausführung geleitet habe. Demnach bestand für Knobelsdorff lediglich die Aufgabe, die Fuga-Bauten den entsprechenden Potsdamer Verhältnissen anzupassen. Auf einem Blatt des Skizzenbuches von Knobelsdorff glaubt man die Fassade der Nikolaikirche erkannt zu haben, aber hier sind nur geringe Übereinstimmungen erkennbar, wobei allerdings nicht auszuschließen ist, daß es sich um die Skizzierung erster Ideen handelte, bevor die Wahl des Vorbildes feststand. Auf diesem Blatt Knobelsdorffs finden sich mehrere Figuren, von denen einige wohl in Beziehung zur Fassade der Nikolaikirche zu sehen sind.

Die Kirche brannte 1795 ab, ihre Fassade blieb bestehen, bis sie 1811 abgerissen wurde. Bei Vergleichen ist man daher auf Stiche von Schleuen, Radierungen und Zeichnungen von A. L. Krüger und

»Veduta della Basilica die Sta Maria Maggiore con due Fabbiche laterali di detta Basilica«, Radierung von G. B. Piranesi, 1749. Staatliche Museen zu Berlin, Kupferstichkabinett

Gemälde von Baron und Meyer angewiesen; hinzu kommen allerdings die Beschreibungen bei Manger und Gerlach.

Die Basreliefs von Heymüller über den Eingängen stellten »*Zachäus auf dem Maulbeerbaume*« (rechts), die »*Austreibung der Käufer und Verkäufer aus dem Tempel*« (Mitte) und »*Christus unter den Kindern*« (links) dar. Aus der Werkstatt F. C. Glumes stammten die sechs Liegefiguren auf den Frontons: Glauben und Freigebigkeit (rechts), Gottesdienst und christliche Liebe (Mitte) und Gebet und Vertrauen auf Gott (links).

Neben einem Schild mit Adler und Krone über dem Mittelportal fertigte J. P. Benckert zwei zehn Fuß hohe Figuren auf den Ecken an. »*Die erste zur rechten stellet vor das Verlangen nach Gott: eine junge Manns-Person, die nach dem Himmel siehet, mit der linken Hand nach dem Himmel weiset und die rechte Hand auf das Hertze hält. Die zweyte zur linken stellet vor die Beständigkeit. Eine Frauens-Person hält die rechte Hand und den vordersten Finger in die Höhe, stehet auf einen viereckigten Stein und in der linken Hand hält sie einen Spieß*« (Gerlach, S. 194).

Die fünf Figuren auf dem Giebel sind Arbeiten Heymüllers. »*Die erste stellet vor die Hoffnung zu Gott, mit der rechten Hand haltend einen Anker und in der linken ein brennendes Herz. Die zweyte stellet vor die Freiheit, weil der Glaube kein gezwungenes Werk, in der rechten Hand haltend ein Scepter in der linken einen Hut und bey den Füßen eine wilde Katze, welche die Freiheit liebet.*« Diese Figur wird bei Manger als Treue bezeichnet. »*Die dritte stellet vor die Toleranz, und sie trägt auf den Achseln einen großen Stein, der in seinem Tragen ihr nicht zu schwer vorkommt. Zeigt, daß die Bürden der christlichen Religion leicht zu tragen sind.*« Es ist die mittlere, erhöht auf einem Podest, bei Manger »*Stärke*« genannte Figur. »*Die vierte, stellet vor die Geduld, in der rechten Hand haltend eine brennende Wachsfackel, wovon ihr die Tropfen auf die Hand fallen, welches sie mit Geduld ansiehet und mit dem rechten Fuß an einen Felsen geschmiedet ist. Die fünfte stellet vor die Liebe zu Gott, hält ein Kind auf den Armen, so an der Brust säugt und mit einer Hand nach dem Himmel weiset, item ein Kind so den Mantel hält.*« Soweit die Beschreibung der Figuren von Gerlach.

Vergleicht man diese Figuren mit denen im Skizzenbuch Knobelsdorffs, so ergeben sich Annäherungen und Gemeinsamkeiten in der Thematik, aber Unterschiede in der Stellung der Attribute und vor allem in der plastischen Auffassung. Die Skizzen zeigen eine Geschlossenheit des Umrisses, aus der nur selten Attribute und Arme herausragen, während bei den ausgeführten Figuren immer ein Arm mit großer Geste vom Körper weggestreckt ist.

Auf jeden Fall läßt sich auch für die Fassade der Nikolaikirche jene schon bei fast allen behandelten Bauten beobachtete Dreiteilung feststellen: Friedrich II. gibt das Vorbild an oder zeichnet selbst, Knobelsdorff macht den Entwurf, und Boumann übernimmt die Ausführung.

Das Pantheonmotiv

Zu den Toleranzvorstellungen Friedrichs II.

Das Pantheon, der am besten erhaltene antike Bau in Rom, war im 18. Jahrhundert durch zahlreiche Kupferstiche und die Wiedergabe in Architekturwerken bekannt und wurde immer wieder bewundert. Er galt als Inbegriff des ewigen antiken Erbes. Die wohlausgewogenen Proportionen des Innenraumes – seine Höhe entspricht dem Durchmesser – ließen ihn als eine Art Raumkugel erscheinen, »*die der antiken Philosophie seit langem als Inbegriff der Vollkommenheit erschien*« (Curtius-Nawrath, S. 202).

In der Antike war das Pantheon ein »*Tempel aller Götter*«. Diesen Gedanken suchte Friedrich aufzugreifen, als er beabsichtigte, »*nach dem Vorbild der alten Römer, in seiner Hauptstadt ein Pantheon zu errichten, daß allen Religionen gewidmet sey und wo jede in ihrer Reihe ausgeübt werden sollte*« (Thiébault, II, S. 208). Dieser Tempel sollte, wie Thiébault berichtet, eines der »*schönsten Denkmäler der neuen Baukunst werden*«. Dabei waren die Nischen des Rundbaus für die einzelnen Religionsgemeinschaften gedacht.

Jordan konnte den König jedoch davon überzeugen, daß dieser Plan undurchführbar sei. Statt dessen fand der Toleranzgedanke des aufgeklärten Absolutismus in der Errichtung der Hedwigskirche in Berlin für die katholische Gemeinde und der Französischen Kirche in Potsdam für die Reformierten ihren Ausdruck.

Die Geschichtsschreibung hat die Toleranz Friedrichs gegenüber den einzelnen Religionen meist nur durch seinen Ausspruch, daß jeder nach seiner Fasson selig werden müsse, zu belegen versucht und die friderizianische Toleranzidee sogar mit dem »*Grundgedanken des Nathan*« von der Gleichheit der Religionen in Verbindung gebracht. Demgegenüber hat Mehring in seiner »*Lessinglegende*« nachgewiesen, daß die im praktischen Vollzug in der Tat liberale Religionspolitik des Königs vielmehr eine Frage der Existenzmöglichkeit des preußischen Staates war und wenig mit den Zielen der bürgerlichen Aufklärung gemein hatte.

Schon die Entstehungsgeschichte des geflügelten Wortes zeige die staatserhaltende Notwendigkeit der Politik gegenüber den Konfessionen. Sofort nach der Thronbesteigung Friedrichs im Jahre 1740 hatte die protestantische Geistlichkeit versucht, die von Friedrich Wilhelm I. geschaffene römisch-katholische Schule für Soldatenkinder abzuschaffen; eine entsprechende Eingabe an den König hatte sich auf den Bericht des Generalfiskals Uhden gestützt, der den Lehrern unerlaubte Propaganda vorwarf. Friedrich versah am 22. Juni 1740 die Eingabe mit der Randnotiz: »*Die Religionen Müsen alle toleriert werden, und mus der fiscal nuhr das auge darauf haben das keine der anderen abruch Tuhe, denn hier mus ein jeder nach Seiner Faßon selich werden*« (Petersdorff, S. 85). Damit war nicht nur die Katholische Schule Friedrich Wilhelms I.

sanktioniert; auch die anderen, für die geistliche Betreuung der Rekruten aus aller Herren Länder geschaffenen kirchlichen Einrichtungen fanden sich so gerechtfertigt. Die Religion war ja ein wichtiges Mittel, Zucht und Ordnung in der Armee aufrechtzuerhalten. Angesichts der Eroberung Schlesiens war es zudem für den preußischen Staat eine Lebensnotwendigkeit, den katholischen und überdies nach Österreich tendierenden Adel auf seine Seite zu ziehen.

Friedrich konnte es so nur recht sein, wenn der bald nach dem zweiten Schlesischen Krieg begonnene katholische Kirchenbau – die Zahl der Katholiken in Berlin war damals auf fast 10.000 angewachsen – der schlesischen Schutzheiligen Hedwig (um 1174–1243) geweiht wurde. Sie wird als Ahnherrin des preußischen Königshauses angesehen. Friedrich ließ sie in seinem komischen Heldengedicht »*Das Palladion*« als Beschützerin der Preußen auftreten. Er nannte sie auch seine »*himmlische Frau Base*«. Er wußte, daß ein gutes Verhältnis zur katholischen Kirche äußerst wichtig war und ließ deshalb auch durch Algarotti 1751 dem Papst erklären, daß die Katholiken in seinem Staat nicht nur geduldet, sondern sogar beschützt würden. Gleiches zeigt sich an einer in den ersten Wochen seiner Regierungszeit niedergeschriebenen Randbemerkung Friedrichs auf das Gesuch eines Katholiken, in Frankfurt/Oder das Bürgerrecht zu erlangen: »*Alle Religionen seindt gleich und guht wen nuhr die leute so sie profesiren Ehrliche leute seindt, und wen Türken und Heiden Kähmen und Wolten das landt Pöpliren, so wollen wir sie Mosqueen und Kirchen bauen*« (Petersdorff, S. 85).

Tatsächlich wäre es einer wirtschaftlichen und militärischen Selbstaufgabe gleichgekommen, wenn der Staat, der auf die Einwanderer angewiesen war, der Zivilbevölkerung und dem Militär nicht die Möglichkeit einer ungehinderten Religionsausübung eingeräumt hätte; das hatte bereits Kurfürst Friedrich Wilhelm erkannt. Toleranz war »*das erste Gebot des preußischen Militärstaats*« (Mehring, S. 75).

Als Kronprinz hatte sich Friedrich während seines Aufenthalts in Rheinsberg zwischen 1736 und 1740 ernstlich mit Philosophie und Geschichte beschäftigt. Durch das Studium der Schriften des kritisch-philosophischen Schriftstellers Pierre Bayle (Dictionaire historique et critique, 1695–97) wurde er mit dessen Lehre von der Toleranz bekannt. »*Und doch war die Aufklärung der Rheinsberger Tage nur die sogenannte natürliche Religion, eine Philosophie, die die Grundwahrheiten der Religion nicht stürzen, sondern nur auf vernünftigem Wege beweisen wollte*« (Maurenbrecher, II, S. 436). Die Legende gewordenen Aussprüche standen also noch ganz unter den Toleranzideen der Rheinsberger Zeit. Wie wenig Friedrich den wirklichen Ideen der Aufklärung verbunden war, zeigt eine Briefstelle aus dem Jahre 1763: »*Die Vorurteile sind die Vernunft des Volkes – und verdient dies blöde Volk aufgeklärt zu werden?*« (Briefe über die Religion, S. 50).

Neben der Beschäftigung mit religiös-philosophischen Fragen stand ein intensives Studium der Antike. Da Friedrich der lateinischen

Sprache nicht mächtig war, las er die antiken römischen Schriftsteller Horaz, Lukrez, Cicero und Mark Aurel in französischer Übersetzung und wurde »*gleichwohl heimisch im alten Rom*« (Koser, I, S. 127).

Die in Rheinsberg anwesenden bildenden Künstler (Knobelsdorff, Pesne, Dubuisson) und Musiker (Graun, Benda) vervollständigten das Bild eines Idealreiches, in dem es für den Zugelassenen völlig frei stand, zu tun und zu lassen, was ihm beliebte. An seiner Tafel ließ Friedrich auch nach seiner Thronbesteigung die Freiheit der Meinungsäußerung und die Toleranz gelten, aber sonst war in allen Dingen seine Meinung die maßgebliche; er war der absolute Herrscher.

In den Gesprächen der Tafelrunde gab sich der König als Philosoph: »*Bei diesem Soupé soll nur von gelehrten Sachen gesprochen werden. Mehrenteils giebt die Religion den Stoff zu den Unterredungen, doch kommen auch andere, weniger ernsthafte Dinge, allerhand Poesien usw. zur Beurteilung vor. Ein jedern darf reden was ihm in den Sinn kommt*« (Schwicheldt, 1742, Fr. d. Gr. im Spiegel seiner Zeit, 1, S. 202). Voltaire schrieb 1750 an den Schriftsteller Thiériot, daß man bei den Soupers seine Gedanken dreist ausspricht, »*Politik und jede Etikette sind dann verbannt*«. Immer wieder war die Antike Gegenstand der Gespräche. »*Man soupiert mit Cäsar, Mark Aurel, Kaiser Julian und bisweilen mit dem Abbé de Chaulieu.*« So wurde auch der Speisesaal, besonders im Schloß Sanssouci, zum »*Tempel aller Götter*«, in dem jeder geladene Gast seine Meinung sagen und vertreten konnte.

Neben dem Pantheon als architektonisches Motiv religiöser Toleranz im Sakralbau wurde der Speise- und Marmorsaal des Schlosses Sanssouci zur symbolhaften Verkörperung philosophischer Freiheit.

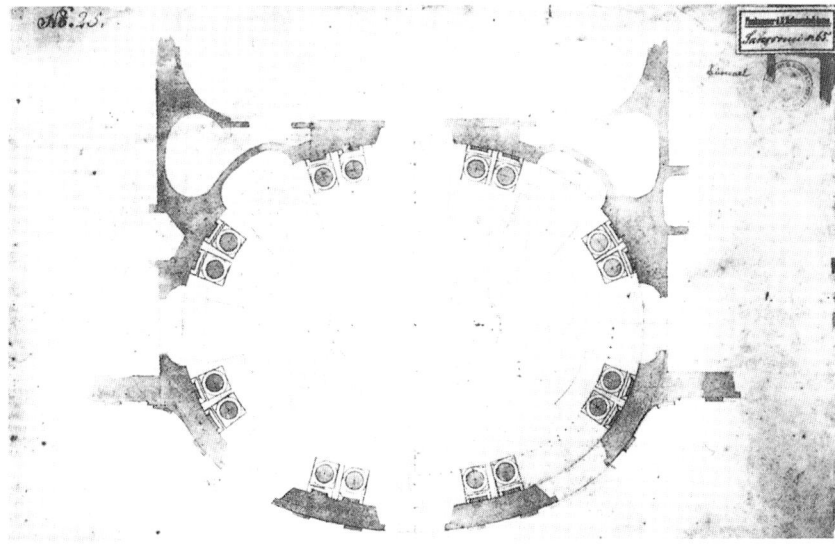

Schloß Sanssouci, Grundriß des Marmorsaales. Zeichnung G. W. v. Knobelsdorff, um 1745. Staatliche Schlösser und Gärten Potsdam-Sanssouci

Marmorsaal im
Schloß Sanssouci,
Blick nach Osten

Der Marmorsaal im Schloß Sanssouci (1745–48)

Nach zweijähriger Bauzeit wurde Schloß Sanssouci am 1. Mai 1747 eingeweiht – die Fertigstellung des Marmorsaales dauerte allerdings noch bis zum Juli 1748. Der Saal nimmt die Mitte des Schlosses ein, tritt am Außenbau als ovale Schwingung hervor und überragt den Bau durch eine Kuppel. Als zentraler Festraum verbindet und trennt er zugleich die Räume des Königs und die der Gäste. Bereits in zwei Skizzen hatte Friedrich die ovale Gestalt des Raumes festgelegt, wenn auch noch ohne Säulen.

In der Eloge des Königs auf Knobelsdorff wird der Marmorsaal des Schlosses Sanssouci als Schöpfung des Baumeisters besonders hervorgehoben. So ist anzunehmen, daß Knobelsdorff für den mit kostbaren Materialien ausgestatteten Raum selbst Entwürfe anfertigte, während er für die Ausgestaltung der anderen Räume seine Ideen und Vorstellungen in Skizzenform seinen Mitarbeitern mitteilte. Tatsächlich sind gerade vom Marmorsaal eine Reihe von Zeichnungen und Skizzen erhalten, die von einer intensiven Beschäftigung Knobelsdorffs mit diesem Raum zeugen. Die ovale Grundrißbildung des Marmorsaals entdeckte man bei einem ähnlichen Raum der Maison Crozat in Montmorency, der in der »*Architecture françoise*« von Mariette (Paris 1727) abgebildet ist, und eine der Grundrißskizzen Knobelsdorffs scheint von diesem Raum

Schnitt durch Marmorsaal und Vestibül des Schlosses Sanssouci. Skizze G. W. v. Knobelsdorff (?), um 1745. Verwaltung der Staatlichen Schlösser und Gärten Berlin (West), Skizzenbuch Nr. 3827

angeregt worden zu sein. Das Architekturwerk Mariettes war ehemals in der Bibliothek des Schlosses Sanssouci vorhanden und zeigte Spuren häufiger Benutzung.

Friedrich nennt den »*Kuppelsaal*« in seiner Gedächtnisrede auf den Baumeister »*eine freie Nachbildung vom Innern des Pantheon*«. Auch Nicolai bringt ihn mit dem antiken Bauwerk in Verbindung, allerdings nur in bezug auf die Öffnung der Kuppel. Die Anlehnung an den Innenraum des Pantheon ist aber nicht wörtlich zu nehmen, sondern eher als Metapher; sie ist wohl auf die Kuppelwölbung, die obere Öffnung und vielleicht auch auf die Säulen bezogen – vor allem aber auf den Geist der darin Versammelten. An warmen Sommertagen wurde hier getafelt und »*frisch und frei gestritten*« (Volz, S. 37).

Schloß Sanssouci, Schnitt durch den Marmorsaal, Südseite. Farbige Zeichnung von unbekannter Hand, zwischen 1775 und 1785. Architekturmuseum Moskau

Gesims und Kuppelansatz im Marmorsaal, Schloß Sanssouci

Das Motiv der gekuppelten Säulen, das, vom Außenbau kommend (Kolonnade, Pilaster an der Nordfassade), im Vorsaal wieder aufgenommen worden ist, erhält im Marmorsaal seinen festlichen Abschluß. Es ist eine Steigerung des Materials vom Sandstein über Stuckmarmor bis zum edel weiß-grauen carrarischen Marmor. Acht korinthische Doppelsäulen, denen an den Wänden ebenso viele Pilaster antworten, tragen mit ihren feuervergoldeten Bronzekapitellen das Gesims. Von hier aus steigt die Kuppel empor. Es ist ein Gartensaal, in den das Licht durch drei hohe, sich zum Park hin öffnende Fenstertüren hineinflutet. An der gegenüber liegenden Seite führt eine Tür in den Vorsaal. Rechts und links davon stehen, sich dem ovalen Schwung des Raumes anpassend, auf hohem Sockel Apoll und Venus Urania (F. G. Adam, 1748).

Die Türen zur Wohnung des Königs und zu den Gästeräumen liegen in der Längsachse des Ovals in Nischen sich gegenüber. Die teilende Wirkung des Gesimses wird durch die darauf sitzenden allegorischen Figuren, die spielenden Putten und Blumengehänge gemildert. Frech überschneiden ihre Beine oder die von ihnen gehaltenen Blumengewinde die Gesimskante und nehmen dem Raum die Strenge. Über dem Saal wölbt sich die Kuppel, die in ihrer Mitte eine ovale Öffnung zum Himmel freiläßt. Dem Vertikalzug der Säulen folgend gliedern acht sich nach oben verjüngende Bänder mit Kriegsemblemen die Wölbung. Die dazwischenliegenden Felder sind rechteckig kassettiert und mit Roset-

Kuppel von
S. Tommaso di
Villanona (L.
Bernini, 1661),
Castel Gandolfo
bei Rom

Kuppelausschnitt
der Kirche
S. Maria
dell'Assunta,
Ariccia bei Rom.
Lorenzo Bernini,
1664

ten gefüllt. Hinter den Figuren und Puttengruppen sind hochovale Medaillons mit den Attributen der Künste und Wissenschaften angebracht. Die Kuppel gliedert sich aber nicht horizontal wie die des Pantheon, sondern steigt zur ovalen Öffnung empor.

Für die Markgräfin Wilhelmine von Bayreuth, Schwester Friedrichs II., war Sanssouci – wohl im Hinblick auf Kolonnade und den Marmorsaal – eine »*Mischung von Peterskirche und Pantheon*« (Friedrich d. Gr. und Wilhelmine von Bayreuth, II, S. 319). Das ist in übertragenem Sinne zu nehmen, obwohl Knobelsdorff von der Architektur Lorenzo Berninis Anregungen aufgenommen hat, die sich an Details im Marmorsaal, besonders aber in der Gliederung der Kuppel nachweisen lassen. So finden sich Verwandtschaften zwischen der Kuppel von S. Tommaso di Villanova im Castel Gandolfo (1661) bei Rom und der des Marmorsaals. Hier wie dort wird die Kuppel durch acht Bänder in Felder geteilt, in deren unteren Bereichen große ovale Medaillons angebracht sind; Putten spielen hier wie da mit herunterhängenden Blumengirlanden. Andere Parallelen ergeben sich zur Kuppel der Kirche S. Maria dell'Assunta in Ariccia bei Rom, erbaut nach dem Entwurf Berninis von 1664.

Schon in Rheinsberg hatte Knobelsdorff den Beinamen »*Chevalier Bernini*« erhalten, vermutlich weil er nach seiner Italienreise 1736/37 im Kreis der Freunde um Friedrich offensichtlich immer wieder begeistert von Berninis Bauwerken gesprochen hatte. Sein Marmorsaal im Schloß Sanssouci zeugt von lebendiger Klassizität, die sich besonders in der Durchbildung der Gesimszone und der Kuppel mit der Leichtigkeit und Verspieltheit des Rokoko verbindet, aber eben darin im Gegensatz zur barocken Schwere Berninis steht.

Die Hedwigskirche in Berlin (1747–73)

Planung und städtebauliche Einordnung

Da sich Friedrichs Plan, eine Kirche in der Form des Pantheon für alle Religionen zu bauen, als undurchführbar erwiesen hatte, mußte er einen anderen Weg gehen, um seinen Toleranzvorstellungen auch einen baulichen Ausdruck zu geben. Bereits 1743 schlug er in einem Schreiben an den Kardinal von Sinzendorf in Breslau einen Neubau anstelle der alten, zu klein gewordenen und baufälligen Kapelle der katholischen Gemeinde in dem Hinterhaus der Krausenstraße vor, wobei er aber gleich hinzufügte, daß er die Mittel dazu nicht habe und eine Sammlung in den katholischen Ländern vorschlage. Der Kardinal war dem nicht abgeneigt, fürchtete aber, daß eine Sammlung in den vom Krieg geschwächten und von Mißtrauen erfüllten Ländern wenig Erfolg haben werde.

Der Bau einer katholischen Kirche in Berlin gehörte zu Friedrichs Vorhaben, den preußischen Katholiken in der Stadt ein Vikariat zu schaffen, für das der Fürstbischof von Breslau ausersehen war. Dieser unterstützte den Plan auch tatkräftig, aber da der König den Vikar selbst einsetzen wollte, befürchtete der Papst eine zu große Abhängigkeit des Vikars und der Gemeinde von der Krone, mithin eine Schmälerung seiner Macht, und lehnte das Vorhaben entschieden ab.

Drei Jahre später, am 22. November 1746, erließ Friedrich dann ein Patent, in dem den Katholiken in Berlin bekannt gemacht wurde, daß sie »*eine Kirche, so groß, als sie solche immer haben wollen oder können mit einem oder mehreren Türmen, große und kleine Glocken etc., ohne einigen Vorbehalt oder Widerreden bauen dürfen*« (Berlinische Nachrichten ..., CLIII, 22.12.1746). Den Anstoß zu dieser Verlautbarung soll der ehemalige Carmelitermönch aus Mantua Egenius Mecenati gegeben haben, der 1746 nach Berlin gekommen war. Das sichere, gewandte Auftreten und seine geistige Wendigkeit ließen Mecenati bald das Vertrauen des Königs erringen, der ihn sogar zu seinen Tafelrunden hinzugezogen haben soll. Hier wird dieser Plan die wärmste Unterstützung durch die anderen Mitglieder und Vertrauten des Königs gefunden haben, da der überwiegende Teil von ihnen katholisch war. Ihre Namen finden sich dann auch in dem bald gebildeten Kirchenbaudirektorium wieder, das die Leitung des Baues übernahm.

Der erste Direktor des Kuratoriums war General Graf Friedrich Rudolph von Rothenburg (1710–1751), einer der engsten Vertrauten des Königs, der auch im Schloß Sanssouci ein ständiges Zimmer besaß und dem sogar ein Anteil am Entwurf der Kirche zugeschrieben wird. Ihm folgte im Amt der Freiherr von Sweerts (1710–1757), der Kammerherr des Königs und dann der erste Direktor des Schauspiels, später der Baron von Pöllnitz (1692–1775), ebenfalls Kammerherr des Königs. Das

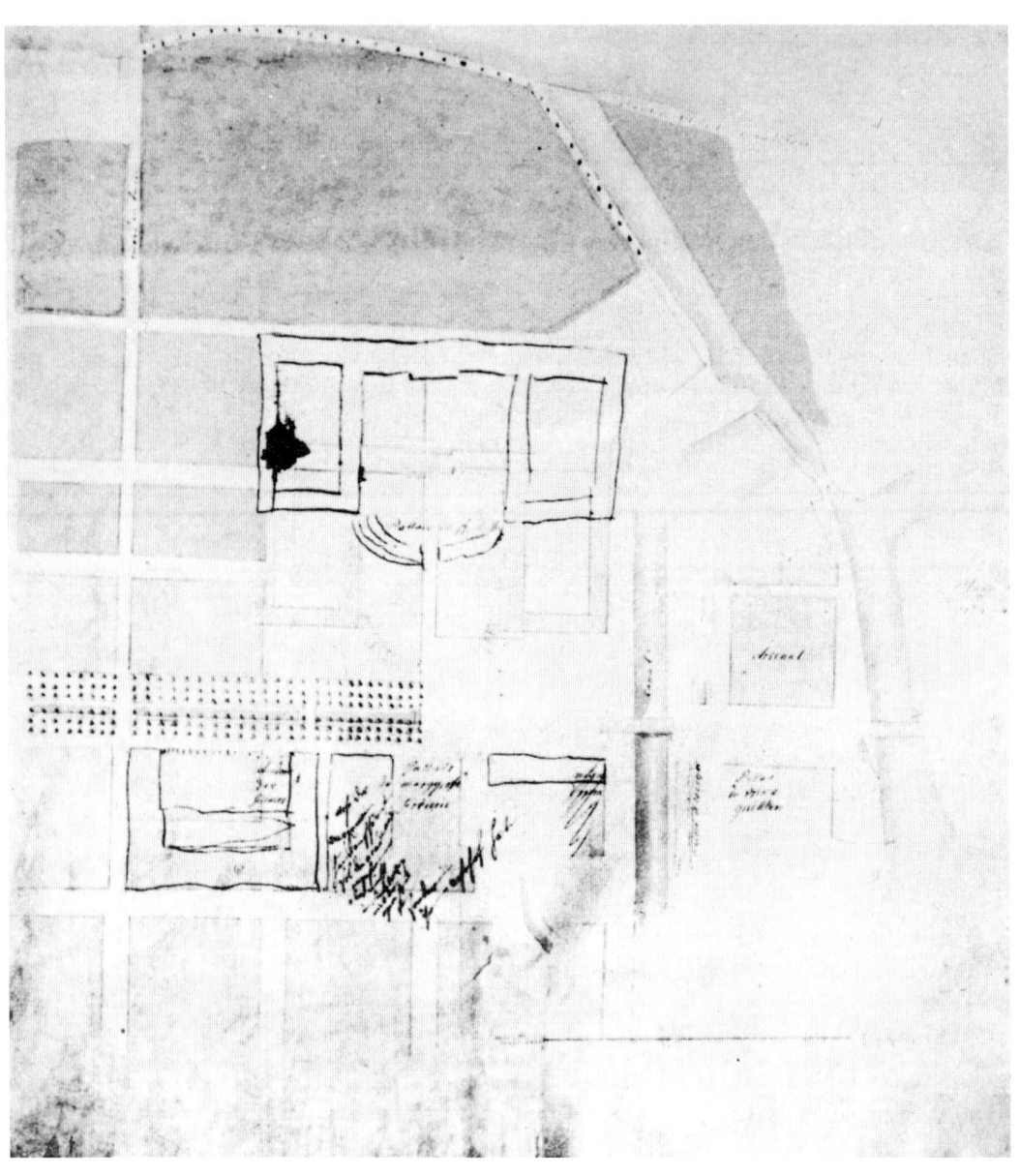

Vorhaben wurde aber von weiteren namhaften Persönlichkeiten unterstützt, die dem König nahe standen: Graf Francesco Algarotti, Isaak Franz Egmont von Chasot, Oberst der königlichen Leibwache und seit 1734 zum Kreis Friedrichs gehörend, der Präsident der Akademie der Wissenschaften, der Franzose Pierre Louis Moreau de Maupertuis, der königliche Sekretär und Mitglied der Akademie C. E. Darget und andere. »*Zum Zeichen unserer Königl. Gnade und Wohlwollen, schenken und verleihen Wir ihnen ohne Entgeld einen anständigen und erforderlichen Platz, welcher durch Unseren Commissarium, und ihre besonders hierzu benannten Abgeordneten ausgesuchet werden soll*« (Hasak, S. 14). So hieß es in der Kabinettsorder über den Bau. Wenn der Platz der neuen Kirche hier auch noch nicht genau bezeichnet ist, so muß das aber sehr bald erfolgt sein, denn schon am 19. Dezember 1746 berichtete der Breslauer Kardinal von Sinzendorf über den Kirchenbau an den Papst: »*Er* (der König, d. V.) *hat ferner hierfür einen großen und schönen Platz unentgeldlich angewiesen, sehr bequem gelegen und nahe am Kanal, den der Fluß bildet, weshalb die Zufuhr von Baumaterialien sehr leicht sein wird, von denen der König gleichfalls einen guten Theil unentgeldlich geben will*« (Theiner, I, S. 278). Die exakte Bauplatzbestimmung übermittelt Mecenati sicherlich im Auftrag des Königs gelegentlich seiner Reise Anfang Dezember 1746 nach Breslau. Friedrich hat den Bauplatz wohl unmittelbar nach der Erlassung der Order bestimmt und auch selbst noch vor der Grundsteinlegung am 29. Mai 1747 besichtigt; es wird berichtet, daß er sogar bei der Absteckung des Terrains anwesend war.

Der Bauplatz lag hinter dem 1741–43 von Knobelsdorff errichteten Opernhaus auf dem Gelände des ehemaligen Wittgensteinschen Bollwerks (Bastion 2) – einer der alten Berliner, im Dreieck vorspringenden Befestigungsanlagen – und zum Teil auf dem zugeschütteten Wallgraben. So »*schön*«, wie der Kardinal von Sinzendorf dem Papst mitteilte, war der Platz nicht, denn in dem Sumpf des Grabens mußten achtzehn vom König geschenkte Eichenstämme eingerammt werden, »*so daß den Katholiken bei den Vorarbeiten zur Grundlegung der Kirche die Baulust fast verging*« (Hasak, S. 70). Die Schrägstellung der Kirche hat man aus dem Verlauf der Befestigungsanlage erklärt, da dadurch aus Sparsamkeitsgründen das alte Mauerwerk mitbenutzt werden konnte.

Der Bauplatz lag an dem von Knobelsdorff (vor 1740) unter Beteiligung des Königs konzipierten »*Forum Friderizianum*«, bestehend aus einem großen Residenzschloß auf der einen Seite der Linden sowie einer Oper und einer Akademie der Wissenschaften auf der anderen Straßenseite. Aber nach der zügigen Erbauung der Oper wurde der Plan im wesentlichen aufgegeben. Das lag nicht allein an den finanziellen Schwierigkeiten, die durch den zweiten Schlesischen Krieg entstanden waren. Friedrich hatte sich 1744 vor allem Potsdam zugewandt, wenn auch sein Interesse am »*Forum*« nie ganz erlosch. Schon vor dem Baubeginn der Oper versuchte er, den Plan selbständig zu verändern; aber die von ihm beabsichtigte Querstellung der Oper unterblieb. Ende 1746 kam mit dem beabsichtigten Bau der katholischen Kirche ein neues, ursprünglich nicht beabsichtigtes Element in den Plan.

1747, im Jahr des Baubeginns der Hedwigskirche, übergab er Boumann d. Ä. eine eigenhändige Skizze (Kat.-Nr. 11) eines Palais für seinen

Residenzprojekt für Friedrich II. (Forum Fridericianum) in Berlin. Entwurf von G. W. v. Knobelsdorff mit Korrekturen Friedrichs II., um 1740. Landesarchiv Berlin (West)

Entwurf für das Berliner Opernhaus. Fassade zum späteren Opernplatz (S. 246 o.), Längsschnitt (S. 246 u.) und Fassade Unter den Linden (S. 247). Zeichnungen G. W. v. Knobelsdorffs aus der Dedikationsmappe für den König, 1742. Staatliche Schlösser und Gärten Potsdam-Sanssouci

Façade vers la grande Place.

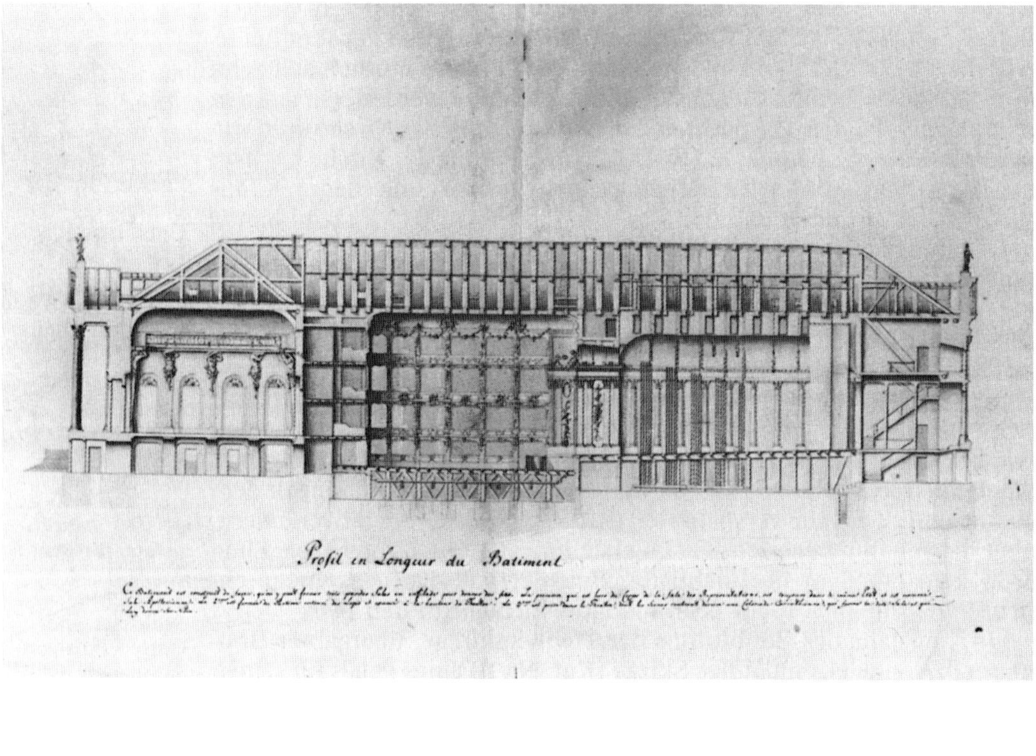

Profil en Longueur du Batiment.

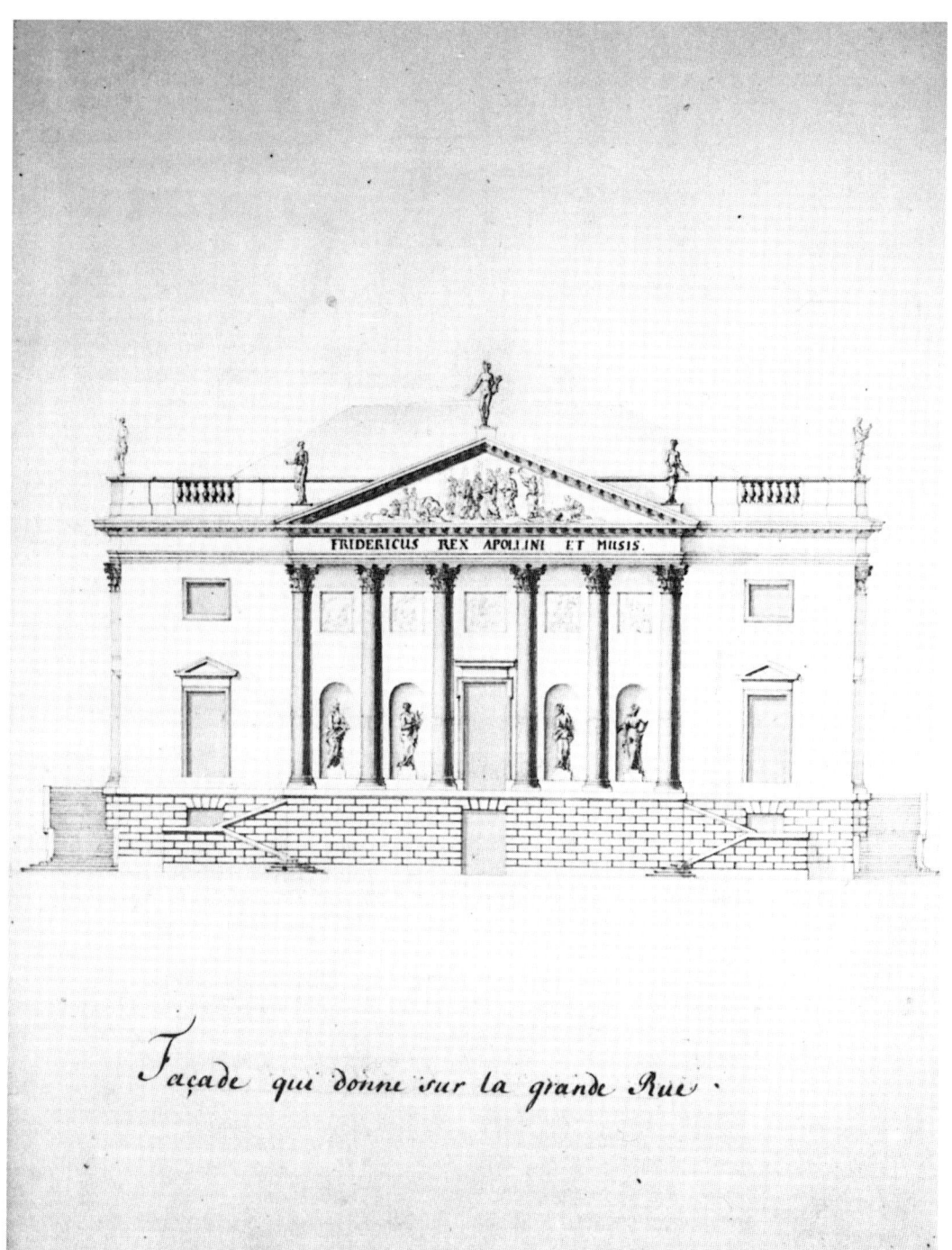

Façade qui donne sur la grande Rue.

Eigenhändige Entwurfsskizze Friedrichs II. zum Mittelrisalit und Seitenteil des Prinz-Heinrich-Palais, um 1747. Staatsarchiv Potsdam

Bruder, Prinz Heinrich. Es sollte an die Stelle des ehemals geplanten großen Residenzpalastes treten, war nun aber auf ein Viertel der gedachten Größe zusammengeschrumpft; inwieweit der König bei seinem Entwurf auf den geplanten Bau von Knobelsdorff zurückgriff, ist schwer zu sagen. Mit dem Bau ist 1748 begonnen worden, Ende 1753 war er unter Dach, doch hat sich seine Fertigstellung – unterbrochen durch den Siebenjährigen Krieg – bis 1766 hingezogen.

Der Stich von Fünck (1743) und der Schleuen-Plan von 1744/45 zeigen, daß das Opernhaus trotz oder gerade wegen seiner ausgezeichneten Proportionen recht verloren und ohne räumliche Einbindung dastand. Auch wenn der König das erste Forumprojekt aufgegeben hatte, so wird er doch erkannt haben, daß die Oper nicht isoliert bleiben konnte, daß sie einen architektonisch-städtebaulichen Rahmen erforderte. So kam es zur Errichtung des Prinz-Heinrich-Palais auf dem Gelände des Bauhofes, auf dem auch die Artillerie-Wagenhäuser Friedrich Wilhelms I. gestanden hatten, und zum Bau der Hedwigskirche. Dem Opernhaus gegenüber lagen die zum Palais des Markgrafen von Schwedt (Unter den

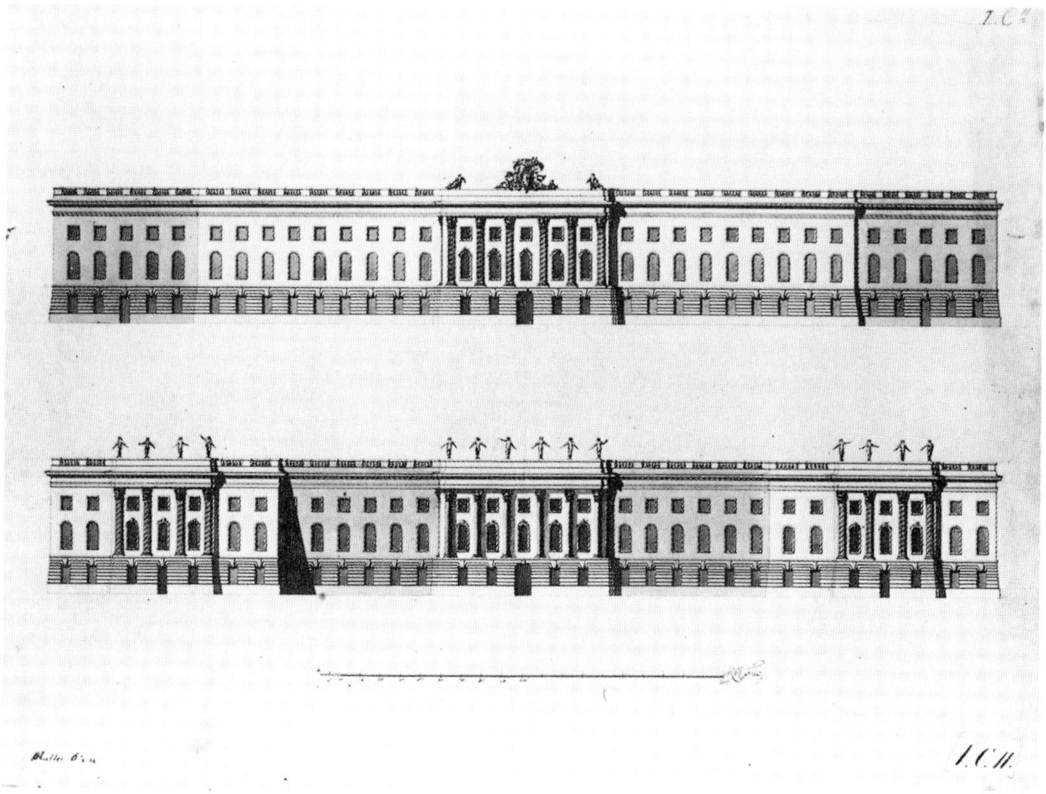

Aufrißentwurf der Hof- und Gartenseite des Prinz-Heinrich-Palais. Unbekannter Zeichner (J. Boumann?), um 1747/48. Stadtarchiv Berlin

»Vue de la Maison de l'opera à Berlin«, Kupferstich von J. G. Fünck, 1743. Deutsche Staatsbibliothek Berlin

Ansicht des Opernplatzes mit der Hedwigskirche und der neuen Bibliothek. Radierung von J. Rosenberg, 1782. Märkisches Museum Berlin

Linden 37) gehörenden Stallgebäude mit einem Portal »*von besonderem Geschmack*« von Feldmann (Nicolai, 1769, S. 108). Im Zuge der baulichen Veränderungen am und im Palais durch Hildebrant sind diese Gebäude 1750 – bei Borrmann als Orangerie bezeichnet – zweigeschossig ausgebaut worden.

Dem Schmettau-Plan von Berlin aus dem Jahr 1748 ist eine Ansicht des Opernplatzes beigegeben, auf der ein eingeschossiges langgestrecktes Gebäude mit hohem Mansarddach und an den Ecken zweigeschossige Pavillons wiedergegeben sind. Entlang der Front sind Bäume – vermutlich Linden – gepflanzt. Zwei Jahrzehnte später, 1771, starb Markgraf Friedrich Wilhelm, und der Domherr von Bredow übernahm das Grundstück. Von diesem erwarb Friedrich dann 1774 die Seitengebäude und ließ an ihrer Stelle bis 1784 die Bibliothek errichten. Der so gebildete Platz, »*am Opernhause*« genannt, wurde an seinem südlichen Ende von der Behrenstraße begrenzt, die hier mit »*schönen Häusern besetzt*« war (Nicolai, 1769, S. 106). In der Ansicht von Schmidt sieht man ein Bürgerhaus, dreigeschossig mit neun Achsen, und daran anschließend eine lange zweigeschossige Front mit Mansarddach, beides Bauwerke, die wohl zwischen 1737 und 1738 entstanden sind. In späterer Zeit müssen hier Veränderungen vorgenommen worden sein, denn der Stich von Rosenberg zeigt 1782 eine Lücke mit einer Toreinfahrt zwischen den beiden Gebäuden.

Doch die südliche Platzseite war noch immer nicht vollständig bebaut, zum Opernhaus hin war eine Baulücke, und in diese hinein setzte Friedrich nun die katholische Kirche. Das war eine eigenwillige Zutat zum ursprünglichen Forumprojekt, das, gemessen an den Knobelsdorffschen Vorstellungen, ein Torso blieb.

»Prospect des großen Platzes von Opern Hause 2. der Cathol. Kirche St. Hedwig 3. und einer Seite des Marggraff. Heinrichl. Pallais.« Kupferstich von G. F. Schmidt, aus dem Schmettau-Plan, 1747/48. Deutsche Staatsbibliothek Berlin

Das Pantheon als klassisches Bauwerk und als Bedeutungsträger seiner Toleranzvorstellungen gehörte nach wie vor zu den Lieblingsprojekten des Königs, deren Verwirklichung er immer wieder vorantrieb. So ist es wohl zu verstehen, daß er seine Vorstellungen nicht an einem städtebaulich wenig interessanten Ort, sondern in einem entsprechenden architektonischen Rahmen verwirklicht sehen wollte. Welcher Platz in Berlin war geeigneter als das geplante Forum? Wenn auch die beabsichtigte Manifestation des preußischen Absolutismus, die dieses städtebauliche Ensemble werden sollte, erst im Neuen Palais in Potsdam ihre bauliche Verwirklichung erfuhr, so war es doch eine Anlage, die nicht zu Unrecht schon die Bewunderung der Zeitgenossen hervorrief und von Nicolai 1786 überschwenglich als »*einer der schönsten Plätze der Welt*« bezeichnet wurde.

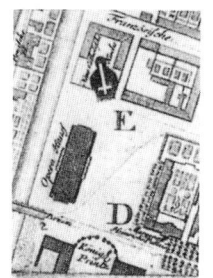

Opernplatz; Detail aus dem Schmettau-Plan, 1748. Deutsche Staatsbibliothek Berlin

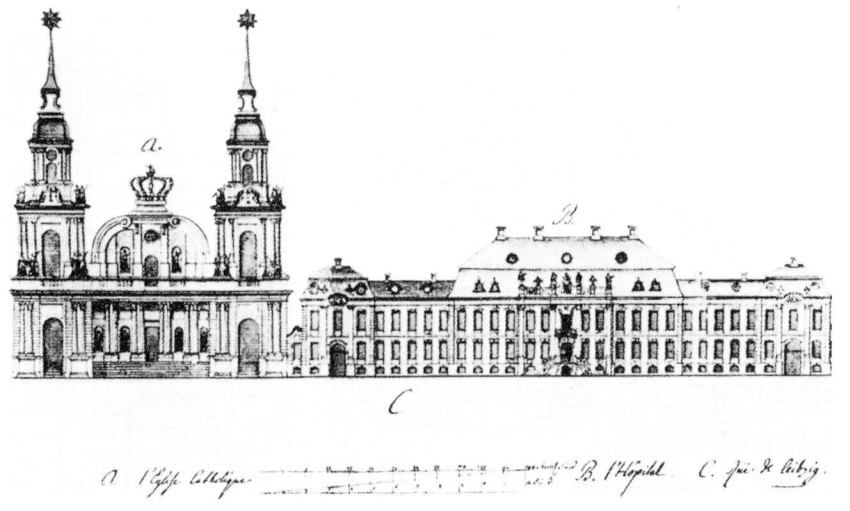

Aufrißentwurf einer katholischen Kirche und eines Hospitals in der Leipziger Straße, Berlin. Unbekannter Zeichner, um 1746. Archivo General de Simancas

Entwürfe, Zeichnungen und frühe Kupferstiche

Im Archiv von Simancas wird ein erster Entwurf für den Bau einer katholischen Kirche in Berlin aufbewahrt. Diese Zeichnung war auf sonderbare Weise nach Spanien gekommen. Gräfin von Bredow, eine Hofdame der preußischen Königin, hatte sich Anfang 1747 mit der Bitte um Unterstützung des Kirchenbauprojektes an den spanischen König gewandt. Der spanische Gesandte in Dresden, Graf von Baena, wurde in diesem Zusammenhang von seiten der spanischen Krone um Aufklärung der Absichten des preußischen Königs gebeten. Er wandte sich deshalb um weitere Auskünfte an die Gräfin von Bredow, die ihm in einem Brief vom 6. Mai 1747 zur Erläuterung einen Aufriß des geplanten Kirchenhauses beilegte. Diesen reichte der spanische Gesandte am 13. Mai 1747 nach Madrid.

Der Entwurf sah den Bau einer Kirche und eines Invalidenhauses in der Leipziger Straße vor. Die Kirche mit ihren zwei Türmen und dem bekrönten Bogengiebel in der Mitte geht auf die Domprojekte Friedrichs I. zurück und hat ihr Vorbild in einem kleinen Stich aus dem zweiten Band des »*Thesaurus Brandenburgicus*« von Lorenz Beger (1698/99) und einem Entwurf Jean de Bodts für die Westfront des Berliner Domes in der Sächsischen Landesbibliothek Dresden aus dem Jahre 1712.

Als die Gräfin von Bredow diesen Plan im Mai 1747 ihrem Brief an den spanischen Gesandten in Dresden beigab, muß er noch von den Berliner Katholiken – mindestens von dem Kreis um die Gräfin – als konkreter Entwurf angesehen worden sein; aber schon Anfang Dezember 1746 lag der endgültige Bauplatz und damit wohl auch das Zentral-

Aufriß der Westfront des Domprojektes für Berlin. Zeichnung von Jean de Bodt, um 1712. Landesbibliothek Dresden

Grundsteinlegung der Hedwigskirche am 13. Juli 1747. Radierung von J. L. Le Geay, 1747. Staatliche Museen zu Berlin, Kupferstichkabinett

bauprojekt fest. Es ist kaum wahrscheinlich, daß Friedrich je an die Ausführung dieses Planes gedacht hat, lag ihm doch daran, seine eigenen Vorstellungen umzusetzen.

Es gibt keinen Zweifel, daß er Skizzen für die Hedwigskirche angefertigt hat. Die Tatsache ist zuerst auf dem Blatt von Le Geay, das die Zeremonie der Grundsteinlegung 1747 wiedergibt, und auf dem Titelblatt seiner Serie über die Kirche mit »*sur les desseins du Roy*« angegeben. Das wird auch ausdrücklich im »*Etat general*« 1750 bestätigt, allerdings sind die Zeichnungen nicht überliefert.

Es ist angenommen worden, daß der Grundriß und Schnitt in den beiden runden Medaillons sowie der Aufriß in der Mitte des Kupferstiches von Le Geay, der die Grundsteinlegung zeigt, die Zeichnungen des Königs wiedergeben. Ein Vergleich mit den bekannten Friedrich-Zeichnungen ist nicht möglich, da sie sicherlich durch den Stecher im Duktus verändert wurden. Der Grundriß zeigt das große Rund der Kirche mit den Fensteröffnungen, aber ohne erkennbare Säulenstellung, und der Kirche vorgelagert einen Portikus. Daran schließt sich ein kleineres Rund – wahrscheinlich eine Sakristei oder eine Taufkapelle – mit seitlich je einem rechteckigen Anbau an. Diesen Grundriß mit seiner Medaillonform – von einem Engel getragen – hat der Kupferstecher F. G. Schmidt in einer vor 1750 zu datierenden Darstellung des Opernplatzes von Le Geay übernommen und als »*grundriss der Kirche*« angegeben.

In der Mitte taucht, in der Sockelzone und an der rechten Seite von Wolken und Genienköpfen verdeckt, die Frontalansicht der Kirche auf. Im Vergleich zu der Ansicht in der Serie, die Le Geay 1748 von der

Aufriß aus dem Blatt der Grundsteinlegung der Hedwigskirche, J. L. Le Geay, 1747

Grundriß aus dem Blatt der Grundsteinlegung der Hedwigskirche, J. L. Le Geay, 1747

Kirche anfertigte, ist die Kuppelkrümmung segmentbogenförmig, und auf der Laterne fehlen die Figuren. Unterschiede in der Plastik (Figuren, Reliefs, Tympanonplastik) lassen sich aufgrund der hier nur skizzenhaften Ausführung nicht ermitteln. Auch diese Ansicht scheint F. G. Schmidt für seine Darstellung der Kirche als Vorlage gedient zu haben, wobei der Sockel mit der Treppenanlage von ihm hinzugefügt worden ist.

Das dritte Bild, wiederum in einem Medaillon, zeigt einen Querschnitt. Deutlich erkennbar ist die Aufteilung in zwei Zonen: bis zum Kuppelansatz – durch ein breites Gesimsband getrennt – eine betont senkrechte Gliederung durch bis an das Gesims reichende rundbogige Nischen (Fenster?), und Pilaster oder Säulen; die Kuppel wird durch Gurte unterteilt und hat in der Mitte eine Öffnung für die Laterne. Die Kuppelwölbung ist oben abgeflacht, gleicht also einer halben Ellipse im Längsschnitt.

Von Friedrich sind Grund- und Aufrißzeichnungen bekannt, nicht aber Schnitte. Es genügte, wenn er den Baumeistern seine Vorstellungen im Grund- oder Aufriß festlegte. Ein Schnitt erfordert kompliziertere baukünstlerische und -technische Überlegungen, auf die es Friedrich kaum ankam; für ihn war das Äußere und bei den für ihn persönlich bestimmten Gebäuden wie Schloß Sanssouci auch noch der Grundriß interessant. Die weitere Durcharbeitung oblag dem Baumeister, von dem er allerdings über jedes Detail Rechenschaft forderte. Für die Hedwigskirche gibt keiner der Quellen die Anzahl der Zeichnungen Friedrichs an. Während Le Geay beim Blatt von der Grundsteinlegung und dem Titelblatt der Serie ausdrücklich »*sur les desseins*« vermerkt, wird im »*Etat*« nur von »*dem Plan*« gesprochen, den der König gezeichnet habe. Man wird darunter zu verstehen haben, daß die Fixierung der Grundkonzeption vom König vorgenommen worden ist. Auf jeden Fall steht fest, daß Friedrich Skizzen zum Bau der Hedwigskirche angefertigt hat.

Es ist durch einen Brief Sweerts vom 18. April 1756 belegt, daß auch ein vom König approbierter Plan bestanden hat. In Nr. 131 der »*Berlinischen Nachrichten von Staats- und gelehrten Sachen*« vom 2. November 1773 wird die feierliche Einweihung beschrieben und erwähnt, daß die Kirche »*nach den Zeichnungen des Königlichen Ober-Baudirektors Herrn Baumann*« errichtet worden sei; auch Brecht nennt Boumann als den Zeichner der Baupläne.

Bereits vor Baubeginn des Prinz-Heinrich-Palais war 1747 Johann Boumann d. Ä. mit dem Neubau des Doms auf dem Lustgarten in Berlin betraut worden. Auch dieser Kirche lagen eigenhändige Skizzen des Königs zugrunde. Boumann errichtete ebenfalls den Neubau der in der Nacht vom 20. zum 21. August 1743 abgebrannten Akademie der Wissenschaften in der zweiten Hälfte des Jahres 1749. Es ist auffällig, daß er in diesen Jahren vom König nicht nur in Potsdam, sondern auch für größere Berliner Bauvorhaben herangezogen wurde. Wie Manger unter

Schnitt aus dem Blatt der Grundsteinlegung der Hedwigskirche, J. L. Le Geay, 1747

dem Jahr 1748 vermerkt, hatte sich Boumann »*von Potsdam entfernen und nach Berlin begeben müssen*« (Manger, S. 102). Tatsächlich genoß Boumann gerade in dieser Zeit beim König höchstes Vertrauen. Die Berufung nach Berlin hängt mit den vielen Bauaufgaben zusammen, die von Potsdam aus schwerlich zu bewältigen waren. Boumanns Name steht unter einem mit drei Steinmetzmeistern am 5. Juni 1748 in Potsdam geschlossenen Vertrag über die auszuführenden Steinmetzarbeiten beim Bau der Hedwigskirche.

Wie aus den »*Berlinischen Nachrichten von Staats- und gelehrten Sachen*« zu ersehen ist, legte Friedrich in einer Kabinettsorder vom 19. März 1748 den Modus über die Verwaltung der Kirchenbaugelder durch die »*ernennten 3 Herren Commissarii*« – Graf von Rothenburg, den Direktor der Schauspiele, Reichsfreiherr von Sweerts und Geheimrat von Cagnoni – fest und ordnete an, daß »*bei dem Ablauf eines jeden Monaths der Königliche Schloß-Castellan zu Potsdam, Herr Boumann, in einer hierzu von den Herrn Direktoren anzustellenden Zusammenkunft die Rechnungen der Arbeitsleute und die öffentlichen Ausgaben genau untersuchen soll, damit aller Unterschleife auch sogar der geringste vermieden und der Bau tüchtig fortgeführt werde*« (Berlinische Nachrichten..., Nr. XXXIV, 23.3.1748). Die generelle Aufsichtsfunktion Boumanns über den Kirchenbau wird in einer weiteren Order vom 14. August 1748 an die Direktoren des katholischen Kirchenbaus ausdrücklich bestätigt, indem diesen zwar empfohlen wird, einen Rendanten einzusetzen, der die Einnahmen und Ausgaben der Baugelder verwaltet, doch werden die Administratoren darauf hingewiesen, »*daß selbige denen Veranlassungen des Castelans Boumann's wegen dieses Kirchenbaues überall folgen und ihm darunter nicht entgegen sein mögen*« (Hasak, S. 48). In dieser Stellung als Bauleiter hat er auch im Juni 1748 den oben genannten Vertrag mit den Steinmetzmeistern abgeschlossen.

Als Boumann im März 1748 in das Baugeschehen der Hedwigskirche einbezogen wurde, lagen die Entwürfe sicherlich schon vor. Ihm oblag die technische Umsetzung, die, abgesehen von zeitweiligen finanziellen Schwierigkeiten, nicht immer einfach zu erfüllen war. Namentlich die Konstruktion der Kuppel erforderte besondere bautechnische Fähigkeiten. Es wird ihm von Manger aber bescheinigt, daß er »*in der Zimmerer- und Tischlerkunst sehr geübt*« war. Hier lag seine Stärke, und es ist nicht ausgeschlossen, daß er zu bestimmten Details Zeichnungen angefertigt hat – von wem sonst sollten die Zeichnungen der komplizierten Kuppelkonstruktion stammen, die der Berliner Reproduktionsstecher J. S. L. Halle als Vorlage für seine Kupferstiche in dem 1786 erschienenen Band der »*Oeconomisch-technologischen Enzyklopädie*« von Krünitz benutzte? So mußte sehr bald der Eindruck entstehen, daß die Skizzen des Königs von Boumann zu einem gültigen Entwurf umgesetzt worden sind. Das mag in einigen Fällen durchaus zutreffen, aber es gilt nicht für die Berliner Hedwigskirche.

Wenn auch zu Anfang in der katholischen Gemeinde teilweise andere Vorstellungen bestanden haben mögen, so stand spätestens mit der Wahl des Bauplatzes die Form des Zentralbaues fest. Auch seine Gestalt dürfte bis zur Grundsteinlegung im Juli 1747 fixiert worden sein, denn auf dem Blatt über die Zeremonie ist die Kirche in Grundriß, Schnitt und Ansicht wiedergegeben. Ein Vergleich der vorhandenen Zeichnungen mit zeitgenössischen Kupferstichen läßt erkennen, daß die Planung auch für den festgelegten Zentralbau nicht von Anfang an in allen Details festlag, sondern sich in Etappen vollzog. Das vorhandene Material ist aber so lückenhaft – Bauakten fehlen ganz –, daß eine Analyse nicht den Anspruch einer Genesis der Entwürfe zur Hedwigskirche

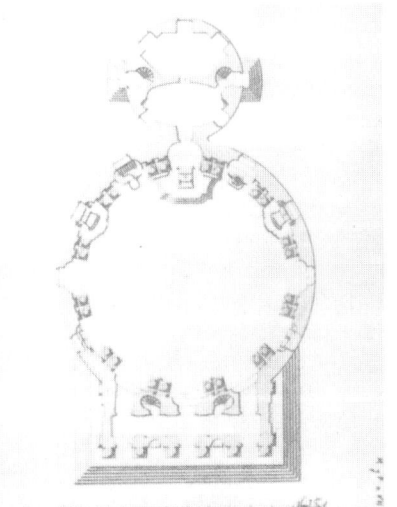

Grundrißentwurf des Hauptgeschosses der Hedwigskirche. Unbekannter Zeichner, um 1747. Archivo General de Simancas

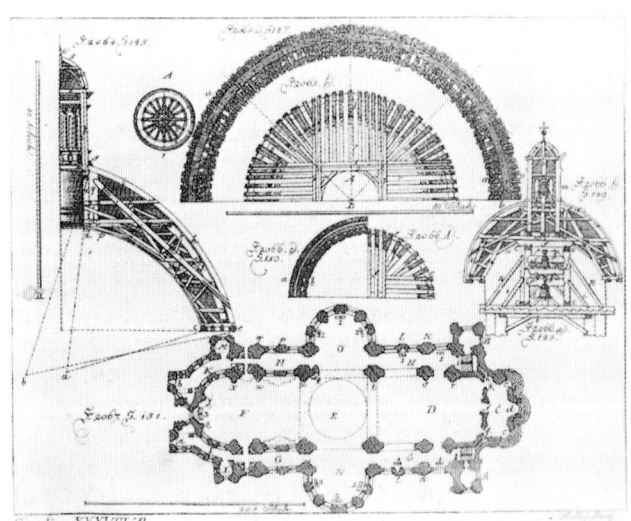

erheben, sondern nur den ersten Versuch einer Ordnung darstellen kann.

Ausgangspunkt für die Planung waren die von Friedrich skizzierten Vorstellungen. Damit war die Grundform eines zentralen, von einer Kuppel überwölbten Rundraumes, eines Portikus als Eingang und eines kleineren runden Raums dem gegenüber fixiert.

Die vorhandenen Pläne und zeitgenössischen Kupferstiche lassen sich in zwei Gruppen einordnen, deren wesentliche Unterschiede in baulichen Details und im Figurenprogramm liegen. Zur ersten Gruppe gehören die Pläne, die mit der Bitte um finanzielle Unterstützung für den Kirchenbau aus Berlin nach Rom und Madrid geschickt worden waren. Dem Brief des Baron von Sweerts, der sich unter dem Datum des 7. November im Archivio Segreto Vaticano befindet, sind ein Grundriß der Krypta, des Hauptgeschosses sowie eine Frontalansicht beigefügt. Drei Pläne im Archivo General de Simancas sind einem Brief beigegeben, den der spanische Gesandte in Dresden am 5. Mai 1748 an den König in Madrid, Don Fernando VI., geschrieben hat. Die Pläne sind wieder durch die Vermittlung der Gräfin von Bredow aus Berlin in die Hand des spanischen Gesandten gelangt. In dem Brief werden sie als Kopie bezeichnet und zeigen gleichfalls den Grundriß der Krypta, den des Hauptgeschosses und eine Frontalansicht. Die Zeichnungen im Vatikan und in Simancas sind zum Teil gleich und sollen deshalb zusammen behandelt werden. Eine Zuweisung an einen bestimmten Zeichner ist in beiden Fällen nicht möglich. Die Einteilung der Krypta unter dem Hauptraum in einzelne Grabkammern stellt bis auf geringe Abweichungen das ausgeführte Sternsystem dar. In der Sakristei sind die Unterschiede größer: Von einem Mittelgang gehen vier in sich gegliederte Grabkammern ab; rechts führt eine Wendeltreppe von oben herab; am Ende des Mittelganges ist wohl ein Ausgang vorgesehen.

Beim Grundriß des Hauptgeschosses ist eine Anlage von sechs Stufen (ausgeführt wurden dann acht) am Portikus vorgesehen. Nur drei frontale Eingänge sind beabsichtigt, seitliche Zugänge fehlen. Die paarweise Säulenstellung im Hauptraum entspricht der Ausführung, sie stehen aber auf dem Niveau des Fußbodens und nicht wie später auf einer umlaufenden zweistufigen Erhöhung. Kirchen- und Sakristeiraum sind auf der Simancas-Zeichnung an ihrer Verbindungsstelle stark eingeschnürt und nur durch einen schmalen Zugang verbunden. Die Sakristei ist durch eine Mittelwand – nur unterbrochen durch eine Öffnung – geteilt. Seitlich sind zwei runde Treppen eingebaut, von denen die rechte in die Krypta, die linke ins Obergeschoß führen sollte. Die Treppen waren von außen über je eine sechsstufige Anlage zu erreichen. Die auf dem Blatt der Grundsteinlegung im Grundriß eingezeichneten Nebenräume sind hier schon entfallen. Bei der Zeichnung im Vatikan ist das Innere der Sakristei ohne Gliederung.

Die Frontalansicht in Simancas zeigt einen aus einem Rustika-Mauerwerk bestehenden Bau, in dem hohe schlanke, rundbogig abgeschlos-

Kuppelkonstruktion der Hedwigskirche. Kupferstich von J. S. L. Halle, um 1785.
J. G. Krünitz, Oeconomischtechnologische Encyklopädie, Berlin 1786, 38. Teil, Blatt 6

sene Fenster eingelassen sind. Ein kräftiges Gesims schließt das aufsteigende Mauerwerk ab; auf der Attika darüber sitzt die Kuppel. Auf einem achtstufigen (!) Unterbau erhebt sich ein Portikus, der aus sechs ionischen Dreiviertelsäulen besteht, die einen Architrav und darüber ein Giebeldreieck tragen. Eingänge befinden sich in der Mitte und in den beiden äußeren Interkolumnen. Die beiden Nischen dazwischen nehmen Figuren auf. Eingänge und Nischen sind durch gestelzte Rundbögen mit Genienköpfen oder Kartuschen im Scheitel abgeschlossen. Die fünf Reliefs darüber stellen (v. l. n. r.): Dreieinigkeit, Verkündigung, Kreuzigung, Auferstehung und Himmelfahrt dar. Der Architrav ist ohne jeden Schmuck. Für das Giebelrelief war die Anbetung der Könige vorgesehen; die Einzelfiguren auf der Giebelspitze sowie an den Enden, aber auch die der Nischen lassen sich nicht eindeutig bestimmen. Die Kuppel ist elliptisch und an ihrem Scheitel abgeflacht. Es war eine Einteilung in Segmente sowie eine vom Scheitel ausgehende ornamentale Bemalung vorgesehen. Den Abschluß bildet eine offene Laterne mit korinthischen Säulen auf separaten Sockeln und der rundbogigen Öffnung. Auf einer kleineren Kuppel steht abschließend ein Kreuz auf mehrfach gegliedertem Unterbau.

Die Frontalansicht im Vatikan hat dagegen keine Genienköpfe in den Nischenbögen, jedoch Konsolen und Gehänge am Architrav des Portikus. Den Giebel schmücken drei gleiche, ungelenke Bischofsfiguren. Auf der Laterne stehen Statuen, und eine Figur – sonst immer das Kreuz – bildet den Abschluß.

In unmittelbarem Zusammenhang mit der Simancas-Frontalansicht steht ein Aufriß mit der Überschrift »*Couple & Portal Der zu Berlin in Aō 1747 zu bauen Angefangenen Catholischen Kirche*«, der sich im Kupferstichkabinett der Staatlichen Museen zu Berlin/DDR befindet.

Der untere Teil des Blattes ist entfernt, und es ist nicht ausgeschlossen, daß er den Grundriß zeigte. Ein Vergleich mit der Ansicht in Simancas ergibt eine frappierende Übereinstimmung. Unterschiede bestehen in den Figuren der Nischen und des Giebels, in den »Ohren« an den Reliefs und vor allem in der Dekorierung des Architravs. Zwischen Konsolen sind Blumengehänge angebracht, die denen des östlichen (Bibliothek) und westlichen (Rothenburgzimmer) Pavillons des Schlosses Sanssouci ähneln, hier aber in keiner Weise der angestrebten Klassizität des Kirchenbaus entsprechen. Die Zeichnung, wahrscheinlich aus dem Jahr 1747/48, ist qualitätvoll und im Detail genau – nicht von Knobelsdorff, wie Erouart annimmt – und läßt sich mit keiner der bekannten Bauzeichnungen der Zeit in Verbindung bringen.

Während die meisten Kupferstiche die Darstellungen von Le Geay als Vorlage benutzten, geben zwei Stiche aus den Jahren 1747/48 den Zustand der Zeichnungen wieder. Einmal ist es die Ansicht des Opernplatzes mit der Hedwigskirche auf dem Schmettau-Plan. Er ist nachweislich Ende 1747 entstanden und bis in die Details so genau, daß eine ähnliche Zeichnung wie die beiden oben genannten Ansichten für die

Aufriß der Hedwigskirche. Unbekannter Zeichner, um 1747. Staatliche Museen zu Berlin, Kupferstichkabinett

Kirche als Vorlage gedient haben muß. Der andere Stich, von Trosberg, zeigt die Kirche in Grund- und Aufriß. Diese Ansicht ist etwas unzulänglich und weist proportionale Verschiebungen und Verzeichnungen sowie eigene Zutaten des Stechers auf. Das Giebeldreieck stellt zum Beispiel nicht die Anbetung der Könige, sondern den Einzug in Jerusalem dar.

Im Mittelpunkt der zweiten Gruppe von Plänen und Stichen der Hedwigskirche stehen zwei Zeichnungen im Berliner Stadtarchiv sowie die Kupferstichserie von Le Geay. Das Berliner Stadtarchiv bewahrt einen Grundriß und einen Aufriß der Kirche auf, die bisher nur bei Borrmann ohne Datierung und Zuschreibung genannt sind. Der Grundriß ist durch die genauen Maßangaben im linken unteren Viertel als ein zur Ausführung bestimmter Plan ausgewiesen. Gegenüber dem Grundriß im Vatikan und in Simancas zeigen sich Unterschiede: Die Treppenanlage besteht jetzt aus acht Stufen, der Portikus weist seitliche Eingänge auf. Zwischen Kirche und Sakristei gibt es eine breite Öffnung, rechts und links davon ist je eine Rundtreppe in das Mauerwerk eingebaut. Die Sakristei bleibt ohne Mitteleinbauten, nur an den Wänden zwischen den Fenstern sind Pilaster vorgesehen. Ein Überleger, der die halbe Sakristei verdeckt, sieht nicht nur die Verengung der Öffnung zum Kirchenraum vor, sondern auch einen inneren Ring, bestehend aus rundbogigen Arkaden mit vorgesetzten Pilastern, so daß sich ein gewölbter Umgang ergibt. Das System ist in einem Aufriß zu sehen. Die beiden seitlichen Treppen sind fortgelassen. Dieser Grundriß mit der neuen Variante der Sakristei entspricht im wesentlichen der späteren Ausführung. Als Zeichner kommen die von den Sanssouci-Plänen her bekannten Berger und Johann Friedrich Friedel wohl kaum in Betracht. Zeichenstil und Art des Maßstabes weisen eher auf einen Zusammenhang mit dem bisher unbekannten Zeichner hin, der um 1747/48 einen Grundriß und zwei Aufrisse des Schlosses Sanssouci gezeichnet hat.

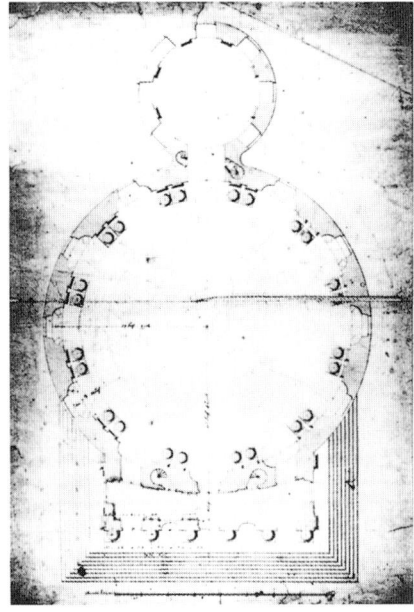

Grundrißentwurf der Hedwigskirche (ohne Alternativentwurf für die Sakristei). Vermutlich aus dem Baubüro Knobelsdorffs, 1747. Stadtarchiv Berlin

Der im Archiv befindliche Aufriß ist der interessanteste und wichtigste Plan der Hedwigskirche. Dieser Entwurf stammt von keinem anderen als Georg Wenzeslaus von Knobelsdorff. Es ist der gleiche Stil wie bei den Zeichnungen zum Schloß Rheinsberg sowie bei denen zum Opernhaus in Berlin. Auffällig ist die Verwandtschaft in der Behandlung der Bauplastik: in wenigen kurzen Strichen ist das Charakteristische einer Vase oder Figur erfaßt. Typisch für Knobelsdorff sind auch die kurzen, parallel geführten Striche, die hier in der Spitze des Giebeldreiecks, aber auch am Aufriß der Rheinsberger Kolonnade, beim Entwurf zum Apollotempel in Neuruppin und nicht zuletzt bei seinen Landschaftszeichnungen zu finden sind. Ein wichtiges Indiz ist weiterhin der Maßstab. Er weist die Bezeichnung »model« auf, die sich – wie auch die Zahlen – in gleichem Schriftduktus auf der Zeichnung zum Apollotempel in Neuruppin wiederfindet. Es gibt keinen Zweifel, daß es sich hier wirklich um eine eigenhändige Zeichnung Knobelsdorffs handelt. Links neben und über dem Maßstab sind noch Spuren einer Beschriftung – vermutlich eine Bauanweisung – zu sehen. Da sie mit Bleistift geschrieben wurden, sind sie aber heute so verblaßt, daß der Text weder zu lesen noch im Duktus klar zu erkennen ist. Nicht auszuschließen ist, daß es sich hier um eine Erläuterung von der Hand Knobelsdorffs handelt. In der älteren Literatur ist Knobelsdorff nie mit der Hedwigskirche in Verbindung gebracht worden. Erst die in jüngerer Zeit erfolgte Auswertung der Akten im Vatikan brachte eine wichtige Entdeckung. Erouart zitiert in seinem 1982 erschienenen Buch über Le

Aufrißentwurf der Hedwigskirche (ohne Alternativentwurf für die Laterne). Zeichnung von G. W. v. Knobelsdorff, 1747. Stadtarchiv Berlin

Geay aus einem im Juni 1747 an den Vatikan gesandten Schreiben: »*Der Baron von Knobelsdorff, der in Rom studiert hat, war für die Zeichnungen verpflichtet worden.*« Das ist bisher der einzige schriftliche Beweis für Knobelsdorffs Anteil an der Hedwigskirche.

Der Plan Knobelsdorffs entspricht in seinen wesentlichen Stücken der Ausführung. Im Vergleich zu den anderen Aufrissen ergeben sich folgende Unterschiede: Die Säulen stehen nicht mehr auf einem Sockel, sondern lediglich auf der Plinthe. Die Eingänge besitzen drei kleine Treppen, die dann aber nicht ausgeführt wurden. Nischen- und Eingangsbögen sind stark gestelzt (ebenfalls nicht ausgeführt), aber ohne Genienköpfe oder Kartuschen im Scheitel. Am Architrav sind über den Säulen paarweise Konsolen vorgesehen. An die Stelle des Gebälkfrieses ist ein Zahnschnitt getreten. Der Sockel des Baukörpers ist noch einmal abgesetzt und bis zur Höhe der oberen Basiswulst der Portikussäulen erhöht; die hohen schlanken Fenster sind ohne Kämpfer. Die seitlichen Giebelfiguren stehen nicht mehr an den Spitzen, sondern auf der Höhe der Attika, die etwas vorgezogen ist (ebenfalls nicht ausgeführt). Die Bemalung der Kuppel fehlt. Auf der Laterne stehen über den Säulen Figuren.

In die Zeichnung ist – wohl später von fremder Hand – die Umrißlinie der tatsächlich ausgeführten Kuppel eingezeichnet. In deren Scheitel setzt ein Überkleber an, der, wie alte Klebestellen noch erkennen lassen, eine zweite Lösung für die Laterne darstellt. Obwohl mit anderer Tusche ausgeführt, weist er doch gleiche stilistische Merkmale wie die gesamte Zeichnung auf. Aber die architektonische Auffassung dieser Variante ist gänzlich anders. Auf einem gemeinsamen Sockel stehen, paarweise geordnet, korinthische Säulen. Während zwischen den schmalen Zwischenräumen herabhängende Rokoko-Ornamentik die Fläche bedeckt, werden die breiten Zwischenräume von großen rundbogigen, bis auf den Sockel reichenden und verglasten Fenstern eingenommen. Die sich den oberen Fensterbögen anpassenden Spiegel darüber, die kleinen Gesimssockel an den Fensterbögen, die Sprosseneinteilung der Fenster selbst, die Ornamentik zwischen den Säulen und nicht zuletzt das wieder alles zusammenfassende Hauptgesims darüber erinnern an Architekturelemente des Schlosses Sanssouci: die Gliederung am Vestibül in der Mitte der Ehrenhofseite, die Kuppelrundung an der Südseite, die Gesimse und Fenster. Der Säulenstellung entsprechend sind die Figuren paarweise aufgestellt; den Abschluß bilden wieder Kuppel und Kreuz.

Klar erkennbar ist auf Knobelsdorffs Zeichnung das Figurenprogramm: Im großen Giebeldreieck ist die Anbetung der Könige dargestellt, doch in anderem Aufbau und in neuer Gestaltung. Die fünf Reliefs über den rundbogigen Türen beziehungsweise Nischen zeigen von links nach rechts die Verkündigung, Christus am Ölberg, Kreuzabnahme, Auferstehung und Himmelfahrt. In dieser Reihenfolge und Thematik sind sie dann auch ausgeführt worden. 1750 waren sie fertig, denn im August dieses Jahres wurde im Generaletat das abschließende Ölen der Reliefs vermerkt. In der thematischen Auswahl läßt sich keine direkte Beziehung zu irgendwelchen Programmen, etwa dem Passionszyklus, erkennen, doch scheint sie nicht willkürlich getroffen worden zu sein.

Aufrißentwurf der Hedwigskirche (mit Alternativentwurf für die Laterne). Zeichnung von G. W. v. Knobelsdorff, 1747. Stadtarchiv Berlin

Für die Portikusfiguren und für jene auf der Laterne lassen sich eindeutige Bezüge zur Katholischen Hofkirche in Dresden herstellen, dem größten katholischen Bau im Norden Deutschlands, der von 1739 bis 1754 nach Entwürfen des Italieners Gaetano Chiaveri errichtet worden war. Über die Bedeutung dieses katholischen Baues im protestantischen Norden hinaus gab es durch die Gräfin von Bredow direkte Beziehungen der Berliner Katholiken zu Dresden und namentlich zum dortigen spanischen Gesandten. Als die Hedwigskirche begonnen wurde, war die Hofkirche im Äußeren schon fast vollendet. Wenn auch die architektonische Grundform des Berliner Baus nicht mehr barocke, sondern klassizistische Züge hatte, so wird man aus der Fülle des Dresdner Figurenprogramms Anregungen übernommen haben.

Knobelsdorff war durch seine Besuche in Dresden 1732 und 1740 über das sächsische Baugeschehen informiert, und zweifellos waren ihm auch die Kupferstiche Lorenzo Zucchis nach dem zweiten und im wesentlichen der Ausführung entsprechenden Entwurf Chiaveris aus den Jahren 1739/40 bekannt. Darin lagen bereits das Figurenprogramm und die später nur wenig veränderte Aufstellung der Figuren fest. An der Schauseite nahmen die vier Evangelisten neben dem Portal besonders ausgewählte Plätze ein; links Johannes (?) und Matthäus, rechts Lukas (?) und Markus (?); die spätere Aufstellung folgte dann der Reihe, Matthäus, Johannes, Markus, Lukas. Hinzu kamen die vier Kardinaltugenden und die Apostel, wobei Petrus und Paulus in den Nischen des zweiten Turmgeschosses standen, die anderen paarweise auf den vier Ecken der Seitenkapellen.

Um das große Aufgebot von 78 Statuen herzustellen, waren 1738 der aus Vicenza stammende Lorenzo Mattielli aus Wien und ein Jahr später sein Freund Adam Friedrich Oeser nach Dresden berufen worden, die sich beide einer neuen, auf das Vorbild der Antike orientierten Richtung verbunden fühlten – vielleicht nicht zuletzt durch die drei 1706 in Herculaneum ausgegrabenen antiken Frauenstatuen, die ursprünglich im Belvedere in Wien aufgestellt waren, dann aber 1736 von August III. erworben wurden und in seine Dresdner Sammlung kamen. Eine Auffassung, die sich zur »*Kunst der Alten*« hinwandte, wie die Verhaltenheit der Gebärdensprache und die Schlichtheit im Faltenwurf der Gewänder zeigen, mußte auch Knobelsdorff beeindruckt haben. Bis 1747 waren schon 56 Statuen aufgestellt und die übrigen zumindest in Arbeit. Das Figurenprogramm im allgemeinen und die Skulpturen selbst fanden den Beifall Winckelmanns und auch Algarottis, der sich 1742/43 in Dresden aufgehalten und für die persönlichen Belange des Bildhauers eingesetzt hatte. Algarotti war auch mit dem Jesuitenpater Ignaz Guarini bekannt, den Friedrich II. einen »*Günstling, Minister, Hofnarr und Beichtvater Augusts III.*« nannte und der bei den Angehörigen der königlichen Familie in Dresden Gelder für den Bau in Berlin sammelte. Diese Verbindung sollte von Wichtigkeit sein; das geistliche Programm der Statuen in Dresden ging ja wohl im wesentlichen auf den Pater zurück. Algarotti wiederum, der Knobelsdorff so gut kannte und den preußischen König in künstlerischen Fragen beriet, gehörte dem Kirchenbaudirektorium der Hedwigskirche an. Hinzu kommt, daß die Kupferstiche von 39 Statuen, die Lorenzo Zucchi nach Zeichnungen von Stefano Torelli anfertigte, zur weiteren Kenntnis und Verbreitung der Bildhauerwerke über Sachsen hinaus beigetragen haben werden.

So wird es eine Dresdner Anregung gewesen sein, daß Knobelsdorff am und auf dem Portikus der Berliner Hedwigskirche den Evangelisten eine bevorzugte Stellung gab. In der Nische rechts vom Mitteleingang stand Lukas, in der linken Matthäus; auf der Attika in Höhe der rechten Giebelspitze dann Markus und links Johannes. Während bei diesen Figuren die Anklänge an Einzelheiten der Dresdner Statuen nur allgemein sind, ist die Verwandtschaft der Hl. Hedwig auf der Giebelspitze mit der Hl. Barbara auf der Hofkirche augenfällig. Die fünf Figuren sind zwar nicht ausgeführt worden, aber mit der 1773 geschaffenen Statue der Hl. Hedwig griff Meyer d. Ä., der 1745–48 ebenfalls in Dresden tätig gewesen war, noch einmal auf ein Werk Mattiellis, die Hl. Katharina auf der Hofkirche, zurück.

Auf der Laterne stehen als zweite Figurengruppe die Apostel. Von den zwölf vorgesehenen Figuren sind auf beiden Laternen-Varianten immer nur sechs zu sehen. Ihre Identifizierung ist bei der Skizzenhaftigkeit der Zeichnung nicht eindeutig möglich. In der Abfolge von links nach rechts ergibt sich: 1. nicht zu bestimmen, 2. Bartholomäus, 3. Matthäus oder Thomas, 4. Simon, 5. Paulus (?), 6. nicht zu bestimmen.

Die zwölf überlebensgroßen, steinernen Apostel sind von Franz Ebenhech ausgeführt und auch bemalt worden. Sie wurden allerdings nie am festgelegten Ort aufgestellt, ebenso wie auch der Bau der Laterne

Nische mit vier Apostelfiguren der Hedwigskirche, von G. F. Ebenhech; (v.l.n.r.) Andreas, Paulus, Petrus, Matthäus

267

unterblieb; man scheint Zweifel gehegt zu haben, ob die Kuppel die schwere Last zu tragen vermochte. Erst später, nach der Restaurierung von 1930–32, wurden die Apostel, wenig glücklich, in den Fensternischen des Innenraumes aufgestellt. Die Ausführung Ebenhechs weicht sowohl von den wenigen Skizzen Knobelsdorffs als auch von den Apostelfiguren der Dresdner Hofkirche ab, wo sie an der Eingangsseite paarweise an den vier Ecken der Seitenkapellen beziehungsweise Petrus und Paulus in den Nischen des zweiten Turmgeschosses stehen. Anders als in Dresden sind die Figuren Ebenhechs ruhiger in der Haltung, unter Verzicht auf Gesten religiöser Verzückung und pathetischer Hingegebenheit. Nur selten bauscht sich das Gewand, das übrigens stets den ganzen Körper bedeckt. Die Klassizität der Haltung und des Ausdrucks läßt detaillierte Vorzeichnungen Knobelsdorffs vermuten. Die Apostelfiguren Ebenhechs gehörten zu den besten Leistungen der Berliner Bildhauerkunst um 1750. Beim Brand der Kirche im Jahre 1943 sind sie zerstört worden.

Im Zusammenhang mit dem Aufriß Knobelsdorffs und dem Grundriß aus seinem Baubüro stehen die Kupferstiche der Hedwigskirche von Jean Laurent Le Geay. Diese Serie von sieben Stichen besteht aus dem Deckblatt, den Grundrissen der Krypta und des Hauptgeschosses, einem Längs- und einem Querschnitt, einer frontalen Ansicht sowie einer Ansicht der Kirche mit dem Opernplatz, der Oper und dem Blick die Linden hinunter bis zum Schloß.

Das Deckblatt zeigt eine auf Ruinenteilen sitzende Heilige – sicherlich Hedwig – mit Kreuz und Buch. Ihr geblähter Mantel führt den Blick zu einer von einem Putto getragenen Kartusche mit dem Monogramm Friedrichs II. Im Mantel steht die Inschrift: L'EGLISE CATHOLIQUE QUI SE BASTIT A BERLIN. SUR LES DESS(EINS) DU ROI. Im Hintergrund wird mit Gerüsten der Bau eines nicht näher verdeutlichten Gebäudes – symbolisch für Kirchenbau – sichtbar. Unten links trägt das Blatt die Bezeichnung: J. Legeay inv. et fecit. Im Vergleich der Bezeichnungen ergibt sich, daß Le Geay das Deckblatt »erfunden« und »gemacht«, die anderen Blätter aber nur »gezeichnet« und »gestochen« und nicht »erfunden« hat. Der »Erfinder« ist ganz sicher Knobelsdorff selbst, seine oder doch die aus seinem Baubüro stammenden Zeichnungen dienten wahrscheinlich als Vorlagen für die Serie Le Geays.

Im Generaletat wird davon gesprochen, daß die Zeichnung des Königs für die Kirche sehr »prächtig« war und dadurch die hohen Baukosten entstanden seien. Wenn man Friedrich auch ein Gefühl für Proportionen nicht absprechen kann, so waren seine Zeichnungen doch alles andere als prächtig. Die Formulierung ist wohl einerseits als Schmeichelei zu verstehen, andererseits aber so etwas wie eine vorweggenommene Rechtfertigung für die beträchtlichen Kosten. »*Paßte diese Pracht nicht wunderbar zu dem Ruhme unserer Heiligen Religion? Kann man den Gedanken hegen, daß man eine so kostbare Auszeichnung hätte ausschlagen müssen?*« (Hasak, S. 171, 177). Wenn aber eine

Titelblatt einer aus sieben Blättern bestehenden Folge über die Hedwigskirche. Radierung von J. L. Le Geay, 1748. Staatliche Museen zu Berlin, Kupferstichkabinett

Zeichnung wirklich als »*prächtig*« bezeichnet werden kann, so nicht die des Königs, sondern die Knobelsdorffs, und sicherlich hatte man sie auch im Auge; im Generaletat heißt es, daß sich die Freude in aller Welt äußerte, »*als die Stiche dieser Zeichnung verbreitet wurden*« (Hasak, S. 172, 178). Gemeint sind zweifellos die Stiche von Le Geay, die der katholischen Welt Kunde von dem Bauvorhaben geben und zu Spenden auffordern sollten. Bisher konnten nur zwei Zeichnungen nachgewiesen werden, aber es ist nicht auszuschließen, daß auch für die anderen Stiche Vorlagen vorhanden waren.

Als Entstehungsjahr der Kupferstiche wird allgemein 1747 angesehen; aber erst im Mai und September 1748 erhielt Le Geay die Bezahlung. Er ist aufgrund dieser Stiche vielfach als der eigentliche Baumeister der Hedwigskirche angesehen worden, aber es gibt keinen Hinweis für eine unmittelbare Tätigkeit Le Geays beim Bau der Kirche. Die Bemerkung Ladendorfs, Le Geay müsse etwas mit dem Baugeschehen zu tun gehabt haben, da der Generaletat für Mai 1748 Zahlungen an ihn für den »*Stich der Platten, welche die Kirche darstellen, und für eine Maschine, die dazu diente, das Wasser des Grabens zu entleeren*« (Hasak, S. 201), ausweist, beruht auf der irrigen Meinung, beide Punkte gehörten zusammen. Andere Zusammenstellungen ähnlicher Art zeigen eindeutig, daß es sich lediglich um eine Aufzählung der in diesem Monat angefallenen außerordentlichen Kosten handelt, die in keinem direkten Zusammenhang stehen. Vergleiche zwischen den Zeichnungen und Stichen zeigen bei aller Nähe doch gewisse Unterschiede im Detail. Das könnte einerseits darin begründet sein, daß sich in der Zwischenzeit tatsächlich Veränderungen ergeben hatten, andererseits war Le Geay

– wie er auf einem Stich ausdrücklich vermerkt – Architekt und wird sich als solcher die Freiheit gewisser »Korrekturen« erlaubt haben. Bei den Frontalansichten gibt Le Geay die erste Laternen-Variante wieder, das bedeutet, daß diese zur Ausführung kommen sollte. Weggefallen sind die kleinen Treppen an den Eingängen, hinzugekommen die Gehänge zwischen den Konsolenpaaren am Architrav. Die Figuren der unteren Nischen sind noch als Matthäus (links), Lukas (rechts) und die Figur auf der Giebelspitze als Hl. Hedwig im Knobelsdorffschen Sinne zu erkennen; beiden Figuren auf der Attika wie auch denen auf der Laterne fehlt jedes zur Identifizierung notwendige Attribut. Das Thema im Giebeldreieck – die Anbetung der Könige – ist geblieben, doch in den Figuren bereichert und kompositionell verändert. Veränderungen gibt es auch im Programm und noch entschiedener in der Komposition. Die fünf Reliefs zwischen den Säulen zeigen nun von links beginnend die Verkündigung, Christus am Ölberg, Kreuzigung, Kreuzabnahme und Grablegung. Ob das Programm Le Geay vorgegeben wurde, kann nicht gesagt werden. Seine Themenfolge, die mit der Grablegung endet, weist damit stärker auf die Passion Christi als das zur Ausführung gelangte Programm Knobelsdorffs, das anstelle dessen die Auferstehung und Himmelfahrt darstellt. Möglicherweise hat es von den wichtigen Reliefs der Schauseite zeitweilig Vorstellungen gegeben, die vom ursprünglichen Plan Knobelsdorffs abwichen.

Eine Vorstellung von der geplanten Innenausstattung geben die beiden Schnitte. Wenn das Baudirektorium in einem Schreiben vom 1.1. 1773 an den Papst vermerkt, daß man noch Geld benötige, um »*die schöne Kirche, wenn auch nicht nach dem von Sr. Majestät unserem König angegebenen Plane, so doch wenigstens zur Einrichtung für den Gottesdienst*« (Hasak, S. 214) vollenden zu können, so gehören zu diesen offenbar notwendigen Einschränkungen nicht nur Figuren, Laterne und Sakristeibau, sondern auch die Ausmalung der Kuppel.

Die Schnitte zeigen, daß daran gedacht war, die große Kuppel ebenso wie die der Laterne und die der Sakristei vollständig auszumalen. Der Säulenstellung entsprechend sind, gleichsam als architektonisches Gerüst, Gurte vorgesehen, die sich zur Kuppelmitte verjüngen, deren Ansatzpunkte am Gesims von Engeln (?) gehaltene Medaillons mit Kirchenfürsten, vielleicht zuweilen auch mit Heiligen, verdecken. Schwere Girlanden verbinden sie untereinander. In den Feldern – und teilweise die Gurte übergreifend – schweben auf Wolken Heiligenfiguren oder -szenen (vielleicht aus dem Leben der Hl. Hedwig) in barocker Illusionsmalerei. Die Ausmalung der Laternen- und Sakristeikuppel ist nicht zu deuten. Es läßt sich nicht mit Sicherheit sagen, ob hier die Vorstellungen Knobelsdorffs wiedergegeben wurden, aber selbst wenn bestimmte Details verändert sein sollten, so folgte die Grundhaltung zweifellos dem ursprünglichen, nicht mehr vorhandenen Plan. (Es wird hier eine Ausmalung angenommen, das schließt nicht aus, daß man vielleicht bestimmte Teile als plastische Elemente vorgesehen hatte.)

Ansicht des Opernplatzes mit Oper und Hedwigskirche, Blatt 7 der Folge. Radierung von J. L. Le Geay, 1748. Staatliche Museen zu Berlin, Kupferstichkabinett

Runder Saal in einem königlichen Palast. Aus: P. Decker, Fürstlicher Baumeister, 1716

Fassadenansicht der Hedwigskirche, Blatt 6 der Folge. Radierung von J. L. Le Geay, 1748. Staatliche Museen zu Berlin, Kupferstichkabinett

Längsschnitt durch die Hedwigskirche mit Sakristei, Blatt 4 der Folge. Radierung von J. L. Le Geay, 1748. Staatliche Museen zu Berlin, Kupferstichkabinett

Ein anderes Beispiel für eine derartig vollständige Kuppelausmalung gibt es in Berlin kurz vor der Mitte des 18. Jahrhunderts nicht, aber wenige Jahre danach, 1754, erhält die Kuppel des Chinesischen Teehauses im Park Sanssouci eine illusionistische Ausmalung im Stil der Chinamode. Die vorgesehene Malerei in der Kuppel der Hedwigskirche ist kaum der Rokokomalerei verbunden; sie greift deutlich auf ältere barocke Elemente zurück. Dazu bedurfte es nicht italienischer oder süddeutscher Anregungen; Vorbilder boten die barocken Deckenmalereien im Berliner Stadtschloß von Leygebe, Wentzel, Gericke und de Coxie sowie jene im Porzellankabinett und in der Kapelle des Schlosses Charlottenburg von A. de Coxie 1706 bzw. 1708. Noch augenfälliger werden diese Anklänge an die barocke Tradition der Zeit um 1700 bei einem Vergleich mit Darstellungen aus dem *Fürstlichen Baumeister* von Paul Decker.

Die Planung für die Hedwigskirche ging, wie bei so vielen Bauten Berlins und Potsdams, unmittelbar auf Skizzen Friedrichs zurück. Er legte die Grundform fest, der alle weitere Planung zu folgen hatte. Es spricht sehr viel dafür, daß Entwürfe von Knobelsdorff oder doch in seinem Baubüro angefertigt worden sind. Sein Anteil läßt sich immer wieder nachweisen; daß die gesamte Planung auf ihn zurückgeht, kann vermutet, aber nicht eindeutig belegt werden. Le Geay jedenfalls hat mit dem Bau direkt nichts zu tun und hat lediglich die bekannten Stiche nach fremden Vorlagen angefertigt, wobei eigene Vorstellungen durchaus eingeflossen sein mögen. Er ist wahrscheinlich 1745 aus Frankreich nach Berlin gekommen, hat die Stadt aber im Oktober 1748 verlassen, um in Mecklenburg-Schwerin die Stelle eines Baumeisters anzunehmen. Erst Ende 1755 kam er nach Berlin / Potsdam zurück, reiste aber aufgrund von Auseinandersetzungen mit dem König bei der Planung der Communs am Neuen Palais in Potsdam 1764 wieder ab. Interessant ist, daß die Baugedanken der Hedwigskirche einen späten Niederschlag in einem Plan für Ludwigslust fanden, den Le Geay 1766 aus England an den Mecklenburgischen Hof schickte.

Das Modell

Nicolai berichtet in seiner Beschreibung Berlins und Potsdams, daß Büring das Modell zur Hedwigskirche angefertigt habe. Das hat dazu geführt, daß dessen Name immer wieder mit der Kirche in Verbindung gebracht wurde und man sogar seine Beteiligung an der Ausführung vermutete. Er nennt aber keinen Vornamen; schwerlich kann damit Johann Gottfried Büring gemeint sein, der zwar als Kondukteur am Bau des Schlosses Sanssouci beteiligt war, aber erst nach seinen Reisen nach Frankreich und Italien und einem Aufenthalt in Hamburg 1748–54 in königliche Dienste trat und dann durch seine Bauten im Park von Sanssouci – Chinesisches Teehaus, Bildergalerie und Planung zum Neuen

Palais – bekannt wurde. Eher kommt für jenen Bau des Modells sein Vater, der Hofzimmermeister Johann Adam Büring, in Betracht, dessen Name im Generaletat tatsächlich genannt wird. Er »*hat an vielen in Berlin gebauten Gebäuden Antheil*«, heißt es bei Nicolai. Als besondere technische Leistung wird die von ihm 1738 in Berlin errichtete Hundebrücke genannt. Seine Beteiligung am Bau der Hedwigskirche wird aber nirgendwo erwähnt, ebensowenig die Herstellung eines Modells für diese Kirche. Es war zudem auch nicht üblich, Modelle von Zimmerleuten anfertigen zu lassen, sondern Aufgabe eines Tischlers, der handwerklich bessere Voraussetzungen für die notwendigen Feinheiten besaß.

Klarheit über die Modellfrage gibt ein Brief des Vorstehers des Katholischen Kirchenbaudirektoriums an den König vom 18. April 1756: »*Ew. Königliche Majestät haben uns unterm dato Potsdam den 13ten April das Memorial derer beyden Geschwister Ridder, des Holländischen Hoftischler Erben, wegen einen zum hiesigen Catholischen Kirchen-Bau verfertigten Models mit dem Bedeuten allergnädigst zugeschickt, daß wir die Sache examiniren und wenn es mit der gemeldeten Forderung seine Richtigkeit hätte, die Veranstaltung zu machen; daß denen Leuten, was sie deshalb mit recht zu fordern haben, ohne weitere Umzüge aus der Catholischen Kirchen-Bau-Casse bezahlen werden müsse. Wir seyndt gemüßiget Ew. Königl. Majestaet, allerunterthänig vorzustellen: dass dieses Modell von dem gewesenen Castellan Baumann bestellet worden, und mit dem von Ew. Königl. Majestaet allergnädigst approbirten Riß der Kirchen gar nicht, weder in- noch auswendig übereinstimmt, mithin da wir uns lediglich nach dem Riß auf das allergnädigste gerichtet, so ist das erwehnte Modell gantz unnütz und es können die Mauer- und Zimmermeister attestiren, daß man bey dem Bau nicht den mindesten Gebrauch davon machen könne. Es hat auch der obenerwehnte Castellan erst nach dem Tode des Grafen von Rothenburg auf unsere gemachte Einwendungen sich auf ihn bezogen, und daß es der Herr General so bestellt habe zu seiner Entschuldigung angeführet. Dieser wahren Umstände ohngeachtet: da diese Leute das ihrige gethan, und wegen anderer Schuld nicht mit Billigkeit in Schaden kommen sollen. So seyndt wir in Verfolg Ew. Königl. Majestaet allerhöchsten Gutbefinden und Befehl bereit, ein billiges Quantum vor dies gantz unbrauchbare Modell zu zahlen, wenn künftighin durch die zum Behuff des Baues veränderte Kirchen-Lotterie, welche jetzo einen ziemlichen Fortgang gewinnet, einige Gelder durch den Abzug der 10 pro Cent nach Ziehung der Ersten Classe eingegangen seyn werden, indem dermahlen und schon seit geraumer Zeit nicht das mindeste in der Casse befindlich ist. Wir zweifeln nicht daß die Ridderschen Erben als denn ein ansehnliches quantum von ihrer Forderung ablassen werden.*
Zu Ew. Königl. Majestaet allerhöchsten Protection uns allerunterthänigst empfehlend Ew. Königl. Majestaet allerunterthänigster

Zum Katholischen Kirchen-Bau-Verordneter
  Vorsteher
  Sweerts   C. Venino
Berlin, den 18ten April 1756« (ZStA Merseburg, Rep. 96 Nr. 4320, fol. 10/10v).

Damit ist erwiesen, daß das Modell der Hedwigskirche vom Hoftischlermeister Ridder angefertigt worden ist. Es handelt sich mit großer Wahrscheinlichkeit um den Tischler- und Zimmermeister Peter de Ridder, der als Erstbewohner des Holländischen Viertels in Potdam (der heutigen Friedrich-Ebert-Straße 20 und Gutenbergstraße 72) genannt wird. Deutlich wird auch, daß das Modell nicht den Bauplänen entsprach und daß es von Boumann auf Veranlassung des Grafen Rothenburg so bestellt worden ist. Der Vorsteher des Kirchenbaudirektoriums Sweerts führt ausdrücklich die Maurer- und Zimmermeister als Zeugen für die Unterschiedlichkeit von Modell und dem nach dem approbierten Riß ausgeführten Bau an. Man muß deshalb annehmen, daß es sich hier nicht um einen wirklich anderen Bau – gedacht ist an den ersten Entwurf in der Leipziger Straße – handelt; die Unterschiede werden wohl mehr in technischen Details gelegen haben. Alles spricht dafür, daß das Modell nach der ersten Variante des Zentralbaues, wie sie in den Zeichnungen sowie in den Stichen von Schmidt (Schmettau-Plan) und Trosberg dokumentiert ist, angefertigt worden ist. Die ersten Zeichnungen zeigen gegenüber der Weiterentwicklung wesentliche Abweichungen, so daß sie kaum als Ausführungsgrundlage in Betracht kommen. Das erklärt auch, daß man vom Modell »*bey dem Bau nicht den mindesten Gebrauch*« hat machen können.

Der Bauverlauf

Die Grundsteinlegung fand am 13. Juli 1747 mit großem Aufwand statt und wurde von Monsignore Turno, Abt des Zisterzienserordens und Prälat von Prement (Schlesien), vorgenommen. Die Baukosten waren auf 135.000 Taler veranschlagt worden, die durch Spenden aller europäischen Katholiken aufgebracht werden sollten. Die Bauausführung wurde spätestens Mitte des Jahres 1748 Johann Boumann (d. Ä.) übertragen, der den Bau dann auch bis zu seiner vorläufigen Fertigstellung im Jahr 1773 geleitet hat. Der Bau ging dank der aus allen Ländern reichlich fließenden Spenden überraschend zügig voran. Für das Fundament mußten 18 Eichenstämme eingerammt werden, die der König beisteuerte, und für die starke, gleichzeitig als Gruft dienende Substruktion wurden 4000 Zentner schwedisches Eisen verwandt.

Zu Beginn des Jahres 1747 war das Mauerwerk »*bereits 10 bis 12 Ellen (6,67–8,00 m) über der Erde*«, und man glaubte bei kontinuierlich fließenden Geldmitteln an eine Fertigstellung im folgenden Jahr. Am 28. Oktober 1750 teilten die beiden Baudirektoren, Graf von

Zwei Grundrisse, Frontalansicht und Schnitt der Hedwigskirche. Kupferstich von J. S. L. Halle, um 1785.
J. G. Krünitz, Oeconomisch-technologische Encyklopädie, Berlin 1786, 38. Teil, Blatt 5

Rothenburg und Baron von Sweerts, dem Oberhaupt des Dominikanerordens in Rom mit (der König war mit dem Vorschlag des Baudirektoriums einverstanden gewesen, die Kirche dem Dominikanerorden zu überlassen, da man sich von diesem größere Mittel für die Vollendung des Bauwerkes erhoffte), »*gegenwärtig beschäftigt man sich, die große Kuppel zu erbauen*« (Hasak, S. 152f.). »*Das Sprengwerk über der katholischen Kirche in Berlin hat das Besondere, daß die außen dazu abgerundeten Balken, welche die Kuppel formiren, wirklich aus rund gewachsenem Holze ausgesucht worden sind*«, schreibt David Gilly, der sich speziell mit der Konstruktion von Dächern und Kuppelräumen, wie bei der Tierarzneischule in Berlin, beschäftigt hatte (Gilly, S. 530). Besondere Würdigung findet die Kuppelkonstruktion in der von Johann Georg Krünitz herausgegebenen Oekonomisch-technologischen Enzyklopädie (Krünitz, 1786, 38. Teil, S. 137ff.). Es war eine Meisterleistung der Zimmermannskunst, und, wie Krünitz mitteilt, ein Werk des Hofzimmermeisters Johann Adam Büring, der im »*Etat general*« mit 479.12 Rthl. vermerkt ist.

Nach 1750 flossen die Mittel spärlicher, der Bau ging nur noch langsam voran, und der geplante Einweihungstermin mußte immer wieder verschoben werden. Dank größerer Spenden des Kardinals Quirini war aber dann der Portalbau 1754 so weit fertig, daß am Gesims in vergoldeten Bronzebuchstaben die Dankesinschrift für den Kardinal angebracht werden konnte. Die Anregung dazu war von Algarotti ausgegangen, der am 18. Mai 1752 an den König schrieb: »*Majestät, ich sehe das Äußere unserer Kirche vollendet, vorausgesetzt, daß man in den Fries des Gebälks der Vorderansicht der Kirche eingrabe: A. M. C. Quirinus inchoatum perfecit, oder irgendeine ähnliche Quittung für sein Geld*« (Hasak, S. 114). Die tatsächliche Inschrift lautet FREDERICI REGIS CLEMENTI MONUMENTUM S. HEDWIGI A. M. QUIRINUS S. R. E. CARD: SUO AERE PERFICIT (Das Denkmal der Güte des Königs Friedrich, der St. Hedwig geweiht, hat der Kardinal der hl. römischen Kirche A. M. Quirinus durch sein Geld vollendet).

Für die Inschrift wurde eine neue Gliederung der Architekturzone erforderlich, die auf dem Knobelsdorff-Plan nur aus paarweisen Konsolen, bei Le Geay noch mit Gehängen dazwischen besteht. Zwischen die Schriftblöcke über den Säulen wurden nun mit Girlanden spielende Puttengruppen gesetzt, die eine auffällige Verwandtschaft mit ähnlichen Gruppen Ebenhechs auf dem Gesims des Marmorsaales im Schloß Sanssouci zeigen. Man wird deshalb den gleichen Meister als Schöpfer der Puttengruppen an der Hedwigskirche anzusehen haben.

1754 machte man noch einmal den Versuch, durch eine Lotterie die benötigten Mittel zur Vollendung des Baus zu bekommen, doch blieb er ohne nennenswerten Erfolg. Als zu Beginn des Jahres 1755 Kardinal Quirini starb, der eifrigste Förderer des Baues, kam die Bautätigkeit vollends zum Erliegen. Durch eine Äußerung Friedrichs, der »*freye ungehinderte Gottesdienst*« schließe nicht die Taufe und das »*kopulieren*« ein, glaubten die Katholiken nicht mehr an die Toleranz des Königs und stellten ihre Spenden ein. Schon vorher waren Stimmen über veruntreute Gelder und anderweitig verwendetes Baumaterial laut geworden. Das Baudirektorium ließ daraufhin die Abrechnung von der Oberrechnungskammer überprüfen und veröffentlichte 1755 mit Erlaubnis des Königs das Ergebnis im »*Etat general*«: »*Allgemeiner Bestand sämtlicher Einnahmen und Ausgaben beim Bau der neuen katholischen Kirche zu Berlin seit Juli 1747 bis zum 31. Dezember 1754*« (Hasak, S. 170f.). Die Einnahmen betrugen 100.321 Taler, die Ausgaben dagegen 119.222 Taler, so daß bereits 18.901 Taler Schulden entstanden waren. Der Wert der vom König geschenkten Balken – für das Fundament und die Kuppel – und der der Rüsthölzer betrug annähernd 7.000 Taler. Darüber hinaus war abzusehen, daß die veranschlagten 135.000 Taler nicht ausreichen würden. Ein kontinuierliches Bauen war zudem nicht möglich gewesen, da man immer nur dann arbeiten konnte, wenn Spenden eingegangen waren. Daß die Kirche noch nicht vollendet sei, schrieb man, wenn auch vorsichtig, der »*Wahl der sehr prächtigen Zeichnung*« zu, doch konnte man schwerlich die Zeichnung zurückweisen, außerdem »*paßte diese Pracht nicht wunderbar zu dem Ruhme unserer Heiligen Religion?*« (Hasak, S. 177).

Für das Jahr 1755 gibt der »*Etat general*« einen Bericht über den baulichen Stand der Kirche: »*Die Kirche ist in ihrer Vorderansicht und* dem äußeren Umfang völlig vollendet, wenn man das Bildwerk des Giebels und die Treppen ausnimmt. Der fünfte Teil seiner Kuppel ist mit Bleiplatten eingedeckt, das Innere ist noch zu verputzen, ebenso wie das Äußere der Kapelle, deren Dach noch herzustellen ist. Das Kellergeschoß hat nicht gewölbt werden können, da man das innere Gerüst nicht fortnehmen kann, ehe nicht die Decke gegipfelt ist« (Hasak, S. 181). Die hölzerne Kuppelkonstruktion war also fast völlig den Witterungsbedingungen ausgesetzt, und von der Kapelle standen lediglich die unverputzten Umfassungsmauern. So blieb der Bau achtzehn Jahre. Der König hatte das Interesse an der Kirche verloren; nach dem Siebenjährigen Krieg galt seine besondere Aufmerksamkeit dem Neuen Palais im Park von Sanssouci.

Die katholische Gemeinde Berlins war tief verschuldet, sie konnte nicht einmal mehr die Zinsen bezahlen, so daß schon die Berliner Juden das Anerbieten gemacht hatten, die Kirche zu kaufen, um sie in eine Synagoge umzuwandeln. Als Friedrich in einem zweiten Kirchenbaudekret vom 10. Juni 1766 erneut die freie Religionsausübung und auch die pfarrlichen Rechte, also die Befugnis zu taufen, zu trauen und zu beerdigen, zusicherte, war die Voraussetzung für eine weitere Spendenaktion in Europa gegeben. Aber erst Papst Klemens XIV. nahm sich wieder der Sache an, so daß nach äußersten Anstrengungen am 1. November 1773 die Konsekration der Kirche durch den Fürstbischof Graf Ignacy Krasicki von Ermland vorgenommen werden konnte. Das wäre kaum möglich gewesen, wenn nicht der Minister für geistliche Angelegenheiten, Freiherr von Zedlitz, und auch Johann Boumann (d.Ä.), der noch immer den Bau leitete, das Unternehmen tatkräftig gefördert hätten; Boumann gab sogar Vorschüsse aus eigenen Mitteln.

Die letzten Arbeiten sind im wesentlichen 1773 ausgeführt worden; zwei Jahre zuvor hatte man schon die wenigen Bleiziegel heruntergenommen und die ganze Kuppel, deren Einsturz infolge der Witterungseinflüsse befürchtet wurde, mit Dachsteinen eingedeckt. Noch immer aber war die Kirche keineswegs vollendet. Das große Relief im Giebelfeld – die Anbetung der Könige – war nur an wenigen Stellen ausgearbeitet und stand zum größten Teil noch in der Bosse. Es fehlten auch die zwei Statuen in den beiden Nischen des Portikus, was Millenet als eine »übl Wirkung« vermerkt; sie sind übrigens immer leer geblieben. Auf der Giebelspitze war in diesem Jahr die Gruppe mit der stehenden heiligen Hedwig in der Mitte, rechts flankiert von einem knienden Engel, der ein Blatt mit dem Aufriß einer Kirche in den Händen hält, links von einer liegenden alten Frau – mit einer Krücke und einem Kind – aufgestellt worden: Symbole für die Klosterstiftung und die Hilfe für Alte, Kranke und Gebrechliche der Heiligen. An den Ecken steht je eine große Engelsfigur. Alle Giebelfiguren waren Arbeiten des Berliner Bildhauers Wilhelm Christian Meyer.

Die geplante Laterne ist nicht aufgesetzt worden, da man – wie sich später herausstellte zu Unrecht – befürchtete, daß die hölzerne

Innenraum der Hedwigskirche mit Blick auf den Hauptaltar, vor 1930

Kuppel den Aufbau nicht tragen würde. »*Dadurch hat indessen dieses Gebäude nichts verloren, vielmehr ein noch mehr majestätisches Ansehen erhalten, da überdem die Laternen eine sehr willkürliche und nicht bedeutende Zierde sind*« (Millenet, S. 38). Die Mittelöffnung hat man durch »*ein kleines Spitzdach, in Form eines geschliffenen Steines,*« verschlossen (Spener, S. 64). Die »*innere Anordnung ist ein wahres Muster dieser Art und verdient die größte Lobeserhebung*« (Millenet, S. 39). Bernardino Gagliari, der von Friedrich als Bühnenmaler an die Oper berufen worden war, hatte die Kuppelwölbung auf eigene Kosten »*mit gemahlten Zierathen aus der Baukunst*« nach dem Vorbild von Santa Croce in Turin, woher er stammte, in Grisaille ausgemalt (Spener, S. 17f.). Von ihm stammen auch die ornamentalen Verzierungen in den Chornischen und Gesimsen und sogar die Kanneluren der Säulen. Darüber hinaus stiftete er die Kanzel, entwarf den Altar und zwölf Leuchter für den Hauptaltar und die Nischen. Die geplante Kup-

Frontalansicht der Hedwigskirche, vor 1945

Ansicht der Hedwigskirche mit Sakristei, von der Französischen Straße gesehen. Kolorierte Radierung von J. G. Rosenberg, 1777. Märkisches Museum Berlin

pelöffnung wurde mit blauer Leinwand, darauf die Taube als Sinnbild des Heiligen Geistes, geschlossen. Die für die Laterne gedachten zwölf Apostelfiguren Ebenhechs wurden paarweise in den Nischen der Fenster aufgestellt. Zwölf Kristallkronleuchter erhellten die Kirche. In aller Eile hatte man für die Einweihungsfeierlichkeiten den Fußboden mit »*übel zusammengefügten Mauersteinen*« befestigt: Diese Interimslösung sollte aber bald verändert werden.

Konnte nun der Gottesdienst abgehalten werden, so waren doch noch Bauarbeiten notwendig. Von der sich an das Rund der Kirche anschließenden Sakristei standen nur die Umfassungsmauern. Die Radierungen von Rosenberg aus den Jahren 1773 und 1777 zeigen sie ohne Dach und mit leeren Fensteröffnungen. Nicolai berichtet 1779, daß »*der Turm hinter der Kirche noch nicht aufgebaut*« sei, daß aber seit 1778 daran gearbeitet werde (Nicolai, 1779, I, S. 165). Aber schon in einer Kabinettsorder vom 24. November 1777 wird die kurmärkische Kriegs- und Domänenkammer angewiesen, das erforderliche Holz für den völligen Ausbau des Turms der St. Hedwigskirche zu liefern. Am 15. März 1778 erhielt der Minister von Zedlitz vom Oberbau-Departement den Bericht, daß es den Anschlag zum Ausbau der Kapelle bei der Katholischen Kirche revidiert und dabei auf Verlangen des Ministers das auf der Kapelle veranschlagte Türmchen nebst Fenstern in der Kuppel gestrichen habe, weil die Schallöcher für das Geläut sich schon in der Attika anbringen ließen. Wie bei der Hauptkuppel hatte man auf die Laterne – die auch eine Glocke aufnehmen sollte – verzichtet. Die Kuppel im Innenraum der Sakristei, für die ein Deckengemälde vorgesehen war, erhielt eine gemalte Kassettendecke, wie die Ornamente an den Pfeilern Grau in Grau. Über dem Sakristeiraum befand sich der Glockenstuhl mit zwei Glocken, Maria und der heiligen Hedwig geweiht.

Vollendet wurde die Kirche erst 1884–87 durch den mit der Bauausführung beauftragten Max Hasak. Sie erhielt eine Kupfereindeckung und nach den wiederaufgefundenen Radierungen Le Geays auch eine Laterne. Das Giebelfeld wurde fertiggestellt und der Innenraum durch neue Altäre, Orgel, Gestühl und Fenster bereichert. Nach der Erhebung der Kirche zu einer Kathedrale erfolgte 1930–32 eine wesentliche Bereinigung und Neugestaltung des Innenraums nach den Vorschlägen von Clemens Holzmeister, Düsseldorf.

Bei einem der ersten Luftangriffe auf Berlin brannte die Kirche am 1. März 1943 bis auf die Umfassungsmauern aus. Erneute Angriffe, besonders im November 1943, verursachten weitere Schäden, vornehmlich an der Plastik des Kirchenportals. Schon 1952 begannen die Wiederaufbauarbeiten, so daß 1953 die Kuppel, bestehend aus einzelnen Stahlbetonsegmenten, fertiggestellt werden konnte. Die Ausgestaltung des Innenraumes erfolgte nach einem Entwurf des Düsseldorfer Architekten Hans Schwippert. Am 1. November 1963, 190 Jahre nach ihrer ersten Konsekration, wurde die St. Hedwigkirche wieder ihrer Bestimmung übergeben.

Die Französische Kirche in Potsdam (1752)

Zur Geschichte der französischen Kolonien in Brandenburg-Preußen, besonders der Kolonie in Potsdam

Schon vor dem Widerruf des Ediktes von Nantes am 18. Oktober 1685 hatten französische Protestanten ihr Heimatland verlassen und sich in England und anderen europäischen Ländern angesiedelt, in denen bereits calvinistische Gemeinden bestanden. Hugenotten kamen nach Brandenburg-Preußen und vor allem nach Berlin, wo sie 1672 eine selbständige Gemeinde gründeten. 1682 wurde ihnen sogar für den Gottesdienst die Kapelle im Berliner Schloß zugewiesen. Als das Revokationsedikt den Hugenotten in Frankreich die Religionsausübung verbot, ihre Tempel zerstört wurden und selbst der Privatgottesdienst bei Todesstrafe und Güterkonfiskation untersagt war, setzte ein großer Flüchtlingsstrom in die protestantischen Länder Europas ein.

In dieser Situation wandte sich das Berliner Konsistorium mit der Bitte um Hilfe an den Kurfürsten Friedrich Wilhelm, der eine Kollekte

»Das Bassin und die Französische Kirche zu Potsdam«. Kolorierte Radierung, um 1796, erschienen bei Jean Morino & Comp., Berlin. Staatliche Schlösser und Gärten Potsdam-Sanssouci

– auch unter den deutsch-reformierten Gemeinden – genehmigte und selbst 2.000 Taler zur Verfügung stellte. Am 29. Oktober 1685 wurde das »*Edikt von Potsdam*« erlassen, das den Hugenotten freie Religionsausübung sowie eine Reihe von Privilegien und Abgabenfreiheiten in Brandenburg-Preußen versprach. Daraufhin entstanden sehr bald französische Kolonien in Kleve, Brandenburg, Frankfurt/Oder, Halle Magdeburg, Schwedt, Burg, Prenzlau und als größte die Gemeinde in Berlin.

Obwohl das Edikt, das die Einwanderung der Réfugiés bewirkte, mit dem Namen der Stadt Potsdam verbunden ist, kam es gerade dort relativ spät, erst 1723, zur Gründung einer eigenen französischen Kolonie. Die Potsdamer deutsch-reformierte Gemeinde erhielt 1662 ihren ersten Pastor, der vorher nur für den Gottesdienst mit dem Hof von Berlin nach Potsdam gekommen war. 1687 ließ der Kurfürst eine Kapelle am Ende des westlichen Seitenflügels des Stadtschlosses einbauen, in der bis zur Errichtung der Hof- und Garnisonkirche 1722 der Gottesdienst abgehalten wurde.

Die ersten französischen Einwanderer schlossen sich der Potsdamer deutsch-reformierten Gemeinde an, doch als ihre Zahl ständig anwuchs, erbaten sie von König Friedrich Wilhelm I. einen eigenen Pastor, der bewilligt wurde und am 11. Juli 1723 seine erste Predigt in der Schloßkapelle hielt. In einem 1731 erlassenen königlichen Edikt wurden die Privilegien und Freiheiten der Potsdamer Kolonie festgelegt. Abgesehen von der freien Religionsausübung wurde ihr ein eigenes Gericht zugestanden und vor allem eine 15jährige Abgabenfreiheit, mit Ausnahme der Akzise, garantiert. Die Handwerker wurden in die betreffenden Gewerke aufgenommen, das Anlegen von Fabriken sogar unterstützt. Der König bestimmte den Hauptmann von Polentz zum Verwalter der äußeren Angelegenheiten und zum weltlichen Beirat der Kolonie, später zu ihrem Protektor.

Außer den zum Hof gehörigen Personen bestand die Kolonie zuerst aus Fabrikbesitzern und deren Arbeitern. Friedrich Wilhelm I. ließ bekanntmachen, daß pensionierte französische Offiziere nach Potsdam kommen sollten, da man dort angenehm und billig leben könne. Zu den bekanntesten Unternehmen zählten die Fabrik für Offiziersknöpfe von Théodore Didelot und die 1738 gegründete Tabakfabrik des aus Basel nach Potsdam gekommenen Samuel Schock.

Für die Französische Gemeinde wurde eine eigene neue Kirche vorgesehen. Es ist der einzige Kirchenbau, der im Potsdamer Stadtgebiet in der Regierungszeit Friedrichs II. errichtet worden ist. Man wird diesen Bau kaum einem besonderen religiösen Eifer des Königs zuschreiben können, vielmehr ist die tolerante Großzügigkeit gerade in Hinblick auf die Réfugiés ökonomisch begründet. Friedrich schreibt darüber in seinen »*Denkwürdigkeiten zur Geschichte des Hauses Brandenburg*«: »*Ludwig XIV. widerrief das Edikt von Nantes, worauf mindestens 400.000 Franzosen ihr Vaterland verließen. Die reichsten gingen nach*

England und Holland; die ärmeren, aber betriebsamsten, flüchteten ins Brandenburgische; ihre Zahl betrug gegen 20.000. Sie halfen unsre verödeten Städte wieder bevölkern und verschafften uns die Manufakturen, welche uns mangelten ... In Berlin siedelten sich Goldschmiede, Juweliere, Uhrmacher und Bildhauer an; die Franzosen, welche sich auf dem flachen Lande niederließen, bauten Tabak an und zogen treffliche Früchte und Gemüse auf dem Sandboden, den sie durch ihren Fleiß in treffliches Fruchtland umwandelten« (Muret, S. 37f.).

Die Vorliebe des Königs für alles Französische schlechthin ist bekannt. So wie Rothenburg und auch Algarotti als führende Mitglieder der katholischen Gemeinde in Berlin mit ihm freundschaftlich verbunden waren und ihn nicht nur in künstlerischen Fragen berieten und beeinflußten, haben auch Réfugiés in seinem Leben eine nicht zu unterschätzende Rolle gespielt. Seine erste Kinderfrau war Marthe de Rocoulle (1659–1741) aus der Berliner Kolonie gewesen, die diesen Posten schon bei Friedrich Wilhelm I. hatte und der Friedrich seine Anhänglichkeit bis zu ihrem Tode bewahrte. Bis zu seinem 15. Lebensjahr war Jacques Egide Duhan de Jandun (1685–1746) sein Lehrer gewesen, der den Kronprinzen in französischer Literatur, Geschichte und Philosophie unterrichtet hatte. Aufgrund des Zerwürfnisses Friedrichs mit seinem Vater wurde Duhan nach Pillau verbannt und ging dann als Bibliothekar in den Dienst des Herzogs von Braunschweig-Wolfenbüttel. Gleich nach seiner Thronbesteigung holte Friedrich seinen Lehrer nach Berlin zurück, wo er am 3. Januar 1746 tief betrauert starb.

Eine Vertrauensstellung besonderer Art kam Charles Etienne Jordan (1700–1745) zu, der nach seinem Studium in Genf und Lausanne 1726 eine Predigerstelle in Potzlow/Uckermark angetreten hatte und ein Jahr später (bis 1732) nach Prenzlau übergewechselt war. Nach dem Tode seiner Frau gab Jordan das Amt auf, betrieb in Berlin Studien und unternahm Reisen nach England, Frankreich und Holland. Später war er Hofmeister im Hause des Barons von Knyphausen in Frankfurt am Main, bis ihn der Kronprinz 1736 als literarischen Berater und Sekretär nach Rheinsberg berief. Nach 1740 wurde er Geheimrat und Kurator aller Universitäten. 1744 wählte ihn die Akademie der Wissenschaften zu ihrem Vizepräsidenten. Während der beiden Schlesischen Kriege mußte Jordan dem König fast täglich über das Geschehen in Berlin berichten. Sein Tod ging dem König sehr nahe, und er ließ eine selbst verfaßte Gedächtnisrede in der Akademie verlesen. Seit Rheinsberg gehörte auch Heinrich August Baron de la Motte-Fouqué (1698–1774) zum Kreis der Vertrauten. Während des Siebenjährigen Krieges trat der aus der Magdeburger Kolonie stammende Theophil Guichard, genannt Quintus Icilius (1724–1775), in das Heer des Königs ein. Aufgrund seines Wissens, vor allem über das antike Heereswesen, und auch seines Könnens zählte er sehr bald zu den Favoriten Friedrichs und wohnte vorübergehend sogar im Schloß Sanssouci.

Blick aus der Französischen Straße (Joliot-Curie-Straße) in Potsdam auf die Französische Kirche

Viele aus der französischen Kolonie standen in engerer Beziehung zum König, dessen Interesse einerseits ganz nüchterne, dem Staat dienende wirtschaftliche Gründe hatte, andererseits aber bestanden seit seiner frühesten Jugend persönliche Bindungen zu einzelnen Réfugiés, die wiederum auf die gesamte Kolonie zurückwirkten. Vielleicht erklärt sich daraus auch, daß die neue Französische Kirche in Potsdam mit königlichen Mitteln errichtet wurde und die Gemeinde den Bau als Geschenk Friedrichs erhielt, während die Katholische Gemeinde in Berlin ihren Kirchenbau, die Hedwigskirche, selbst finanzieren mußte.

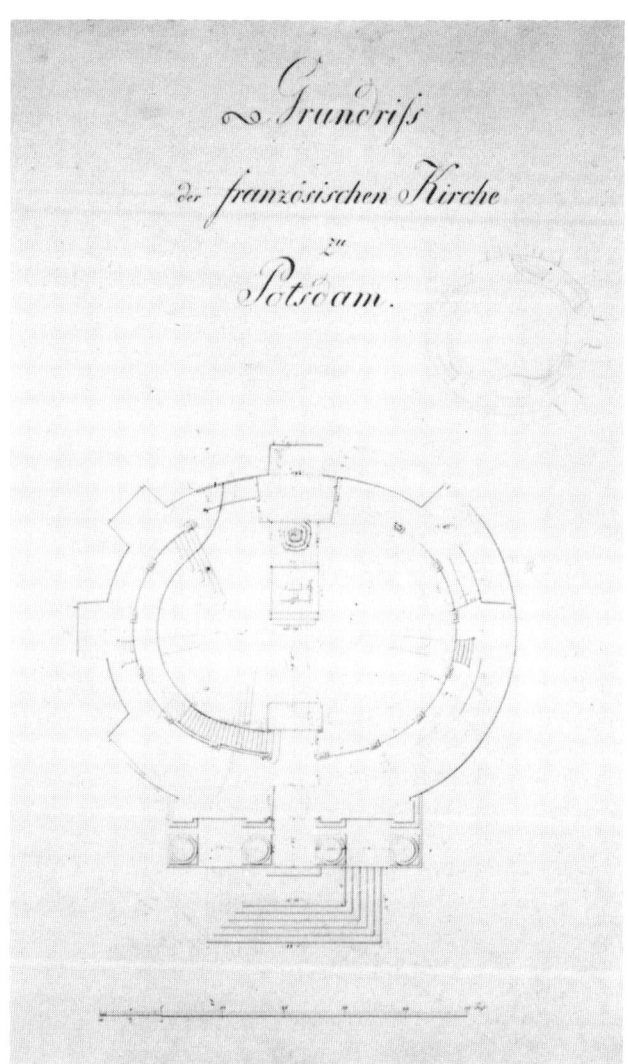

Grundriß der Französischen Kirche. Zeichnung von J. Laucken, 1832. Potsdam-Museum, Potsdam

Der Kirchenbau

»*In der neuen Französischen Kirche, welche zu Potsdam, am Ende der Friedrich Stadt, gegen den Baßin über, soll angelegt werden, gräbt man nunmehro den Grund*«, wird in den »*Berlinischen Nachrichten von Staats- und gelehrten Sachen*« vom 5. August 1751 berichtet.

Tatsächlich hatte man schon im Juli 1751 mit den Ausschachtungsarbeiten für das Fundament begonnen. Als Standort war die Südostecke des Bassins an der Pflugstraße (nach 1820 Charlottenstraße, heute Wilhelm-Pieck-Straße) im Blickpunkt der Friedrichstraße (nach 1752 Französische Kirchgasse, nach 1786 Französische Straße, heute Joliot-Curie-Straße) bestimmt worden. Da die Kirche parallel zur Pflugstraße errichtet wurde, die Friedrichstraße aber nicht im rechten Winkel auf diese traf, ergab sich von hier aus eine leichte Schrägansicht.

Das sich bis zum Heiligen See erstreckende Gebiet war sehr sumpfig; man glaubte deshalb, daß für die Fundamentierung Pfahlroste notwendig sein würden, doch fand man in 18 Fuß (5,65 m) Tiefe festen Grund, auf den das Fundament gesetzt werden konnte. Der Bau wurde im wesentlichen schon 1752 ausgeführt und im Jahr darauf folgte der Innenausbau. Am 16. September 1753 erhielt die Kolonie die Kirche als Geschenk des Königs, und am 23. September fand die offizielle Einweihung statt.

»Vorstellung der Nord-Seite beym Bassin in Potsdam«. Radierung von A. L. Krüger, 1779. Staatliche Schlösser und Gärten Potsdam-Sanssouci

Die Kirche hat einen elliptischen Grundriß mit dem lichten Durchmesser von 63 1/6 Fuß (19,83 m) und 48 1/2 Fuß (15,23 m). Die Mauern sind 5 1/4 Fuß (1,65 m) stark. Der Sockel, der in der Profilierung große Ähnlichkeit mit dem der Berliner Hedwigskirche aufweist, besteht aus Sandstein, darüber erhebt sich ein verputztes Backsteinmauerwerk. Die sieben rechteckigen Fenster erhielten waagerechte Verdachungen, wie die Sohlbänke jeweils von zwei Rollkonsolen gestützt. Über dem schmalen, aber kräftig hervortretenden Hauptgesims aus Sandstein befindet sich die Attika, auf der – zuerst in vier Abtreppungen, dann im Bogen – die flache Kuppel ansetzt. Die Abdeckung der Kuppel bestand aus Blei, das aber schon 1756 und 1765 schadhaft war. Aus diesem Grund wurden die Abstufungen mit Kupfer neu eingedeckt. Dachreparaturen waren in der Folgezeit laufend notwendig. Das Kreuz wurde erst 1833/34 aufgesetzt, nach der Restaurierung 1983–85 aber nicht wieder aufgestellt.

Ein römisch-dorischer Portikus auf einem Sockel ist der Kirche an ihrer »Längsseite« vorgelagert. Vier Säulen, denen an der Kirchenwand je ein Pilaster entspricht, tragen ein Giebeldreieck, das in der Höhe des Hauptgesimses beginnt und mit der Spitze bis zum oberen Abschluß der Attika reicht. Im Dreieck befindet sich auf einer Wolke in der Mitte (von Glume) die Sonnenglorie mit dem Namen Gottes in hebräischen vergoldeten Buchstaben. In den rundbogigen Nischen rechts und links des Eingangs stehen zwei Figuren: der Glaube, eine weibliche Gewandfigur mit Anker und Taube, und Caritas, die Hoffnung, eine weibliche Gewandfigur mit zwei Kindern. Für beide Skulpturen hatte Glume wohl noch den Entwurf gemacht, aber die Ausführung mußte er dann weitgehend seiner Werkstatt überlassen. Das trifft auch auf die beiden Reliefs darüber zu, die die Austreibung der Wechsler aus dem Tempel und die Geschichte vom Zinsgroschen darstellen. Die Tafel über dem Eingang trägt die Jahreszahl MDCCLII. Zu den ursprünglich sechs Eingangsstufen kam später, durch den Straßenbau, eine siebente hinzu. Die Kirche besaß keine Glocken; »*im Kirchegehen richtet man sich nach der Garnison, die dazu durch den Trommelschlag eingeladen wird*« (Gerlach, S. 198).

Der ovale Innenraum mit einer Höhe von 68 Fuß (21,35 m) war der französisch-reformierten Auffassung entsprechend einfach und ohne Schmuck gehalten. Nur ein umlaufendes Gesims, das dem äußeren Hauptgesims entspricht, markiert den Kuppelansatz. Wände und Kuppel waren einfach (vermutlich weiß) getüncht. Die Bänke für die Frauen waren dem Oval des Raumes angepaßt und auf die Kanzel konzentriert. Unter der Empore stiegen sie bis zu einem Meter an; der Kostenanschlag spricht von »*amphitheatrischen Sitzbänken*« (Plankammer Sanssouci, Akte 380, fol. 80). Eine Empore für die Männer mit je einem Treppenaufgang rechts und links des Eingangs umzog das ganze Oval. Die Kanzel stand genau dem Eingang gegenüber. Der Kostenanschlag vermerkt: »*1 Treppe nach der Cantzel Gehend, und die alte Cantzel wieder*

»Vue de l'Eglise Française de Potsdam en 1785«, Radierung von W. Chodowiecki nach A. L. Krüger. Staatliche Schlösser und Gärten Potsdam-Sanssouci

aufzusetzen 35 Rthl.«. Das zeigt, daß keine neue Kanzel angefertigt, sondern eine alte wiederverwendet wurde. Es handelt sich dabei sicherlich um die aus der Kapelle des Stadtschlosses, die in die neue Französische Kirche versetzt wurde, wohl weniger aus Pietäts- als vielmehr aus Sparsamkeitsgründen.

Zu den wichtigsten Veränderungen im Innern gehören die 1832/33 vorgenommenen Umbauten. Aufgrund einer Anregung Schinkels erhielt die Kirche eine neue Altarwand, darüber hinaus wurde die Aufstellung der Bänke verändert, und die 1787 vom Potsdamer Orgelbaumeister Ernst Marx geschaffene Orgel wurde über den Eingang verlegt. Ein halbes Jahrhundert später, 1882, wurde unter die Kuppel eine Kassettierung eingebaut.

Blick auf die Kanzelwand der Französischen Kirche in Potsdam

Den Bombenangriff auf Potsdam am 14. April 1945 hat die Kirche ohne größere Schäden überstanden, so daß nach Reparaturen und Ausbesserungen bald wieder Gottesdienste abgehalten werden konnten.

Schon im 18. Jahrhundert ließ sich die Autorschaft der Französischen Kirche nicht eindeutig bestimmen. Manger erwähnt die Kirche unter den von Knobelsdorff entworfenen Bauten. An anderer Stelle berichtet er aber, daß Boumann »alle bey Knobelsdorff verzeichneten Gebäude nach dessen Entwürfen ausgeführt« habe (Manger, S. 624). In der »Memoire historique sur la fondation de l'eglise françoise de Potsdam« (Erman, S. 25) und bei Nicolai wird Boumann als Baumeister genannt. In Friedrichs Eloge auf Knobelsdorff ist der Bau nicht erwähnt, was aber nichts besagt, da viele andere seiner Schöpfungen dort auch nicht besonders hervorgehoben sind. Später ist der Gesamtentwurf Knobelsdorff zugeschrieben worden, wobei man besonders auf die »unnachahmliche Schönheit« des Portikus hinwies. Die Ausführung, die gerade im Hinblick auf die Gründung und die Wölbung der Kuppel über dem ovalen Grundriß besonderes technisches Können erforderte, geschah sicherlich unter der Leitung Boumanns.

Entwurf der Kanzelwand für die Französische Kirche in Potsdam. Zeichnung von K. F. Schinkel, 1833. Staatsarchiv Potsdam

Es ist keine originale Bauzeichnung für die Kirche erhalten geblieben, die möglicherweise Rückschlüsse auf die Beteiligung Knobelsdorffs erlaubt hätte. Die Grundauffassung des Bauwerks mit seinem Portikus, die an die römisch-dorische Ordnung des Apollotempels in Neuruppin erinnert, geht sicherlich auf Knobelsdorff zurück. Daß die einzelnen baulichen Details durch Boumann oder auch durch die am Bau beteiligten Künstler bei der Ausführung abgewandelt wurden, gilt für fast alle Bauten, denen ein Entwurf Knobelsdorffs zugrunde lag. Die Frage nach dem Anteil des Königs muß offen bleiben. Zeichnungen Friedrichs sind nicht bekannt, und ihre frühere Existenz wird nirgends bezeugt. Friedrichs Anteil ist gewiß in der Wahl und Bestimmung gewisser Vorbilder zu suchen.

Anregung – Vorbild – Tradition

Seitdem Nicolai in seiner ersten Auflage der Beschreibung von Berlin und Potsdam 1769 erwähnte, daß die Hedwigskirche »*nach der Art der Rotunde zu Rom*«, also des Pantheon, »*aufgeführt*« sei, wird bis heute fast immer daran festgehalten. Aber schon 1750 teilte das Baudirektorium der Kirche dem General des Dominikanerordens Bremond nach Rom mit, daß man gegenwärtig dabei sei, die Kuppel nach dem »*Modell der Rotunda in Rom*« zu bauen. Ohne Zweifel ist das Pantheon in formaler und vor allem in geistiger Hinsicht das allgemeine Vorbild und sollte damit dem Forum Fridericianum einen wichtigen architektonischen Akzent verleihen.

Aufriß mit halbem Schnitt eines Zentralbaues mit vier Kreuzarmen. Aus: S. Serlio, Von der Architektur, Basel 1608, Bd. 5

S. Maria dell' Assunta, Ariccia bei Rom, erbaut von Lorenzo Bernini und Fra' Giorgio Marzale, 1664

Schon Palladio hat im vierten Buch seiner »Quattro libri« bei der Behandlung des Pantheon die runde Form als die vollkommenste bezeichnet und für den Kirchenbau seiner Zeit empfohlen. Auch Serlio empfiehlt sie im fünften Buch seiner »*Tempel nach christlicher Sitte und antiker Form*«. Zwei Tafeln zeigen Rundbauten, zum Teil mit seitlichen Kapellen, von einer Kuppel überwölbt, die obere Öffnung mit einer verglasten Laterne mit Kreuz bekrönt. Als Bedeckung der Kuppel wird Blei vorgeschlagen, wie sie die Hedwigskirche auch zu Anfang zu einem Drittel und die Französische Kirche in Potsdam ganz besaßen. Der innere Aufbau entspricht mit seinen zwei Zonen – und damit von der Dreizonigkeit des Pantheon abweichend – der Hedwigskirche mit korinthischen Pilastern – in Berlin sind es Säulen – bis zu einem großen Hauptgesims, auf dem die Kuppelwölbung ansetzt. Der Innenraum erhält das Licht durch eine Mittelöffnung in der Kuppel.

Die Sakristei der Hedwigskirche erfüllt gleichzeitig die Funktion eines Glockenturms. Zweifellos zeigen sich hier Elemente, wie sie bei Serlio zu finden sind.

Wohl zu den eindeutigsten Zentralräumen der Spätrenaissance gehört der Mittelraum der Villa Rotonda von Palladio. Seine Cappella della Villa Giacomelli in Maser läßt mit ihrer Eingangsseite Assoziationen zum Pantheon aufkommen. Ähnlich wie Palladio bei seiner Kapelle in Maser hat Bernini später beim Pantheon zwei Glockentürme hinter das Fronton des Eingangs gesetzt. Knobelsdorff bewunderte die Peterskirche in Rom, fühlte sich aber besonders beeindruckt von den Kuppelräumen Berninis, wie S. Tommaso im Castell Gandolfo, S. Andrea al Quirinale und S. Maria dell' Assunta in Ariccia, die im Äußeren die Pantheonform variiert. Ein weiteres Beispiel ist die 1718–38 von S. Scalfarotto errichtete Kirche S. Simone Piccolo in Venedig.

Doch Knobelsdorff löste sich vom barocken Vorbild, verband Vorhalle und Rundkörper nach antiker Weise zu einem Komplex und ließ den Eingangsbau nicht wie bei Bernini als separaten, in den Proportionen mehr den Nebengebäuden zugeordneten Baukörper erscheinen.

Erst der Klassizismus des 19. Jahrhunderts griff wieder direkt auf das Pantheon zurück, so zum Beispiel die italienischen Bauten S. Francesco da Paolo (1817-31) in Neapel von Bianchini, Gran Madre di Dio (1818-31) in Turin von F. Bonsignore und S. Antonio Nuova (1830) in Triest von P. von Nobile und in Deutschland St. Stephan (1808-14) in Karlsruhe von F. Weinbrenner sowie die Ludwigskirche (1822-27) in Darmstadt vom Weinbrenner-Schüler Georg Moller. Als vom Pantheon beeinflußten Innenraum wird man auch die Rotunde in Schinkels Altem Museum einordnen, das 1824-28 errichtet wurde.

Knobelsdorff kannte Rom aus eigener Anschauung, und seine Vorliebe für die Bauten Berninis tritt oft hervor. Soweit der Einfluß Berninischer Architektur auch gegangen sein mag, ist doch eine andere Komponente nicht zu übersehen – der englische Palladianismus. Durch die Vermittlung Algarottis waren 1751/52 englische Vorlagen nach Potsdam gekommen, unter denen sich nicht nur ein Plan vom Haus des Generals Wade in London befand – nach dem in Potsdam ein Bürgerhaus errichtet wurde –, sondern auch eine Darstellung (ob Plan oder Ansicht geht aus dem Schreiben nicht hervor) des Palastes von Chiswick, der Lord Burlington gehörte. Im Park von Chiswick befand sich ein Gartentempel, der Ähnlichkeit mit der Potsdamer Französischen Kirche besitzt – ein Rundbau mit einer Kuppel. Dieser Tempel ist auf einem Gesamtplan vom Chiswick Park (gestochen von Jean La Rocque, veröffentlicht 1736) neben anderen Gartengebäuden wiedergegeben; ein Stich nach einem Gemälde von Rysbrake zeigt das Bauwerk noch deutlicher, das am Rande eines größeren, von Hecken umgebenen Gartenraumes stand, in dem auf halbkreisförmigen Absätzen Orangenkübel postiert sind und dessen Mitte ein Wasserbecken mit Obelisk bildet.

Es ist nicht auszuschließen, daß der König und Knobelsdorff diese oder ähnliche Abbildungen kannten, denn die Übereinstimmungen zwischen dem Tempel im Chiswick Park und der Französischen Kirche in Potsdam sind gar nicht zu übersehen.

Der Anteil des Königs wird sich kaum auf die Wahl des Pantheons als Vorbild beschränkt haben, denn immer wieder wird deutlich, wie er bis ins Detail seine Vorstellungen, Forderungen und Wünsche durchsetzte und welche Rolle die Vorbilder dabei spielten. So könnten sowohl die Kolonnaden der Peterskirche in Rom wie auch der Tempel im Chiswick Park die wesentlichen Anregungen für die Französische Kirche gegeben haben. Der König – und Knobelsdorff – lebten in Bildern und Erinnerungen, und die mögen sich bei der Konzeption eines neuen Baues verbunden haben.

Die Hedwigskirche in Berlin und die Französische Kirche in Potsdam zeigen in ihrem Aufbau einen betont klassizistischen Charakter und

A View of the Orangerie in Lord Burlington's Garden at Chiswick. Kupferstich nach Rysbrake

brachten damit ganz neue Elemente in den preußischen Kirchenbau; aber es gibt auch Traditionen der protestantischen Zentralbauten Berlins, die hier zur Geltung gekommen sein mögen.

Die am Ende des 17. Jahrhunderts beginnende Entwicklung Berlins, der infolge der Einwanderung schnelle Anstieg der Einwohnerzahlen (1685 – 17.500; 1709 – 55.000; 1740 – 90.000; 1750 – 115.000) und die deshalb notwendige ständige territoriale Vergrößerung der Stadt bedingten auch den Neubau von Kirchen. Den Erfordernissen der protestantischen Liturgie entsprechend, bei der die Predigt das Kernstück des Gottesdienstes bildet, sind zwei Typen für den Berliner Kirchenbau jener Zeit charakteristisch: der Querhaus- und der Zentralbau, die sich in Holland bereits bis zur Mitte des 17. Jahrhunderts als Grundformen herausgebildet hatten. Aufgrund der engen politischen Bindungen Brandenburg-Preußens an Holland wird sich das auch auf das kirchliche Baugeschehen Berlins ausgewirkt haben. Eine Rolle spielte auch, daß die meisten Berliner Kirchen infolge der unterschiedlichen protestantischen Glaubensrichtungen der einzelnen europäischen Einwanderergruppen als Simultankirchen eingerichtet wurden.

Neben reinen Querhausbauten, wie der Friedrichwerderschen Kirche, der zweiten Garnisonkirche, der Sophienkirche und später dem

Böhmische Kirche in Berlin, von Westen. Kupferstich von G. P. Busch nach F. Walter, 1737. Staatliche Schlösser und Gärten Potsdam-Sanssouci

neuen Berliner Dom auf dem Lustgarten, entstanden deshalb auch kreuzförmige Anlagen wie die Dorotheenstädtische Kirche, die Sebastianskirche (Luisenstädtische) in der Köllnischen Vorstadt, die erste Garnisonkirche, die Jerusalemer Kirche und die Nikolaikirche in Potsdam.

Eine Sonderstellung nimmt die Französische Kirche auf dem Gendarmenmarkt, dem jetzigen Platz der Akademie, ein. 1701 war sie von dem Ingenieur Oberst Louis Cayart begonnen und nach dessen Tod 1705 von Quesnay vollendet worden; auf Wunsch der Gemeinde war sie dem 1685 zerstörten Tempel von Charenton nachgebildet. Ihr Grundriß ist ein gestrecktes Achteck, dessen Wände an den Schmalseiten abgerundet sind; die umlaufenden Emporen – sie tragen gleichzeitig die Decke – sind achteckig. Die Kanzel steht vor der östlichen Längswand. Dieser Bau in seinem Querhaustypus hat aber keinen Nachfolger in Berlin gefunden, es sei denn, man sieht eine Entwicklungstendenz zum Queroval, die zur Französischen Kirche in Potsdam hinführt.

Die zweite große Gruppe bilden die Zentralbauten, die in der Parochialkirche ein erstes Beispiel fanden. Ihr Grundriß weist einen quadratischen Kern auf, an dessen Seiten innen halbkreisförmige, außen polygonale Nischen liegen. Dazu kommt eine in der Hauptachse vorgelagerte Eingangshalle. Wie Herz nachwies, ist die Form von Bramantes S. Maria della Consolazione in Todi beeinflußt, aber auch eine Verbindung zur Neuen Kirche im Haag ist denkbar. Nering entwarf die Pläne 1694, doch beim Tode des Baumeisters 1695 waren erst die Fundamente gelegt, und Grünberg übernahm die weitere Ausführung, reduzierte aber Nerings Vorstellungen. Neben dem Ersatz der vorgesehenen äußeren Säulengliederung durch einfache Strebepfeiler sowie der Veränderung der Dachkonstruktion kam man von dem von Nering vorgesehenen, den Baukörper konzentrierenden Mittelturm ab und beabsichtigte, einen Glockenturm auf der Vorhalle zu errichten, den aber erst Gerlach nach einem Entwurf de Bodts aufsetzte (1714 vollendet); das Kirchengebäude selbst war bereits 1703 fertiggestellt worden.

Ein weiterer Zentralbau ist die neue deutsche Kirche auf dem Gendarmenmarkt (heute Platz der Akademie), die als Simultankirche für die deutsch-reformierte und lutherische Gemeinde diente. Grünberg hatte diese Kirche in der Friedrichstadt entworfen, die Ausführung des Baues von 1701–08 leitete Johann Simonetti; den fünfeckigen Dachstuhl errichtete der Regensburger Zimmerermeister Christian Kemmeter. Hier sind in ein regelmäßiges Fünfeck fünf, im Inneren halbkreisförmige, außen polygonal gebrochene Nischen gelegt. Ähnlich der Parochialkirche ist der westlichen Nische eine Halle vorgelagert, auf der ein Turm aufgesetzt werden sollte, der allerdings nur bis zum Hauptgesims der Kirche gedieh.

Schon im vierten Jahrzehnt des 18. Jahrhunderts entstand der Bau der Böhmischen oder Bethlehemskirche für die nahe dem Halleschen Tor

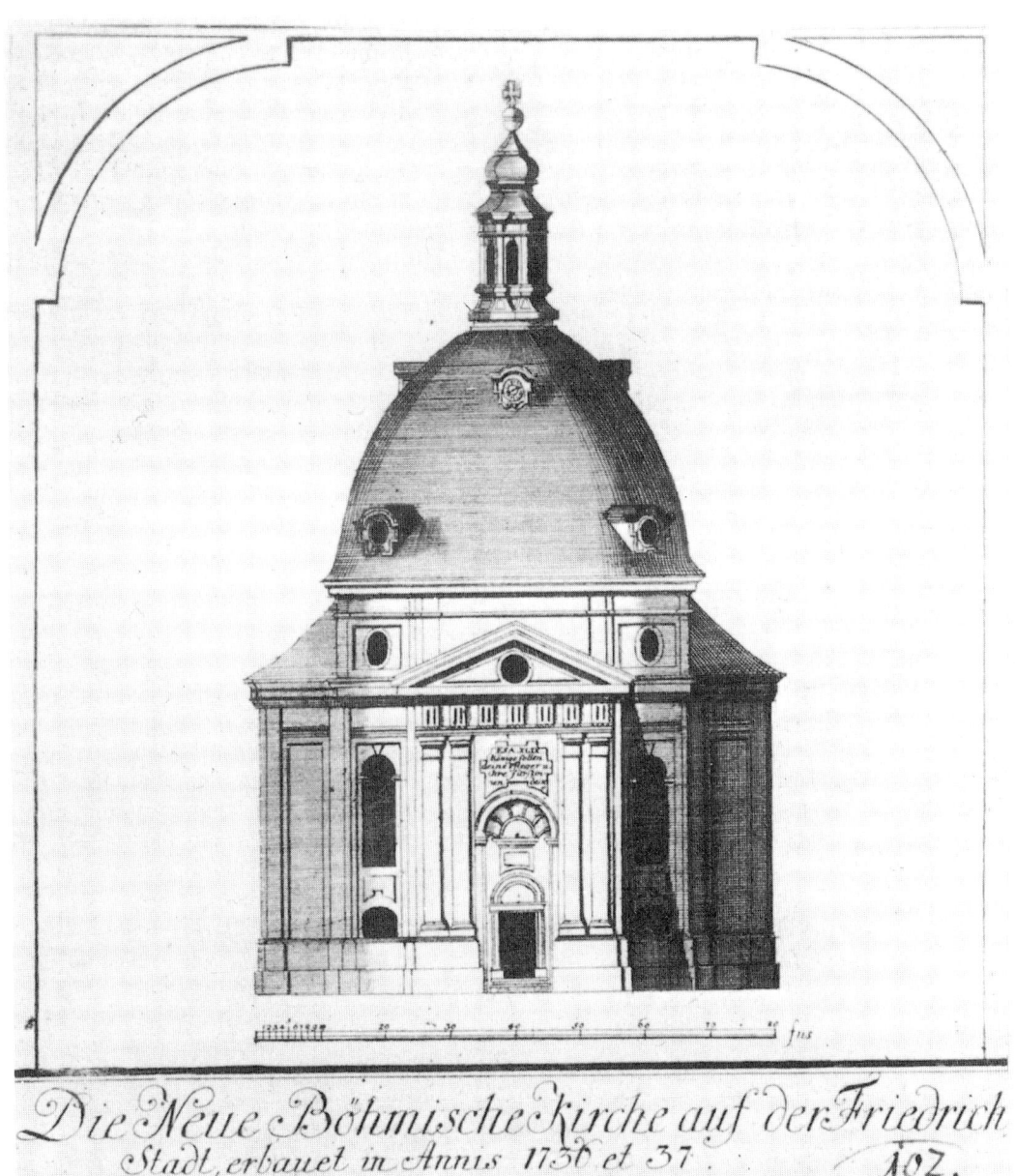

angesiedelten Einwanderer aus Böhmen. Der 1735–37 von Diterichs errichtete Bau zeigt sowohl im Grundriß wie im Aufriß eine weitere Konzentration. An einem Kreis mit lichtem Durchmesser von 13,70 m setzen vier kurze Kreuzarme an, von denen der südöstliche als segmentbogenförmige Apsis, der nordwestliche dagegen als Eingangshalle ausgebildet ist. Als Vorbilder konnten neben der französischen Kapelle in der Berliner Kommandantenstraße – der sogenannten Melonen- oder Wallonenkirche – die Kirche der Visitandinnen Sainte-Marie in der Rue Saint-Antoine in Paris nachgewiesen werden. Darüber hinaus aber lassen sich Beziehungen zu einem im 5. Buch Serlios abgebildeten Rundbau mit vier Kreuzarmen herstellen.

In der Böhmischen Kirche öffnen sich die Kreuzarme mit großen Rundbögen zum Zentralbau, und die Wandflächen dazwischen durchbrechen große rundbogige Fenster. Die innere Kuppel besitzt lediglich eine Holzschalung und erhält ihr Licht im Bereich des Tambours durch vier Oculi; eine Mittelöffnung fehlt. Auf der inneren Kuppel und dem Tambour sitzt die gewaltige Holzkonstruktion der äußeren Kuppel mit der Laterne. Die Kreuzarme erreichen die Höhe des Hauptgesimses, den Ansatz des Tambours, und die Spitzen ihrer Dachabschlüsse bleiben noch unter dem Ansatz der äußeren Kuppel.

Treten die Arme hier noch kräftig aus dem Rund des Kirchenkörpers heraus, so sind sie bei der Dreifaltigkeitskirche, einem weiteren Zentralbau, nur noch andeutungsweise vorhanden. Diese Kirche, die 1737–39 nach Entwürfen des Oberlandbaumeisters Titus Favre oder des geschickten Hofmaurermeisters Naumann d. Ä. errichtet wurde, weist große Ähnlichkeit mit der Böhmischen Kirche auf. Hier ist der Grundriß ein Kreis, aus dem die Form eines griechischen Kreuzes nur wenig heraustritt und nur durch vier verstärkte Pfeilerpaare gebildet wird. Es gibt drei Eingänge; vor dem östlichen Pfeilerpaar fand der Kanzelaltar Aufstellung. So ist die Raumkonzentration eindeutiger als bei der Böhmischen Kirche, und die bei allen protestantischen Kirchen eingebauten Emporen sind in diesem Falle so angeordnet, daß sie sich der Raumform anpassen. Die Innenkuppel, auf dem Gesims aufsetzend, ist zwar höher hinaufgezogen als bei der Böhmischen Kirche, erreicht aber nicht die halbe Höhe der äußeren Kuppel. Das Licht fällt durch zwölf perspektivisch angeordnete Oculi; eine Mittelöffnung fehlt. Da man auf einen Tambour verzichtet hat, beginnt die äußere Kuppel ebenfalls auf dem Gesims. Die im Vergleich zur Böhmischen Kirche klarere Konstruktion der Dreifaltigkeitskirche trägt auch die achteckige Laterne. Die Außengliederung – gebildet durch eine Sockelzone mit ovalen Fenstern, großen rundbogig geschlossenen Fenstern mit Pilastern dazwischen – ist zwar im Vergleich zu den übrigen Zentralbauten bereits vereinfacht, doch bleibt sie wie der ganze Bau dem Berliner Barock der zwanziger und dreißiger Jahre des 18. Jahrhunderts verhaftet.

Auch die Französische Kirche in Schwedt steht in Beziehung zur Böhmischen Kirche. Schon auf dem Stich von Wolffgang nach Richter aus dem Jahre 1741 ist auf dem Finkenberg ein Rundbau eingezeichnet. Man nimmt an, daß der Zeichnung Richters ein Entwurf eines Berliner

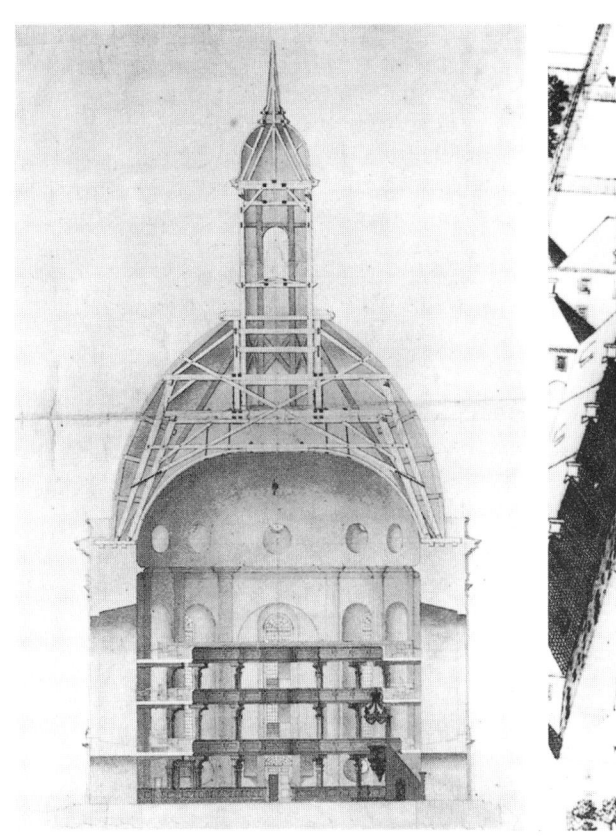 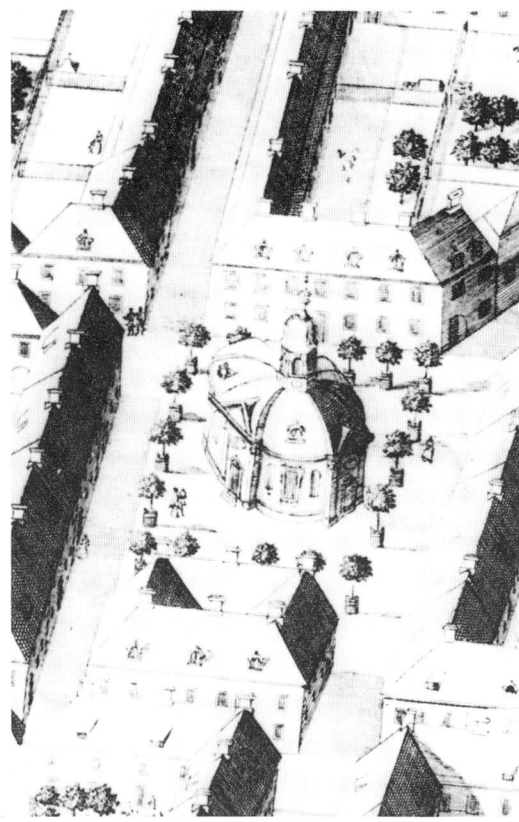

Baumeisters – vielleicht Diterichs – zugrunde gelegen hat, der dann auch beim Bau der Kirche 1777–79 an einem anderen Platz für die Schwedter französische Kolonie unter Leitung des Landbaumeisters George Wilhelm Berlischky verwendet wurde. Interessant ist vor allem der ovale Grundriß, der schon in der Richterschen Zeichnung ablesbar ist und der damit der erste seiner Art in Preußen sein dürfte. Es ließe sich also eine Verbindungslinie von der französischen Kirche auf dem Gendarmenmarkt über die Schwedter bis zur Potsdamer Kirche ziehen. Eine mittlere Stellung nehmen Kirchen mit Ovalräumen in Dessau (1717), Norkitten (1732/33) und Königsberg in Pr. (1733–35) ein.

All das macht deutlich, daß sowohl die Hedwigskirche als auch die Französische Kirche neben der Verarbeitung äußerer Vorbilder auch aus heimischen Traditionen erwuchsen, daß sie folgerichtig am Ende einer konsequenten Entwicklung zu einer immer stärkeren Konzentration des Raumes und Vereinfachung des Baukörpers stehen.

Schnitt durch die Dreifaltigkeitskirche. Entwurfszeichnung (?) von unbekannter Hand. Verwaltung der Staatlichen Schlösser und Gärten Berlin (West)

Französische Kirche in Schwedt. Detail aus dem Kupferstich von Wolffgang nach R. H. Richter, 1741

Der Tod Friedrichs II. in seinem Arbeitszimmer im Schloß Sanssouci. Gemälde von B. Rode, 1786. Staatliche Schlösser und Gärten Potsdam-Sanssouci

Architectura fridericiana

Nach 46jähriger Regierungszeit starb Friedrich II. am 17. August 1786 in seinem Arbeitszimmer im Schloß Sanssouci. Von der Zeit überholt, war er schon zu Lebzeiten zu einer Legende geworden.

Der Nachfolger, sein Neffe Friedrich Wilhelm II., setzte sich über die testamentarischen Festlegungen hinweg und ließ Friedrich nicht in der Gruft auf der obersten Terrasse in unmittelbarer Nähe des Schlosses Sanssouci, sondern in der Potsdamer Garnisonkirche neben Friedrich Wilhelm I. beisetzen. Nicht der Philosoph, sondern Friedrich der Große, der Held militärischer Erfolge, sollte eine ihm gemäße Ruhestätte erhalten.

Gontard bekam den Befehl, die Trauerdekoration im Potsdamer Stadtschloß und in der Garnisonkirche »*so einzurichten, wie es bey den Exequien König Friedrich Wilhelm des Ersten wäre gehalten worden*« (Manger, S. 505). Damals, im Juni 1740, war Knobelsdorff dafür verantwortlich gewesen, und Bielfeld hatte vor allem die Aufbauten als »*ein Meisterstück von Architektur und Zeichnung*« gerühmt. Man wird diese Anweisung für das Begräbnis wohl kaum Friedrich II. zuschreiben können, der, wie er immer wieder betont hat, ohne Zeremonie in Sanssouci bestattet sein wollte. Es entbehrt jedoch nicht einer gewissen Ironie des Schicksals, daß ihn die Kunst Knobelsdorffs, der er sich trotz

Arbeitszimmer Friedrichs II. im Schloß Sanssouci. Umgestaltet von F. W. v. Erdmannsdorff, 1786/87

aller eigenen Auffassungen zeit seines Lebens verbunden gefühlt hatte, nun auch bis über den Tod hinaus begleitete, obwohl er stets gerade diesen Bestattungskult abgelehnt hatte. Symbolhaft war damit eine künstlerische Epoche in Preußen zu Grabe getragen worden.

Daß sich Friedrich mit der Baukunst beschäftigte, wird sicherlich von Knobelsdorff ausgegangen sein; doch in dem Maße, in dem der König nach seiner Thronbesteigung Ansehen und politische Macht errang, wuchs auch das Bestreben, seine eigenen Vorstellungen zu formulieren und in den Bauten den Ausdruck seines Herrschaftswillens darzustellen.

Der König legte fest, was, wann, wie und wo gebaut wurde, er bestimmte die Höhe der finanziellen Mittel und verfügte letzten Endes auch über die Baumeister. Keineswegs begnügte er sich nur mit der Rolle des Bauherrn. Es entsprach seiner Auffassung vom König als dem »*ersten Diener des Staates*«, wenn er nicht nur in der Politik, im Militär-, Justiz- und Manufakturwesen, sondern auch auf künstlerischem Gebiet jede Entscheidung selbst traf. Die Baukunst war ihm die beste Möglichkeit, seinen eigenen künstlerischen Bestrebungen einen allen sichtbaren Ausdruck zu verleihen.

Friedrich hat niemals den Versuch unternommen, seine Haltung zur Architektur in einem größeren Rahmen theoretisch zu begründen, ausgenommen allein jene Abhandlung über die Architektur und bildende Kunst in der Zeit seines Großvaters, Friedrichs I., in dem Buch über die

Geschichte des Hauses Brandenburg. Demgegenüber reicht seine tatsächliche praktische Tätigkeit von der Bestimmung eines Vorbildes bis zu eigenhändigen Entwurfsskizzen; dazwischen liegt eine breite Skala von Anweisungen, Korrekturen an Entwürfen oder sogar Änderungen an fertiggestellten Bauten wie dem Neuen Palais. Was er einmal festgelegt und approbiert hatte, mußte auch so ausgeführt werden; Abweichungen bedurften seiner ausdrücklichen Bestätigung.

Friedrich II. besaß die charakterliche Eigenschaft, einmal bewährte Dinge zeit seines Lebens beizubehalten. Das betraf nicht nur seine persönlichen Gewohnheiten, sondern auch die Politik, die »*von Anfang an auf eine Konservierung der bestehenden Verhältnisse gerichtet*« war (Mittenzwei, S. 1172). Sein aufgeklärter Absolutismus diente letztlich diesem Ziel.

In der Baukunst äußerte es sich darin, daß bewährte architektonische Lösungen wiederholt oder übernommen wurden. Das Moment der Wiederholung wird bei einem Vergleich zwischen Rheinsberg und Sanssouci offenkundig; Raumformen und Dekorationsdetails des Schlosses Sanssouci und des Stadtschlosses werden auch wieder im Neuen Palais aufgenommen. Für den König war das in enger Zusammenarbeit mit Knobelsdorff Geschaffene offenbar beispielhaft und so immer wieder verwendbar. Ähnlich verhält es sich mit den Potsdamer Bürgerhäusern nach ausländischen, vornehmlich italienischen Vorbildern. Es sind gleichsam Standards, deren allgemeine Verbindlichkeit schon dadurch gegeben ist, daß sie in Stichwerken abgebildet sind. Hinzu kommt noch, daß der König ausländische Künstler und ihre Kunst höher bewertete als einheimische.

Schon beim Stadtschloßumbau wird in der Beibehaltung der Grundriß- und Raumformen aus der Zeit des Kurfürsten Friedrich Wilhelm, besonders aber der aus der Zeit des ersten preußischen Königs, Friedrichs I., eine rückwärts orientierte Grundhaltung erkennbar. Diese konservative »*rebarocke*« Sicht ist im Berliner Dom, im Neuen Palais in Potsdam und letztlich auch in den Stadttoren in Form von Triumphbogen deutlich. Solche bewußte Ausrichtung auf die Kunst der Zeit Friedrichs I. hat ohne Zweifel mit der bald nach 1740 einsetzenden intensiven Erforschung der Geschichte Preußens durch Friedrich II. zu tun. Das geschah sicherlich unter dem Einfluß Voltaires. »*Es ist charakteristisch, daß Friedrich II. an diejenigen bürgerlichen Denker anknüpfte, die aus den unterschiedlichsten objektiven Ursachen – aus dem schon bewußt gewordenen Gegensatz zum Volk einerseits und der Unreife der sozialen Voraussetzungen andererseits – für eine starke Staatsmacht eintraten, die Monarchie als beste Staatsform ansahen und ihre bürgerlichen Interessen mit Hilfe eines Monarchen durchsetzen wollten. Von diesen Denkern, speziell von Bayle und Voltaire, entlieh Friedrich seine Gedanken über das Königtum und dessen ›innere Zügelung‹, ohne jedoch die bürgerliche Zielrichtung mit zu übernehmen*« (Mittenzwei, S. 1168f.). So wird nicht nur Voltaires in

Potsdam vollendetes Werk »*Le siècle de Louis XIV*« (1751), sondern auch die Hinwendung Friedrichs II. zur Ära Friedrichs I. verständlich.

Ein wesentlicher Grundzug der friderizianischen Bautätigkeit ist die Repräsentation. Das offenbart sich am deutlichsten bei den Bürgerbauten nach ausländischen Vorlagen oder nach eigenen Zeichnungen des Königs. Es sind reine Fassadenbauten, Grundrißlösungen waren für den König nur dann interessant, wenn sie seinen unmittelbaren persönlichen Lebensbereich betrafen. Die Bürgerhäuser in Palastform erhielten bevorzugte Plätze in Berlin und Potsdam, damit sie jedem Fremden sofort sichtbar waren.

Die konservative Grundhaltung Friedrichs drückt sich auch in der Beibehaltung bestimmter Architekturmotive aus. Die Bibliothek in Sanssouci mußte »*come à Rheinsberg*« sein, und das Obeliskportal in Sanssouci ist eine Wiederholung desjenigen in Rheinsberg. Für die Stadttore läßt sich das Motiv des antikisierenden Triumphbogens in Potsdam und Berlin mit Beispielen belegen. Wenn bei diesen Toren Repräsentation und Machtdemonstration, also eine nach außen gerichtete Wirkung, im Vordergrund standen – beim Berliner und Brandenburger Tor in Potsdam kommt die Funktion als Denkmal für beendete große Schloßanlagen (Stadtschloß, Neues Palais) noch hinzu –, so ist die Wahl des vom römischen Pantheon abgeleiteten Rundbaus in den philosophischen Vorstellungen des Königs begründet. Als »*Tempel aller Götter*« war das Pantheon am besten geeignet, den Toleranzgedanken eines aufgeklärten Absolutismus – der aber letztlich immer Absolutismus war und blieb – sichtbaren Ausdruck zu verleihen, wobei natürlich ökonomische, militärische und politische Notwendigkeit den Hintergrund der legendären Toleranz des Königs bildeten.

Friedrich II. hat sich selbst nicht nur als Bauherr, sondern auch als Baumeister gefühlt. Sein Wissen in Architekturfragen kam aus der Beschäftigung mit den Stichwerken, die er in seinen Bibliotheken sammelte, aber auch aus Gesprächen mit seinen Beratern. Er behauptete von sich, er sei nur ein Dilettant, aber im Sinne der Italiener: Die Beschäftigung mit der Architektur diene seiner Befriedigung. 1742 hat er das noch klarer in einem Brief an Jordan ausgedrückt: Er spiele mit Gebäuden und Gartenanlagen wie ein Kind mit seinen Puppen. Aber nur Oberflächlichkeit wird darin eine Laune, eine Spielerei, sehen. Das mag für bestimmte Bereiche zutreffen, zum Beispiel für Innendekorationen und vielleicht auch für die Gartenanlagen. Aber als »*begabtester Vertreter seiner Klasse*« (Mehring, S. 79) wußte er nur zu gut, daß man mit der Architektur auch politische Wirkung, ja sogar eine Stärkung der persönlichen Macht und Stellung erreichen kann. Die Repräsentation war stets auch die bauliche Manifestation philosophischer Gedanken und Vorstellungen; die Aufnahme von Architekturformen aus der Zeit Friedrichs I. war bewußte Demonstration einer konservativen Haltung.

Wie ernst der König das Bauen nahm, spürten am stärksten die Architekten. Sie hatten seinen Anordnungen Folge zu leisten und die oftmals von Friedrich persönlich skizzierten Absichten – nicht selten wider besseres Wissen – in die Tat umzusetzen. Wie halsstarrig und intolerant der König gerade in Bausachen gewesen ist, haben nahezu alle Baumeister in seinem Dienst – Knobelsdorff, Boumann, Büring, Le Geay, Gontard und Manger – zu spüren bekommen. Am härtesten muß es für Knobelsdorff gewesen sein, als er bald nach 1740 feststellen mußte, daß der König mehr und mehr eigene Wege ging und die Ausführung einem subalternen Kastellan überließ. Friedrich hat aber nie ganz auf die Mitarbeit seines Surintendanten verzichtet; seit Rheinsberg wußte er, daß Knobelsdorff am befähigtsten war, seinen künstlerischen Ambitionen die bestmögliche Gestalt zu verleihen.

Die Leistungen Knobelsdorffs und Gontards, der beiden wichtigsten Baumeister Friedrichs, waren jedoch eingebunden in die vom König vorgegebene Grundrichtung, die in den ersten Regierungsjahren zu einem speziellen friderizianischen Stil führte. Später, je länger Friedrich an seinen vor dem Siebenjährigen Krieg geprägten Stilvorstellungen festhielt, stand dieser absolutistische Bauwille einer Weiterentwicklung der Architektur im Wege. Neues konnte sich unter seinen Augen kaum entwickeln.

Mit der Trauerdekoration für Friedrich II., die allgemeinen Beifall fand, hatte sich Gontard bei dem neuen König als geschickter Architekt ausgewiesen, und Friedrich Wilhelm II. übertrug ihm die Einrichtung eines Teiles der Königskammern im Berliner Schloß und den Bau des Marmorpalais am Heiligen See in Potsdam. Der spätbarocke Klassizismus Gontards ermöglichte noch am ehesten eine Annäherung an den neuen Stil.

Dieser hatte sich allerdings nicht in den beiden Residenzstädten, sondern in der Provinz und außerhalb Preußens vorbereiten können. Karl Gotthard Langhans (1732–1808) wurde 1786 aus Breslau nach Berlin berufen, und schon seine ersten Bauten (Mohrenkolonnade und Tierarzneischule) zeigten die Abkehr von der friderizianischen Tradition. Das Brandenburger Tor brachte dann den entscheidenden Durchbruch zum Frühklassizismus.

In Rheinsberg war in den 30er Jahren des 18. Jahrhunderts der Grundstein zur friderizianischen Kunst gelegt worden. 1766, zwanzig Jahre vor seiner Berufung nach Berlin, holte der Prinz Heinrich Langhans aus Schlesien für einige Wochen dorthin, um Innenraumentwürfe anzufertigen, die trotz ihrer Bindung an das späte Rokoko als ein »*neuer und sehr anmuthiger Geschmack*« (Hennert) empfunden wurden. 1790 erhielt Langhans dann den Auftrag zum Entwurf der Innenräume des Marmorpalais und löste damit Gontard ab.

Aus Stettin kam 1788 David Gilly (1748–1808) nach Berlin. Er hatte sich mit dem ländlichen Bauen befaßt und so einer klassizistischen Auffassung genähert, die bei Friedrich II. überhaupt nicht gefragt war. Von Manger ist folgende aufschlußreiche Begebenheit zu erfahren: Die Baumeister Schönbach aus Westfalen, Gilly aus Pommern und Holsche aus Berlin wurden 1776 zu einer Prüfung nach Potsdam beordert. Sie mußten »*eine Zeichnung zu einem hiesigen neuen Hause und einen Anschlag von einem schon stehenden neuen Gebäude machen ... Keiner von diesen dreyen mußte Lust haben, seinen zeitigen Wohnort und sein beständiges Gehalt mit ungewissen Diäten unter den unmittelbaren Flügeln eines Regenten zu vertauschen; denn ungeachtet sie den hiesigen Baugeschmack des Königs vor Augen hatten, so machten sie doch, ohne Zweifel mit allem Fleiß, solche Zeichnungen, die der Architecturae Friedericianae gar sehr entgegen waren ... Die Beurteilung der Zeichnungen hatte sich der König Selbst vorbehalten ...*«, und »*sogleich bey dem Ansehen mißfielen*« sie ihm (Manger, S. 609). In Berlin wurde Gilly der Lehrer einer ganzen Architektengeneration. Sein Sohn Friedrich (1772–1800), Freund und Lehrer Schinkels, entwarf dann 1797 ein Denkmal in einer völlig neuen Stilauffassung für den König, der bei seinem Vater selbst den kleinsten Keim einer Veränderung des herrschenden Stils strikt abgelehnt hatte.

Mit der Berufung Friedrich Wilhelm von Erdmannsdorffs (1736–1800) kam 1787 ein Baumeister nach Berlin, der im anhaltinischen Wörlitz schon zwei Jahrzehnte früher den neuen Klassizismus konsequent durchgesetzt hatte. Der Grundstein zum dortigen Schloß, dem ersten klassizistischen Bauwerk auf dem europäischen Kontinent, wurde 1769 gelegt, also im selben Jahr, in dem das Neue Palais in Sanssouci im Stil des späten Barock und Rokoko vollendet wurde. Kein Wunder, daß Erdmannsdorff in Berlin feststellte: »*Alles was im Fach der Baukunst seit Knobelsdorffs Zeiten für so viel Millionen gemacht worden ist, kommt einem, wenn man's genau betrachtet, so vor, als wenn's nur der Brouillon (die rohe Skizze) der Sache wäre die es hatte werden sollen*« (Schmitz 1914, S. 31). Knobelsdorff war der einzige Baumeister, der – übrigens auch von Schinkel – ohne Einschränkung akzeptiert wurde. Er stand der »*Kunst der Alten*« im Sinne Winckelmanns noch am nächsten.

Der von der Klarheit der Antike und dem englischen Neoklassizismus bestimmte Stil Erdmannsdorffs hatte schon Langhans 1775 nach Wörlitz gezogen und dort auch den preußischen Thronfolger bei seinen gelegentlichen Aufenthalten begeistert. So erhielt Erdmannsdorff neben Gontard nicht nur den Auftrag, die Königskammern im Berliner Schloß umzugestalten, sondern auch das Arbeits- und Schlafzimmer Friedrichs II. im Schloß Sanssouci im neuen klassizistischen Sinne zu verändern. Noch im Jahr 1786 wurde damit begonnen. Diesen Eingriff in ein Bauwerk des von ihm geschätzten Knobelsdorff und dazu im Sterbezimmer Friedrichs II. hat Erdmannsdorff durchaus nicht ohne Bedenken vorgenommen. In einem Brief an seine Frau heißt es: »*I don't know whether he would be much pleased with the manner in which I have metamorphized it*« (Riesenfeld, S. 105). Aber es war wie eine programmatische Ankündigung des Neuen, das sich durch Pietät nicht verhindern ließ. Daß das Zimmer, in dem der alte König fast vierzig Sommer gewohnt hatte und das sicherlich in keinem guten Zustand war, nun erneuert wurde, ist wohl nicht die glücklichste Entscheidung des neuen Königs gewesen und wurde auch nicht die beste Arbeit Erdmannsdorffs in Berlin/Potsdam.

Der Umgang mit dem friderizianischen Erbe war durchaus differenziert; während man 1787 die Vergoldungen am Chinesischen Teehaus in Sanssouci wiederherstellte, wurde die Knobelsdorffsche Kolonnade im Rehgarten 1797 abgetragen, um die Säulen für die Erweiterung des Marmorpalais zu verwenden.

Friedrich Wilhelm III. ließ nach 1799 für sich und die Königin Luise Zimmer im Potsdamer Stadtschloß neu ausgestalten. Der größte Verlust war jedoch die Beseitigung des von Knobelsdorff entworfenen Theaters im Kopfbau des östlichen Stadtschloßflügels am Alten Markt im Jahre 1801. Dank der konservativen Auffassung Friedrichs II. ist es jedoch in seiner Neuartigkeit des Typs im Theater im Neuen Palais erhalten geblieben. Rigorose Raumveränderungen gab es auch in den Schlössern Charlottenburg und Monbijou.

Die Baumeister des Berliner Frühklassizismus hatten in kurzer Frist wieder den Anschluß an die europäische Kunstentwicklung erreicht und waren, wie Heinrich Gentz 1801–04 in Weimar, auch bald außerhalb Preußens gefragte Architekten. Die Kunst der Väter galt nichts mehr.

Die Beschäftigung mit dem Leben und den Taten Friedrichs II. in der Historienmalerei seit Anfang des 19. Jahrhunderts bis hin zu Menzel und die Auseinandersetzung mit seiner Person in bezug auf ein zu errichtendes Denkmal rückten die friderizianischen Bauten wieder in das Blickfeld; nicht zuletzt auch die notwendig gewordenen Reparaturen.

Karl Friedrich Schinkel setzt mit seinen Bauten nach 1815 neue Maßstäbe. Die meisten entstanden im Kontext zur friderizianischen Architektur, wie das Schauspielhaus auf dem Gendarmenmarkt in Berlin, das Zivilkasino in der Potsdamer Innenstadt und die gewaltige Nikolaikirche auf dem Alten Markt. Es gehörten Mut und vor allem Können dazu, Platzräume des 18. Jahrhunderts mit einem neuen Bau zu besetzen, der mitbestimmte, aber nicht beherrschte. Bisher ist viel geschrieben worden über Schinkels Verhältnis zur Antike und zum Mittelalter, kaum etwas über seine Auffassung zum 18. Jahrhundert. Anhand der von ihm eingeleiteten denkmalpflegerischen Maßnahmen an Bauten der friderizianischen Zeit läßt sich jedoch feststellen, daß Schinkel dieser Architektur allgemein mit Feingefühl und Respekt gegenübertrat. Schon 1816 setzte er sich in einem Gutachten für die Wiederherstellung der geschwungenen Treppen an den Communs des Neuen Palais ein, da »*diese Anlage als ein Monument Friedrichs des Großen überliefert werden müßte*«. Außerdem »*stimmt die runde, kühn geschwungene Form mit der ... Colonade vollkommen zusammen und wirkt wie aus einem Geiste harmonisch erfunden*« (Giersberg 1981, S. 4). 1819 wandte er sich gegen eine Veränderung der Treppen der Hedwigskirche, und die Reparatur der Opernfassade mußte 1822 »*ohne die mindeste Abände-*

rung [der] ursprünglichen Form« erfolgen (Rave 1941, S. 366). Um so unverständlicher ist Schinkels Beurteilung des Schlosses Rheinsbrg, dem er »*durchaus keinen historischen Wert beilegen kann*«, außerdem sei der Stil »*überall unrein und die Verhältnisse verfehlt*« (Sievers 1954, S. 87).

Er nahm sich aber auch das Recht, wenn seiner Meinung nach ein Gebäude nicht mehr der »*zeitgemäßen Bestimmung*« entsprach, es wie den Berliner Dom (1820/21) oder die Kanzelwand in der Französischen Kirche (1833) zu verändern. Auch die Wohnung Friedrichs II. im Berliner Schloß wurde bis auf das runde Schreibzimmer von ihm neu gestaltet.

Der Weg Berlins zur Weltstadt in der zweiten Hälfte des 19. Jahrhunderts war begleitet von einem großen Verlust an friderizianischer Bausubstanz. Die Prachtbauten blieben zwar – manchmal, wie die Oper, bis zur Unkenntlichkeit entstellt –, aber es verschwanden die Bürgerhäuser, Tore, Brücken und Kolonnaden.

In Potsdam suchte Friedrich Wilhelm IV. die »*historischen Überlieferungen aus der Zeit Friedrichs des Großen wiederherzustellen, wo es der Schönheitssinn nur irgend gestattete und, im Geiste des großen Königs gedacht, die von ihm unausgeführt gebliebenen Verschönerungspläne mit den Fortschritten der Technik, der Kunst und dem geläuterten Geschmack unserer Zeit auszuführen, und zu bereichern, alles Unschöne aus der Nähe dieses denkwürdigen Königssitzes zu beseitigen; die Anlagen von Sans-Souci zu erweitern und damit die ganze geschmückte Landschaft in Harmonie zu bringen*« (Haeberlin, S. 89/90). Der Urgroßenkel fühlte sich als Vollender friderizianischer Vorstellungen. Trotz der stilistisch zu akzeptierenden Zutaten der Schinkel-Schüler bleibt Potsdam bis zum Bombenangriff am 14. April 1945 – genau 200 Jahre nach der Grundsteinlegung zum Schloß Sanssouci – eine Stadt des 18. Jahrhunderts.

Die Auseinandersetzung mit der von Friedrich II. verordneten Baukunst hatten schon Manger und Nicolai begonnen, und sie hat sich durch Jahrhunderte bis heute fortgesetzt. Knobelsdorff blieb dabei unangefochten, während allen nachfolgenden Baumeistern und Bauten innerhalb der europäischen Kunstgeschichte nur eine geringe Bedeutung zugemessen wurde. Aber auch wenn sie stilistisch nicht die Höhe der Zeit repräsentierten, entstanden bis zum Tod des Königs architektonische Werke von außerordentlicher künstlerischer Qualität. Das gilt für den Städtebau wie für einzelne Bauwerke und die Innendekoration. Dabei ist, trotz aller Individualität der Architekten, die Berlin-Potsdamer Baukunst der zweiten Hälfte des 18. Jahrhunderts von einer sonst kaum anzutreffenden Einheitlichkeit und Geschlossenheit. Das ist einzig und allein in Friedrich II. begründet, in der Kraft seiner Persönlichkeit, in seinem politischen Herrscherwillen und in den künstlerischen Vorstellungen seiner Jugend, die – kaum gewandelt – während der ganzen Regierungszeit die Architekturentwicklung in Berlin und Potsdam als eine »*architectura fridericiana*« (Manger) geprägt haben.

Anhang

Baureglement für Potsdam vom 17. Oktober 1752

Reglement

Welchergestalt Sr. Königl. Majt. von nun an mit dem Bau-Wesen in Potsdam, und dahin einschlagender Sachen, es gehalten wißen wollen.

Nachdem Sr. Königl. Majt. in Preußen Unser allergnädigster Herr aus bewegenden Uhrsachen allergnädigst resolviret haben, bey dem Bau-Wesen allhier in Potsdam eine andere Einrichtung zumachen, damit dabey alles in gehöriger Ordnung geschehen, und alle Unrichtigkeiten und Unterschleifte, so viel immer möglich, verhütet werden mögen, als haben Höchst dieselben declariret, und Kraft dieses folgende Puncte in Gnaden festgesetzet.

1.

Soll der Castellan Boumann nach wie vor die Direction von allen Königl. Bauten behalten, und was Se. Königl. Majt. dieserhalb so wohl in Ansehung derer nöthigen Plans und Anschläge, als auch sonsten, anordnen und befehlen werden, jedesmahl mit aller nur ersinnlichen Exactitude und gehöriger Treue besorgen.

2.

Wird demselben Conducteur Hildebrand als Controlleur zur Seite gesetzet, und wie er überhaupt mit diesen über alle von Sr. Königl. Majt. veranlaßete Bauten bey Fertigung derer Zeichnungen und Anschläge communiciren muß, also soll ins besondere

3.

Der Einkauff aller und jeder Materialien mit deßen Zuziehung geschehen, diese so genau, als möglich behandelt, und die Contracte darüber mit denen Liveranten conjunctim geschloßen, und unterschrieben werden.

4.

Gleichergestalt sollen beyde die Arbeit mit denen Ouvriers und Handwerks-Leuten gemeinschaftlich aufs genaueste verdingen, darüber ordentliche Verdingungszettel in duplo ausverfertigen, und davon ein von ihnen vollzogenes Exemplar denen Leuten aushändigen, das zweyte von diesen unterschriebene aber bey der Bau-Registratur reponiren, um damit bey dem Schluß derer Rechnungen belegen zu können.

5.

Diejenige Arbeit, so nicht verdungen werden kan, sondern auf Rechnung gemacht werden muß, sollen Sie bey Exhibirung derer Rechnungen sorgfältig examiniren, und dahin sehen, daß alles tüchtig und dauerhaft gefertigt seyen, und fernerhin keine schlechte Arbeit, wie bishero öfters geschehen, mit unterlauffen möge.

6.

Soll die Arbeit an die Künstler und Ouvriers nach eines jeden Geschichtlichkeit auf eine möglichst egale Art ausgetheilet, und keiner aus Gunst vorgezogen, oder aus Haß und andern menschlichen Absichten zurückgesetzet, nach weniger solche an Leute gegeben werden, die selbst nichts verstehen, sondern hiernechst die Arbeit, um nur davon zu profitiren, von andern verfertigen laßen.

7.

Wenn die Liveranten und Ouvriers auf ihre Contracte und Verding-Zettul, Geld verlangen, oder sonst Spezial-Rechnungen zu bezahlen sind, so sollen darüber die Assignationes von dem Castellan und Controlleur conjunctim ertheilet werden, und der Krieges- und Steuer-Rath Voss, als Rendant derer Bau-Gelder, ohne beyderseitige Unterschrift an niemand, wer der auch sey, einen Groschen auszahlen.

8.

Soll von jeden Bau eine besondere Rechnung geführet, und die Arbeit so wenig in denen Contracten als denen Rechnungen, durchaus nicht durcheinander geworffen werden, gestalt durch der gleichen Verstechungen nur zur Confusion so wohl bey dem Bau selbst als bey der Casse Anlaß gegeben wird, wobey es sich von selbst verstehet, daß auch von einen jeden Bau in der Bau-Registratur separate Acten gehalten werden müßen, um jegliche Sache, und die erforderliche Nachrichten, sogleich an seinen Orthe finden zu können.

9.

So oft auch Se. Königl. Majt. zu denen Bauten einige Gelder zahlen laßen, so muß der Castellan nebst dem Controlleur, solche zwar in der Summe zu Buche tragen, dieselben aber sogleich mit einer Assignation zur Einnahme, in welcher der Bau, zu welchen sie gegeben werden, deutlich zu exprimiren ist, an den Rendenten, Krieges-Rath Voss abliefern, welcher denn an Se. Königl. Majt. immediate darüber eine Quitung einsenden soll; so wie er hiernechst, wenn ein Bau gäntzlich absolviret ist, die Rechnung davon gehörig abgeschloßen an Höchst dieselben mit allen Belegen zur weitern Verfügung übergeben muß.

10.

So viel den bisherigen Bau-Schreiber Urban betrifft, so sind zwar Se. Königl. Majt. allergnädigst zufrieden, daß derselbe noch ferner beibehalten möge, jedoch soll er sich weder von dem Einkauff derer Materialien, noch von denen darüber, und mit denen Ouvriers und Handwerks-Leuten zu schließenden Contracten und Verdingen, auch nicht von denen einkommenden Rechnungen und deren Examination, weiter meliren, sondern nur dasjenige in der Schreiberey und sonst mit allen Fleiß und Accuratesse verrichten, was ihm von dem Castellan und Controlleur aufgegeben und anvertrauet wird, gestalt er von beyden ein Subaltern ist, und von ihnen schlechterdings dependiret.

11.

Auf die übrige Bau-Bediente, als Conducteurs, Aufseher und Verwaltere, oder wie diese sonst Namen haben, müßen sie, der Castellan und Controlleur ein beständig wachsames Auge haben, damit ein jeder in dem ihm anvertrauten Geschäfte sein Devoir thun, und auf alles fleißig vegiliren müße; Insonderheit aber sollen dieselben von allen Materialien ein Journal halten, und darin die Abfuhre derselben vom Waßer, oder vom Bau-Hofe auf die Bau-Stelle accurat notiren, welches Journal wöchentlich nachzusehen, und mit dem Lieferungs-Quanto zu conferiren ist, um zu wißen, ob beydes mit einander überein komme, indem dieses das eintzige Mittel ist, so viel möglich vorzubeugen und zuverhüten, daß von denen Materialien nichts entwendet oder verschleudert werden müße.

12.

Wird diesen Unter-Bedienten, wie auch dem Bau-Schreiber, hiermit ausdrücklich verbothen, denen Künstlern und Ouvriers ihre Rechnungen zu formiren, oder die Gelder vor selbige einzuheben, vielmehr sollen diese, insoweit ihre Forderungen nicht durch einen Contract oder Verding-Zettul reguliret sind, ihre Rechnungen selbst aufsetzen, und wen solche obenverordnetermaßen examiniret und attestiret, auch zur Zahlung assigniret sind, die Gelder von dem Rendanten selbst abfordern, und gegen gehörige Quitung, in welcher die Summe allemahl mit Buchstaben zu exprimiren ist, in Empfang nehmen. Einem auswärtigen Liveranten aber wird nachgelaßen, die Eincassirung seiner Gelder einem Tertio, wenn es nur kein Bau-Bedienter ist, zu committiren, wobei aber doch der Castellan und Controlleur, auch der Rendant selbst, alle mögliche Vorsichtigkeit zu gebrauchen haben, damit sie in dergleichen Fällen nicht hintergangen werden mögen.

13.

Die Rechnungen derer Tagelöhner und Handlanger anlangend, welche nicht im Stande sind, solche selbst aufzusetzen, so kan zwar wohl gestatet werden, daß selbiges von einem Bau-Aufseher geschehen möge, jedoch sind diese Rechnungen so dann von dem Castellan und Controlleur gehörig zu revidiren, und, wenn selbige richtig befunden werden, zur Bezahlung auf die Bau-Casse zu assigniren, der Rendante aber muß die Auszahlung in Gegenwart des Aufsehers verrichten, und von diesen ein Attest darüber unter die Rechnung ertheilen laßen. Übriges und

14.

Befehlen Se. Königl. Majt. allen und jeden Bau-Officianten, vom obersten bis zum niedrigsten hierdurch so gnädigst als ernstlichst, sich nach diesem Reglement in allen Stücken aufs punctuelleste zu achten, indem Höchst dieselben sie allerseits genau beobachten laßen, und diejenigen, so solchem im geringsten zu wieder handeln, es geschehe unter was für Praetext es wolle, recht exemplarisch und nach äußerster Rigeur bestrafen werden. Potsdam den 17$^{t.}$ Octobr. 1752.

(Siegel) *Friedrich*

Reglement

Nach welchem der Castellan Boumann und der Conducteur Hildebrand als Controlleur, eingleichen alle übrige Bau-Bediente, bey denen hiesigen Bauten sich ins künftige allerunterthänigst und aufs punctuelleste zu richten haben.

Zentrales Staatsarchiv, Dienststelle Merseburg
HA Rep. 14 D Nr. 11, fol. 26–29

Katalog
der im Original oder nur noch im Foto erhaltenen Architekturzeichnungen Friedrichs II.

1. Potsdam, Stadtschloß. Mittelrisalit der Gartenseite des Corps de Logis
Bleistift; 23,3 x 23,0 cm
Entstanden Ende 1746
Ehem. Berlin, Hohenzollernmuseum, Schloß Monbijou, seit 1945 verschollen.
Negativ in der Plankammer Sanssouci.
Kania, neueste Entdeckung Stadtschloß (1925); ders. Baukunst (1926), S. 35; Hildebrand (1932), S. 35, Streichhan, S. 21, 45, 46, 72, Anm. 89, Tf XVIII; Kania, Handzeichnungen (1932); ders. Fr. d. Gr. eigene baukünstl. Betätigung (1936); ders., Enträtseltes Potsdam (1942), S. 17; Mielke (1981), S. 55

2. Potsdam, Stadtschloß. Fahnen- oder Engelstreppe
Feder; 35,0 x 21,6 cm (ganzes Blatt)
Entstanden Anfang Juli 1751
Gezeichnet auf eine »Spezification. Von denen Königlichen Bauten vor Potsdam bey Sanssouci« vom 24. Juni 1751.
ZStA Merseburg Rep. 96 C III 11, fol. 2a. Bisher unbekannt.

3. Sanssouci. Terrassenanlage mit Grundriß des Schlosses (Zeichnung I)
Feder; 35,0 x 18,5 cm
Vermutlich in der ersten Hälfte des Jahres 1744 entstanden. Nach Mielke (1976–1981). Vielleicht auch erst wesentlich später (etwa um 1758) zu Erläuterung eines bereits vorhandenen Zustands.
Höckendorf, S. 86/, nimmt als spätesten Zeitpunkt die Monate August bis Oktober an; Volz, S. 28, Sommer 1744; Streichhan, S. 51, Mai 1714; Eckardt (1964), S. 157, Mitte des Jahres 1744.
Anmerkung von der Hand Friedrichs II.:
Am Hauptbau: »Le Corp de logi Piere de taille«
Am linken Seitenflügel: »de ce coté la l'écurie et la cuisine de brique«
Am rechten Seitenflügel: »Pour les domestique de brique«
Berechnungen links oben wieder durchgestrichen. Unten rechts Notiz des ehem. Besitzers Jean Cabanis. Ehem. Berlin, Hohenzollernmuseum, Schloß Monbijou, vorher im Besitz des Berliner Tapetenfabrikanten Jean Cabanis; seit 1945 verschollen. Negativ in der Plankammer Sanssouci.
Da in fast allen Veröffentlichungen über Sanssouci und z.T. auch in den Arbeiten über die Person Friedrichs II. die drei Sanssouci-Zeichnungen angeführt werden, wird für die Kat.-Nr. 3–5 nur eine Literaturauswahl genannt.
Preuß, Bd. 3, S. 234 Anm. 2 (nennt Zeichn. I bei dem Tapetenfabrikanten Cabanis); Knobelsdorff, S. 287; Bergau, Tf. IX; Sello, S. 126; Seidel, Knobelsdorff (1899) S. 132, Abb. S. 131; Höckendorf, S. 84–87; Siedler, Sp. 201-203; Geyer (1912) S. 16, Abb. 9; Petersdorff, S. 216; Seidel (1926), S. 101, Abb. S. 95; Hildebrand (1927) S. 28; ders., (2. Aufl. 1930), S. 35; Huth (1929), S. 4/5; Streichhan, S. 51, 79 Anm. 217A/2; Kühn (1939), S. 48/49 mit Abb.; Kurth, S. 16ff, 109ff, 237ff, Abb. 2; Lorck, S. 19, Tf. 19; Eckhardt (1964), S. 155-169, Abb. 1; ders., Kat. Schloß Sanssouci 1983[13] S. 7,

Anm. 8, Abb. 3; Mielke (1976), S. 127 ff, Abb. 1; Eggeling S. 119/120 Anm. 338; Mielke (1981) S. 59/60, Abb. S. 399; vgl. auch die bei Kat.-Nr. 1 genannten Aufsätze von Kania.

4. Sanssouci. Grundriß des Schlosses (Zeichnung II)
Feder; 18,0 x 21,5 cm
Vermutl. wenig später als Zeichnung I entstanden. Vgl. Kat. Nr. 3
Anmerkungen von der Hand Friedrichs II.: Am rechten Seitenflügel: »Pour le roy le chambres de 18 pieds de haut«
darunter wieder gestrichen: »larges de 12 pas es, longeuer de ... «
In der Bibliothek: »come à Rheinsberg«
Im Schlafzimmer: »alcove/chambre de lit/meme proportion qu'à Potsdam«
Am linken Schloßflügel: »Pour des etrargers«
An den Rückwänden der Gästezimmer: »alcove«
In den Räumen dahinter: einmal »garderobe«, *zweimal* »garde«
Im westlichen runden Zimmer (Rothenburgzimmer): »apartement« *und* »alcove«
An der östlichen Kolonnade: »colonade canelée corintien mais le reste come à Rheinsberg«
Ehem. Berlin, Hohenzollernmuseum, Schloß Monbijou; seit 1945 verschollen. Negativ in der Plankammer Sanssouci.
Seidel, Knobelsdorff (1899), S. 132/33, Abb. 133; Geyer (1912), S. 16, Abb. 10; Seidel (1926), S. 102, Abb. S. 97; Hübner, S. 5-9, 68; Volz, S. 28 ff. Abb. S. 33; Hildebrand (1927), S. 28; ders. (2. Aufl. 1930), S. 35; Huth (1929), S. 4/5; Streichhan, S. 51, 79 Anm. 216 A/3; Kühn (1939), S. 48/49; Kurth, S. 109 ff, Abb. 64; Lorck, S. 19, Abb. 19; Eckhardt (1964), S. 163; ders. Kat. Schloß Sanssouci 1983[13], S. 7 Anm. 8; Mielke (1976), S. 127 ff, Abb. 2; Eggeling, S. 119/120 Anm. 338; Mielke (1981), S. 61/62, Abb. S. 400; vgl. auch die bei Kat.-Nr. 1 genannten Aufsätze von Kania.

5. Sanssouci. Östlicher Lustgartenbezirk (Zeichnung III)
Feder; (Maße konnten nicht ermittelt werden).
Entstanden Ende des Jahres 1745. Nach Mielke (1981) S. 66 vor dem 10. August, aber nach dem 29. Juni 1744 entstanden
Ehem. Berlin, Geheimes Staatsarchiv (aus dem Nachlaß des Jagermeisters David Splittgerber); seit 1945 verschollen. Negativ in der Plankammer Sanssouci.
Sello, S. 126, Tf. XIV, Seidel, Knobelsdorff (1899), S. 132; Höckendorf, S. 85/86; Seidel (1911), Abb. S. 220; Siedler, Sp. 201 ff; Petersdorff, S. 217; Seidel (1926), S. 122, Abb. S. 99; Hübner, S. 68; Volz, S. 53; Huth (1929), S. 5/6; Kühn (1939), S. 48 ff, Abb. S. 51; Kurth, S. 235 ff, Abb. 172; Mielke (1981) S. 66, Abb. 399; vgl. auch die bei Kat.-Nr. 1 genannten Aufsätze von Kania.

6. Potsdam. Breite Straße (Wilhelm-Külz-Straße) 3, 3a, 4
Feder; 17,8 x 23,0 cm
Entstanden 1748
Anmerkungen von der Hand Friedrichs II.: Unter der Zeichnung: »Das brauer Haus Demer/Das becker Haus Bruning. Die ornamens seidt alle von Stück, bis aus die Waßens die Kleine balustrade vohr das mitelste fenter und die 2 kleine Trepen/das Haus wirdt gantz weißn abgeputzet«
Rechts oben: »Bodens«
In der linken unteren Ecke von anderer Hand: »Potsd.: d 15 Aug 1749«
Auf der alten Unterlage: »Fridericus II. Rex Borußiae invenit et fecit.«
Berlin (West), Staatliche Museen Preußischer Kulturbesitz, Kupferstichkabinett, K. d. Z. 11481
MVGP. 1, 1864, S. 66 (Protokoll der 16. Versammlung); Bock, S. 269; Kania, Friderizian. Schätze (1937); ders., Fr. d. Gr. ewiges Vermächtnis für Potsdam (1937), S. 286.

7. Potsdam. Zwei Skizzen auf einem Blatt, vermutlich zu Bürgerhäusern in der Breiten Straße (Wilhelm-Külz-Straße)
Feder; (Maße konnten nicht ermittelt werden)
Entstanden 1748
a) Vermutlich erste Skizze zu dem Haus Breite Straße 3, 3a, 4..
Nur der linke Teil – Nr. 4 – näher angedeutet.
b) Nicht ausgeführter Entwurf für ein Bürgerhaus, vermutlich in der Breiten Straße. Übereinstimmung in der Zahl der drei Achsen ergibt sich mit dem Haus Nr. 5. Mit den rundbogigen Fenstern und durchgezogenen Kampfergesims sowie Mezaningeschoß stilistische Verbindung zu den Häusern Breite Straße 2 und 39/40.
Ehem. Berlin, Hohenzollernmuseum, Schloß Monbijou, seit 1945 verschollen. Negativ in der Plankammer Sanssouci.
Hildebrand, (2. Aufl. 1930), S. 35.

8. Potsdam. Breite Straße (Wilhelm-Külz-Straße) 36
Feder; (Maße konnten nicht ermittelt werden)
Entstanden 1748
Nach Ansicht von Hildebrand (1936, Abb. 24) liegt der Skizze eine Zeichnung des Grafen Algarotti, beeinflußt von Palladio, zugrunde. Übereinstimmung mit der Zeichnung zu dem Haus Breite Straße 3, 3a, 4 (vgl. Kat.-Nr. 6 und 7a)
Anmerkungen von der Hand Friedrichs II.: Über der Zeichnung: »Des brauer Sein haus an der eke«
Rechts daneben: »von dar ist das Dach zu bodens«
Unter der Zeichnung: »alle die decorations Seindt Stük, außer die Trepe vohr dem haus und die 2 blumen Topfe die Seindt quader«
Ehem. Berlin, Hohenzollernmuseum, Schloß Monbijou. Seit 1945 verschollen. Negativ in der Plankammer Sanssouci.
Hildebrand, (2. Aufl. 1930), S. 35; Kania, Handzeichnungen (1932); ders. Breite Straße zwischen Lustgarten und Kanal (1933), S. 52; Hildebrand (1936), Abb. 24; Kania, Fr. d. Gr. ewiges Vermächtnis f. Potsdam (1937), S. 286; Mielke (1972) Textteil S. 106, 358, Abb. 220.

9. Potsdam. Breite Straße (Wilhelm-Külz-Straße) 33
Feder; 5,5 x 12,0 cm
Entstanden um 1750
Anmerkungen von der Hand Friedrichs II.: Links neben der Zeichnung: »Hanchen macher Fridric«
Rechts neben der Zeichnung: »corintiche architrave / das oberste Stok bodens aber so hoch als das Satler haus.«
Privatbesitz von Herrn H. Adam, Berlin (West)
(»Was die Provenienz betrifft, so steht auf der Rückseite eine eigenhändige Bestätigung von Gronau, der Prediger an der Parochialkirche war und der die Zeichnung von dem Oberbaurat Boumann am 29.2.1792 erhalten hat. Weiter Bestätigung von Dietmar, der die Handschrift aus dem Nachlaß von Gronau 1827 erhalten hat.«
Freundl. Mitt. von Herrn Adam)
Wirth (1967), S. 17/18, Abb. S. 17; Mielke (1972) Textteil, S. 106, Abb. 46.

10. Potsdam (?). Vier Fassadenentwürfe
Rötel; 23,0 x 17,8 cm
Entstanden um 1748/49
a) Dreigeschossige fünfachsige Fassade. Anmerkung von der Hand Friedrichs II.: Links neben der Zeichnung: »Contur Dicker«

Rechts neben der Zeichnung: »*Jonisch Paladio*«
Vielleicht Entwurf zum Haus Breite Straße 1. Von Kania (Frideriz. Schätze) als nicht ausgeführt angesehen.
b) Zweigeschossige fünfachsige Fassade mit Giebeldreieck
Rechts neben der Zeichnung Anmerkung von der Hand Friedrichs II.: »*blaugrau*«.
Nach Kania (Frideriz. Schätze) nicht ausgeführter Entwurf für die Ausgestaltung der nach Westen (Richtung Garnisonskirche) zeigenden Giebelfront des Hauses Breite Straße 8. Das 1738 errichtete Haus 1833/34 vermutlich von Ziller verändert.
c) Dreigeschossige fünfachsige Fassade mit Pilastergliederung in den zwei oberen Geschossen
Anmerkung unter der Zeichnung von der Hand Friedrichs II.: »*Cortintisch / contur Dicker*«
Kania (Frideriz. Schätze) bringt die Fassade in Verbindung mit dem von Boumann errichteten Haus Breite Straße 30 (Zieler, Abb. 98)
d) Zweigeschossige fünfachsige Fassade mit hoher Attika
Anmerkung rechts neben der Zeichnung von der Hand Friedrichs II.: »*Dorisch gelb vitruve*«
Kania (Frideriz. Schätze) vermutet in dieser Zeichnung den Urentwurf des Hauses Breite Straße 1, das 1748 errichtet und in der Schinkelzeit verändert – nach Kanias Ansicht auch aufgestockt – wurde. Wohl aber ein nicht ausgeführter Entwurf.
Berlin (West), Staatliche Museen Preußischer Kulturbesitz, Kupferstichkabinett, K. d. Z. 11482
Bock, S. 269; Kania, Fr. d. Gr. eigene baukünstl. Betätigung (1936); ders., Frideriz. Schätze (1937).

11. Berlin. Mittelrisalit und Seitenteil des Prinz-Heinrich-Palais (Humboldt-Universität)
Feder in Braun; 17,9 x 23,1 cm
Entstanden um 1747
Der Zeichnung ist ein Schreiben von Boumann d. J. mit folgendem Wortlaut beigefügt: »*Wohlgebohrner Herr / Insonders Hochgeehrtester Herr Ordens Rath! Meinem Versprechen treu zu sein, erhalten Ew. Wohlgebohren Eine Esquisse von einem Theil der Facade vom Stadt Schloße in Potsdam, so wie solche Friedrich der 2te oder der Große Allerhöchst eigenhändig gezeichnet, und meinem verstorbenen Vater zur Anfertigung einer correcten Zeichnung jedes mahl eingehändiget hat. Heben dieselben solches zum Andenken dieses großen Monarchens auf und vergeßen Sie dabey nicht den Geber, der die vorzügliche Ehre hat mit wahre Hochachtung zu verharren Ew. Wohlgeboren*
gantz ergebenster Freund u Diener   Boumann
Berlin den 17ten Aprill 1802«
Kania und später K. E. Müller (siehe Lit.) haben darauf hingewiesen, daß es sich nicht, wie Wallé annahm, um das Potsdamer Stadtschloß, sondern um das Palais des Prinzen Heinrich Unter den Linden in Berlin handelt.
Potsdam, Staatsarchiv
Wallé, S. 26, Abb. 29; Kania (1915), S. 348; Müller, K. E., S. 107 Nr. 6, S. 113; Drescher, S. 25f; Mielke (1972) Textteil, Abb. 222.

Verzeichnis der ehemals in den Bibliotheken Friedrichs II. vorhandenen Architekturstichwerke

Auszug aus: Bogdan Krieger, Friedrich der Große und seine Bücher. Berlin und Leipzig 1914, Seite 178/79

P. = Stadtschloß in Potsdam, V. = Sanssouci,
S. = Neues Palais, Br. = Kgl. Schloß in Breslau,
B. = Kgl. Schloß in Berlin, Ch. = Schloß Charlottenburg
o. St. = ohne Stempel, d.h. ohne Aufdruck des Signums P., V. usw.
Die eingeklammerten Autorennamen bedeuten, daß das Werk anonym erschienen ist. Die Verfasser wurden mit Hilfe der bibliographischen Nachschlagewerke festgestellt.

XX. Antike Bauwerke und Archäologie

Architecture interne, Idée de l'architecture interne des anciens Romains. $1/4^0$. Handschrift S. 614 o.St.
Balbec, Les ruines de Balbec autrement dite Heliopolis dans la Coelosyrie. Londres 1757. 1/fol., S. 615.
Barbault, Les plus beaux édifices de Rome ancienne. Rome 1761. 1/fol., S. 616. 617.
Bianchini, Fr., Del palazzo de'Cesari. Verona 1738 1/fol., S. 618.
Le Roy, Les ruines des plus beaux monumens de la Grèce. I-II. Paris 1758. 1/fol., S. 620 o.St.
  do., Dasselbe, I.-II. Paris 1770, 2/fol., S. 620 o.St.
Major, T., Les ruines de Paestum. Londres 1768. 1/fol., S. 621.
Overbeke, Bonaventure D', Les restes de l'ancienne Rome. I-III.
  A la Haye 1763. 3/fol., S. 622.
Palladio, Vencentiono A., Fabbriche antiche dis. da Vicentino A. Palladio, ed. Ricc. conte di Burlington. Londra 1730, 1/fol., S. 623
Palmyre, Les ruines de Palmyre autrement dite Tedmor au désert. Londres 1753. 1/fol., S. 624.
Piranesi, Le antichità Romane. I.-IV. Roma 1756. 4/fol., S. 625.
  do., Antichità Romane de'tempi della republica et de primi imperatori, des. ed incis. da Piranesi. I. Roma 1/quer folio, S. 625.
  do., Vedute di Roma (S.t.), 1/quer folio, V. 687 o.St.
Roma, Nuova raccolta della piu bella vedute di Roma dissignate et intagliate da celebri autori. Roma 1761 1/quer 8^0 P. 443 o.St.
Vitruve, Les dix livres d'architecture, corrigéz et traduits par Perrault. IIe ed. Paris 1648. 1/fol.V. 553 A.
  do., Dasselbe. IIe éd. par Perrault. Paris 1684. 1/fol., S. 627.

XXI. Neuere Bauwerke und Architektur

Architecture francoise, L'architecture francoise ou recueil des plans, élévations, coupes et profiles, des églises palais ... I.-IV. Paris 1727. 4/fol., V. 554.
   do., Dasselbe, aber in 3 Bänden gebunden, V. 555.
   do., Architecture francaise ou recueil des plans, élévations, coupes et profiles des maisons royales, de quelques églises de Paris et de châteaux et maisons de plaisance... Paris 1738. 1/fol., V. 556.
Barbault, Les plus beaux édifices de Rome moderne. Rome 1763. 1/fol., S. 627 a.
Bibliothèque portative d'architecture élémentaire à l'usage des artistes, divisée en six parties. I.-II. Paris 1764 2/8^0. V. 557.
Blondel, J.-Fr., De la distribution des maisons de plaisance et de la décoration des édifices en général. I.-II Paris 1737. 2/4^0, V. 557.
Boffrand, Livre d'architecture contenant les principes en généraux de cet art et les plans, élévations et profils de quelques-uns des bâtiments faits en France et dans les pays étrangers. Ouvrage francois et latin. Paris 1745. 1/fol., V. 558.
Campbell, C., The third volume of Vitruvius Britannicus or the British architect. III. London 1731. 1/fol. (Auch mit franz. Titel). P. 437.
Caserta, Dichiarazione dei disegni del reale palazzo di Caserta. Napoli 1756. 1/fol., s. 629.
Espié, Comte de, Manière de rendre toutes sortes d'édifices incombustibles ... de l'invention de M. le comte d'Espié. Paris 1754. 1/8^0. (Mit dem preussischen Wappen in der Mitte des Deckels und dem preuß. Adler in den Ecken.) V. 686 o.St.
Firenze, Scelta di XXIV vedute delle prinzipali catedrale, piazze, chiese ... dedicata alla Sacra Reale Majesta di Maria Teresa. Varii sculpserunt. 1/fol., S. 630.
Genova, Palazzi di Genova. 1/fol., S. 631.
Granet, J.J., Histoire de l'hôtel royal des Invalides, dess. et gravé par Cochin siehe Neuere Geschichte.
Here, Recueil des plans, élévations et coupes des châteaux, jardins et dépendances que le roy de Pologne occupe en Lorraine. I.-II. Paris. 2/fol., P. 438 o.St.
Italienische Architekturen, Veduten und Prospekte von Städten und einzelnen Baulichkeiten. S.t. (Rückenaufdruck: Bâtiments de Rome), V. 559.
Kleiner, Hof-, Lust- und Garten-Gebäude des durchlauchtigsten Fürsten und Herrn Franziskus, Herzog zu Savoyen, bestehend in General-Grundrissen und Prospekten von dem Garten und dessen Gebäuden vor der Stadt Wien, abgezeichnet von Salomon Kleiner. Augsburg 1731. 1/quer folio, P. 439.
Klosterbauten, Sieben Kapitel von Klosterbauten. Wien 1782. 1/8^0, P. 440 o.St.
Lepautre et Perelle, Perspectives (Ansichten aus Frankreich) 1/quer folio, P. 441.
Nouveau bâtiment (so Rückenaufdruck, sonst kein Titel. Der Band enthält Grund- und Aufrisse von Bauten in Frankreich) 1/fol., S. 632.
Palladio, Architecture de Palladio divisé en quatre livres ... avec des notes d'Inigo Jones ... revu, dessiné et nouvellement mis au jour par Jaques Leoni, trad. de l'italien. I.-II. A la Haye 1726 2/fol., V. 560, S. 634.
Palladio, Architettura di Andrea Palladio Vicentino, di nuova ristampata ... con le osservazioni dell'architetto N.N. e con la traduzione francese. I.-II. III. VI-VII. Venezia 1740/47 3/fol., S. 633
Paris, Vue des bâtiments de Paris et environs (Als Rückenaufdruck, sonst ohne Titel). 1/quer fol., S. 635.
Patte, Monuments érigés en France à la gloire de Louis XV. Paris 1765. 1/fol., S. 636.
Pfeffel exc., Anfang einiger Vorstellungen der vornehmsten Gebäude sowohl innerhalb der Stadt als in denen Vorstädten von Wien, wovon mit der Zeit das Abgehende nachfolgen soll. (Innentitel: Prospekte und Abrisse einiger Gebäude von Wien, daselbst gezeichnet von J.E.F. v. E.) 1/quer fol., P. 442.

Piranesi, Vedute di Roma siehe Antike Bauwerke und Archäologie.

Pitrou, Recueil des différents projets d'architecture de Charpente et autres concernant la construction des ponts. Paris 1756. 1/fol., S. 637.

Roma, Nuova raccolta delle piu belle vedute di Roma, siehe Antike Bauwerke und Archäologie.

Rubeis, Jo. Jac. de, Insignum Romae templorum prospectus exteriores interioresque, a celebrioribus architectis inventi, nunc tandem suis cum plantis ac mensuris a Jo. Jacobo de Rubeis ... editi. 1684. 1/fol., V. 561.

Scamozzi, Vencent, Œuvres d'architecture. Nouv. édition. Trad. de l'italien. Paris 1784. 1/8^0, S. in 628.

Stockholm, Plans et profiles du château de Stockholm 1/quer folio, P. 442a o. St.

Toscana, Vedute delle ville e d'altri luoghi della Toscana. Gius. Zocchi del. 1/quer fol., S. 638.

Venedig, Prospectum, aedium viarumque urbis Venetiarum pars I. Brustolini sc. 1/quer fol., S. 639.

Venise, Vue des palais, bâtiments célèbres, places ... de la ville de Vénise. Leide 1762. 1/fol., S. 640.

Vignole, Règles de cinq ordres d'architecture, trad. de l'italien. Paris 1764. 1/8^0, S. in 628.

Aktenverzeichnis

Zentrales Staatsarchiv, Dienststelle Merseburg

Ehem. Brandenburg-Preußisches Hausarchiv (HA)
Rep. 14 D Potsdam

Nr. 10	Bauten in Potsdam. 1752/54.
Nr. 11	Bauten in Potsdam, Breslau, Charlottenburg und Novaweß; desgl. Berlin 1752
Rep. 14 F	**Potsdam**
Nr. 6	Betr. Bauten in Potsdam. 1745.
Nr. 7	Betr. Bauten in Potsdam. 1746.
Nr. 25	Ausgabe- oder Eintragungs-Buch von dem Bau der 3 Bürgerhäuser in der Breiten Straße. 1748.
Nr. 27	Betr. Bau der Prediger- und Schulhäuser am Alten Markt. 1752.
Nr. 29	Bau der Französischen Kirche am Bassin 1751 und 1752 (1753).
Nr. 36	Bau des Nauenschen Thores, Wacht- und Thorschreiber Häuser. 1755.
Nr. 107, 2	Belege und Quittungen der Hofbaukasse Potsdam. Stadtschloß Reparatur und Abputz. 1744.
Nr. 107, 3	Belege und Quittungen der Hofbaukasse. Balustrade im Lustgarten. 1744.
Nr. 107, 4	Belege und Quittungen der Hofbaukasse. 2 Kolonnaden im Lustgarten. 1744/45.
Nr. 107, 7	Belege und Quittungen der Hofbaukasse. Neuer Flügel des Stadtschlosses. 1745.
Nr. 107, 8	Belege und Quittungen der Hofbaukasse. Mauer im Lustgarten. 1745.
Nr. 107, 12	Belege und Quittungen der Hofbaukasse. Bezahlung alter Bauschulden. 1746 (und früher).
Nr. 107, 14	Belege und Quittungen über Einnahme und Ausgabe von Anfertigung eines Risalits am Königl. Schlosse zu Potsdam in Anno 1746.
Nr. 107, 18	Belege und Quittungen der Hofbaukasse. Vestibül und Dekoration der Treppe. Risalit des Stadtschlosses. 1746.
Nr. 107, 20, 4	Risalit Stadtschloß, Grüne Treppe. 1747.
Nr. 107, 20, 9	6 Terrassen neben dem Weinberg. 1747.
Nr. 107, 20, 10	Rechnungen vom Aechten Marmorsalon in Sans-Souci. Anno 1747.
Nr. 107, 34	Belege und Quittungen über Einnahme und Ausgabe von der Continuation der Corinthischen Architektur um das Corps de Logis des Kgl. Schlosses nach der Lustgartenseite, inclusive Anbauung eines Eckzimmers zur Maschinen Tafel in Potsdam. 1748.
Nr. 107, 36, 3	Rechnungen von der Corinthischen Architektur an der inwendigen Seite des Kgl. Schlosses in Potsdam. 1749.
Nr. 107, 36, 4	Rechnungen vom Großen Saal im Kgl. Schlosse zu Potsdam. 1749.

Nr. 107, 44	Belege betr. Erbauung der 3ten Etage auf dem Neuen Flügel des Kgl. Schlosses und Corinthische Dekoration an diesem Flügel. 1750.
Nr. 107, 46	Belege und Quittungen von Erbauung der 3ten Etage auf dem Alten Flügel des Kgl. Schlosses nach der Lustgartenseite und Continuation an der Corinthischen Architektur. 1751.
Nr. 123, 43	Anfertigung neuer Vasen auf der grünen Treppe nebst Wasserfeldern, Figuren, Postamenten neu zu überarbeiten. 1792.
Nr. 155	Betr. die Arbeiten im Stadtschloß. 1742.
Nr. 156	Bauten des Potsdamer Stadtschlosses. 1743/44.
Nr. 157	Akten des Kastellans Boumann (Anschläge, Rechnungen, Quittungen betr. Ausbau des Stadtschlosses Potsdam 1744).
Nr. 158	Rechnungen über Arbeiten in Innenräumen des Potsdamer Stadtschlosses. 1744.
Nr. 159	Anschlag von dem Kgl. Schloßbau in Potsdam. 1744.
Nr. 161	Aufstellung der ausgezahlten Gelder von 1. Risalit, 2. Vestibule und 3. Galerie am hiesigen Schlosse an der inwendigen Front. 1746/47.
Nr. 167	Anschlag von deren Bau Kosten vor die Continuation der Corinthischen Architektur vor des Corps de Logis des hiesigen Königl. Schlosse, die Fronte nach dem Lustgarten, der Erbauung eines Eckzimmers zur Maschinentafel am hiesigen Schloß. 1748.
Nr. 170	Eintragungsbuch von dem Continuationsbau der korinthischen Architektur am hiesigen Königl. Schloß nach der Lustgartenseite auch inwendigen Seite. 1748/49.
Nr. 171	Rechnungen vom inwendigen Bau des Großen Saales im hiesigen Kgl. Schloß. 1749/52.
Nr. 172	Bau der 3ten Etage des Königl. Schlosses auf dem alten Flügel und korinthische Architektur (Rechnungs-Eintragungsbuch). 1751.
Nr. 226	Zwei eigenhändige Aufzeichnungen König Friedrichs des Großen über die Kosten von Schloß und Garten Sanssouci. 1746/47.

Geheimes Staatsarchiv (G. ST. A.)

Rep. 96 C.III. 11. Bau und Meliorationssachen
Rep. 96 Nr. 4320 Verschiedene katholische Angelegenheiten. 1752-1784.

Staatsarchiv Potsdam

Pr. Br. Rep. 2A	**Regierung Potsdam I Hochbauamt**
Nr. 1194	Betr. Potsdamer Bauten. 1809-1841.
Nr. 1195	Betr. Reparatur des auf dem Markte befindlichen Obelisken. 1843-1926.
Pr. Br. Rep. 2A Nr. 225-229	**Regierung Potsdam II Potsdam** Bau und Unterhaltung der Kirche für die französische Gemeinde. Nr. 225 Bd. 1 1754-1881. Nr. 226 Bd. 2 1881-1900.

Nr. 227 Bd. 3 1900–1924.
Nr. 228 Bd. 4 1924–1931.
Nr. 229 Bd. 5 1932–1941.

Stadtarchiv Potsdam

1-1/141	Acta betreffens die bey dem Einzuge Sr. Kayserl. Hoheit des Großfürst aller Russen Paul Petrowitz den 26ten Juli 1776 zu Potsdam von den Magistrat und der Bürgerschaft veranstaltete Feyerlichkeiten.
1-1/613	Kabinetts Ordre – Ausbau der Stadt; darin Bauvorschüsse, Nachweisung der erbauten Häuser, Donationsbriefe. 1743-1789.
1-9/279-282	Erbauung der Französischen Kirche 1752 und deren Reparaturen. Rechnungen über die Ausgaben. 4 Bde. 1752-1765. 1790-1803/04.
1-9/283-284	Reparaturen an der Französischen Kirche. 2 Bde. 1818-1830. 1928-1941.
1-9/296	Bau des Stadtkirchportals und Kostenrechnungen. 1753/54.
1-9/297-298	Bau der Prediger- und Schulhäuser am Alten Markt. Bildhauer- und andere Rechnungen 1752-1757.

Staatliche Schlösser und Gärten Potsdam-Sanssouci (Plankammer)

Bauakten des königl. Hofmarschall-Amtes.

Nr. 241	Acta vom neuen Königlichen Schloßbau zu Potsdam. 1744/45.
Nr. 250	Betr. Bauangelegenheiten von Potsdam pro 1828.
Nr. 299	Baugeneralia 1819/20.
Nr. 305	Baugeneralia 1830.
Nr. 380	Kostenanschläge für Bauten in Potsdam und Sanssouci. 1744-1756.

Literaturverzeichnis

(MVGP = Mitteilungen des Vereins für die Geschichte Potsdams)

Allendorff, Johannes   Kardinal Quirini und der Bau der St. Hedwigskirche in Berlin bis zu seinem Tode (1755). In: Wichmann-Jb. f. Kirchengeschichte im Bistum Berlin, 15/16, 1961/62, S. 125-143.
Arenhövel, Willmuth u. Christa Schreiber (Hrsg.)   Berlin und die Antike. Ausstellungskatalog und Aufsatzband. Berlin 1979.
Backschat, Friedrich   Die französische Kolonie. In: MVGP, NR IV, H. 3, 1908, S. 62-68.
Ders.   Die Stadtkirche zu Potsdam. Ihre Geschichte. In: MVGP, NF IV, H. 3, S. 111-147.
Ders.   Beiträge zur Baugeschichte von Sanssouci. In: Hohenzollern-Jb., 20, 1916, S. 91-101.
Ders.   Baugeschichtliche Untersuchungen zum Potsdamer Stadtschloß. In: MVGP, NF VI, H. 5, 1932, S. 436-462.
Badstübner-Gröger, Sibylle   Bibliographie zur Kunstgeschichte von Berlin und Potsdam. Berlin 1968.
Dies.   Die Potsdamer Plastik des Spätbarock. Phil. Diss. Halle 1972.
Dies.   Die St.-Hedwigs-Kathedrale zu Berlin. Berlin 1976 (Das christliche Denkmal Heft 99).
Banasch, Georg   Die Sankt Hedwigs-Kathedrale in Berlin nach ihrer baulichen und künstlerischen Veränderung im Jahre 1933. Ein Führer. Berlin 1933.
Bartsch, Werner   Zum Bautypus der Böhmischen Kirche in Berlin. In: Zeitschr. d. Dt. Vereins f. Kunstwiss., Bd. XXVI, 1972, S. 63-79.
Bauch, Kurt   Das Brandenburger Tor (Schriften zur Berliner Kunst- und Kulturgeschichte 10), Berlin 1968.
Bellamintes   Das Itzt-bluehende Potsdam. Nebst einer Beylage verschiedener Anmerkungen und Nachrichten. Potsdam 1727.
Berckenhagen, Eckart   Die Malerei in Berlin vom 13. bis zum ausgehenden 18. Jahrhundert, Tafelbd. Berlin 1964. Textbd. nicht erschienen.
Berlin   Das frohlockende Berlin oder Historische Nachrichten Dererjenigen öffentlichen Freudens-Bezeigungen, sinnreichen Illuminationen, Die bey hoher Anwesenheit Ihro Königl. Majestät in Potsdam und Dero Königl. Printzens Hoheit Daselbst angestellet worden, Nebst einem Anhange aller auf diese fröhliche Begebenheit verfertigter Gedichte. Berlin 1728.
Berlin   Reichshauptstadt Berlin. Berlin 1943.
Besser, Johann von   Preußische Krönungsgeschichte. Cölln an der Spree 1702 (Neuausgabe Berlin 1901).
Bethge, A.   Die Potsdamer Weinberge. In: MVGP, III. Teil, 1867, S. 276-302.
Beyträge   Beyträge zur Finanzlitteratur in den Preußischen Staaten. Siebentes Stück, Frankfurt und Leipzig 1784, S. 485-510. Königlicher Donationsbrief für Potsdam vom Jahre 1782.
Bianchini, Francesco   Del Palazzo de' Cesari. Verona 1738.
Bielfeld, J.F.   Des Freyherrn von Bielfeld freundschaftliche Briefe nebst einigen andern. Aus dem Französischen. Zweyte durchaus verbesserte und vermehrte Auflage. Danzig und Leipzig 1770.
Bleibaum, Friedrich   Johann August Nahl, der Künstler Friedrich des Großen und des Landgrafen von Hessen-Kassel. Baden bei Wien/Leipzig 1933.
Blondel, Jaques Francois   De la distribution des maisons de plaisance et de la decoration des édifices en general. Paris 1737.
Bock, Elfried   Staatliche Museen zu Berlin. Die Zeichnungen alter Meister im Kupferstichkabinett. Die deutschen Meister. 2 Bde. Berlin 1921.
Böer, Ludwig   Der Landbaumeister George Wilhelm Berlischky. Ein Beitrag zur Baugeschichte der Herrschaft Schwedt-Vierraden am Ausgang des 18. Jh. Angermünde 1935.
Borchardt, Georg   Die Randbemerkungen Friedrichs des Großen. Potsdam 1936.
Borrmann, Richard   Bau- und Kunstdenkmäler von Berlin. Berlin 1893.
Börsch-Supan, Helmut   Friedrich Rudolph Comte de Rothenburg. In: l'Oeil, Nr. 168 (Dez. 1968).
Brecht, Carl   Die St. Hedwigskirche. In: Vermischte Schriften im Anschluß an die Berlinische Chronik und an das Urkundenbuch. Bd. 2 A, Taf. 5. Berlin 1888.

Brinckmann, A.E. Bourdets Entwürfe für Berlin. In: Monatshefte f. Kunstwiss. 3, 1910, S. 103-106.
Ders. Die Baukunst des 17. und 18. Jahrhunderts in den romanischen Ländern. 5. Aufl. Wildpark Potsdam o. J. (Handbuch der Kunstwissenschaft).
Broebes, Jean-Babtiste Vues des Palais et Maisons de Plaisance de Majesté le Roi de Prusse. Augsburg 1733.
Buchheit, Gert Rom – Im Wandel der Jahrhunderte. Nürnberg 1931.
Büsching, Anton Friedrich Charakter Friedrichs des zweyten, König von Preußen. Halle 1788.
Büttner, Horst Das Brandenburger Tor (Berliner Sehenswürdigkeiten) Berlin 1971.
Carl, F.E. Kleinarchitekturen in der deutschen Gartenkunst. Berlin 1956.
Catt, Heinrich Alexander de Friedrich der Große, Gespräche mit Catt. Leipzig 1940.
Centenarium Centenarium der St. Hedwigskirche. In: Berliner Bonifacius Kalender von A. Müller für 1874, S. 1-55.
Chambers, William Plans Elevations, Sections and Perspective Views of the Gardens and Buildings at Kew in Surry. London 1763 (Nachdruck London 1966).
Colombier, Pierre du L'architecture francaise en Allemagne au XVIII e siecle (Travaux et memoires des instituts francoise en Allemagne 5) Paris 1956.
Curtius-Nawrath Das antike Rom. 4. Aufl. bearb. u. hrsg. von E. Nash. Wien-München 1963.
Decker, Paul Fürstlicher Baumeister oder ARCHITECTURA CIVILIS. Augsburg 1711-1716.
Dettmann, Gerd Johann Joachim Busch. Der Baumeister von Ludwigslust. Rostock 1929.
Dobert, Johannes-Paul Bauten und Baumeister in Ludwigslust. Ein Beitrag zur Geschichte des Klassizismus. Magdeburg 1920.
Dohmann, Albrecht Zur Berlin-Potsdamer Architektur unter Friedrich II. In: Anschauung und Deutung. Willy Kurth zum 80. Geburtstag (Studien für Architektur- und Kunstwissenschaft Bd. 2) Berlin 1964, S. 149-154.
Dolgner, Dieter Die Architektur des Klassizismus in Deutschland. Dresden 1971.
Dött, Ilse-Käthe Protestantische Querkirchen in Deutschland und in der Schweiz. Phil. Diss. Münster 1955.
Drescher, Horst Zum Spätstil der friderizianischen Architektur. Die Tätigkeit Carl von Gontards für König Friedrich II. von Preußen am Neuen Palais in Potsdam. Phil. Diss. Halle 1968.
Ders. Das Neue Palais in Potsdam und der Spätstil der friderizianischen Architektur. In: Schloß Charlottenburg-Berlin-Preußen. Festschrift für Margarete Kühn, München Berlin 1975, S. 217-236.
Ders. u. Renate Kroll Potsdam. Ansichten aus drei Jahrhunderten. Weimar 1981.
Eckardt, Götz Die ersten Entwürfe zur Terrassenanlage und zum Schloß Sanssouci. In: Anschauung und Deutung. Willy Kurth zum 80. Geburtstag (Studien zur Architektur- und Kunstwissenschaft Bd. 2), Berlin 1964, S. 155-169.
Ders. Die Bildergalerie in Sanssouci. Phil. Diss. Halle 1974.
Eckert, Helmut Der Weinberg und das Potsdamer Stadtschloß (1746). Bericht eines Besuchers. In: Jb. f. brandenburg. Landesgeschichte, 33. Bd. Berlin 1982, S. 39-45.
Eggeling, Tilo Studien zum friderizianischen Rokoko. Berlin 1980.
Ders. Beiträge zur Baugeschichte von Schloß Rheinsberg. Der Umbau des märkischen Landsitzes zur Residenz des Kronprinzen Friedrich (II.). In: Schlösser Gärten Berlin. Festschrift für Martin Sperlich zum 60. Geburtstag 1979. Tübingen 1980, S. 61-81.
Egger, H. Römische Veduten. 2 Bde, Wien 1931.
Ehlers, H. Triumphus. In: Realenzyklopädie d. klass. Altertumswissenschaften, NF, 2. Reihe, 13. Halbbd., Stuttgart 1939, S. 493-511.
Endres, Heinz Die Sankt-Hedwigs-Kathedrale in Berlin. Leipzig 1973.
Erffa, Hans Maria von Ehrenpforte. In: Reallexikon zur deutschen Kunstgeschichte, Bd. 4. Stuttgart 1958. Sp. 1443-1503.
Erman, Jean George Mémoire historique sur la fondation de l'eglise francoise de Potsdam. Berlin 1785.
Erouart, Gilbert Architettura come pittura. Jean-Laurent Legeay un piranesiano francese nell'Europa dei Lumi. Milano 1982.
Fabriczy, Der Triumphbogen Alfons I. im Castel Nuovo zu Neapel. In: Jahrbuch d. Preuß. Kunstsammlungen, Bd. XX, 1899, S. 3 ff.
Fine Licht, Kjeld de The Rotunda in Rome. A Study of Hadrian's Pantheon. Jutland Archaeological Society Publications VIII. Gyldendalske Boghandel Nordisk Forlag Kopenhagen 1968.

Flierl, Bruno Wiederaufbau der St.-Hedwigs-Kathedrale Berlin. In: Deutsche Architektur 1964, H. 4, S. 208/09.
Förster, Charles F. Das Neue Palais. Berlin 1923.
Ders. G.W. v. Knobelsdorff. In: Thieme-Becker, 21, 1927, S. 5-9.
Ders. Besprechung des Buches von A. Streichhan, Knobelsdorff. Burg 1932. In: Zeitschrift f. Kunstgeschichte, Bd. 2, 1933, S. 407-410.
Ders. Friedrich der Große und der Stil Friedrichs I.. In: Sitzungsberichte d. Kunstgeschichtlichen Gesellschaft Berlin, 14. 12. 1934, S. 6-8.
Frenzel, Herbert A. Brandenburg-preußische Schloßtheater. Spielorte und Spielformen vom 17. bis zum 19. Jh. (Schriften der Gesellschaft f. Theatergeschichte Bd. 59) Berlin 1959.
Friedrich II. Friedrich des Zweiten Briefwechsel mit dem Grafen Algarotti. Aus dem Französischen und Italienischen übersetzt von Friedrich Förster. Berlin 1837.
Ders. Briefwechsel Friedrichs des Großen mit Voltaire. Hrsg. v. Reinhold Koser u. Hans Droysen. 3. Bde. Leipzig 1908-11.
Ders. Die Werke Friedrichs des Großen. In deutscher Übersetzung. Hrsg. v. G.B. Volz, deutsch von Friedrich von Oppeln-Bronikowski und Thassilo von Scheffer. 10 Bde. Berlin 1913.
Ders. Die Briefe Friedrichs des Großen an seinen vormaligen Kammerdiener Fredersdorf. Hrsg. und erschlossen von Johannes Richter, Berlin-Grunewald 1926.
Ders. Friedrich der Große und Wilhelmine von Bayreuth. Hrsg. v. G.B. Volz. 2 Bde. Berlin und Leipzig 1926.
Ders. Briefe über die Religion. Hrsg. v. Rudolf Neuwinger. Berlin 1941.
Ders. Friedrich der Große im Spiegel seiner Zeit. Hrsg. v. G.B. Volz, 2 Bde., Berlin o.J.
Gerlach, Samuel Kollektaneen. In: MVGP, NF III, 1883, S. 33-282.
Geyer, Albert Zur Baugeschichte des königlichen Schlosses in Berlin. IV. Das »neue Schloß« Friedrichs I. In: Hohenzollern-Jb., 7, 1903, S. 249-269.
Ders. Die Bautätigkeit König Friedrichs des Großen. Vortrag gehalten in der öffentlichen Sitzung der Akademie des Bauwesens am 22. März 1912. Berlin (1912).
Ders. Geschichte des Schlosses zu Berlin. Erster Band: Die kurfürstliche Zeit bis zum Jahre 1698. Berlin 1936.
Giersberg, Hans-Joachim Das Potsdamer Bürgerhaus um 1800. (Veröffentlichungen des Bezirksheimatmuseums Potsdam, H 10) Potsdam 1965.
Ders. Das Knobelsdorffhaus am Alten Markt. In: Potsdam im Spiegel 7/1967, S. 9-14.
Ders. Die Potsdamer Obelisken. In: Potsdam im Spiegel 1/1969, S. 9-12.
Ders. Der Obelisk auf dem Alten Markt. In: Potsdam im Spiegel 2/1969, S. 11-17.
Ders. Die Obelisken am Park Sanssouci und im Neuen Garten. In: Potsdam im Spiegel 3/1969, S. 12-16.
Ders. Das Neustädter Tor. In: Potsdam im Spiegel 4/1969, S. 12-15.
Ders. Das Schloßtheater im Neuen Palais. Potsdam-Sanssouci 1969.
Ders. Landschaft um Potsdam. Ausstellungskat. Potsdam-Sanssouci 1970.
Ders. Bilder aus der Mark Brandenburg. Ausstellungskat. Potsdam-Sanssouci 1972.
Ders. Zur Bauplanung der Berliner Hedwigskirche. In: Jahrbuch des Märkischen Museums Berlin III/1977, S. 33-51.
Ders. Zur neugotischen Architektur in Berlin und Potsdam. In: Studien zur deutschen Kunst und Architektur um 1800. Dresden 1981, S. 210-232.
Ders. Ein Gutachten Karl Friedrich Schinkels zu den Treppenanlagen an den Commons des Neuen Palais in Potsdam-Sanssouci aus dem Jahre 1816. In: Mitt. d. Gesell. f. Denkmalpflege im Kulturbund der DDR, Bezirksvorstand Potsdam 3/1981, S. 3-7
Ders. und Hartmut Knitter Tourist Stadtführer-Atlas POTSDAM. Berlin und Leipzig 1984[4].
Ders. und Adelheid Schendel Potsdams Veduten. Potsdam-Sanssouci 1984[3].
Gilly, David Handbuch der Landbaukunst. Mit einem Anhange über die Erfindung, Konstruktion und Vortheile der Bohlendächer. 2. Teil, 5. Aufl. Braunschweig 1822.
Goralczyk, Peter Der Gendarmenmarkt, der heutige Platz der Akademie, in der Baugeschichte Berlins. Phil. Diss. Halle 1984.
Gothein, Marie-Luise Geschichte der Gartenkunst, 2 Bde. Jena 1926.
Götz, Wolfgang Deutsche Marställe des Barock. Berlin/München 1964.
Groehler, Olaf Die Kriege Friedrichs II. Berlin 1966.
Gurlitt, Cornelius Friedrich der Große als Architekt. In: Westermanns Monatshefte, 69, 1890, S. 100-129.

Ders. Potsdam (Historische Städte Bilder Bd. X). Berlin 1909.
Ders. Andrea Palladio (Bibliothek alter Meister der Baukunst Bd. 1). Berlin 1914.
Haeckel, Julius Geschichte der Stadt Potsdam. Potsdam 1912.
Hasak, Max Der Dachstuhl der St. Hedwigskirche in Berlin. In: Zentralblatt d. Bauverwaltung, 38. Jg. 1918, Nr. 61, S. 298-300.
Ders. Die Sankt Hedwigskirche in Berlin und ihr Erbauer Friedrich der Große. Berlin 1932.
Haeberlin, C.L. Sanssouci-Potsdam und Umgebung. Berlin und Potsdam 1855.
Heller, Paul Ein ehemals bedeutendes Weinbaugebiet: die Mark Brandenburg. In: Deutsches Weinbau-Jahrbuch 20, Waldkirch 1. Br. 1969 (1968), S. 201-211.
Hempel, Eberhard Gaetano Chiaveri. Der Architekt der Katholischen Hofkirche zu Dresden. Dresden 1955.
Ders. Die Katholische Hofkirche zu Dresden. Bauprogramm und Sinndeutung. In: Jahrbuch zur Pflege der Künste, 3. Folge, Dresden 1955, S. 26-48.
Hennebo, Dieter und Alfred Hoffmann Geschichte der deutschen Gartenkunst. 3 Bde. Hamburg 1962-1965.
Hennert, Friedrich Heinrich Beschreibung des Lustschlosses und Gartens Sr. Königl. Hoheit des Prinzen Heinrich, Bruder des Königs, zu Rheinsberg. Berlin 1778. (Neuausgabe 1985)
Hentschel, Walter Die Zentralbauprojekte Augusts des Starken. Ein Beitrag zur Rolle des Bauherrn im deutschen Barock. Abhandlungen der Sächsischen Akademie der Wissenschaften zu Leipzig. Philolog.-historische Klasse, Bd. 60, H 1, Berlin 1969.
Hepner, Maria Das Brandenburger Tor ist renoviert. In: Potsdamer Kulturspiegel 11/1959, S. 318ff.
Herz, Rudolf Berliner Barock. Bauten und Baumeister aus der ersten Hälfte des 18. Jahrhunderts. Berlin 1928.
Hildebrand, Arnold Schloß Monbijou. Hohenzollernmuseum. Amtl. Führer. Berlin 1927. 2. Auflage 1930.
Ders. Friedrich der Große. Aus seinen Werken. Nach dem Urteil seiner Zeitgenossen, Berlin 1936.
Hirsch, Annemarie Die St. Hedwigskirche im Jahre 1779. Ein zeitgenössischer Bericht. In: Wichmann-Jb., 8, 1954, S. 125-127.
Höckendorf, Paul Sans-Souci zur Zeit Friedrichs des Großen und heute. Berlin 1903.
Horvath, Carl Christian Potsdams Merkwürdigkeiten. Potsdam 1798.
Hubala, Erich Das Berliner Schloß und Andreas Schlüter. In: Gedenkschrift Ernst Gall, Berlin 1965, S. 311-344.
Hübner, P.G. Schloß Sanssouci. Berlin 1926.
Hübsch, G. Der fürstliche Lustsitz ERIMITAGE bei Bayreuth in den Tagen seiner Vergangenheit. Kunst- und Kulturhistorische Skizze aus den Quellen bearbeitet. Bayreuth 1924.
Huelsen, Christian Zu den römischen Ehrenbögen. Beiträge zur alten Geschichte und griechisch-römischen Altertumskunde. Festschrift zu Otto Hirschfelds 60. Geburtstag, Berlin 1903, S. 423-430.
Hupfeld, Hans Friedrich der Große als Jäger, In: Potsdamer Jahresschau, 1927, S. 53-58.
Huth, Hans Der Park von Sanssouci. Berlin 1929.
Ders. Das Stadtschloß in Potsdam. Berlin 1933.
Ders. Die Wohnungen Friedrichs des Großen. In: Phoebus, Zeitschr. f. Kunst aller Zeiten, 2, 1949, Nr. 3, S. 107-115, Nr. 4, S. 159-174.
Ders. Chambers and Potsdam. In: Festschrift für Rudolf Wittkower, London 1967, S. 214-216.
Junecke, Hans Montmerency. Der Landsitz Charles le Bruns. Berlin 1960.
Kadatz, Hans-Joachim (Text) und Gerhard Murza (Fotos) Georg Wenzeslaus von Kudesdorff. Baumeister Friedrichs II. Leipzig 1983.
Kähler, Heinz Triumphbogen. In: Realenzyklopädie der klass. Altertumswissenschaften Bd. VIII A, Stuttgart 1939, Sp. 373-493.
Kamnitzer, E. Die St. Hedwigskirche, ein Rundgang aus Anlaß ihrer Erneuerung und Erhebung zur Kathedrale. Berlin 1933.
Kamphausen, Alfred Gotik ohne Gott. Tübingen 1952.
Kania, Hans Friedrich der Große und die Architektur Potsdams. Potsdam 1912.
Ders. Das Berliner Tor. In: Potsdamer Kalender 1913.
Ders. Aus den ersten zehn Jahren friderizianischer Bautätigkeit (1745-1755). Das Rätsel der Hedwigskirche. In: Großberliner Kalender 1913, S. 307-315.

Ders. Beiträge zur künstlerischen Entwicklung Friedrichs des Großen. In: Schriften des Vereins für die Geschichte Berlins, H. 50, 1915, S. 344-356.
Ders. Die neueste Entdeckung zur Baugeschichte des Potsdamer Stadtschlosses. Eine unbekannte Handzeichnung Friedrichs des Großen. In: Potsdamer Tageszeitung 25.5.1925.
Ders. Das Schicksal unserer alten Stadttore. In: Potsdamer Tageszeitung 24.9.1926.
Ders. Potsdamer Baukunst. Berlin 1926.
Ders. Die Wandlung der baukünstlerischen Entwicklung Friedrichs des Großen. In: MVGP, NF VI, H. 2, 1928, S. 84-86.
Ders. Vom Belvedere auf den Klausberge. In: MVGP, NF VI, H. 2, 1928, S. 103-104.
Ders. Die Genesis der Entwürfe zum Neuen Palais. In: MVGP, NF VI, H. 2, 1928, S. 87-90.
Ders. Der »Rehgarten«-Park in Sanssouci. In: MVGP, NF VI, H. 2, 1928, S. 100-103.
Ders. Der Architekt der Kommuns. Neueste Forschungen über Jean Laurent Legeay. In: Potsdamer Tageszeitung 1928 (Ausschnittslg. des Potsdam-Museums Potsdam).
Ders. Das Geheimnis der Engeltreppe. In: Potsdamer Tageszeitung 30.3.1929.
Ders. »Whitehall« in Potsdam. Die Häuser Breite Straße 26/27. In: Potsdamer Tageszeitung 16.10.1931.
Ders. Handzeichnungen Friedrichs des Großen. In: Potsdamer Tageszeitung 17.3.1932.
Ders. Die allegorischen Gemälde von Thuldens im Marmorsaale des Potsdamer Stadtschlosses. In: Potsdamer Tageszeitung 5.11.1932.
Ders. Die drei Bronzereliefs im Marmorsaal (Stadtschloß). In: Potsdamer Tageszeitung 24.12.1932.
Ders. Die Ost-, Nord- und Westseite des Wilhelmplatzes. In: MVGP, NF VII, H. 1, 1933, S. 35-37.
Ders. Leibreitstall und Kutschstall. In: MVGP, NF VII, H. 1, 1933, S. 48-50.
Ders. Die Breite Straße zwischen Lustgarten und Kanal. In: MVGP, NF VII, H. 1, 1933, S. 50-53.
Ders. Die Breite Straße vom Kanal bis zum Neustädter Tor. In: MVGP, NF VII, H. 1, 1933, S. 56-59.
Ders. Eine Potsdamer Architektenfamilie: die Krügers. In: Potsdamer Tageszeitung 27.7.1934.
Ders. Friedrich der Große als Mitarbeiter beim Bau der alten Orangerie von Sanssouci. In: Potsdamer Tageszeitung 14.3.1936.
Ders. Friedrichs des Großen eigene baukünstlerische Betätigung in Potsdam und Sanssouci. In: Völkischer Beobachter 29.2.1936.
Ders. Friderizianische Schätze im Berliner Kupferstichkabinett. In: Potsdamer Tageszeitung 5.7.1937.
Ders. Friedrichs des Großen ewiges Vermächtnis für Potsdam. In: MVGP, NF VII, H. 4, 1937, S. 284-289.
Ders. Das Geheimnis des Konzertzimmers auf Schloß Sanssouci. In: MVGP, NF VII, H. 4, 1937, S. 261-264.
Ders. Äußerungen Friedrichs über seine Potsdamer Bauten. In: MVGP, NF VII, H. 4, 1937, S. 266-268.
Ders. Rom und Potsdam. In: Potsdamer Tageszeitung 2.5.1938.
Ders. Karl Friedrich Schinkel. Potsdam Staats- und Bürgerbauten. Berlin 1929.
Ders. Die französische Kirche in Potsdam. In: MVGP, NF VII, H. 5, 1939, S. 374-376.
Ders. Schlüters Dekorationen im Marmorsaal des Stadtschlosses. In: MVGP, NF VII, H. 5, 1939, S. 363-365.
Ders. Die Landtore der Stadt Potsdam. In: Potsdamer Tageszeitung 11. und 17.4.1940.
Ders. Potsdamer Stadtschloß in blau, gold und rosa. Friedrich der Große und Bruchsal. In: Potsdamer Tageszeitung 9.1.1941.
Ders. Enträtseltes Potsdam. Wege der Forschung. In: Der Türmer, 10, 1942, S. 17-31.
Ders. Potsdam und Schwedt. In: Potsdamer Tageszeitung (Ausschnittslg. des Potsdam-Museums Potsdam).
Ders. Die Handschrift des königlichen Meisters im Straßenbilde Potsdams. In: Potsdamer Tageszeitung (Ausschnittslg. des Potsdam-Museums Potsdam).
Ders. Am Kanal 41. In: Potsdamer Tageszeitung o.J. (Ausschnittslg. des Potsdam-Museums Potsdam).
Ders. und Hans-Herbert Möller Karl Friedrich Schinkel. Mark Brandenburg. Berlin 1960.

Karg, Detlef Entwicklungsgeschichtliche Aussagen der Terrassengärten in den deutschen Staaten der 1. Hälfte des 18. Jahrhunderts in ihrer Beziehung zur Vorbereitung des Landschaftsgartens. Ing. Diss. Dresden 1977.
Ders. Die Entwicklungsgeschichte der Terrassenanlagen und des Parterres vor dem Schloß Sanssouci. Potsdam-Sanssouci 1980.
Katalog Katalog der Ornamentstichsammlung der Staatlichen Kunstbibliothek Berlin. Berlin und Leipzig 1939.
Kataloge Die Kataloge der Berliner Akademie-Ausstellungen 1786-1850, bearbeitet von Helmut Börsch-Supan. (Quellen und Schrifttum zur bildenden Kunst 4) Berlin 1971.
Kaufmann, Hans Berliner Baukunst von Schlüter bis Schinkel. In: Berliner Geist, Berlin/Frankfurt am Main/Wien 1963, S. 51-82.
Keller, Harald Goethe, Palladio und England. Bayrische Akademie der Wissenschaften, Philosoph.-hist. Klasse, Sitzungsberichte, Jg. 1971, H. 1, München 1971.
Kirschbaum, Engelbert Deutsche Nachgotik. Ein Beitrag der kirchlichen Architektur von 1550-1800. Augsburg 1930.
Klopfer, Paul Von Palladio bis Schinkel, eine Charakteristik der Baukunst des Klassizismus, Eßlingen 1911.
Knobelsdorff, Georg Wilhelm von Zur Geschichte der Familie von Knobelsdorff; Kap. Georg Wenzeslaus von Knobelsdorff. Berlin 1859, S. 230-330.
Köllmann, Erich Friedrich Christian Glume. Leipzig 1936.
Korneli, Peter Die Anfänge der Neugotik in Anhalt, Sachsen und Thüringen. Diss. TH Dresden 1962.
Koser, Reinhold Geschichte Friedrichs des Großen. 2 Bde. Stuttgart und Berlin 1912.
Kramer, Mario Berlin im Wandel der Jahrhunderte. Berlin 1959.
Krause, Arno Das Chinesische Teehaus im Park von Sanssouci. Potsdam-Sanssouci 1968².
Krieger, Bogdan Friedrich der Große und seine Bücher. Berlin/Leipzig 1914.
Ders. Berlin im Wandel der Zeiten. Berlin-Grunewald 1923.
Krünitz, Johann Georg Oekonomisch-technologische Encyklopädie oder allgemeines System der Staats-, Stadt-, Haus- und Land Wirtschaft und der Kunst Geschichte in alphabetischer Ordnung. 38. Teil. Berlin 1786.
Kügler, Herrmann Pfundt, der Leibkutscher des Alten Fritzen. In: Zeitschr. d. Vereins f. d. Geschichte Berlins, 57, 1940, S. 27-33.
Kühn, Margarete Zum Friderizianischen Rokoko. In: Zeitschr. f. Kunstgeschichte, 2, 1933, S. 113-120.
Dies. Die Gärten Friedrichs des Großen. In: Brandenburgische Jahrbücher, 14/15, 1939, S. 33-67.
Dies. Schloß Charlottenburg. Berlin 1955.
Dies. Schloß Charlottenburg (Schloßführer). Berlin 1968.
Dies. Die Bauwerke und Kunstdenkmäler von Berlin. Schloß Charlottenburg. 2 Bde. Berlin 1970.
Kunoth, George Die Historische Architektur Fischers von Erlach. (Bonner Beiträge zur Kunstwissenschaft, Bd. 5). Düsseldorf 1956.
Kunstdenkmäler Kunstdenkmäler der Provinz Brandenburg, Bd. III, Teil 3. Kreis Angermünde. Berlin 1934.
Kurth, Willy Sanssouci. Ein Beitrag zur Kunst des deutschen Rokoko. Berlin 1962.
Küster, Isolde Leonhard Christoph Sturm. Phil. Diss. Berlin 1942.
Kux, Theodor Geschichte und Beschreibung der unter Friedrich dem Großen für die Katholiken erbauten Hedwigskirche in Berlin. Köln 1833.
Ladendorf, Heinz Rezension des Buches von Max Hasak, Die Hedwigskirche in Berlin und ihr Erbauer Friedrich der Große, Berlin 1932. In: Zeitschr. d. Vereins f. d. Geschichte Berlins, 51, 1934, S. 100-103.
Ders. Der Bildhauer und Baumeister Andreas Schlüter. Beiträge zu seiner Biographie und zur Berliner Kunstgeschichte seiner Zeit (Forschungen zur deutschen Kunstgeschichte Bd. 2) Berlin 1935.
Ders. Antikenstudium und Antikenkopie. In: Abhandlungen d. Sächs. Akademie d. Wissenschaften zu Leipzig, Philosoph.-hist. Klasse, 46, Berlin 1953/2.
Laske, Friedrich Die Kanzel aus der ehemaligen Kapelle des Stadtschlosses zu Potsdam. In: Hohenzollern-Jb., 12, 1908, S. 136-142.
Ders. Die Trauerfeierlichkeiten für Friedrich den Großen. Berlin 1912.
Lederer, Franz Zur Geschichte der St. Hedwigskirche. In: Brandenburgia, XL, 1931, S. 3-8.

Löwy, Emanuel Zur Herkunft des Triumphbogens. In: Beiträge zur alten Geschichte und griechisch-römischen Altertumskunde, Festschrift zu Otto Hirschfelds 60. Geburtstag, Berlin 1903, S. 417-422.
Lorck, Carl von Preußisches Rokoko. Oldenburg/Hamburg 1964.
Lüdtke, G. »Gotisch« im 18. und 19. Jahrhundert. In: Zeitschrift für deutsche Wortforschung, IV, 1903, S. 133-152.
Lukowskij, G. Andrea Palladio. München 1924.
Mackowsky, Hans Häuser und Menschen im alten Berlin. Berlin 1923.
Manger, Henrich Ludewig Baugeschichte von Potsdam, besonders unter der Regierung König Friedrichs des Zweiten. Berlin und Stettin 1789.
Mann, Albrecht Die Neuromanik. Köln 1966.
Manoury, Karl Geschichte der französisch-reformierten Provinzialgemeinden. Berlin 1961.
Markgräfin Markgräfin Wilhelmine von Bayreuth und ihre Welt. Ausstellungskatalog. Neues Schloß Bayreuth 1959.
Maurenbrecher, Max Die Hohenzollernlegende. Kulturbilder aus der preußischen Geschichte vom 12. bis zum 20. Jahrhundert. Berlin o.J.
Mehring, Franz Die Lessinglegende (Gesammelte Schriften Bd. 9). Berlin 1963.
Meier, Burkhard Die Erneuerung der katholischen St. Hedwigskirche in Berlin. In: Die Denkmalpflege, 1932, S. 143-149.
Meijknecht, Ton und Marianne Schneemann Der Bau der St. Hedwigskirche in Berlin 1746-1773. In: Mededelingen van het Nederlands Historisch Instituut te Rome 35, 1971, S. 113-193.
Mielke, Friedrich Wer hat die Französische Kirche in Potsdam erbaut? Potsdam 1954/MS (in der Wissenschaftlichen Allgemeinbibliothek Potsdam).
Ders. Wer erbaute die Französische Kirche in Potsdam. In: Märkische Volksstimme 17.1.1954.
Ders. Das Holländische Viertel in Potsdam, Berlin 1960.
Ders. Philipp de Chieze. In: Jb. f. d. Geschichte Mittel- und Ostdeutschlands, Bd. 13/14, Berlin 1965, S. 384-392.
Ders. L'architecture Palladienne à Potsdam. In: Bollettino del Centro Internazionali di Studi d'Archittetura »Andrea Palladio«, Volume X, Vicenza 1968, S. 59-64.
Ders. Frédéric II de Prusse et l'œuvre de Palladio. In: Bollettine del Centro Internazionale di Studi d'Architettura »Andrea Palladio«, Volume X, Vicenza 1968, S. 315-321.
Ders. Palladio und Potsdam. In: Jb. f. d. Geschichte Mittel- und Ostdeutschlands, Bd. 18, 1969, S. 326-337.
Ders. Friedrich II., das Neue Palais in Potsdam und Paul Deckers »Fürstlicher Baumeister«. In: Jb. f. d. Geschichte Mittel- und Ostdeutschlands, Bd. 18, Berlin 1969. S. 319-322.
Ders. Das Bürgerhaus in Potsdam. 2 Bde., Tübingen 1972.
Ders. König Friedrich II. und seine Skizzen zum Schloß Sanssouci. In: Mitt. d. Vereins f. d. Geschichte Berlins N.F., 72. Jg., 1976, S. 127-132.
Ders. Quellen der Architektur Friedrichs II. in Potsdam. In: Kaleidoskop. Eine Festschrift für Fritz Baumgart zum 75. Geburtstag. Berlin 1977, S. 113-125.
Ders. Johann Moritz und das Potsdamer Stadtschloß. In: Soweit der Erdkreis reicht, Johann Moritz von Nassau-Siegen, 1604-1679. Ausstellungskatalog. Kleve 1979, S. 159-163.
Ders. Potsdamer Baukunst. Das klassische Potsdam. Frankfurt am Main, Berlin, Wien 1981.
Ders. Johann Gregor Memhardts Darstellungen des Potsdamer Schlosses. In: Jahrbuch der Berliner Museen, 25. Bd., 1983, S. 161-169.
Millenet, Peter Heinrich Kritische Anmerkungen den Zustand der Baukunst in Berlin und Potsdam betreffend. Berlin 1776.
Mittenzwei, Ingrid Über das Problem des aufgeklärten Absolutismus. In: Zeitschr. f. Geschichtswissenschaft 18, 1970, H. 9, S. 1162-1172.
Dies. Friedrich II. von Preußen. Eine Biographie. Berlin 1979.
Mommsen, Theodor Friedrich II. und das Catholische Vikariat in Berlin. In: Preußische Jahrbücher, 39. Bd., 1877, S. 141-156.
Mörsdorf, Josef Die St. Hedwigskirche zu Berlin. Baudenkmal, Mutterkirche, Begräbnisstätte. Theol. Diss. München 1952.
Müller, Hans Die Königliche Akademie der Künste zu Berlin 1696 bis 1896. Berlin 1896.
Müller, Karl Ernst Johann Peter Benckert und Johann Gottfried Heymüller, Bildhauer am Hofe Friedrichs des Großen. Phil. Diss. Berlin 1940.

Muret, E. Geschichte der Französischen Kolonie in Brandenburg-Preußen, unter bes. Berücksichtigung d. Berliner Gemeinde. Berlin 1885.
Müther, Hans Berlins Bautraditionen. Berlin 1956.
Nash, Ernest Bildlexikon zur Topographie des antiken Rom. 2 Bde., Tübingen 1961/62.
Ders. Die Börse in Rom und das »Säulenhaus« in Potsdam. Geschichte einer Fassade. In: Festschrift Günther Wasmuth zum achtzigsten Geburtstag, Tübingen 1968, S. 83-88.
Netto, Friedrich Ostasiatische Kunst in Alt-Potsdam. Potsdam 1906.
Neumeyer, Alfred Die Erweckung der Gotik in der deutschen Kunst des späten 18. Jahrhunderts. Ein Beitrag zur Vorgeschichte der Romantik. In: Repertorium f. Kunstwiss. Bd. 49, 1928, S. 75-123, 159-185.
Nicolai, Friedrich Beschreibung der königlichen Residenzstädte Berlin und Potsdam, aller daselbst befindlichen Merkwürdigkeiten und der umliegenden Gegend. Berlin 1769.
Ders. Dass. 2. Auflage. 2 Bde., Berlin 1779.
Ders. Dass. 3. Auflage. 3 Bde., Berlin 1786.
Ders. Nachrichten von Baumeistern, Bildhauern, Kupferstechern, Malern, Stukkaturern und anderen Künstlern, welche vom 13. Jahrhundert bis jetzt in und um Berlin sich aufgehalten haben. Berlin und Stettin 1786.
Ders. Anekdoten von König Friedrich II. Berlin 1789.
Niemann, Bruno Willy Bartholomeé Bourdet (1720-1790). Ein vergessener Ingenieur und Architekt Friedrichs des Großen. In: MVGB, 45, 1928, S. 130-132.
Oesterreich, Matthias Beschreibung und Erklärung der Gruppen, Statuen, ganze und halbe Büsten-Stücke, Basreliefs, Urnen und Vasen von Marmor, Bronze und Bley, sowohl von antiker als moderner Arbeit, welche die Sammlung Sr. Majestät, des Königs von Preußen, ausmachen. Berlin 1775.
Ohle, Walter Schwerin – Ludwigslust. Leipzig 1960.
Ostmann Was der Ritter Toland 1702 in Potsdam gesehen. In: MVGP, II. Teil, 1866, S. 29/30.
Pappenheim, Hans Jagdgärten und Sternschneisen im 18. Jahrhundert. In: Brandenburgische Jahrbücher, 14/15, 1939, S. 20-32.
Parlasca, Klaus Eine Julia Domna-Büste aus der Sammlung Friedrichs des Großen. In: Mitt. d. deutschen archäol. Instituts, Bd. 77, Heidelberg 1970, S. 123-131.
Paul, Eberhard Antikes Rom. Leipzig 1970.
Patte, Pierre Monuments érigérs en France à la gloire de Louis XV. 2. Aufl. Paris 1767.
Peschken, Goerd Die städtebauliche Einordnung des Berliner Schlosses zur Zeit des preußischen Absolutismus unter dem großen Kurfürsten und König Friedrich I. von 1640-1713. In: Gedenkschrift Ernst Gall, Berlin 1965. S. 345-370.
Ders. und Hans-Werner Klünner Das Berliner Schloß. Das klassische Berlin. Frankfurt am Main/Wien/Berlin 1982.
Petersdorff, Hermann von Fridericus Rex. Berlin 1925.
Petras-Hoffmann, Renate Friedrich Wilhelm Diterichs und die Entwicklung des nachschlüterschen Barock und Rokoko in Berlin. In: Wissenschaftl. Zeitschr. d. Humboldt-Universität Berlin, Jg. II., 1952/53 Gesell. u. sprachwiss. Reihe, H. 1, S. 15-84.
Ders. Berliner Plastik im 18. Jahrhundert. Berlin 1954.
Peysner, Nikolaus Europäische Architektur. München 1963.
Pniover, Otto Das ehemalige Rosenthaler Tor. In: MVGB, 44, 1927, S. 164/65.
Porschmann, Adolf Subvención de Fernando VI Rey de España, para la construcción, de la primera iglesia católica en Berlin. In: Boletin de la Real Academie de la Historia, Bd. 75, Madrid 1919, H. 1.
Preuß, J.D.E. Friedrich der Große. Eine Lebensgeschichte. 4 Bde. Berlin 1832-1834.
Rave, Paul Ortwin Ein Baugedanke Friedrichs des Großen. In: Zeitschr. f. Denkmalpflege, I. Jg., 1926, S. 67 f.
Ders. Karl Friedrich Schinkel – Lebenswerk. Berlin. 1. Teil – Bauten für die Kunst, Kirchen, Denkmalpflege. Berlin 1941. (Neudruck 1981)
Ders. Berlin in der Geschichte seiner Bauten. Berlin 1966.
Reuther, Hans Barock in Berlin. Berlin 1969.
Ders. Baurisse für die Berliner St. Hedwigskirche in der Sammlung Nicolai in Stuttgart. In: Schlösser Gärten Berlin. Festschrift für Martin Sperlich zum 60. Geburtstag 1979. Tübingen 1980, S. 53-59.

Ricci, Corrado Baukunst und dekorative Skulptur der Barockzeit in Italien, Stuttgart 1922².
Riehl, Wilhelm Sanssouci's Gründung und Aufbau. In: MVGP, V. Teil, 1872, S. 225-238.
Ders. Aus den Akten eines Hauses Wilhelmplatz 9. In: MVGP, NF I, 1875, S. 39-45.
Riesenfeld, E.P. Erdmannsdorff, der Baumeister Leopold Friedrich Franz von Anhalt-Dessau. Berlin 1913.
Robson-Scott, W.D. The Literary Backround of the Gothic Revival in the Germany. Oxford 1965.
Rodenwaldt, Gerhart Goethes Besuch im Museum Maffeianum zu Verona. 102. Winkelmannsprogramm d. Archäol. Gesellschaft zu Berlin. Berlin 1942.
Rödenbeck, Karl Heinrich Siegfried Tagebuch oder Geschichtskalender aus Friedrich des Großen Regentenleben, 3 Bde., Berlin 1840-1842.
Roeder-Baumbach, J.v. Niederländische Einzugsdekorationen des 16. – 17. Jahrhunderts. Phil. Diss. München 1943.
Rom Rom in Ansichten von Giovanni Battista Piranesi. Ausstellungskatalog. Bearbeitet von Renate Kroll. Berlin 1972.
Rosal, Heribert Die Grundsteinlegung von St. Hedwig. In: St. Hedwigsblatt 20. Jg., Nr. 10 vom 11.3.1973 und Nr. 11 vom 18.3.1973.
Rühlmann, Gerhard Die Nadeln des Pharao. Ägyptische Obelisken und ihre Schicksale. Dresden 1968.
Rumpf, Johann Daniel Friedrich Berlin und Potsdam. Eine Beschreibung aller Merkwürdigkeiten dieser Städte und ihrer Umgebung. 2 Bde., Berlin 1823.
Ruppin, Willi Sieben Häuser beim Neustädter Tor. In: MVGP, NF XIII, H. 2, 1941, S. 41-55.
Saltzmann, Friedrich Zacharias Erklärung eines in Kupfer gestochenen Haupt-Planes von Sanssouci. Potsdam 1772.
Schiedlausky, Günther Berliner Ehrenpforten 1701. In: Jb. d. preuß. Kunstslg., 56, 1935, S. 131-144.
Ders. Martin Grünberg. Ein märkischer Baumeister aus der Wende vom 17. zum 18. Jahrhundert. (Beiträge zur Kunstgeschichte Bd. 7) Burg 1942.
Schierer, Heinz Die Befestigungen Berlins zur Zeit des Großen Kurfürsten. In: Schriften d. Vereins f. d. Geschichte Berlins, H. 57, 1939.
Schmidt, H.C.P. Geschichte und Topographie der Königlich preußischen Residenzstadt Potsdam. Potsdam 1825.
Schmidt, J.H. Nachrömische Triumphtore. In: Das Werk des Künstlers, Jg. 1, 1939/40, S. 362-399.
Schmitz, Hermann Berliner Baumeister vom Ausgang des 18. Jahrhunderts. Berlin 1914.
Ders. Die Gotik im deutschen Kunst- und Geistesleben. Berlin 1921.
Schneider, Louis Großfürst Paul Petrowitsch in Potsdam (1776). In: MVGP, 1. Bd., 1862/63, XIV, S. 1-6.
Ders. Bellamintes »Das Itzt – blühende Potsdam«. In: MVGP, III. Teil, 1867, S. 376 ff.
Ders. Der Ruinenberg. In: MVGP, V. Teil, 1872, S. 144-158.
Ders. Die Carpen-Teiche. In: MVGP, NF I, 1875, S. 124-127.
Ders. Das Haus des Lord Marischall. In: MVGP, NF I, 1875, S. 143-151.
Schönberger, Arno und Halldor Soehner Die Welt des Rokoko. Kunst und Kultur des 18. Jahrhunderts. München 1959.
Schroth, Ingeborg Die Nachahmung des Griechischen durch die Berliner Baumeister der Goethe-Zeit. Phil. Diss. Freiburg i. Br. 1944.
Schuchert, August S. Maria Maggiore zu Rom. Rom 1939.
Schüddekopf, Otto-Ernst Das preußische Rom. Italienische Kultureinflüsse in Potsdam. In: 1000 Jahre deutsch-italienische Beziehungen. Schriftenreihe des internationalen Schulbuchinstituts, 5. Bd. Braunschweig 1960. S. 205-220.
Schwipps, Werner Die Garnisonkirchen von Berlin und Potsdam. (Berlinische Reminiszenzen VI) Berlin 1964.
Seidel, Paul Georg Wenzeslaus von Knobelsdorff. Zum 200. Geburtstag am 17. Februar 1899. In: Hohenzollern-Jb. 3, 1899, S. 126-135.
Ders. Das Königliche Schloß Monbijou in Berlin bis zum Tode Friedrichs des Großen. In: Hohenzollern-Jb. 3, 1899, S. 178-196.
Ders. Der Einzug des Großen Kurfürsten in Berlin am 12. Dezember 1678. In: Hohenzollern-Jb. 6, 1902, S. 246-253.

Ders. Das Potsdamer Stadtschloß bis zu Friedrich dem Großen. In: Hohenzollern-Jb. 8, 1904, S. 143-174.
Ders. Friedrich der Große als Bauherr. In: Hohenzollern-Jb. 15, 1911, S. 217-237.
Ders. Friedrich der Große und die bildende Kunst. Berlin und Leipzig 1926^2.
Sello, Georg Potsdam und Sanssouci. Breslau 1888.
Serlio, Sebastiano Von der Architektur. Basel 1608.
Ders. Tutte l'opere d'architettura. Venedig 1619.
Siedler, Jobst Die Gärten und Gartenarchitekturen Friedrichs des Großen. In: Zeitschr. f. Bauwesen, Jg. LXI, 1911, Sp. 1-30, 201-234.
Sievers, Johannes Berlin, Unter den Linden (Führer zu großen Baudenkmälern H. 5) Berlin 1944.
Ders. Karl Friedrich Schinkel – Lebenswerk. Bauten für die Prinzen August Friedrich und Albrecht von Preußen. Berlin 1954.
Ders. Karl Friedrich Schinkel – Lebenswerk. Die Arbeiten von K.F. Schinkel für Prinz Wilhelm, späteren König von Preußen. Berlin 1955.
Spener, Johann Karl Philipp Geschichte und Beschreibung der neu erbauten Catholischen Kirche zu St. Hedwig in Berlin. Berlin 1773.
Stein, D.C.G.D. Charakteristik Friedrichs des Zweiten, König von Preußen. Berlin 1798.
Streichhan, Anneliese Knobelsdorff und das friderizianische Rokoko. Burg b. Magdeburg 1932.
Stopfel, Wolfgang Triumphbogen in der Architektur des Barock in Frankreich und Deutschland. Phil. Diss. Freiburg i. Br. 1964.
Stüler, August Ueber die Wirksamkeit Königs Friedrich Wilhelm IV. in den Gebieten der bildenden Künste. Berlin 1861.
Tagebuch Tagebuch des Dominikanerpaters Bruns aus Halberstadt, des Seelsorgers der Potsdamer Riesengarde (1731-1741). Übersetzt und eingeleitet von Willibald Herrmann. Breslau 1925.
Theiner, Augustin Zustände der katholischen Kirche in Schlesien 1740-1758. 2 Bde., Regensburg 1852.
Thiébault, Dieudonné Friedrich der Große, seine Familie, seine Freunde und sein Hof; oder zwanzig Jahre meines Aufenthalts in Berlin. 2 Bde. Leipzig 1828.
Vogler, Günter und Klaus Vetter Preußen. Von den Anfängen bis zur Reichsgründung. Berlin 1970.
Vogt, Adolf Max Boullées Newton-Denkmal. Sakralbau und Kugelidee. Basel und Stuttgart 1969.
Voltaire Sämtliche Romane und Erzählungen, 2 Bde., Leipzig 1964.
Volz, Gustav Berthold Das Sans, Souci Friedrichs des Großen. Berlin und Leipzig 1926.
Wallé, Peter Leben und Wirken Karl von Gontards. Berlin 1891.
Walter, Ulrich Die Entwicklungsgeschichte des Werderschen Wein- und Obstbaues. Berlin 1932.
Weidner, Heinz Berlin im Festschmuck vom 15. Jahrhundert bis zur Gegenwart. Berlin 1940.
Wendland, Christian Die Französisch-Reformierte Kirche. Potsdam älteste erhaltene Kirche. In: Potsdamer Kirche 21./25. Mai 1969.
Werner, Arthur Der protestantische Kirchenbau des friderizianischen Berlins. Berlin 1913.
Wiesenhütter, Alfred Protestantischer Kirchenbau des deutschen Ostens in Geschichte und Gegenwart. Leipzig 1936.
Wiegand, Wilhelm Friedrich der Große. Berlin und Leipzig 1902.
Wirth, Irmgard Das alte Berlin (Vierte Veröffentlichung des Berlin-Museums). Berlin 1966.
Ders. Potsdam. Bild einer Stadt (Sechste Veröffentlichung des Berlin-Museums). Berlin 1967.
Zacharias, Thomas Joseph Emanuel Fischer von Erlach. Wien/München 1960.
Zieler, Otto Potsdam. Ein Stadtbild des 18. Jahrhunderts. Berlin 1913.
Ziechmann, Jürgen (Hrsg.) Panorama der Friedericianischen Zeit. Friedrich der Große und seine Epoche. Ein Handbuch. Bremen 1985.
Zopf, Hans Karl Theophil Guichard gen. v. Quintus Icilius. In: Jb. f. brandenburgische Landesgeschichte, 9. Bd. Berlin 1958, S. 5-15.

Namenverzeichnis

(Kursiv gesetzte Seitenziffern verweisen auf Abbildungen)

Adam, F.G. 241
Adolph, M.F. *19*
Algarotti, Francesco Graf 32ff., 38, 63, 84, 204, 206, 210, 231, 236, 244, 266f., *280*, 287, 298
Angermann, Johann Christian 57, 72
August der Starke *12*, 13, 174
August III., König von Polen 266
Augustus (Gaius Octavianus) 206

Backschat, Friedrich 7
Baena, Graf von 253
Baron 234
Barth, W. *217*
Bartsch, Johann Gottfried 52, *56f.*
Bayle, Pierre 236
Beck, B. *188*
Beger, Lorenz 137, 253
Bellamintes 169
Bellavite, Innocente 102
Benckert, Johann Peter 114, 180, 234
Benda, Franz 237
Berger, J.C. 228, 261
Berlischky, George Wilhelm 303
Bernini, Giovanni Lorenzo 213, *242*, *297*, 298
Bianchini, Francesco *138*, 139, *203*, 206, 298
Bielfeld, Jacob F. 84f., 90, 304
Blesendorff, C.F. *191*, *194*
Blondel, Jacques François 31, 91, 110, 189
Bock 74
Bodt, Jean de 18, 52, 189f., 196, 223, 253, *253*, 300
Boffrand, Germain *212*, 213
Bonsignore, F. 298
Borrmann, Richard 21, 261
Börsch-Supan, Helmut 86
Boumann (Kastellan) 28ff., 36, 105
Boumann d. Ä., Johann 22, *25*, 37, 40, 54, 61, 63, 90, 106, 109, 130, 145, 151, 156f., 203f., 217, 224, 228, 233f., 245, *249*, 256ff., 277f., 281, 294, 296, 308
Boumann d. J. 23
Bourdet, B.R. 22, 190
Bramante (Donato d'Angelo) 300
Brecht, Carl 256
Bredow, Gräfin von 253, 259, 266
Broebes, Jean-Baptiste 56f., *57*, *77*, 131, 133, *195*, 196, *226*, 228
Bullet, Pierre 189
Büring, Johann Adam 277, 279
Büring, Johann Gottfried 28, 34, 37, 110, 116, 121, 129f., 139, 183f., 214, 276, 308

Burlington, Richard Boyle Earl of 34, 298, *299*
Busch, G.F. 57, *300*
Büsching, Anton Friedrich 41

Cagnoni, Geheimrat von 257
Campbell, Colen 31, *62*, 63
Campen, Jakob van 12f.
Cäsar, Gaius Julius 237
Catt, Heinrich Alexander de 34, 41, 43, 86
Cayart, Louis 300
Chambers, Sir William 139, *140*, 141
Chasot, Isaak Franz Egmont von 244
Chaulieu, Abbé de 237
Chiaveri, Gaetano 266
Chodowiecki, Daniel *171*
Chodowiecki, Wilhelm *293*
Cicero, Marcus Tullius 88, 137, 237
Clemens XIV., Papst 281
Colbert, Jean Baptiste 11
Coxie, Anthonie de 276
Cullen, Michael S. 8
Curtius-Nawrath 235

Dägen, Dismas *18*, *167*
D'Alembert, Jean Rouel 41
D'Argens, Marquis *83*, 88
Darget, C.E. 245
Decker, Paul 120, 131, 137, 190, *271*, 276
Didelot, Théodore 286
Dientzenhofer, Johann 13
Diterichs, Friedrich Wilhelm 28, 55, 57f., 82, 90, 106, *301*, 303
Draing, Heinrich Dietrich 81
Drescher, Horst 7, 86f. 120, 131
Dubois, Charles Sylva 85f., *87*, 121
Dubuisson, Augustin 75, 237

Ebenhech, Georg Franz 267, 267f., 280
Eckardt, Götz 7, 81
Eckert, Helmut 41
Eggeling, Thilo 7
Eggers 186
Elisabeth, Prinzessin *199*
Eosander Frhr. von Göthe, Johann Friedrich 190
Erdmannsdorff, Friedrich Wilhelm von 305, 309f.
Erman, Jean George 294
Ermland, Graf Ignacy Krasicki von 281
Erouart, Gilbert 218, 260, 262

Favre, Titus 302
Feldmann, Christian Friedrich, *17*, *57*, *250*
Finke 105
Fischer von Erlach, Johann Bernhard 13, 22, *115*, 115f., 174, 178, *179* 182
Förster, Charles F. 7, *59*
Franke, Johann Heinrich Christian *8*
Fredersdorf, Michael Gabriel 26, 54, 75, 105
Friedel, Johann Friedrich 28, 261

Friederike, Prinzessin *198*, 200
Friedrich I. 18, 22, 52f., 56f., 61, 130, 133, 178, 193, *195*, 196, 228, 253, 305ff.
Friedrich Wilhelm (Kurfürst) 12, 18, 52f., 75, 77, 130, 178, 193, *194*, 196, 236, 285, 306
Friedrich Wilhelm (Markgraf) 250
Friedrich Wilhelm I. 11, 23, 29, 38, 72, 81, 84, 157, 169f., 174, 178, 189, 223, 235, 248, 286f., 304
Friedrich Wilhelm (II.), Prinz von Preussen *40*
Friedrich Wilhelm II. 182, *199*, 200, 304, 308, 310
Friedrich Wilhelm III. *199*, 200
Friedrich Wilhelm (IV.), Kronprinz *199*
Friedrich Wilhelm IV., 11, 311
Frisch, Johann Christoph *83*
Fuga, Ferdinando 34, 37, 231ff.
Fünck, J.G. 248, *249*
Füncke, Johann 28

Gagliari, Bernardino 282
Gentz, Heinrich 310
Gericke, Samuel Theodor 276
Gerlach, Philipp 231
Gerlach, Samuel 234, 292
Geyer, Albert 7
Giersberg, Hans-Joachim 310
Giese, Benjamin *137*, 173, 180, 184
Gilly, David 279, 308f.
Gilly, Friedrich 309
Glaßbach, C.B. *196*
Glume, Friedrich Christian 74, 224, 234, 292
Glume, Karl 224
Gontard, Carl Philipp Christian von *22*, 23, 28, *36*, 38, 129, *130*, 135, 139, 163, 189f., 210f., *212*, 213f., 217, 218, *219*, *221*, *222*, 304, 308f.
Graun, Carl Heinrich 237
Grünberg, Martin 196, 300
Guarini, Ignaz 266
Guichard, Theophil 287
Gurlitt, Cornelius 7, 179

Haeberlin, C.L. 311
Halle, J.S.L. 258
Hasak, Max 245, 257, 268ff., 279ff., 284
Heinrich, Prinz von Preußen 20, 82, 103, 130ff., 248, 308
Hennebo, Dieter 117
Hennert, Friedrich Heinrich 87, 308
Héré de Corny, Emmanuel *116*, 117
Herz, Rudolf 300
Heymüller, Johann Matthias Gottlieb 63, 114, 178ff., 201, 234
Heyne 72
Hildebrandt, Johann Lukas von 13
Hildebrandt, Christian Ludwig 28f., *32*, 36f., 109, 163, 250
Höckendorf, Paul 109

Hoffmann, Alfred 117
Holsche (Baumeister) 308
Holzmeister, Clemens 284
Hoppenhaupt d. Ä., Johann Michael 133
Hoppenhaupt d. J., Johann Christian 41, 75, *132f.*
Horaz (Quintus Horatius Flaccus) 237
Horst, C.H. 28
Horvath, Carl Christian 210

Jandun, Jacques Egide Duhan de 287
Jones, Inigo 22, 38, 63
Jordan 27, 50, 235
Jordan, Charles Etienne 287, 307
Julian, Flavius Claudius Julian(us) 237
Jury, Friedrich 184

Kaendler, J.J. 40
Kambly, Johann Melchior 74, 153, 173
Kania, Hans 7, 34, 155, 204, 206, 210
Karg, Detlef 7, 84
Keith, Georg von 187
Keith, James 187
Keith, Marschall 206
Keller, Harald 31, 38
Kemmeter, Christian 300
Kleiner 31
Knobelsdorff, Georg Wenzeslaus von 7, 19f., 27f., *29*, 29f., *31*, 36f., *50*, 53ff., 57f., 59, 60f., 63, 77, *77*, 79, 82, 85, *86*, *90f.*, *100*, 102ff., 108ff., *109*, 112ff., 116, 120f., 130, 133, *135*, 137, 144f., *148*, 152, 157, *160*, 172, *174f.*, 178, 182, 187, 203f., *205*, 213, *229*,. 233f., , 237, *237*, 239, *239*, 242, 245, *245*, 248, 250, 260, *262ff.*, 266f., 270, 276, 294, 296f., 298, 304ff., 308ff.
Knyphausen, Baron von 287
Koser, Reinhold 237
Krüger, Andreas Ludwig 28, *35f.*, 55, 108, *135*, *137*, 157, 160, *161*, *172*, *177*, 192, 197, *198*, *231*, 233, *291*, 293
Krüger, C. 62
Krünitz, Johann Georg, 258, *259*, 279, *279*
Kühn, Margarete 7, 50, 88, 103, 108f., 137, 217
Kurth, Willy 81, 109f.
Kurz, M. *183*

La Rocque, Jean 298
Ladendorf, Heinz 190, 196, 269
Langhans, Carl Gotthard 182, 232, 308f.
Langley, Batty 186
Langley, Thomas 186f.
Laucken, J. *290*
Le Brun, Charles 211
Le Clerc *211*
Le Geay, Jean Laurent 141, *254f.*, 256, *257*, 260f., 263, 268, *269*, 270, *271f.*, 274, 276, 280, 284, 308
Legeay siehe Le Geay
Lehmann, G.A. *201*, *207*

Leszynski, Stanislaus I., König von Polen 117
Leygebe, Paul Carl 276
Lindstedt 110f.
Löscher 81f.,
Louise Henriette, Kurfürstin 52
Lüdtke, G. 186
Ludwig XIV. 11, 18, 286, 307
Ludwig XV. 190, 197
Luise, Königin 310
Luise, Prinzessin *198*, 200
Lukrez (Titus Lukretius Carus) 237

Manger, Heinrich Ludwig 7, 19, 23, 26f., 30, 34, 36f., 39, 43, 53ff., 58, 60f., 79, 82, 84, 102, 106, 109f., 117, *129*, 130f., 135, 139ff., 145, 157, 160f., 163, 169, 184, 186f., 203f., 210, 233f., 256ff., 294, 304 308f., 311
Manger d. J., J. *62*
Mariette, Jean 31, 211, 239f.
Mark Aurel (Marcus Aurelius Antonius) 237
Marx, Ernst 294
Marzale, Fra' Giorgio *297*
Mattielli, Lorenzo 266f.
Mauch *199*
Maupertuis, Pierre Louis Moreau de 244
Maurenbrecher, Max 236
Mecenati, Egenius 243, 245
Mehring, Franz 235f., 307
Meil, J.W. *32*, 133
Memhardt, Johann Gregor 52, *56f.*, 190
Menzel, Adolf von 310
Meyer d. Ä., Friedrich Elias 267
Meyer, Johann Friedrich *21*, *44*, *62*, *143*, *159*, 232, 234
Meyer, Wilhelm Christian 281
Mielke, Friedrich 7, 13, 41, 43, 86f., 90, 160
Millenet, Peter Heinrich 7, 281f.
Mittenzwei, Ingrid 306
Moller, Georg 298
Moritz von Anhalt-Dessau 104
Morris, Robert 187
Moser 222
Motte-Fouqué, August Baron de la 287
Muret, E. 287
Müller, Karl Ernst 179
Müller, 161, 173
Müncho, Graf von 105

Nahl, Johann August 53, 105f.
Nassau-Siegen, Johann Moritz von 12f., 83
Naumann d. Ä. 302
Nering, Johann Arnold 189, 300
Nero (Claudius Drusus Germanicus Cäsar) 139, 206
Netcke, C.L. 108, *110*, 111ff.
Nicolai, Friedrich 7, 22, 40, 82, 86, 90, 172, 204, 210, 217, 224, 240, 250f., 276f., 284, 294, 296, 311
Nobile, P. von 298

Oeser, Adam Friedrich 266
Oesterreich, Matthias 137

Palladio, Andrea 31ff., 38, 43, 63, 145, 155, 157, 163, 204, 297
Parent, A. *199*, 200
Patte, Pierre 197, 213
Paul Petrowitz, Großfürst von Rußland *197*, 221
Perrault, Claude 63, 189, 211, *211*, 213
Pesne, Antoine *29*, 113, 135, 237
Peter I., Zar *14*, 15
Peterdorff, Hermann von 235f.
Peyer, Johann Conrad von 40
Pfeffer 31
Pfundt 192
Pigage, Nicolas de 141
Piranesi, Giovanni Battista 34, *37*, 38, 204, *229*, 231f., *233*
Pitrou, Robert 31, 38
Plümicke 81
Podewils, von 82
Polentz, von 286
Polignac, Kardinal 137
Pöllnitz, Baron von 104, 243
Poppel, J. *183*
Preuß, J.D.E. 232

Quesnay 300
Quintus Icilius, siehe Guichard, Theophil
Quirini, Kardinal A.M.C. 232, 279f.

Räntz, Gebrüder 135
Rave, Paul Ortwin 7, 311
Rhode, B. *304*
Richter, R.H. 302, *303*
Ridder, Peter de 278
Ridder, Geschwister 277
Riesenfeld, E.P. 309
Rocoulle, Marthe de 287
Rödenbeck, Karl Heinrich Siegfried 120, *121*
Rogge, Henning 8
Rosenberg, J.G. *250*, *283*, 284
Rothenburg, Friedrich Rudolph Graf von 243, 257, 277ff., 287
Rysbrake 298, *299*

Saltzmann, Friedrich Zacharias 117
Sanmicheli, Michele 34
Sartori, Karl Joseph 75, 157
Scalfarotto, S. 297
Scamozzi, Vincenzo 31, 204
Scarselli 231
Schadow, Gottfried 200
Schenck, Pieter *191*, *195*
Schinkel, Karl Friedrich 219, 226, 293, *294*, 298, 309ff.
Schleuen, Johann David *61*, *106*, 226, 228, 233
Schleuen, Johann F. *106*, *113f.*, *116f.*, *121*, *129*, *131*

339

Schlieben, Graf von 111
Schlüter, Andreas 18, 75, 77, 130, 190, *191*
Schmettau 250, *251*, 260, 278
Schmidt, G. F. *250*, 254, 256, 278
Schmidt, H. C. P. 210
Schmidt, J. H. 189
Schmitz, Hermann 217, 309
Schneider, Louis 111
Schock, Samuel 286
Schönbach (Baumeister) 308
Schönborn, Lothar Franz von 11, 13
Schönwitz 55
Schwartz, F. A. 222
Schwarz, C. B. *19*, *217*
Schwedt, Markgraf von 248
Schwicheldt 237
Schwippert, Hans 284
Seidel, Paul 7, 27, 105 f.
Sello, Georg 81 f.
Serlio, Sebastiano 204, *296*, 297, 302
Serrurier *180*, *221*
Siedler, Wolf Jobst 8
Sievers, Johannes 311
Simonetti, Johann 300
Sinzendorf, Kardinal von 243, 245
Sinzendorff 84
Sophie Charlotte, Königin 52
Sophie Dorothea (Königin-Mutter) 50
Spener, Johann Karl Philipp 282
Stein, D. C. G. D. 32
Stosch, Philipp Baron von 137
Strack, Johann Heinrich *102*
Streckfuß, W. *100*
Streichhan, Anneliese 7, 28, 105
Stridbeck, J. *191*
Stumpf, Leonhard Christoph 193
Suchodoletz, Samuel de 111
Sulzer, Johann Georg 186
Sweerts, Freiherr von 243, 256 f., 259, 278 f.

Theiner, Augustin 245
Thiébault, Dieudonné 235
Thiriot 237
Torelli, Stefano 267
Trajan (Marcus Traianus) 210
Trosberg 261, 278
Turno, Prälat von Prement 278

Uhden 235
Unger, Georg Christian 22, 38, *39*, 139, 163, 182, 189 f., 210, 214, 222

Valadier 204
Venino, C. 278
Vergil (Publius Vergilius Maro) 88
Vingboons, Justus 163
Vitruvius Pollio 43, 145, 211
Voltaire, François Marie Arouet de 14, 19, 26 f., 32, 104, 135, 137, 237, 306
Volz, Gustav Berthold 7, 83, 137, 240

Walpole, Horace 187
Walpole, Robert 63
Walter, F. *300*
Watteau, Antoine 85
Weinbrenner, F. 298
Wentzel, Johann Friedrich 276
Wilhelmine, Markgräfin von Bayreuth 88, 135, 137, 242
Winckelmann, Johann Joachim 183, 266, 309
Wolffgang 302, *303*

Zedlitz, Freiherr von 281, 284
Ziller, Christian Heinrich *199*
Zucchi, F. 32, 34
Zucchi, Lorenzo 266 f.

Abbildungsnachweise

1. Institute, Archive, Fotografen:

Berlin
  Ehem. Brandenburg-Preußisches Hausarchiv   121 (verschollen)
  Ehem. Geheimes Staatsarchiv   107
  Ehem. Hohenzollernmuseum   59, 80, 149, 151 (verschollen)
Berlin/DDR
  Deutsche Staatsbibliothek   191, 249–251
  Institut für Denkmalpflege, Abt. Messbild   33, 39, 44/45, 48/49, 64/65–70/71, 73, 74, 101, 122/123, 138, 146/147, 156, 162, 202, 231, 267, 282, 283
  Interflug   92/93, 120 (Luftaufnahmen für die Veröffentlichung freigegeben unter ZLB/L 00041/82 und ZLB/L 0004-12/82)
  Märkisches Museum   19, 32, 168, 171, 196, 222, 251, 283
  Staatliche Museen zu Berlin, Kupferstichkabinett   224, 225, 230, 233, 254, 255, 257, 261, 269, 271, 272/273, 274/275
  Stadtarchiv   249, 263, 265
Berlin/West
  Landesarchiv   245
  Privatbesitz   152
  Staatliche Museen Preußischer Kulturbesitz   51, 144, 154, 198
  Verwaltung der Staatlichen Schlösser und Gärten Berlin   22, 86, 91, 115, 160, 175, 180, 205, 212, 220, 227, 229, 239, 303
Dresden
  Landesbibliothek   252
  Staatsarchiv   12
Merseburg
  Zentrales Staatsarchiv Merseburg   24, 25, 32, 41, 73
Moskau
  Architekturmuseum   240
  Zentralarchiv   14
Potsdam
  Klaus Bergmann   208/209
  Foto Eberhardt   174
  Claus Herrmann   173, 210
  Potsdam-Museum   32, 35, 160, 161, 181, 183, 185, 192, 198, 200, 201, 203, 207, 290, 294
  Privatbesitz Potsdam   16/17
  Karlheinz Reißmann   35
  Staatliche Schlösser und Gärten Potsdam-Sanssouci   9, 15, 18, 21, 29, 31, 36, 37, 40, 46/47, 52, 56, 57, 61, 62, 75–78/79, 83, 87, 89, 90, 94/95–101, 106, 108–110, 112–114, 116–119, 122/123, 124/125, 128–132, 134–136, 140, 142/143, 148, 150, 158/159, 161, 164/165, 166/167, 170, 172, 174, 176/177, 178, 188, 191, 195, 199, 215–218/219, 226, 230, 232, 237, 238, 241, 246, 247, 285, 291, 293, 301, 303–305
  Staatsarchiv   248, 295
Simancas
  Archivo General   253, 258
Unbekannter Aufbewahrungsort   42

2. Publikationen:

E. Berckenhagen (1964) 194; F. Bianchini (1738) 138, 203; J.B. Broebes (1733) 195; P. Decker (1716) 271; J.G. Fischer von Erlach (1721) 115, 179; J.G. Krünitz (1786) 258, 279; A. Mann (1966) 184, 187; P. Patte (1767) 212; C. Ricci (1922^2) 242, 297; H. Schmitz (1914) 221; P. Seidel (1899) 194; S. Serlio (1608) 296; W. Stopfel (1964) 211; H. Weidner (1940) 197

Sonderausgabe 2001
Unveränderter Nachdruck

© 1986 by Wolf Jobst Siedler Verlag GmbH, Berlin
und Henschelverlag Kunst und Gesellschaft, DDR-Berlin

Alle Rechte vorbehalten, auch das der
fotomechanischen Wiedergabe.
Redaktion und Gestaltung: Henning Rogge, Berlin
Satz: Bongé & Partner, Berlin
Reproduktion: Rembert Faesser, Berlin
Druck und Bindung: Tesinska Tiskarna, Cesky Tesin
Printed in Czech Republic
ISBN 3-572-01239-2